BARNES · WAS SEHEN SIE, MADAM?

BELLETRISTIK

Djuna Barnes

*WAS SEHEN SIE,
MADAM?*

Geschichten, Reportagen, Porträts

1990

Reclam-Verlag Leipzig

Aus dem Englischen
Übersetzung von Karin Kersten
Herausgegeben von Catrin Gersdorf
Mit einem Frontispiz und einem Selbstporträt

ISBN 3-379-00579-7

Lizenzausgabe des Reclam-Verlages Leipzig für die DDR und die europäischen Länder des Rates der Gegenseitigen Wirtschaftshilfe mit freundlicher Genehmigung des Verlages Klaus Wagenbach, Berlin (West)
© Reclam-Verlag Leipzig 1990 (Auswahl, Nachwort)

Reclam-Bibliothek Band 1349
1. Auflage
Reihengestaltung: Lothar Reher
Lizenz Nr. 363. 340/73/90 · LSV 7339 · Vbg. 20,9
Printed in the German Democratic Republic
Dresdner Druck- und Verlagshaus GmbH
Gesetzt aus Garamond-Antiqua
Bestellnummer: 6615131
4,–

GESCHICHTEN

Der schreckliche Pfau

Es war während der Sommerflaute, wo ein U-Bahn-Unglück die bedrohlichen Ausmaße einer Schießerei im Hotel annimmt, da flatterte auf einmal eine ausgefallene Meldung herein.
Kein Mensch schien zu wissen, wo sie hergekommen war. Sie handelte von einer Frau, die größer und gefährlicher war als Kleopatra, neununddreißigmal so verlockend wie das Sonnenlicht auf einem Golddollar und ähnlich schwer zu erhaschen.
Sie sei ein Pfau, besagte die Meldung, die nicht übel geschrieben war – ein aufreizendes weibliches Exemplar mit elektrisierenden grünen Augen, rotem Haar und schmiegsamem grün-blauem Seidenkleid, und sie bleibe durchaus nicht unbemerkt, wenn sie sich mit verführerischer Trägheit durch die Straßen von Brooklyn bewege. Das war schon jemand – doch wer?
Der Lokalredakteur kratzte sich am Kopf und gab die Meldung an Karl weiter.
„Schürf doch mal ein bißchen", schlug er vor.
„Da setzt man wohl besser jemand Unverbrauchten drauf an", sagte Karl, „einen, der frisch an die Sache herangeht. Ich mußte mich heute schon um diese Kinney-Geschichte kümmern. Wie wär's mit Garvey?"
„Meinetwegen", sagte der Lokalredakteur und entschied sich für einen neuen Streifen Kaugummi.
Garvey war gebührend beeindruckt, als Karl an seinem Schreibtisch längsseits ging und schwungvoll der Meldung das Bein auf den Tisch folgen ließ, denn Karl war der Star.
In gewisser Hinsicht ein ziemlich mysteriöser Mensch, dieser Karl. Seine Adresse war ein unantastbares Geheimnis. Es war bekannt, daß er, ungeachtet seiner Tätigkeit bei der Zeitung, einiges Geld angehäuft hatte. Ebenfalls bekannt war, daß er geheiratet hatte.
Ansonsten war er ein Mann für alle Fälle – ein erstklassiger Reporter. Wenn jemand befunden hatte, es sei am besten, Selbstmord zu machen und seiner Frau eine boshafte kleine Notiz zu hinterlassen, woraufhin die die drei Schritt zwi-

schen Badezimmer und Küche hin- und herstürmte und bei jedem Schritt „Oh, mein Gott!" hickste, dann landete das in Karls Schreibmaschine – und eine Titelgeschichte war geboren.

„Du wirst sie also auftreiben", sagte Karl, „sie ist verflixt schön, hat Katzenaugen und Leslie-Carter-Haar – eine geschmeidige Kugellager-Clytie und dazu mit einem Teint ausgestattet wie eine Tasse Kaffee mit Sahne, die über Nacht gestanden hat. Angeblich krallt sie sich mehr Männer in die Haare als irgendeine lebende oder tote Sirene."

„Du hast sie gesehen?" hauchte Garvey und machte große Augen.

Karl nickte flüchtig.

„Warum schnappst *du* sie dir denn dann nicht?"

„Zwei Sachen gibt es", sagte Karl in richterlichem Ton, „auf die verstehe ich mich nicht. Das eine ist Subtraktion und das andere Attraktion. Also nur zu, mein Sohn. Der Auftrag gehört dir."

Er schlenderte davon, doch spät genug, um noch zu sehen, wie Garvey ob des indirekten Kompliments sichtlich anschwoll und seinen schönen lyrischen Schlips liebkoste.

Desungeachtet schmeckte der Auftrag Garvey ganz und gar nicht. Lilac Jane war schließlich auch noch da. Gerade an diesem Abend hatte er ein Rendezvous mit ihr, und Lilac Jane war über die Maßen begehrenswert.

Er war in dem Alter, wo die glühende Hingabe an ein weibliches Wesen nicht zuläßt, daß man mit einem anderen herumtändelt, ohne sich wie ein richtiger Verräter vorzukommen.

Allerdings – man hatte ihm diese Arbeit aufgrund der Anziehung zugeteilt, die er auf aufreizende grüne Sirenen ausübte! Erneut befingerte Garvey den Schlips und zückte lässig sein lavendelduftendes Taschentuch, wie der Meßknabe sein Rauchfaß schwenkt.

An der Tür wandte er sich unter der Deckenlampe um und schob die Manschette hoch, und seine Kollegen stöhnten auf. Auf seiner Armbanduhr war es sieben.

Draußen verharrte er an der Ecke bei der Grillstube. Er ließ den Blick die düstere Straße mit ihrem Sammelsurium grauer Fassaden und den Schaufenstern, in denen alles aussah wie der welke Inhalt eines Blumenladens, auf und ab wandern und hätte zu gern jemanden bei sich gehabt, dem

er hätte mitteilen können, wie tüchtig er sich in dieser Welt voller tüchtiger Männer vorkam.
Den Blick aufs Trottoir gesenkt, in ungeheuer inbrünstige Träume von Lilac Jane versunken, setzte er seinen Weg fort. Weder der tosende Verkehr auf der Brücke noch die Rufe der Männer auf den Lastkähnen, die durch die Dämmerung drangen, vermochten ihn zu stören.
Schließlich drängte sich in die rosigen Visionen bedrohlich etwas Grünes.
Schuhe! Winzige Schuhchen, makellos adrett; darüber das Aufblitzen dünner, grüner Strümpfe über noch adretteren Fesseln.
Ein perlendes Lachen erklang, und Garvey kam wieder zu sich; rot und transpirierend, hob er den Blick entlang dem schlanken, grüngekleideten Körper zu den Augen des Pfaus.
Denn der war es ohne Zweifel. Ihr Haar war furchtbar rot, selbst in der Dunkelheit, und es schimmerte volle acht Zoll über ihre Stirn hinaus, höhergetürmt als jedwedes Haar, das Garvey bislang gesehen hatte. Der Mond schien buttrig hindurch wie durch ein Moskitonetz.
Ihr Hals war lang und weiß, ihre Lippen waren röter als ihr Haar, ihre grünen Augen mitsamt dem schmiegsamen Seidenkleid, das wogte wie aufgestörtes Wasser überm Seegras, wenn sie sich bewegte, vervollständigten die gewagte Kreation. Die zuständigen Stellen hatten sich aufs Plakative verlegt, als sie den Pfau schufen.
Sie war unglaublich ansehnlich, und sie amüsierte sich über Garvey. Wieder perlte das silbrige Lachen, als er sie anstarrte, einen Puls von hundert im Stand.
Er versuchte, sich einzureden, daß dieser psychologische Effekt seinem Reporterinstinkt zuzuschreiben sei, doch steht zu vermuten, daß Lilac Jane sich ihre eigene Meinung über den Pfau gebildet hätte, wäre sie zugegen gewesen.
„Nun, junger Mann?" verlangte sie Auskunft, und die wundervollen Augen begannen ihr todbringendes Werk.
„Ich ... entschuldigen Sie, ich wollte nicht ..." Garvey zappelte hoffnungslos, unternahm jedoch keinerlei Fluchtversuch.
„Sie machen mir Komplimente, indem Sie mich so anstarren? Das wollten Sie doch wohl sagen, hm?"

Wieder lachte sie, glitt neben ihn und nahm seinen Arm.
„Ich mag Sie, junger Mann", sagte sie.
„Man kennt mich als Garvey, und ich bin beim – *Argus*."
Woraufhin sie herumfuhr und ihn scharf musterte. „Ein Reporter!"
Doch wieder erklang das silberhelle Lachen, und sie setzten ihren Weg fort. „Ja, warum auch nicht?" sagte sie heiter.
Als nächstes, gänzlich unerwartet: „Tanzen Sie Tango?"
Garvey fand die Sprache nicht so rasch wieder und nickte stumm.
„Ich liebend gern!" verkündete der Pfau und machte ein, zwei Tangoschritte neben ihm. „Wollen Sie mich nicht irgendwohin führen, so daß wir ein, zwei Runden drehen können?"
Mit zugeschnürter Kehle erwähnte Garvey ein guteingeführtes Etablissement.
„Bewahre!" rief die grünäugige Sirene, und der Blick, den sie ihm aus weitaufgerissenen Augen zuwandte, war schokkierend. „Ich trinke nicht! Gehen wir lieber in einen Teesalon – zu Poiret's." Sie nannte ihn *Poyrett's*.
Garvey ließ sich willig zur Schlachtbank führen, und während sie dorthin liefen, plauderte sie unbeschwert. Er zog sein Taschentuch heraus und tupfte sich sacht die Schläfen.
„Meine Güte", sagte sie gedehnt, „das duftet ja wie kurz vor einer Ohnmachtsepidemie!"
Garvey war gekränkt, entschied jedoch in seinem tiefsten Innern plötzlich, daß Duft an einem maskulinen Schnupfenbekämpfungsmittel unangebracht sei.
Sie lenkten ihre Schritte in ein hellerleuchtetes Lokal, in dem sich bereits einige wenige Mädchen und noch weniger Männer aufhielten.
Sie suchten sich einen Tisch, und sie bestellte Tee und Kuchen und drängte ihren Begleiter, er möge sich nur ja keine Zurückhaltung auferlegen. Gehorsam bestellte Garvey reichlich.
Alsbald setzte die Musik ein, und er schwenkte sie hinaus auf den Tanzboden und hinein in den faszinierenden Tanz.
Nun war Garvey selbst wahrlich kein schlechter Tänzer. Aber erst der Pfau!

Sie war leicht und wendig wie eine grüne Nebelschwade, und dabei hielt er doch solide Knochen und Muskeln in seinen Armen.
Sie war die Poesie der Bewegung, der Geist des Tanzes, der Inbegriff von Anmut und Schönheit.
Und als die Musik aufhörte, hätte Garvey weinen können vor Ärger, obwohl er doch recht außer Atem war.
Der Pfau hingegen war keineswegs bekümmert. Allerdings hatte sie auch den ganzen Tanz hindurch geredet.
Garvey hatte schon längst kapituliert. Lilac Jane? Pah! Was waren schon tausend Lilac Janes gemessen an diesem herrlichen Geschöpf, dieser Venus Anadyomene – schaumgeborenen Aphrodite?
Im hellen Licht des Teesalons waren ihre grünen Augen grüner, ihr rotes Haar röter, ihre weiße Kehle weißer. Er hätte eine Texasranch für sie gegeben und das Vieh noch obendrein.
Er versuchte, ihr das andeutungsweise mitzuteilen, und sie lachte entzückt.
„Was habe ich bloß an mir, daß die Männer dermaßen verrückt nach mir sind?" wollte sie wissen und nippte träumerisch an ihrem Tee.
Er zuckte zusammen. „Sind die das?"
„Oh, schamlos. Sie lassen alles fallen, Kinnladen, Hab und Gut und jedwedes Bündel, an dem sie gerade zu tragen haben. Weshalb bloß?"
„Das ist doch das Einleuchtendste von der Welt. Sie haben Haare und Augen wie nur wenige Frauen, und ein Mann verlangt nun mal nach Ausgefallenem." Er wurde beredt.
„Aber – ich bin doch überhaupt nicht hübsch, Magerkeit ist schließlich nicht attraktiv, hm?"
„Doch, bei Ihnen schon", sagte er schlicht. Die Tatsache, daß er das schlicht ausdrücken konnte, war allerdings äußerst ungünstig für Lilac Jane.
Sie bot ihre Grübchen für ihn auf und erhob sich abrupt. „Jetzt muß ich machen, daß ich wegkomme. Ah, Lily!"
Ein Mädchen, unleugbar hübsch, aber eben nur ein gewöhnliches Mädchen, kam quer durch den Raum auf sie zu.
„Das ist Mr. – ähm – Garvey, und das ist Miss Jones. Sorgen Sie dafür, daß er sich nicht langweilt, ja? Er tanzt sehr

gut." Und als er sich mühsam hochkämpfte und protestieren wollte, sagte sie: „Ach, ich komme doch wieder!", und weg war sie.
Garvey suchte nach irgendeiner Ausrede, um der Partnerin zu entrinnen, die man ihm derart umstandslos aufgehalst hatte, doch das Mädchen erstickte seine Bemühungen im Keim, indem es sich erwartungsvoll erhob, als die Klänge von „Too much Mustard" das atmosphärische Ambiente überfluteten.
Jetzt blieb ihm nur noch, sich mit Anstand aus der Affäre zu ziehen. Und schließlich tanzte es sich gut mit ihr. Schon hörte er sich fragen, ob er sie, wenn der Tanz zu Ende wäre, zu irgend etwas einladen dürfe.
In jedem Fall, so überlegte er, mußte er ja immer noch seinen Auftrag erledigen. Der Pfau war nach wie vor ein großes Rätsel – mittlerweile sogar noch ein größeres. Aber sie hatte gesagt, daß sie wiederkommen würde. Also wartete er und tanzte und aß und spendierte.
Eine halbe Stunde später kam der Pfau in der Tat zurück – mit einem anderen Mann.
Für Garvey färbte sich schlagartig alles hellviolett. Das rührte daher, daß er gleichzeitig grün war vor Eifersucht und rot sah.
Das neueste Opfer ihrer Lockmittel (denn daß er das war, gestand selbst Garvey ihm zu) war ein älterer Geschäftsmann, der zur Korpulenz neigte und ungeniert ein Auge riskierte. Garvey haßte ihn mit einem erbitterten Haß.
Der Pfau tanzte einmal mit ihm und überließ ihn, der wie ein Fisch nach Luft schnappte, der zärtlichen Fürsorge eines anderen Mädchens.
Sie blieb kurz an Garveys Tisch stehen, bedachte ihn mit einem Lächeln und einem gewisperten „Morgen abend wieder hier!" und verschwand in einem Wirbel grüner Seide – wahrscheinlich, um weitere Opfer einzufangen.

Garvey verbrachte eine schlimme Nacht und einen noch schlimmeren nächsten Tag. Wer war sie? Was für Spielchen machte sie da? Was würde am nächsten Abend passieren?
Es war ihm gleich. Lilac Jane war endgültig entthront zugunsten einer grünen Göttin, deren Verlockung aller Wahrscheinlichkeit nach Zerstörung bedeutete.

Doch es war ihm gleich.
Er teilte dem Lokalredakteur mit, die Pfauengeschichte stehe am nächsten Tag zur Verfügung, und machte im Geiste die Einschränkung „falls ich dann noch nicht gekündigt habe". Und er träumte sich in einer Trance durch sein Werk, die zu gewaltigen Schnitzern führte.
Dabei machte er sich gar keine Illusionen über sein *Material*, wenn man einmal absieht von einem ebenso unbestimmten wie noblen Impuls, *den Pfau aus seiner entwürdigenden Umgebung zu erlösen.*
Irgendwie war diese Ausdrucksweise jedoch nicht ganz zutreffend.
Einmal dachte er an Lilac Jane, die ihm ihre warmen, normalen fraulichen Arme entgegenstreckte. Er nahm ihr Bild aus seiner Brusttasche und verglich es mit dem Bild des Pfaus, das er in sich trug, dann steckte er das Foto wieder weg, mit der Vorderseite nach außen.
Damit war Lilac Janes Flagge gestrichen.
Unmittelbar danach teilte der impertinente Bürobote ihm in schrillem Ton mit, eine *Schürze* verlange ihn am Telefon.
Eine Sekunde lang dachte er an den Pfau, doch nein, Lilac Jane war um diese Zeit fällig. Woraufhin er schändlicherweise flüchtete.
Daraus läßt sich folgern, daß er Lilac Jane letztlich noch nicht vergessen hatte, er hatte sie bloß verkehrt herum weggesteckt.
Garvey fiel in den Fahrstuhl, denn der kosmische Schweif des Pfaus erfüllte seine ganze Existenz. Er spielte das Wurfringspiel mit dem Gott einer höheren Weisheit und tauchte aus Träumerei und Fahrstuhl mitsamt einem Paar Jettohrringe auf, die ihm vor den Augen tanzten. Es waren die Ohrringe von Lilac Jane.
Darunter jedoch, wie die Punkte in einem zweifachen Ausrufezeichen, schwebten ein paar grüne Stiefel.
Verdrossen aß er, verdrossen kehrte er in sein Zimmer – seine Wohnung, er wird mir doch verzeihen?, zurück. Und um sechs war er fertig für acht.
Er nahm sich seine Uhr vor und zog sie auf, bis ihm die Hände zitterten und sie im Innern Geräusche von sich gab, als quäle sie etwas.
Er stand vor dem Spiegel und schob an seinem Adamsapfel

herum, stupste den lyrischen Schlips zurecht und reckte derweil den Hals, bis der ganz so aussah, als würde er demnächst wegschnellen und zwischen Kinn und Kragenknopf einen leeren Zwischenraum lassen.
Ein liebender Mann hört geistig zu existieren auf. Seine ganze Energie ist seiner äußeren Erscheinung gewidmet.
Wäre Napoleon auf dem Schlachtfeld von Austerlitz gerade verliebt gewesen, dann hätte das sein Herz zwar nicht mit Jubel erfüllt, wohl aber sich in seinem Übermantel und den Kniehosen niedergeschlagen.
Wäre Wellington während der Schlacht von Waterloo von so etwas heimgesucht gewesen, dann hätte deren Ergebnis vielleicht anders ausgesehen.
Folglich war Garvey, als er endlich angekleidet war, den Lilien auf dem Felde zu vergleichen, die bekanntlich nicht akkern noch spinnen. Als endlich alles perfekt war, warf er einen Blick auf die Uhr und hätte sich beinahe hingesetzt. Es war Mitternacht!
Dann erkannte er, daß die arme Armbanduhr mit einer Meile pro Minute voraneilte, um das letzte Aufziehen auszugleichen. Der Wecker sagte halb acht.
Woraufhin Garvey das einigermaßen schwierige Kunststück vollbrachte, mit durchgedrückten Knien die Treppen hinabzusteigen. Die Bügelfalte ruinieren? Ausgeschlossen!
Und kurz darauf war er im Tango-Teesalon und schaute sich begierig nach dem Pfau um, während sein Herz härter pochte als seine Uhr.
Das Lokal war überfüllt, und die Tänzer waren zu den schwungvollen Klängen von „Stop at Chattanooga" bereits tüchtig unterwegs.
Eine Weile hielt er vergebens Ausschau. Dann setzte seine Herzmaschine einen Schlag lang aus.
Da war sie – an einem Tisch in der Ecke auf der anderen Seite.
So rasch, wie er das vernünftigerweise tun konnte, ohne seine Makellosigkeit zu gefährden, strebte Garvey pfauenwärts.
Ja, es war zweifelsohne der Pfau. Sie hatte die Ellenbogen auf den Tisch gestützt und sprach mit ernsthafter Miene – sprach mit – Karl!
Garvey befand sich mittlerweile auf gleicher Höhe mit dem

Tisch. Er mußte irgendein Geräusch gemacht haben, denn die beiden blickten auf.

Der Pfau lächelte lieblich, doch mit einer Spur von Trotz. Karl grinste liebenswürdig, doch mit einer Spur von Verlegenheit. Und beide sagten: „Hallo!" Dann sagte Karl: „Alter Junge, du gestattest doch, daß ich dir meine Frau vorstelle?"

Garvey rang nach Atem und setzte sich wortlos.

„Eine kleine Beichte ist wohl fällig", sagte Karl, „nur bitte ich zu bedenken, daß das ausschließlich meine Idee war."

„War es *nicht*!", sagte der Pfau scharf, „du wolltest nichts davon *hören*, als ich das angeregt habe!"

„Na ja, jedenfalls, ich habe mein ganzes Geld in diesen Teesalon gesteckt. Doch das Geschäft war mächtig flau, es sah nach Bankrott aus.

Dann hat unsere Mrs. Karl hier – sie war La Dancerita, ehe sie sich in mich verliebt hat, verstehst du – ja, also sie hat angefangen, Kundschaft zusammenzutrommeln."

„Es war lustig!" verkündete die vormalige La Dancerita, „allerdings hat mich einmal einer fast gekniffen."

„Ich habe diese Knallschote, die dir den Auftrag eingetragen hat, selbst im Büro geschrieben, weil ich dachte, das brächte ein bißchen Schwung in die Sache." Er lächelte ein abgründiges Lachfältchenlächeln, das entwaffnete, sowie es im Blau seiner Augen angelangte. „Und nun weißt du alles über den Pfau."

Garvey schluckte zweimal und seufzte einmal. Dann nahm er etwas aus der Brusttasche und steckte es gleich wieder an seinen Platz zurück.

„Ich – ähm, ich kenne jemand, der gern Tango tanzt", sagte er, obwohl das gar nicht zur Sache gehörte.

Paprika Johnson

Jeden Samstag, kaum daß sie den braunen Gehaltsumschlag in den Ausschnitt hatte gleiten lassen, ihre Taschentücher gewaschen und die Geranien gegossen hatte, stieg Paprika Johnson die Feuertreppe empor und griff in die Saiten ihres Leihhausbanjos.
Paprika Johnson spielte mit sanfter Hand, sang ebenso sanft aus pepsindesinfizierter Kehle und streute die obere Tonlage mehr als ehrfürchtig zwischen der flatternden Weißwäsche der O'Briens aus.
Wenn sie innerhalb ihres kleinen Sicherheitsquadrats in dieser Stadt, in der es eine Million solcher Quadrate gab, in der Abenddämmerung saß, dann lauschte sie der Sphärenmusik und dem Gebrutzel der Zwiebeln in Daisy Macks Küche zum Hof, und sie sang dem makellosen Sommer ein Lied, während sie Madge Darsey dabei zuschaute, wie sie im Mietshaus gegenüber ihr Korsett löste.
Unterhalb von Paprika – ein Senkblei wäre mitten unter ihr gelandet – saß die Kundschaft von Swingerhogers Biergarten an braunen Tischchen, die einst vielleicht grün gewesen waren, oder blau. Paprika, die sich der Existenz eines Staatsrechts, der Regeln des Sanskrit und der dritten Dimension nicht bewußt war, war sich ebensowenig der Geschäfte bewußt, die unter ihr wogten, wußte nichts von Hopfen und Malz und nichts von Dilettantismus.
Ebensowenig wußte sie anfangs von der Existenz des Jungen von Stroud. Und diese Geschichte fängt am Anfang an.
Paprika hatte in jenen Tagen, als die Rosen bei ihr zwischen Hals und Haar allein auf weiter Flur blieben, und sie ihnen, abgesehen von dem großzügigen, sanft lächelnden Bogen, den ihr Mund beschrieb, keinerlei Beiwerk zugestand, eine Busenfreundin. Und ihre Busenfreundin war, wie alle Busendinge, ebenso notwendig wie beschwerlich.
Sie borgte ständig, diese Leah, sie borgte Paprikas Pantoffeln auf dem Weg aus dem Bett und ihre Hemden auf dem Weg ins Bett, und sie borgte sich ihren Gesichtspuder und ihre Haarbänder und ihre Strümpfe. Und vor allem borgte sie sich Paprikas Liebreiz.

Leah war dünn und pockennarbig und farblos, und ohne die Steifheit eines Mauerblümchens zu besitzen, war sie doch eins, und um sich anzulehnen, wählte sie sich Gus aus.
Es versteht sich von selbst, daß Gustav blind war, so blind wie ein Mann im Zorn und wie ein Mann im Stand der Liebe.
Er lauschte Paprikas sanfter Stimme, und da er nicht abzuschätzen vermochte, wie weit ein Ton zu hören ist, legte er den Arm um Leahs Taille, während Paprika an der anderen Seite des Tisches saß.
Leah hätte Gus ebenso gern in ihrem eigenen Zimmer gesehen, doch das ging nicht, da es dort an der Anstandsdame fehlte.
Paprika hingegen konnte nichts passieren, weil Paprika eine todgeweihte Mutter unter der Bettdecke hatte, eine Anstandsdame, die niemals sprach oder sich rührte, da sie gelähmt war, ihre Sache im übrigen aber ziemlich gut machte, ein weißes Ausrufezeichen diesseits der Verirrung. Demzufolge wurde Leah in Paprikas Gegenwart umarmt.
Gus meinte zu wissen, was er da tat, weil er auf seinen Ausflügen zum Spülstein im hinteren Treppenflur Dinge über Paprika zu hören bekam, die freundlich waren und sich gut anhörten, und annahm, sie würden von derjenigen gesagt, die er im Arm hielt. Deshalb rasierte er sich und war froh.
Und nun passen Sie auf.
Hinter seinem Achtundneunzig-Cent-Wecker, wo er sie nicht verlieren konnte, bewahrte Gustav die Adresse eines Augenarztes auf, der ihn gegen Entgelt heilen wollte. Auch ideales Schlachtvieh schickt ja niemand in den Himmel, ohne sich dafür die Taschen stopfen zu lassen, und so wartete Gus, bis er dafür bezahlen konnte, wieder sehend zu werden, und in der Zwischenzeit keuchte er abends in den achten Stock hinauf und saß bei den Mädchen. Und da Paprika eine Busenfreundin war, die zu haben sich lohnte, lieh sie Leah ihren Veilchenextrakt.
Abends spät, wenn sie sich ins Bett vergrub, tauschte Paprika mit Leah Bemerkungen über die jeweilige Arbeitsstelle. Paprika schrieb Maschine und Leah schob irregehenden jungen Menschen Sloe Gin Fizz zu, die ihn mit abgewandten Gesichtern tranken.

Womit ohne mein Zutun bewiesen wäre, daß Leah im Innern – vielleicht – gar nicht die Schlechteste war, ihre Absichten jedoch um etliches besser waren als die Forderungen, die sie an die Schönheit stellte.
Dabei war Leah sich durchaus darüber im klaren, welche Rolle Paprika für sie gespielt hatte, sie begriff durchaus, und die Ergebenheit ihrer Freundin stimmte sie beinah demütig, auch wenn sie Gus' Arm dort liegen ließ, wo er lag. In der Stille der Nacht wisperte sie Paprika ihre Ergebenheit ins Ohr, während Paprika ihr Kaugummi an den Fuß des Bettes drückte.
Unter anderem sagte Leah, irgendwann einmal würde sie für sie genausoviel tun, wenn auch auf andere Weise, falls sie könnte, und legte sich zurück und wußte, daß die Dunkelheit ihr im selben Maße zuträglich war wie dem Loch im Teppich.
Paprika war gerührt und kaufte ein Banjo.
So nahm sie denn abends, wenn sie Gustavs Arm halb um Leahs Taille herumgeredet hatte, ihr Banjo mit auf die Feuertreppe hinauf und übte einen komplizierten Satz von Chopin.
Über Straßenschluchten blickte sie und schaute zu, wie der Mond sich den Himmel hinauf- und über Kondensmilchzeichen hinweghangelte und auf die Spitze des Woolworth Buildings hinaufkletterte. Und Paprika fragte sich, ob ihre Zeit wohl bald käme, und lächelte, denn sie wußte, sie war so erfreulich anzusehen wie ein Meter glatter Taft und zweimal so verlockend.
Ohne es zu ahnen, war Paprika die Unterhaltungskünstlerin des Biergartens. Die Männer an den Tischen steckten die Hände in die Hemdbrust und spürten das Ticken der gediegenen Uhr, die ihre Mutter ihnen mitgegeben hatte. Andere wieder faßten prüfend in ihre Brusttasche und spürten den synkopierten Schlag der Taschenuhr, die ihr Vater ihnen (eine Folge seiner Besuche in just so einem Garten) mitgegeben hatte. Und wieder andere, die überhaupt kein solches ererbtes Memento besaßen, blickten matt in die offenen Gesichter von Warenhausuhren und nippten, indem sie den langsamgehenden Atem anhielten.
Die Kombination von Paprika, Bier und Mond drang auf die Straße hinaus und stupste den Jungen, der an der Spitze

von Strouds Eseln ging, die in der unteren Bleecker Street im Stall standen, von seinem Schemel, ließ ihn zögernd einen Fuß vor den anderen setzen, und nach einer Weile hieß es, der Junge von Stroud sei dabei, in Swingerhogers Biergarten zum Mann zu werden.
Der Junge von Stroud war ein großer, blonder Schlaks, der seiner Mutter die Hände ins Haar gesteckt und sich das Gold herausgeschüttelt hatte; ein Jüngling, der sich die Farbe seiner Wangen von der Palette der Lende geholt hatte, dieses Rosa, das von einem Familienmitglied auf das nächst jüngere übergeht, wanderndes Quecksilber. Und die Tatsache, daß der Junge von Stroud es mit zwanzig noch hatte, bewies, daß er das einzige Kind seiner Mutter war. Außerdem hatte er große graue Augen und einen ungerührten Mund, eine Hand, die für weichkrempige Hüte und Liebesbriefe gemacht war, und eine gebrochene Stimme, wie ein Fährschiff, das von Staten Island hereinkommt.
Drei Abende lang saß er in dem Biergarten, ehe er es wagte, die Musik nach oben zu verfolgen. Als er hinaufblickte, kam er zu dem Schluß, diese Perspektive verleihe Paprika großen Reiz. Und folglich zwängte der Junge von Stroud, der fürs tägliche Brot gerade die Esel versorgt hatte, sich eine ideale P. Johnson ins seelische Portefeuille.
Und die hätte, völlig selbstvergessen und nach Rosen und Talkum duftend, endlos so weitermachen können, stieß jedoch eines Abends, als sie im Dunkeln die Treppe hinaufstolperte, gegen ein kleines Päckchen. Sie griff danach und versuchte, nach Frauenart, im Hausflur zu lesen, was darauf stand. Da ihr das nicht gelang, und sie es gar nicht abwarten konnte, seinen Inhalt kennenzulernen, versuchte sie es erneut bei der Lichtritze, die um Daisy Macks Tür herumlief, und so weiter bis zum fünften Stock, wo sie sich ein paar Stufen höherstellte und an Eliza Farthingdales Tür in vertikaler Lage über einem vertikal gehaltenen Päckchen balancierte. Eliza hatte jedoch nur eine Kerze an, und Paprika wurde noch weniger schlau daraus als bisher, las die Aufschrift schließlich nach einer langen Reihe kurzer Etappen im Licht ihrer offenen Tür und stellte fest, daß es sich um eine männliche Handschrift handelte. Und da sie Paprika und eine Frau war und sich ihrer Busenfreundin nicht gewachsen glaubte, stahl sie sich mit dem Rücken zuerst hin-

ein und ließ es zwischen die Bananen auf der Anrichte fallen.
Nach dem Abendessen nahm sie es mit dem Banjo auf die Feuertreppe hinauf und las, was darinstand, im Mondschein.
Die unfreiwilligen Selbstmörder im Biergarten nippten langsam und hörten schließlich ganz auf, und Swingerhoger, der sich Hoffnungen machte, sich eine goldene Nase an ihnen zu verdienen, wurde es unbehaglich zumute beim Anblick von Maurern, die die Nasen ins Gebraute hängen ließen. Er wußte nicht, daß das ganze Ungemach von einem stummen Banjo herrührte. Paprika spielte nicht, sie las das Briefchen des Jungen. Innerhalb des Briefchens lag die Fotografie eines Profils, das einen weichen Ausdruck und ebensolchen Kragen zeigte; seiner edlen Römernase verlieh ein dunkler Hintergrund etwas Zauberisches. Was kümmerte es sie, ob er Esel bewegte?
Etwa zur selben Zeit geschah es, daß Leah, die ihrer Hände nicht mehr recht mächtig war, da sie nie wußte, wann sie Gebrauch von ihnen machen konnte, gänzlich die Herrschaft über den einen Finger der linken Hand verlor, weil der vom Gewicht eines Diamanten herabgezogen wurde, den Gus erstanden hatte.
Paprika küßte sie, und Leah fiel auf die Knie und dankte Gott für ein bereitwillig gebrachtes Opfer und betete sicherheitshalber darum, daß Gus auf immer im Dunkeln bleiben möge. Dann stand sie auf, staubte sich die Knie ab, wollte von Paprika wissen, ob sie in Papierhaarwickeln gut aussehe, und begab sich zu Bett.
„Schatz", sagte Paprika und unternahm eine letzte Anstrengung, ihr Unbehagen abzustreifen, indem sie mit den Zehen wackelte, „laß ihn nichts davon erfahren – nie. Von mir, meine ich. Und wenn ich, wenn du erst verheiratet bist, irgendwie behilflich sein kann, dann gib Laut und ich bin da. Übrigens, wo soll es denn losgehen – in Yonkers, wo sie Gaby Deslys und Katzen haben, oder in der Bronx, wo ihr das Pendlerelend und frisch gelegte Eier kriegt?"
Leahs Antwort kam aus den Tiefen des Betts und des warmen Arms von Paprika. „Weder noch. Weißt du, Schatz, Gus ist eine Art Vetter von Mr. Swingerhoger, und der überträgt ihm einen Teil der Geschäftsführung und zahlt

ihm ein Gehalt, und deshalb lassen wir dich auch nicht allein, nur, daß wir nach unten ziehen – zweiter Stock vorn. Ich bin vielleicht froh."
„Wieso?" wollte Paprika wissen, die gerade auf alle Zeiten Ausblick und Hoffnung auf die Wohnung im zweiten Stock vorn einbüßte.
„Weil ich in deiner Nähe bleibe – verstehst du denn nicht?"
Und Paprika, die ja eine gute Busenfreundin war, verstand.
Nun beschloß der Junge von Stroud, der es leid war, Stroh aus Eselsohren zu zupfen, etwas zu wagen und sich eine Frau aus dem Himmel zu zupfen.
Er hatte Paprika vom Biergarten aus gesehen, doch Paprika war acht Stockwerke weg, und obwohl die Augen seiner Seele außerordentlich scharfblickend waren, waren sie doch nicht scharfblickend genug, um mit unmittelbar befriedigender Genauigkeit auszumachen, ob Paprikas Unterröcke nun zwei- oder dreifache waren, als er sie erspähte – eine Silhouette gegen Manhattan und zudem eine durch das gesamte linke Hudsonufer vorteilhaft unterstrichene – und zu dem Schluß kam, daß sie für eine Wohnung fern der Bleecker Street und mit Eiern zum Frühstück geeignet sei.
Und so kam es dazu, daß Paprika sich alsbald einen Meter babyblaues Band kaufte und ein Bündel Briefe damit zusammenband, das sie unter ihre Hemden in der unteren Schublade legte.
Sie glaubte nicht, daß sie ein Risiko einging. Sie hatte das Bild des Jungen gesehen, und er war eine gute Miniatur, also duldete sie, daß ihr Herz mit ihm Schritt hielt wie Dan Patch mit seinem Schatten. Im Geiste sah sie sich bereits die Rasierseife ins Ankleidezimmer tragen.
Unter Fluten von heißem Ingwertee und weißem Voile heiratete Leah. Zum letztenmal als alleinstehendes Mädchen, das noch nicht einmal um die einseitige Auswirkung einer Frisierkommode mit militärisch ausgerichteten Bürsten und automatischem Stopzeichen in der Mitte wußte, umarmte und küßte sie Paprika, vergoß viele Tränen an ihrem Hals und hatte das Gefühl, durch eine ganze Geographie und eine Meeresenge von ihr getrennt zu werden. Und danach trugen sie ihren schwedischen Überseekoffer und ihr Bu-

kett in den zweiten Stock hinunter, und sie und Gus drehten sich auf dem Treppenabsatz um und warfen Paprika, die sich oben über das Geländer lehnte, Kußhände zu.
Paprika zog ihre „American Madame" zu einsfünfzig hoch, tätschelte ihr Haar am Hinterkopf und ließ sich als nächstes auf der Porzellankiste nieder.
Sie war dankbar, daß die Umstände es ihr ermöglicht hatten, den Jungen zu Leahs Gunsten abzutreten. Sie sang, während sie auf ihrem Banjo spielte, und es kümmerte sie nicht, daß die Nacht sich vor den Municipal tower senkte und die Millionen Lichter aussperrte.
Der Mann im Biergarten hingegen, der niemand Besonderes war, sprach mit Swingerhoger.
„Wieso sind Sie eigentlich nicht von selbst darauf gekommen, daß die Zugnummer hier die Kleine ist, die so um drei Uhr Bierzeit nach Hause kommt und, wenn sie ihre Taschentücher ins Schiebefenster geklemmt hat, die Saiten des Banjos in die Harmonie der menschlichen Brust sirren läßt?"
Swingerhoger schloß die Finger mit den Siegelringen zusammen wie Kette und Schuß, und seine Miene war besorgt.
„Sind Sie sich absolut sicher, daß die nichts sonst hierherzieht, als daß sie sie spielen hören wollen?"
„Nichts sonst", antwortete der Mann, der niemand Besonderes war, „sie glauben, sie haben den Frühling und das Lied wiedergefunden, das der Stadt den Rücken gekehrt hat, und das Geschrei der Vögel und die Klage einer Frau, und die sind, soweit ich weiß, die rarsten Dinge, die es im kleinen alten New York gibt."
„Vielleicht haben Sie recht", sagte Swingerhoger, „vielleicht, wenn ich es taktvoll anstelle, faßt sie es ja richtig auf und begreift, daß es ein Kompliment und eine Ehre ist, für Swingerhogers Gäste zu spielen, und wendet mehr Zeit dafür auf."
Der Mann, der niemand Besonderes war, blickte lange in das ererbte leere Gesicht des Gartenbesitzers, und die Bahnen, in denen das Denken jenes Herrn verlief, gefielen ihm nicht.
„Sie müssen sie bezahlen", sagte er.
„Bezahlen? Wofür denn?"
„Dafür, daß sie spielt und singt, mein Freund. Sie hat eine

Arbeitsstelle irgendwo in dieser einsamen Stadt, und sie muß die Arbeitsstunden ausfüllen. Wenn Sie sie bezahlen, dann kann sie für Sie von, sagen wir vier Uhr nachmittags bis nachts um zwölf, spielen, und damit sind Sie bereits ein reicher Mann."
„Aber", sagte Swingerhoger und ließ seine Siegelringe singen, „kein anderer Biergarten macht so etwas."
„Und das", sagte der Mann, der niemand Besonderes war, „verschafft Ihnen den nötigen Vorsprung. Wenn die Sache erst einmal angekurbelt ist, werden sämtliche Gärten das aufgreifen, und dann haben Sie nichts mehr zu bestellen. Doch bis dahin ist das Ihre Chance."
Es kann nicht verwundern, daß Swingerhoger daraufhin mit dem Vorschlag an Paprika herantrat.
Der Mann von Nirgendwoher, der niemand Besonderes war, erhielt ein Freibier.
„Für Sie spielen?" fragte Paprika zurück und verwehrte ihm mit Hilfe der Türkette den Einlaß. „Wie denn bloß? Ich muß meine Arbeit als Stenotypistin in einer Anwaltskanzlei erledigen. Ich kriege zehn die Woche, und das reicht gerade dafür, daß Mutter das Tapiokamehl und mir das Pepsin nicht ausgeht, und dann noch für ein paar gestärkte Kleinigkeiten und ab und zu eine kleine Fahrt."
„Sie verstehen mich nicht. Ich zahle Ihnen genauso zehn Dollar, und Sie haben dafür nichts weiter zu tun, als den ganzen Tag bis vier im Bett zu liegen, und dann spielen Sie für mich bis Mitternacht und hauen sich erneut aufs Ohr, verstehen Sie?"
„Mensch!", Paprika verschlug es den Atem, „den ganzen Tag im Bett. Ich träume wohl – aber, wissen Sie, ich kann das sowieso nicht machen, weil", diesmal errötete sie, »ich bald von hier wegziehe." Sie lächelte, denn an ihrem fünften Rippenbogen lag der letzte Brief des Jungen.
„Aber", protestierte er, und begann, rückwärts die Treppe hinunterzusteigen, während sie ihm folgte, „verstehen Sie denn nicht? Den ganzen Tag nichts zu tun und dann nur ab und zu zwischen einem Stück Praline hier und einem Schlückchen Sherrylimonade da eine leichte Weise. Ich werde reich an Ihnen, Miss Johnson. Denken Sie darüber nach. Ach je, gerade heute erst habe ich meinem Vetter Gus im Hinblick auf Sie ein Konto eingerichtet."

Paprika lächelte wieder und schüttelte den Kopf. „Meine Tonart wird sich sowieso ändern", sagte sie und setzte leise hinzu: „Mehr zum Wiegenlied hin."
Und so war es, obwohl sie dem Jungen von Stroud nie von Angesicht zu Angesicht gegenüber gestanden hatte, endlich soweit, daß sie den Sessel über den Riß im Teppich schob, die Vase über das Mottenloch im Klavierläufer, und den Fleck unmittelbar hinter der Hutablage bedeckte sie mit dem Bild von drei rosagewandeten Mädchen, die über einen spröden Strom aus Papier spazierten.
Ihr Herz schlug schrecklich schnell. Dieselbe Empfindung ergriff sie, die Leah ergriffen hatte. Sie hatte das Gefühl, daß nichts so bleiben würde wie bisher. Sie nahm eine Dosis Sodawasser, doch das war nicht die richtige Kur gegen ihre Beschwerden. Folglich ließ sie es bei ihrem besten Kleid und einem wahren Pfirsich von einem Kämmchen bewenden und wartete auf den Jungen von Stroud, der sie besuchen kommen sollte.
Die Händchen auf dem Wecker trafen kokett vor seinem goldenen Gesicht zusammen und trennten sich so plötzlich, als wollten sie sagen: „Ach, Unfug, ich brauche mich nicht zu verstecken", wie es dieser aufmüpfigen Nonchalance von Achtundneunzig-Cent-Weckern entspricht.
Paprika hatte leichte Schwierigkeiten bei der Wahl ihrer Fußstellung, befand schließlich, daß sie im Stehen besser aussähe, und sie hatte gerade eine Pose gefunden, die jedermann gerecht wurde, sie selbst eingeschlossen – sie hing halb über den mottenzerfressenen Geranien –, als Leah ins Zimmer gestürzt kam.
„O mein Gott!" sagte sie und stolperte zum Kaminsims hinüber, wo sie zitternd stehenblieb.
„Er hat die Adresse hinter seinem Wecker stecken gehabt", wimmerte sie, „und jetzt haben die Augenärzte die letzte Diagnose gestellt und sagen, der Verband kann ab, und ich habe das nicht begriffen, und jetzt ist es aus, alles ist aus."
Sie begann, den Kaminsims mitsamt dem porzellanblauen Aufgebot des Weidenmotivs und den Pfauenfedern in ihrer Gummilösung in Erschütterung zu versetzen. Paprika war nicht minder erschüttert.
„Was kann ich tun?" fragte Paprika, und Leah bestürmte sie:

„Nur dies eine Mal – dies eine Mal – er würde den Schock nie verwinden, und ich kann nicht, ich kann nicht!"
„Was kannst du nicht?"
„Es ist wegen Gus, versteh doch! Die Augenärzte sind gerade gegangen, und er kann *sehen*!"
„Ja, *und*?"
Leah trat einen Schritt auf das Mädchen zu, das ihre Busenfreundin gewesen war, und riß ihren Neunundvierzig-Cent-Gürtel empor. „Er darf mich nicht sehen – noch nicht."
Da stand sie nun – Leah, die Freundin, die einen im Dunkeln tappenden Ehemann bekommen hatte und nun in dem Licht vor ihn hintreten mußte, das ihm wiederum sein Wohlstand eingetragen hatte, der mit Paprikas Banjospiel gekommen war. Und Paprika, die das erkannte, wußte nicht, was sie tun sollte.
Leah trat zu ihr, nahm ihre Arme zwischen die langen verängstigten Finger, wiegte sie zwischen den Handflächen und sah Paprika an und konnte nichts sagen.
Paprika hatte den Jungen von Stroud vergessen. Sie hatte ihr bestes Kleid vergessen und die Sinnigkeit nach hinten weggespreizter Füße, und sie reckte das Kinn vor.
„Du willst, daß er seinen Blick auf *mich* heftet?"
Und Leah bewegte nickend das spitzige Kinn und nahm die Lippe zwischen die Zähne. „Dann bereut er es nicht gar so sehr – hinterher, wenn er sich erst einmal daran gewöhnt hat, an mich, meine ich, nachdem ich hereingekommen bin und du die Sache in Ordnung gebracht hast. Er wird es wie ein Mann tragen und mich nicht einfach sitzenlassen."
Paprika verstand, was es für eine Frau bedeutete, den Ihrigen um einen derartig hohen Preis behalten zu wollen. Außerdem fand sie, die andere überschätze Gus' Schönheitssinn.
Folglich sagte sie „Also gut", schaute auf den Wecker und befand, daß sie, grob geschätzt, noch Zeit hätte und stieg ins zweite Stockwerk hinab. Als sie, während sie an Gus' Bett saß, Schritte vernahm, die einen Augenblick verharrten und dann weiter nach oben gingen, wurde sie unruhig.
Ihr fiel ein, daß sie Leah nichts von ihrem Besuch gesagt hatte, und Leah befand sich dort oben in der Dämmerung – aber Gus entfernte gerade den Verband.

Der Junge von Stroud stand im Zwielicht und nahm den Hut ab. Die acht Treppen waren ebensosehr schuld an seiner Atemlosigkeit wie das Gefühl, gleich werde er mit Sirup übergossen und mit einer Schokoladenmeringe gekrönt. In der Zimmerecke sah er undeutlich den Umriß einer Frau. Dem Bett, wo die perfekte Anstandsdame schlief, schenkte er keine Beachtung. Mit ehrfürchtiger Scheu schloß er die Tür und trat einen Schritt ins Zimmer. Die Gestalt in der Ecke bewegte sich und wimmerte wie ein Seehund um zwölf Uhr mittags, bewegte sich und wimmerte und faßte sich an ihr unschönes Haar und blinzelte ihn mit offenem Mund aus erschreckten blauen Augen an.

Das Banjo in der Ecke zog seinen Blick auf sich, als er sich vorbeugte, und mit einemmal lachte er auf, ein kurzes desillusioniertes Bellen, und ebenso plötzlich schnappte er wortlos seinen Hut und rannte keuchend die Treppen hinab. Wie blind rannte er an der Vorderwohnung im zweiten Stock vorbei und weiter zum ersten Stock und landete im trüben Licht von Swingerhogers Biergarten, wies mit den Armen empor, rief irgend etwas von *Perspektive und Bildebene* und schoß aus dem Garten und verschwand in Richtung Bleecker Street.

Ja, das wäre es dann etwa, außer daß Paprika Johnson, wie bereits gesagt, nunmehr dreißigjährig, immer noch ihre Stelle als erste Unterhaltungskünstlerin innehat. Immer noch sitzt sie abends auf der Feuertreppe und spielt ihr Banjo, während ihre Taschentücher trocknen, genauso wie sie es an dem Nachmittag tat, als sie, drei Minuten, nachdem Gus seinen Verband abgenommen hatte, in den Biergarten gekommen war, um einen Krug Limonade zum Feiern zu holen und sich über die Theke gelehnt und gesagt hatte: „Also gut, ich nehme die Stellung an."

Auch sagte sie Leah nie, daß deren Chance, „irgendwann einmal genausoviel für sie zu tun, nur auf andere Weise", ungenutzt verstrichen war.

Was sehen Sie, Madam?

Mamie Saloam war Tänzerin.
Sie war aus der unteren Schicht der Armen gekommen, die sich die Schultern mit Kattun drapieren und die Mägen mit Gingan.
Die Bowery, die so gar kein Ort für Tugend oder Doppelspiel ist, hatte miterlebt, wie Mamie ihren ersten Schmollanfall und ihre erste Korsage probierte. Von da an wußte man, daß ihr Vorbild Juno, ihr Erbe Joseph und ihr Ehrgeiz Jade hieß. Im Alter von zehn Jahren hatte sie gelernt, Oscar Wilde zu interpretieren, als der sich ziemlich ausgiebig mit Leidenschaft und Serviertablett befaßt hatte, und hatte bei der Gestaltung ihrer Rolle einen Bart und eine bestimmte Geste einfach gestrichen.
In der mondhellen Nacht, als sie Semco, dem Seemann, einen Kinnstüber versetzte und im Park eine Fliederdolde zum Mitnehmen abrupfte, wurde Mamie erwachsen.
Sie hatte gelernt, daß zwischen seinen Lippen und ihren ein Konkurrenzverhältnis bestand. Sein Kuß war der bedeutendere, seine Arme besaßen die größere Kraft, seine Stimme war die tonangebende.
Mamie stand in Flammen und empfand zugleich die Qualen der Hölle, wie sie unter den Kohlen glimmt, und die Straße, die spürte, wie sie nach Hause gestöckelt kam, vernahm das breite Lachen, das sie ihrer Mutter zuwarf, ehe sie sich ins Bett rollen ließ.
Danach schwor sie sich, daß ihr Leben dem Porträt distanzierter Empfindungen geweiht sein sollte, das heißt, sie wollte die Liebe auf die Bretter bringen. Ihr Ehrgeiz war es, die Lippen Johannes' des Täufers zu küssen, während die in gipserner Pracht auf einem kleinen Blechtablett lagen.
Wenn ein subalterner Offizier den Kopf unter die Decke steckt, ist er ein Feigling. Als Mamie Saloam den Bettüberwurf von unten zu betrachten begann, war sie lediglich auf der Suche nach einer künftigen Ethik.
Mamie drehte sich die Bowery aus dem Haar, warf ihre Hüften in den Malstrom der Dinge, die sich richtig bewegen, und erhob einen Organismus, der von Kartoffeln und Schellfisch lebte, auf die Ebene von Kaviar und Champa-

gner. Mit dieser Kehrtwende hatte sie bereits drei Schritte in die Richtung des sprichwörtlichen bocksfüßigen Herrn getan, der der Welt und dem Fleisch zugetan ist.
Reiche und Arme unterscheiden sich nur in ihrer Art der Verachtung, der des Auges wie der der Lippe, und in dem plötzlichen, unverschämten Lachen, das die Tonleiter des Broadway auf und ab läuft. Das alles sprang gleichzeitig aus Mamies frechem Gesicht, als sie sich erstmals in einem Spiegel betrachtete, der sie im Ganzen wiedergab.
Wenn sie ausging, hörte man nur das Geräusch der Slumstöckel und die regelmäßige Kadenz ihrer Knie, während sie die Stufen hinunterstieg. Sie war an unebenes Geläuf gewöhnt.
Nach dem prüfenden Blick in den Spiegel schwor sie, daß sie sich die letzte Schellfischgräte aus den Zähnen entfernt hätte und von nun an nach dem Essen nur noch atemreinigende Pfefferminzbonbons kauen würde.
Wenn ein Mädchen Kaugummi und Gasse aufgibt und wenig anderes kennengelernt hat, dann wird sie eine andere, und die andere, die Mamie wurde, war eine Tänzerin.
In die kleine Welt der Angemalten kam Mamie. Dorthin, wo die Presseagenten waren und die Puderquasten, Lillian Russell und Raymond Hitchcock, Irving und Sarah, und wo es nach Flieder und Bel Bon roch und das Gelächter pochte und pulste; in jenen kleinen Verschlag, der sich Garderobe nennt und aus dem so leicht keiner unverändert herauskommt.
Mamie Saloam war ein gutes Medium zum Auftragen von Kosmetika. Alles unterstrich lediglich die Vorzüge, die Gott und die Saloams ihr mitgegeben hatten; tatsächlich war die Zusammenarbeit zwischen beiden souverän gewesen; Mamie war schön.
Sie wurde von den Männern unten im Zuschauerraum geliebt, weil sie die Technik des Trikots zu meistern gelernt hatte.
Ihre Welt umfaßte endlose Reihen von staubigen Rohrstühlen und oberhalb dieser, Wanderdrosseln gleich, die rosige Anatomie des Corps de ballet – die Hüften zum bemalten Vorhang hin ausgestellt, lustlose Augen, die ausschließlich das Abendessen vor sich sahen, ein neuer Schritt und in größeren Abständen noch ein paar andere Dinge. Mamie

Saloam hingegen konnte tun und lassen, was ihr gefiel. Sie konnte gebeugt gehen oder aufblicken, weil Mamie wahren Ehrgeiz und heldenhafte Schinderei ausstrahlte.
Wenn sie die Grenzen der Schicklichkeit überschritt, bekam man für sein Geld wirklich einiges geboten; wenn sie als Rauch aufstieg, wurden die ursprünglichen kleinen Pastetenschüsseln Ägyptens zu Schornsteinköpfen. Wenn man Helena von Troja Pfefferminzbonbons aus einer Papiertüte hätte essen sehen können, hätten ihre Bewunderer höchstwahrscheinlich einer ganz anderen Klasse angehört.
Man wird um dessentwillen geliebt – oder ignoriert, womit man gerade beschäftigt ist, wenn die Horde zuschaut.
Billy traf Mamie dabei an, wie sie gerade *Du sollst nicht sündigen* oben an die Tür ihres Zimmers in diesem Hause chamäleonhafter Anschauungen zweckte. Da ging ihm auf – denn selbst Beleuchtern kann so einiges aufgehen –, daß man sich Mamie nur nähern konnte, indem man sich in ihrer Nähe niederließ und hoffnungsvoll ausharrte, denn einmal kam für jeden Mann die Gelegenheit.
Während er wartete, entwickelte Mamie ihre eigene Lebensphilosophie. Sie fiel selbstverständlich zugunsten der Frauen aus. Sie lautete: „Eine Frau weiß nie, was sie sieht, und folglich versucht sie, zu sehen, was sie weiß."
„Hör mal", sagte der Intendant eines Abends in die Düsternis, in der Mamie saß und die Perlen neu auffädelte, die als Hemdhose, Unterrock, Halbrock, Mieder und obendrein als Eigentum Salomes ausgegeben wurden. „Hör mal, wir sitzen in der Patsche. Der P. U. B. will uns und dir ans Leder."
„Inwiefern?" wollte Mamie Saloam wissen.
„Sie sind auf die Tatsache gestoßen, daß wir dich zu Anfang der Saison als Salome herausbringen wollen. Sie haben Vorurteile –."
„Natürlich haben sie die", sagte Mamie gelassen, „sie haben Mme. Augulia, Mary Garden, Gertrude Hoffmann und Trixie Friganza doubeln gesehen; sie haben alle gesehen, was sie sehen wollten, weil Obengenannte ihnen gezeigt haben, was sie sehen wollten. Ich gebe zu, Johannes ist, seit das ursprüngliche Röcheln verstummt ist, nicht mehr geliebt worden, wie es sich gehört; ich gebe zu, in dem Maße wie wir uns von dem echten Haupt entfernt haben, haben wir es

eher mit ziemlichen Pappmachéleidenschaften zu tun gehabt.
Johannes' Reaktion war doch eher lethargisch, selbst ganz am Anfang schon, und wir haben uns an ihm zuviel zu schaffen gemacht. Wenn ein Mann tot ist, schuldet man ihm einen gewissen Respekt; es ist angemessen und erfreulich, um ihn herumzutanzen, doch finde ich, daß zuviel an ihm herumgeküßt worden ist. Ich werde den Damen vom P. U. B. gegenüber die notwendige Mäßigung an den Tag legen, selbst wenn der Herr sich nicht wehren kann. Überlaß das nur mir."
„Übrigens", setzte sie hinzu, während der Intendant sich nachdenklich mit der Hand durchs Haar fuhr, „was ist denn der P. U. B.?"
„Das ist der Präventivausschuß gegen Unmoral in der Bühnenkunst", sagte er und lächelte ihr zu.
„Und was wollen die?"
„Sie möchten, daß die Einstudierung entweder abgebrochen wird, oder – daß man ihnen eine vollkommen neutrale Darbietung zeigt."
Billy sah sie unter seinen zottigen Brauen an. Dann legte er plötzlich ab, was man Zurückhaltung nennt, und nahm ihre Hand.
„Mamie", sagte er, „kannst du dich nicht für mich erwärmen, bedeute ich dir denn wirklich gar nichts, kann ich dir denn dies ganze –", er machte die Gebärde breitwürfigen Säens, „dies ganze ehrgeizige Zeug nicht ersetzen?"
„Billy", sagte sie, und ihre Stimme war kalt und praktisch, „ich könnte nie auch nur Kartoffeln auf der Hitze deiner Zuneigung kochen. Deine Liebe würde niemals eine Lücke überbrücken, sie würde nicht einmal das Loch füllen, durch das die Maus gekommen ist, und", schloß sie, indem sie ihm ihre Hand entzog, „es käme nie jemand anderes für mich in Betracht als Johannes."
Tief unten in Billys Herz lag eine schreckliche Leidenschaft, die es juckte, dies allegorische Hindernis zwischen ihm und der Frau zu verdrängen. Als er hoch oben in den Kulissen saß und das blaue Licht auf das Tablett und das weiße, zur Decke gekehrte Gipsgesicht richtete, wußte er, was das Wort *la mort* ins Wörterbuch und in Umlauf gebracht hatte, und er stöhnte innerlich auf.

Am nächsten Tag nahmen sie die staubigen Stuhlreihen weg und die Berge ausrangierter Trikots, abgestreift von menschlichen Schmetterlingen, die zu etwas Glanzvollerem geworden oder an ihrem vorzeitigen Ausschlüpfen aus dem Kokon gestorben waren. Sie merkten gar nicht, daß es staubig war, bis sie im Abstand von vielleicht zehn Zentimetern zwei Flecke entdeckten, die so aussahen, als habe hier jemand auf den Knien gelegen.
Weiter gediehen ihre Mutmaßungen nicht, doch Mamie sah etwas.
Die Bühnenarbeiter putzten und räumten hektisch im Hinblick auf die zur Verhandlung stehende Szene, die zugunsten des P. U. B. vorgeführt werden sollte. Ein Krug, der der Garderobiere gehörte und von Sprüngen durchzogen, dabei aber genauso farbenfroh wie seine Besitzerin war, wurde mit Limonade gefüllt, die die Außenseite zunächst eisig werden ließ wie das Gebaren der jungen Frau, die den jungen Mann abweist, und schließlich in dicken Perlen austrat und über die Hüften des Krugs auf den Tisch glitt, wie die Tränen, die dem ersten Kummer folgen.
Es war völlig dunkel hinter den Kulissen, als sie mit allem fertig waren. Die Ballastsäckchen, die Florida oder Frankreich von der Decke herunterließen, hingen schaukelnd fünfzig Fuß über Billy, als er an den Lampen herumbastelte.
Unten im Parkett saß der Intendant zwischen zwei gesteiften Damen vom P. U. B., die behutsam, aber entschlossen, Limonade aus hohen, zerbrechlichen Gläsern tranken. Sie warfen einander über die uhrkettenbespannte Weste des Intendanten Blicke zu und machten dabei diese Aragesichter, die strikt auf Präventivausschüsse und Inspektionskomitees beschränkt sind.
Sie fanden Mamie Saloam gar nicht übel, doch wie Mamie schon sagte, sie hatten Mme. Augulia gesehen.
Dann kam Mamie, groß und gebieterisch, aus dem schummrigen Bühnenhintergrund auf sie zu. Die nackten Schultern stützten lebhaft flutendes Haar.
Eine Minute schwebte sie in der Bühnenmitte, eine verlockende Silhouette im Dunst.
Dann fiel das Scheinwerferlicht, und zwar nicht auf Mamie, sondern auf das Gesicht von Johannes. Zur Decke gekehrt

und weiß lag es mit halbgeschlossenen Lidern auf seinem Tablett, und Haar und Bart flossen über den Rand. Dunkle Ringel unterbrachen das Weiß der Stirn, das stumme Fragen der bemalten Lippen in Erwartung des Auftritts von Mamie Saloam, die das Küssen vor zehn Jahren gelernt hatte.

Die Damen vom P. U. B., die sich so leicht nichts vormachen ließen, saßen mit gestrengen Mienen über ihre Gläser gereckt. Sie wollten sichergehen, daß Schlichtheit aus der Art sprach, wie Mamie vor ihrem Herrn wandelte.

Und sie kam näher, hielt inne und fiel dann plötzlich in Halbschritte, mit denen sie das Haupt des toten Täufers halbkreisförmig umtanzte, wobei sich gurgelnde kleine Kehllaute ihren Lippen entrangen. Langsam ließ sie sich niedersinken, bis sie, bevor die gesteiften Damen sich versahen, am Boden lag und sich schlangenhaft dem Blechtablett entgegenwand.

Seitwärts, vorwärts, wie mit Plastikhänden, näherte sie sich ihm und kam ihm näher und näher, bis ihr Atem das Tablett streifte. Murmelnd schwebte sie über ihm, während ihre Augenfarbe von blau zu grün und von grün zu einem tiefen Beigegrau wechselte. Dann ließ sie plötzlich das Kinn zwischen die Strähnen des wallenden Bartes sinken.

Die gesteiften Damen seufzten und entspannten sich. Das war einmal eine Frau, die die Angelegenheit mit unbedingter Neutralität abzuwickeln verstand. Sie wandten dem Intendanten zustimmende Blicke zu.

„Sie hat Johannes vollkommen im Griff", sagten sie und entschwanden.

Dann tat Mamie etwas Seltsames. Sie setzte sich auf, schlang die Arme um die Knie und schaute heiter in das Gesicht, das immer noch reglos im Blau des Lichts lag, das von der unbesetzten Beleuchterkabine herabfiel. Johannes der Täufer kniff das rechte Auge zu.

„Steh auf, Billy", sagte sie, „ist ja gut. Danken wir der Finsternis der Kulissennacht und deiner Fähigkeit, still zu liegen. Endlich habe ich bewiesen, daß eine Frau nie weiß, was sie sieht."

Ein Mordsspaß

Der Name der Heldin dieser Geschichte ist die Madeleonette. Weshalb, schien von Anfang bis Ende genauso bedeutungslos wie, daß der Held der Arzt heißen sollte, wo er doch im ganzen Leben nie auch nur einen Fall von Masern zu Gesicht bekommen hatte.

Der Höhepunkt der Geschichte findet in Long Beach statt, doch das werden Sie nicht verstehen, ehe Sie nicht ganz am Ende angekommen sind, obwohl ich Sie eigentlich gleich darauf hinweisen könnte, daß das der Ort war, wo die Madeleonette und der Arzt einander in die Arme fielen, sehr zur Verblüffung der *Stammgäste* auf der hölzernen Uferpromenade.

Zu dieser Geschichte gehörte jedoch noch eine dritte Partei, und deren Name war Josiah Illock. Dieser kleine Mann von der nichtsnutzigen Sorte sah aus, als hätte er eigentlich in einer spießigen Kleinstadt Abflußrohre verlegen sollen, statt die Madeleonette zu umwerben.

Demgegenüber war der Arzt groß und dunkelhaarig und sogar gutaussehend. Er trug einen langen, altmodischen Gehrock und graue Tweedhosen, und gewöhnlich sprach aus seiner Miene eine eindrückliche Ängstlichkeit. Die Hände hatte er einen großen Teil der Zeit in den Taschen, und da er gleichzeitig diesen Rückwärtsdrang hatte, wirkte er wie ein Mann, der seiner fliehenden Wirbelsäule Mut zusprach.

Nun liebten beide Herren die Madeleonette, oder jedenfalls behaupteten sie das, und wenn es um die Liebe oder um Annoncen geht, ist Mißtrauen fehl am Platze. Für Josiah war sie die Lilie des Seins, für den Arzt der Fels, auf den einer seinen Glauben oder sein Haus gründet.

Für sich selbst war die Madeleonette nur eine rasch alternde Frau, der es irgendwie gelungen war, sich den Verheerungen der Zeit zum Trotz ein passables Aussehen und mehr oder minder auch das prächtige Haar ihrer Jugend zu bewahren. Sie war eine Witwe, die in recht auskömmlichen Verhältnissen zurückgeblieben war. Die Sessel, Sofas und Vitrinen, mit denen ihr Gatte, der Antiquitätensammler gewesen war, sie versehen hatte, hätten genügt, um ein kleines Museum aufzumachen, doch würde ich nicht ohne weiteres behaupten, daß diese Tatsache irgend etwas mit der Zuneigung der eben erwähnten beiden Herren zu tun gehabt hätte.

Wenn diese beiden Männer gelegentlich in ihrem grün-weißen Empfangszimmer aufeinandertrafen, funkelten ihre Blicke zornig, denn sie haßten einander von Herzen. Der Arzt vergeudete keine Zeit damit zu intrigieren, um Josiah aus dem Weg zu räumen; wenn Josiah hingegen mit der Madeleonette allein war, sprach er fast unausgesetzt davon, so lange, bis er sich schließlich selbst das Wasser abgegraben und bewirkt hatte, daß das Herz der Madeleonette sich dem Arzt zuneigte.

Bisweilen sagte Josiah zu ihr: „Lange werden Sie sich der Tatsache nicht mehr verschließen können, daß der Arzt nicht so verrückt nach Ihnen ist, wie Sie glauben. Alle Männer fangen damit an, daß sie in einer Frau etwas lieben, was sie nicht ist, und enden damit, daß sie sie als das wahrnehmen, was sie ist. Anfangs liebkosen sie die Haut mit Küssen, und am Ende durchlöchern sie sie mit Pistolen."

„Allmächtiger!" rief die Madeleonette dann aus, „glauben Sie das wirklich?"

Und er antwortete: „Gewiß. Sie folgen dabei nur ihrem Instinkt. Männer erschießen, was sie nicht verstehen. Das heißt, sie spüren dem Löwen nach und nicht dem Fuchs. In den bittern Staub holen sie den zuhöchst fliegenden Falken hinab, und in die Fallstricke treiben sie am Ende die Antilope."

„Für die Frau über vierzig gibt es keine Fallstricke", antwortete die Madeleonette. „Für sie gibt es nur eine Möglichkeit, und zwar die, ihr Leben mit Wärmflaschen zu Häupten und Füßen auf dem Sofa zu beschließen."

„Hören Sie", sagte er und beugte sich vor, „Sie wissen doch, was ich meine. Schießen ist einfach. Eine Frau kann darüber hinwegkommen, wenn –." Eine lange Pause trat ein. „Wenn", schloß er, „er sie einfach immer weiter liebt – doch das tut er nicht. Das tun sie nie."

„Der Arzt würde sterben", sagte sie schlicht.

„Wie wär's, wenn Sie das beweisen würden?" Josiah klang zweifelnd.

Sie blickte ihn lange an, wie eine Frau das tut, die gerade ein Risiko eingeht.
„Gut", sagte sie schließlich, „es ist der Mühe wert."
Er sprach weiter und skizzierte seinen Plan, doch sie schenkte ihm keine Beachtung, bis sie ihn sagen hörte: „Ich werde natürlich dafür sorgen, daß sie mit Platzpatronen geladen ist. Sie haben nichts weiter zu tun, als hintenüber zu fallen und sich totzustellen. Halten Sie ein paar Sekunden den Atem an, aber passen Sie gut auf. Wenn ihm wirklich an Ihnen gelegen ist, wird er ein Höllenspektakel machen. Wenn nicht, wird er das Zimmer samt Ihnen und dem Revolver einfach verlassen, um zu beweisen, daß es Selbstmord war."
Sie lachte. „Was für ein Narr Sie doch sind! Als ob irgend jemand und gar schon der Arzt seinen Hals riskieren würde, selbst wenn er mich liebt! Wozu soll er denn schießen?"
„Aufgrund einer Provokation."
„Welcher Provokation?"
„Eifersucht", sagte er und tat, als sei er völlig von der Bauchbinde seiner Zigarre gefangengenommen.
„Ihr seid alle verrückt, ihr Männer", sagte sie und verfiel in ein höchst willkommenes Schweigen.

Unterdessen schoß der Arzt, der auf neununddreißig Jahre schaudererfüllter Ängstlichkeit zurückblickte, auf die Veranda seines Hauses hinaus, wo er schweratmend verharrte.
Er war ein mehr als ängstlicher Mann. Wie der Zollstock eines Zimmermanns war er streckenweise zwar lang und stark, neigte jedoch allzu sehr dazu, zusammenzuklappen und seine Berechnungen einzustellen. Er verherrlichte die Tapferkeit, weil er selbst so gar keine besaß. Das war der Grund seiner Zuneigung zur Madeleonette. Er kannte sie als tapfere Frau. Er hatte einen Felsen, während sie nur einen Liebhaber hatte.
„Dennoch", überlegte er nüchtern, „sollte man die Madeleonette auf die Probe stellen. Eine Frau ohne Mut wäre womöglich mein Ruin. Wo ich doch diese Eigenschaft selbst schon in hohem Maße vermissen lasse."
Mit einem gewissen begierigen, schneidenden Einatmen,

das mehr Tabak aufzehrte als vierzig gleichzeitig tätige Münder, beobachtete er eine lange staubgraue Reihe von Kindern.
Und während der Arzt so sinnierte, bereitete die Madeleonette sich auf den Tod vor.

Wenn eine Frau beschließt, sich niederzulegen und totzustellen, wählt sie stets mit ängstlicher Sorgfalt Bestrumpfung, Unterkleid und Schuhwerk aus.
Die Pumps, die die Madeleonette aussuchte, wurden ob der neuen Besohlung, das Unterkleid ob seiner Spitzen und Bänder und die Strümpfe ob ihrer untadeligen Einheitlichkeit gewählt.
In ihrem alltäglichen Leben hatte sie Aufmerksamkeit auf ihre Hüte, Handschuhe und Spangen verwendet. Als sie hingegen beschloß, schicksalhaft hintenüber zu fallen, konzentrierte sie sich auf ihre Dessous. Sie schnürte zudem ihre Taille fester, puderte sich den Nacken tiefer, steckte die Finger in Ringe, den Hals in die willfährige Sklaverei einer Perlenschlinge, und ihrem Gesicht setzte sie jenes unverrückbare Lächeln auf, das von der Wahrnehmung himmlischer Heerscharen kündet.

Ganz weit weg läutete es schrill. Sie rannte in die Küche hinaus, um den Türöffner zu drücken – und wartete an der Tür darauf, daß die emporsteigenden Schritte sich in einen Mann verwandeln würden.
Josiah Illock trat ein, zog den Hut und schlurfte zu einem Stuhl hinüber. Dort saß er und sperrte Mund und Nase auf.
„Gefällt er Ihnen?" fragte sie und wies auf ihren Morgenrock.
„Wirklich schön", versicherte er. „Was ist das denn?"
„Chiffon. Er fällt so hübsch", gestand sie leicht errötend, „er fällt so hübsch."
Er grinste. „Ein Mordsspaß wird das, hm?" äußerte er vorsichtig. Doch innerlich zuckte er nervös, wie seine Halsmuskeln verrieten.
„Ja", antwortete sie, „ich habe den Fall geübt, Josiah. Ich bin grün und blau am ganzen Leibe, doch habe ich mehr daraus gemacht als nur einen Fall. Eine richtige Katastrophe. Es ist eine Kunst daraus geworden."

„Mhh", antwortete er, „Sie lieben ihn ganz schön, wie?"
„Ziemlich", gab sie zu, „doch mehr noch liebe ich die Kunst." Sie versuchte, natürlich auszusehen.
„Das Ganze muß etwas Subtiles, Feines, Meisterliches haben, so daß ihm klar wird, daß hier nicht nur eine Kerze ausgepustet worden ist, sondern eine Bogenlampe ihre Flamme eingebüßt hat; daß hier nicht nur eine Seele in die Nacht eingegangen ist, sondern eine Könnerin ihres Faches ihren letzten Auftritt, auf welcher Bühne auch immer, gehabt hat; daß sich der Madeleonette nicht nur ein Grab auftun, sondern daß auf alle Zeiten ein Abgrund klaffen wird."
Josiah Illock begriff nicht.
„Was wollen Sie denn tun?" wollte er wissen.
„Ich werde sterben, während ich eine Zigarette rauche", sagte sie und beobachtete, welche Wirkung das auf ihn hatte.
Sie wußte, daß sie nicht sterben würde. Hatte Josiah Illock ihr das nicht versichert, und liebte der sie etwa nicht?
Früher einmal hatte Julia dasselbe gemacht.
„Mein Gott!" sagte sie und strebte dem Fenster zu. Plötzliche Einfälle führen uns immer an den Fensterrahmen. Die Tränen rannen ihr ungehindert die Wangen hinab. „Und was ist, wenn der Arzt, von Gewissensbissen und Verzweiflung erschüttert, daß Papiermesser oder die Brennschere nimmt und sie in seine verstörte Seele stößt? Was, wenn er zum Fenster taumelt und sich aufs Pflaster hinabstürzt? Was, wenn er sich eine Schlinge aus Taschentüchern um den Hals knüpft und dem Nachmieter den Deckenaustritt der Gasleitung ruiniert? Was –"
Die Tränen versiegten. „Was bin ich nur für eine Närrin", dachte sie und lächelte dabei, „ich täte gut daran, sofort aufzuwachen."
Sie kehrte zu ihrem Kleiderschrank zurück und durchstöberte ihn nach einem vorteilhaften Kleid. Sie legte es aufs Bett, nahm die Eau-de-Cologne-Flasche und schüttete einen erheblichen Teil ihres Inhalts über die Außenseite des Chiffons. Dann legte sie es an die Nase, um sich zu vergewissern, daß es innerhalb der Grenzen der Schicklichkeit parfümiert war.
Als nächstes löste sie ihr Haar aus den Papierhaarwickeln

und kämmte es zu einer hinreißenden Frisur. Wenig später gab sie sich, die Füße in bronzefarbenen Pumps und ihren elektrischen Kaffeetopf neben sich, einer angenehmen Erwartungsfreude hin, während sie die Anbiete-Kekse zurechtrückte.
Seine Augen verengten sich. „Ich kann darin nichts Professionelles erblicken, obwohl Sie recht haben mögen", gestand er ein, und seine Bewegungen wurden nervös. Dann haschte er unvermittelt nach ihrer Hand.
„Können Sie diese Zuneigung nicht auf mich übertragen? Das wäre wirklich sicherer – bitte, ich liebe Sie doch!"
Sie entzog ihm ihre Hand. „Sie verderben noch alles, Josiah. Ich kann niemanden lieben als den Arzt. Das ist mehr als eine Überzeugung. Es ist etwas, das sich mir ins Herz gebissen hat wie die Rosenblattlaus in die Rose."
Josiah zuckte zusammen. „Dann könnten Sie sich die Sache doch ersparen", bemerkte er.
Sie funkelte ihn an. „Mir die Sache ersparen? Ich bitte Sie, wir befinden uns auf der Kostümprobe. Ich würde nicht einmal Abstand davon nehmen, wenn ich mit ihm verheiratet wäre. Sie sind ein Narr, Josiah. Ich habe die Pistole auf dem Ständer im Flur liegenlassen. Besser, Sie stecken jetzt die Platzpatronen hinein", setzte sie hinzu, als er sich erhob.
Als er zurückkehrte, entging ihr, daß ihm der Schweiß auf der Oberlippe stand. Sie setzte den Teekessel auf. Die Türglocke ging. Beide fuhren zusammen. Sie öffnete die Tür.
Der Arzt trat ein, den Hut in der Hand, und beugte sich über seine Finger. Dann richteten beide sich auf.
„Geben Sie mir Ihren Hut", sagte sie.
Dann schaltete Josiah sich ein, dessen Verhalten darauf berechnet war, eine an Raserei grenzende Wut auszulösen. Als erstes legte er den Arm um die Taille der Madeleonette, und als nächstes küßte er sie. Als drittes öffnete er den Mund, um ätzende Bemerkungen zu machen, doch ein Blick ins Gesicht des Arztes bewirkte, daß er sie gerade noch herunterschluckte. Der starrte die nickenden Stiefmütterchen in ihrem Kasten am Fenster auf eine Weise an, die ihn nicht eben mit Behagen erfüllte. Mit einem langen Schritt erreichte er gleich darauf die Tür, und im selben Augenblick ertönte ganz kurz die Altstimme eines Revolvers.

Die Madeleonette kippte seitwärts gewandt hintenüber, die Zigarette noch zwischen den Fingern. Als sie auf den Boden aufschlug, brach abrupt eine Rauchfahne zwischen ihren Lippen hervor und stieg langsam in einem bedächtig sich weitenden Ring empor.

Eine Stille trat ein, die gleich darauf vom Klappen einer Hintertür durchbrochen wurde.

Der Arzt lachte, ein kurzes, trauriges und sehr enttäuschtes Lachen, und stieß die Waffe unter die Couch. Er beugte sich nicht hinab, um ihr ins Gesicht zu blicken. Er stürzte nicht zu ihr, um ihre Lippen zu küssen. Auch kreuzte er jene leblosen Hände nicht über die Brust. Statt dessen langte er nach dem Türknauf und verschwand.

Im Nu war die Madeleonette katzengleich auf den Füßen. Sie wirbelte einen Stuhl gegen die Türfüllung, und, das Kinn auf die Querblende des Oberlichts gereckt, beobachtete sie mit flammendem Blick den Abgang des Arztes.

Sie verfolgte seinen Weg die teppichbelegte Treppe hinunter und über den unteren Treppenabsatz. Sie hörte einen Melodiefetzen aus „Chin-Chin", als er das Haus verließ. Traurig sagte sie: „Jetzt wird die ganze Zeit dieser kleine Narr Josiah um mich herumtänzeln und mich Liebste nennen."

Sie plumpste auf den Boden wie das Senkblei auf den Rasen.

„Josiah!" rief sie.

Es kam keine Antwort. Sie tastete sich in die Küche.

Sie war leer.

Sie verstand nichts.

Bis auf eins, und das wuchs sich zur schmerzlichen Gewißheit aus: Der Arzt war gewogen und für zu leicht befunden worden.

Er hatte nicht nur versucht, sie zu töten, was er, soweit er wußte, auch in die Tat umgesetzt hatte, sondern er war auch auf und davon gegangen, wie ein Mann nach dem Händewaschen die Toilette verläßt. Sie stellte die Waschlauge nach einem Experiment dar.

So ein Mensch war er also. Bloß auf den äußeren Anschein hin war er von blinder Eifersucht und Wut gepackt worden. Schön, jedenfalls hatte sie ihn kennengelernt, ehe es zu spät war. Doch was war denn bloß mit Josiah los? Weshalb hatte

er Reißaus genommen? Sie stand auf und kehrte ins Empfangszimmer zurück, wo sie ein paar Zeilen zu Papier brachte.
Jetzt lächelte sie sogar und rauchte ihre Zigarette zu Ende.
Wie er es mit der Angst zu tun bekommen würde, wenn er erführe, daß sie gar nicht tot war! Was würden ihm diese Demütigung und das Offenbarwerden seiner ungeheuerlichen Untüchtigkeit nicht zu schaffen machen! Wie beglückend elend würde er sein, wenn er erst entdeckt hätte, daß er sie auf ewig verloren hatte!
Sie schrieb ihm, welchen Kunstgriff sie angewandt hatte, um ihn auf die Probe zu stellen, und fügte eine dieser bitteren kleinen Spitzen hinzu, wie sie Frauen zu Gebote stehen. „Ich werde die Türöffnungen dieser Stätte nicht länger verfinstern, geschändet wie sie durch die Bekanntschaft mit Ihnen ist. Ich gehe fort – werde schon fort sein, wenn dieser Brief Sie erreicht, fort nach Long Beach. Ich werde einiger Ruhe bedürfen, um von dieser Wunde zu genesen."
Sie schickte das Briefchen durch Boten, damit es seinen Adressaten auch ja erreichte, ehe das Blut der Selbstbezichtigung aus seinen Wangen zu weichen begänne.
Etwa fünf Minuten später erschien ein kleiner Botenjunge an der Tür. „Ohne Rückantwort", sagte er und entfernte sich mit dieser Ungerührtheit, die die Kinder der Western Union sich im Angesicht von Tod und Wiedervereinigung leisten.
Das Briefchen stammte vom Arzt.

„Wenn Sie dies lesen", lautete es, „werde ich bereits fort sein. Ich habe Sie gewogen und für zu leicht befunden. Auf den bloßen Knall eines Pistolenschusses hin sind Sie in Ohnmacht gefallen. Ach, Weib, die Pistole war mit Platzpatronen geladen! Weh mir, wie soll ich das je verwinden! Sie, die ich liebte – ein Feigling! Ich werde Sie immer lieben, doch wo diese Liebe hinschlägt, da muß ich auch vertrauen können.
Auf alle Zeiten verlasse ich diese traurige, von Enttäuschung gezeichnete Heimstatt. Ich gehe fort nach Long Beach, um dort ein wenig zu meiner einstigen Fröhlichkeit zurückzufinden.

P. S. Übrigens – als ich die Wohnung verließ, fand ich einen geladenen Revolver auf dem Tisch. Was hat das zu bedeuten?"

Jäh setzte die Madeleonette sich hin. „Ich bin also doch die Antilope", sagte sie.

So kommt es, daß der zweite Absatz dieser Geschichte der letzte ist.

3 Tropfen Komödie

Er war ein großer Mann – mit langen, bleichen Händen, die von den Handgelenken herabbaumelten wie schwere Blüten an schlanken Stengeln. Die blauen Augen unter den langgezogenen Lidern blickten scharf, und das Weiße war von einem seltsamen Adergewirr durchzogen, so daß die Iris wie eine kleine Beere inmitten eines Rebstocks aussah. Er hatte eine merkwürdige Art zu gehen, halb als schlendere er, und obwohl er nie den Eindruck erweckte, es eilig zu haben, schaffte er es irgendwie, ein bißchen rascher vorwärts zu kommen als jeder seiner drei Freunde. Die schlanken Beine mündeten abrupt in flache Hüften, und die prallgefüllten Taschen des Tweedanzugs waren zur Hälfte immer voller Zeitungsausschnitte. Gewöhnlich hatte er eine Zigarre im Mundwinkel hängen, die gelegentlich eine Rauchschwade über einem Kopf aufsteigen ließ, der bereits das Haar zu verlieren begonnen hatte. Der Eindruck war derselbe, wie wenn man ein Bild von einem hohen Berg anschaut, auf den sich eine Wolke niedergesenkt hat. Wenn er sprach, geschah das auf eine knappe, schroffe Weise, der ein gelegentliches gedehntes *und, das* oder *wenn* besonderen Nachdruck verlieh.

Er hatte im Leben viele Dinge getan, über die er mit niemandem sprach. Er gefiel sich in dem Gedanken, daß er immer noch imstande wäre, jene wenigen Freunde in Erstaunen zu versetzen, die er nie auch nur für sich zu interessieren vermocht hatte. Wieder und wieder hatte er in Augenblicken, wo ihm das einiges eingebracht hätte, versäumt, seine Geschichte zu erzählen. Weshalb nur? Wahrscheinlich deshalb, weil sie letzten Endes öde, gewöhnlich und ereignislos verlaufen war.

Die Freunde dieses Mannes gehörten zu der Sorte, die sich von einem Augenblick auf den anderen von der Ebene *Freund* auf die der *Bande* hinabzubegeben vermag. Allein von den Umständen hängt es ab, ob sie nun gerade Freund, Liebhaber, Feind, Dieb, Schläger oder wer weiß was noch alles sind. Da genügt schon eine Hand auf der Schulter, ein ins Ohr geflüstertes Wort, eine bestimmte Kombination offensichtlich unwichtiger Vorfälle.

Der Mann, Roger, wußte das sehr wohl. Ungeachtet seiner verhaltenen Gangart, ungeachtet seines gelassenen Gebarens und seiner gelegentlichen, schnellgesprochenen Äußerungen hatte er ihnen noch nicht gestattet, der Tatsache gewahr zu werden, daß er ihr Meister war. Gewöhnlich saß er unter ihnen, rieb sich das Kinn, rauchte seine Zigarre, hustete und sagte kein Wort. Bisweilen trank er mit ihnen, lachte, wenn sie nicht lachten, und verzog keine Miene, wenn sie vor Lachen röhrten. Nur bei solchen Gelegenheiten kam es vor, daß die anderen plötzlich innehielten, und – indem sie ihn ansahen – mit einem halben Lachen oder einem bloß vorgetäuschten Husten abbrachen. Er verstand sehr gut, weshalb. Er sagte nie etwas dazu.
Dieser Mann hatte Frau und Sohn. Er sprach nie von ihnen, abgesehen von den ein, zwei Malen, wo er seinen Sohn mit einer Spur von schlecht verhohlenem Stolz erwähnte.
Seine Frau war von der Sorte, die, obwohl füllig und mißmutig, bei Gesellschaften und Bällen stets mit einem zartfransigen Federfächer auftaucht, oder der man begegnet, wenn sie mit einer langen Rose zwischen den Zähnen aus Teesalons tritt – etwas, das wahrscheinlich sämtliche Frauen der Welt schon getan haben.
Sie trug ihre Leidenschaft für Blumen bis in ihr eigenes Zimmer hinein und von dort wieder hinaus auf sämtliche Fensterbänke der Wohnung. In Grün gehaltene Blumenkästen bargen, wenn die Jahreszeit es zuließ, Stiefmütterchen und Veilchen, die sie so oft goß, daß sie eingingen.
Ihre Blumen mußten nur hinter ihrer Leidenschaft für ihren Sohn zurückstehen. Für ihren Gatten hegte sie diese eigenartige Wertschätzung, die eine Frau in der Öffentlichkeit häufig dadurch zur Schau stellt, daß sie ihm zuviel Zucker in den Tee tut, während sie ihn gänzlich ohne dasitzen läßt, wenn sie allein mit ihm speist. Für sie hätte Roger jedoch vielleicht einer der großen Männer der Geschichte sein können.
Der Junge war zart gebaut und besaß einige Ähnlichkeit mit seinem Vater – nur daß er kleiner geraten und tatkräftiger war. Er hatte langes strohblondes Haar, eine gerade Nase, ein männliches Kinn, einen beträchtlichen Hang zu unverblümter Ehrlichkeit und ein ausgeprägtes Talent fürs Klavierspiel. Bisweilen jedoch machte er eine knappe Bemer-

kung, die seine Mutter unfehlbar erzürnen mußte und seinen Vater zu Gesten des Unbehagens veranlaßte.
Er fing an, ein hübscher Junge zu werden, und wußte das auch. Sein Versuch, sich einen Schnurrbart zuzulegen, war durchaus geglückt, und er zwirbelte ihn mit solcher Ausdauer, daß seine Fingerübungen entlang der Tonleiter rechtsseitig auffällig abgenommen hatten.
Er machte gern Bemerkungen wie: „Es ist sinnlos, ihr braucht nicht vom Fortschritt der Zivilisation zu reden. Wir sind nichts als geschickte Affen."
„Na, na, Junge!"
„Ja, ich weiß, das hört sich nicht schön an – die haben überhaupt keine Manieren. Doch das ist der einzige Unterschied, versteht ihr? Manieren haben den Frauen bis zum gewissen Grade ein Mitspracherecht verschafft – Shaws Heldinnen beispielsweise verdanken ihre Befreiung der unerschöpflichen Höflichkeit ihrer Gatten. Und noch nie ist ein Mann König geworden, ehe er nicht die Kunst beherrschte, sich ohne Schwierigkeiten zu verbeugen. Der Unterschied zwischen der Verbeugung des Bürgers und der des Aristokraten besteht darin, daß bei dem einen die Gesichtsmuskeln schlaff sind und zulassen, daß Wangen und Lippen vorfallen und seinem Gesicht einen verdrießlichen, unproportionierten Ausdruck verleihen – während bei dem anderen das Gesicht selbst dann noch intakt bleibt, wenn man ihn an den Füßen vom Galgen baumeln läßt."
„Junge, du bist, was die Engländer grauenhaft nennen."
Er zwirbelte seinen hellen Schnurrbart. „Das hast du aber von mir!" sagte er.
Dann seufzte die Mutter gewöhnlich, faltete ihr Taschentuch zu einem sehr kleinen Viereck und sagte zu Roger: „Es tut mir leid, aber ich habe den Eindruck, daß der junge Mann seltsam wird und aus einem merkwürdigen Stoff gemacht ist."
Roger antwortete stets ebenso knapp wie monoton: „Wenn er aus Stoff wär, wär's Seide", schlug die Hacken zusammen und brach auf, um mit seinen drei Freunden in entrücktem Schweigen zu trinken.
Wovor fürchtete er sich denn so sehr? Es war ganz einfach.
Er fürchtete, daß sein Sohn seiner einförmigen Existenz

überdrüssig werden könnte – wußte jedoch gleichzeitig, daß er nicht zu etwas Neuem imstande wäre, ehe das Schicksal ihm nicht den nötigen Stoß versetzte. Dies war der hauptsächliche Grund für seine Schweigsamkeit in bezug auf seine Vergangenheit; selbst seinem Sohn gegenüber verriet er in nichts, daß er auch vor dem Alter von neunundzwanzig schon gelebt hatte. Er erhoffte sich, daß sein Schweigen über diesen Abschnitt seiner Existenz für seinen Sohn zur Quelle romantischer Spekulationen werden würde, die ihn etwas enger an die Familie bänden.
Er ersehnte sich für seinen Sohn eine ehrenvolle Laufbahn. Weshalb, wird noch deutlich werden.
Er hatte ihn oft darauf aufmerksam gemacht, welches Ansehen die Chemie genoß. Sein Sohn hatte nur gelacht. Er schlug ihm einen Mathematikkurs vor. Sein Sohn antwortete prompt: „Zwei und zwei macht fünf." Er ließ das Thema auf sich beruhen und verfiel in eine hymnische Schilderung des Lebens, das einem Anthropologen vergönnt ist. Sein Sohn versetzte: „Die Menschen haben vier Beine, haben jedoch gelernt, zwei davon Hände zu nennen." Sein Vater seufzte.
„Weshalb wirst du denn dann nicht Bauingenieur?"
„Um eine Brücke herzustellen", antwortete der Sohn, „bürdet man einem Mann die Dinge auf, die ihm widerwärtig sind, bis er, tiefgebeugt, seine Hände einmal mehr Füße nennt."
Roger wandte sich plötzlich von ihm ab, drückte sich den Hut tief ins Gesicht und trat auf die Straße hinaus.
Tja, was ließ sich dagegen bloß ausrichten? Was wollte sein Sohn denn im Leben machen? Müßiggehen?
„Nichts da!" murmelte er bei sich, „den werd' ich Mores lehren!"
Doch wenn Eltern murmeln, daß sie demnächst etwas lehren werden, dann ist der Augenblick nicht mehr weit, wo sie etwas lernen können.

Dann kam sein Sohn eines Tages ohne seinen Schnurrbart nach Hause. Roger ging in sein Zimmer und schloß die Tür. Danach lief er stundenlang auf und ab, die Hände auf dem Rücken und einen seltsamen Ausdruck im Gesicht, der zugleich sehr traurig und glücklich war. Eigentlich sah er wie

ein Mann aus, der im Augenblick der Eröffnung, daß er eine beträchtliche Gehaltserhöhung zu erwarten habe, eine Tasse kaltes Wasser ins Gesicht gekippt bekommen hat.
Einerseits war Roger perplex und andererseits die Ruhe selbst. In ihm schien etwas zerbrochen zu sein, doch als er später aus jenem Zimmer wieder herauskam, hatte sich um seinen Mund ein harter Ausdruck festgesetzt, der ihm zugleich kalt aus den Augen leuchtete.
Als er ausging, befühlte er mit ernster Miene und völlig gedankenverloren einen Zettel. Er hatte ihn zu den anderen in seinen vollgestopften Taschen gesteckt.
Er stieß die Tür zu dem Raum auf, der von ihm und seinen drei Freunden so gern frequentiert wurde.
Endlich waren alle still.
Sie fühlten sich mehr als unbehaglich. Dann waren sie erschreckt. Was sie erwartet hatten, war gekommen; das, womit sie gerechnet hatten, würde gleich passieren. Sie hatten das Gefühl, sich vor jenem Absprung zu befinden, der Abenteuer genannt wird und sie für den Rest ihres Lebens aus zufälligen und uninteressanten Figuren in etwas Historisches und Schreckliches verwandeln würde.
Sie bestellten eine Runde Bier und Sandwichs. Roger hielt nicht mit.
„Nein", sagte er wie als Antwort auf etwas, das sie im Chor geäußert hatten. „Nein, Jungs, wir brauchen in dieser Situation nichts als ein wenig Umsicht und ein großes Maß an Einsatzbereitschaft."
Einer von ihnen fragte, was denn los sei.
„Das hier", sagte er langsam, wobei er die Hand an die Hüfte legte und mit den Fingern sacht nach unten griff, indem er sie von der Handfläche her zu ihrer vollen Länge ausstreckte. „Das hier ist los – ich brauche eure vereinigten Kräfte – versteht ihr?"
Sie erklärten ihre Bereitwilligkeit.
„Außerdem brauche ich Verschwiegenheit – klar?"
Sie nickten.
„Kann ich mich auf euch verlassen – jeden einzelnen?"
Sie nickten ein zweites Mal.
„Versteht ihr, es läßt sich ohne eure Hilfe nicht bewerkstelligen – sonst würde ich es allein machen. Der Junge ist stark, und ich bin kein junger Mann mehr."

Er legte den Zettel sacht vor sie hin und blickte sie einen nach dem anderen an, während sie ihn lasen.
Die Notiz von der Hand seines Sohnes lautete: „Alles klar. Charlie wird heute nacht einen famosen Ausbruch hinlegen, falls es nicht regnet – falls doch, warten wir auf eine geeignete Nacht. Würde mir nicht schmecken, ein Abenteuer, das wahrscheinlich mein Leben verändern wird, im Regen anzufangen."
Und ein langgezogenes Gekritzel darunter: „Hoch lebe unsere ständig wachsende Bruderschaft des Rings!"
Die Männer lehnten sich zurück.
„Na?"
Sie antworteten, daß sie nicht recht schlau draus würden.
Roger erklärte bedachtsam: „Das ist von meinem Sohn, versteht ihr! Er hat schon immer damit gedroht, daß er weglaufen würde. Ursprünglich hatte er den Einfall, Zirkusreiter zu werden. Das war, als er fünfzehn war. Dann wollte er Polizist werden. Und in der letzten Zeit tat er nichts anderes, als Sportseiten zu lesen – was bedeutet, daß Jess Willard ihn gepackt hat. Der Rest liegt auf der Hand. Er will mit diesem Freund, dem Charlie, weglaufen, der selbst so ein Preisboxer ist, wenn auch ein bescheidener Anfänger. Das heißt, er macht es nur, wenn es nicht regnet ..."
Die drei antworteten: „Was sollen wir tun?"
Roger antwortete prompt: „Ihn aufhalten natürlich."
„Wie?"
Er lachte und zerknüllte den Zettel in der ersten Faust, die sie ihn je hatten ballen sehen.
„Ja, weshalb stellt ihr mir denn so eine Frage? Wie soll man seine Kinder schon daran hindern können, vom Baum zu fallen, außer indem man ihnen Angst einjagt?"
„Schön, was sollen wir also tun? Details!"
Roger legte beide Arme mit ihren geballten Enden auf den Tisch. „Als erstes müßt ihr alle zu mir nach Hause kommen. Zweitens müßt ihr Geduld haben, viel Geduld, weil ich euch in den Keller stecken muß."
„Uhh, das wird aber kalt", sagte einer.
„Es ist nötig", erwiderte Roger, „dann, wenn ich euch das Zeichen gebe, stürzt ihr alle raus und schnappt euch das Bürschchen. Macht ihm die Hölle heiß und überlaßt ihn dann mir. Natürlich", setzte er hinzu, „sollte ich mich mit

ihm heute abend vernünftig auseinandersetzen. Ihm sagen, daß ich dahintergekommen bin. Ihm den Zettel zeigen – aber ..."
Er unterbrach sich und schaute sich um: „Das würde ihn jedoch nicht lange abhalten. So etwas heizt die Phantasie eines Jungen nur an."
Sie waren ein bißchen enttäuscht: „Das ist weder besonders gefährlich noch sehr interessant."
Roger hieb mit der Faust auf den Tisch: „Für mich schon", antwortete er, „für mich – das genügt. Für mich ist das wichtig. Es geht um die Zukunft meines Jungen."
Er wandte sich ab. In seinen Augen standen Tränen.
„Weiß deine Frau Bescheid?"
Er schüttelte den Kopf. „Nein", sagte er, „ich will nicht, daß sie sich Sorgen macht – außerdem wird er schon genug damit zu schaffen haben, daß ich es weiß."
„Wäre es nicht besser, wir schnappen ihn hier, auf dieser Seite des Wäldchens, wenn er den Park durchquert hat?"
„Nein, nein. Worauf es ankommt, ist, zu verhindern, daß es ihm gelingt, auch nur drei Schritt von Haus zu treten – ich möchte ... wie heißt das doch so schön ... Ich möchte das im Keim ersticken. Ich weiß, wo das hinführt."
„Unsere Kinder", sagte er, offensichtlich einen Moment lang unbekümmert darum, wo er sich befand, „kommen nur so lange zu uns und bleiben gern bei uns, wie die Beine ihnen noch den Dienst versagen. Nur bis sie den Löffel, das Glas und die Gabel selbst halten können, und dann – fliegen sie aus." Er setzte hinzu: „Das Kind hatte recht. Wir sind Affen oder so etwas – wir ändern uns nicht. Sobald wir können, gehen wir; wenn es ein Vogel ist, fliegt er; wenn es ein Kalb ist, läuft es, und wenn es eine Frucht ist, dann fällt sie."
Sie tuschelten miteinander. Sein Zorn hatte sie verändert; seine Bitte um Hilfe freute sie, doch seine Philosophie verdutzte sie nur und brachte sie zum Lachen, was oft dasselbe ist, denn hierin, so wurde ihnen klar, lag nämlich der Unterschied zwischen der Hand, die die Tat ausführt, und dem Hirn, das sie anleitet.
So saßen sie, bis die Abenddämmerung eingesetzt hatte – und dann, als sie Arm in Arm auf die Straße hinaustraten, sagten sie, es sähe nach einer stürmischen Nacht aus, da

keine Sterne zu sehen waren. Sie versprachen, nach dem Abendessen zu Roger zu kommen, und nachdem ihnen eingeschärft worden war, daß sie den Hintereingang benutzen und unverzüglich in den Keller hinabsteigen sollten, trennten sie sich.

Die Nacht war finster geworden, als Roger sich, so gegen neun Uhr dreißig, mit einer Ausrede von seiner Frau verabschiedete und in den Keller hinabstieg. Sein Sohn hatte auf einen Auftritt am Abendbrotstisch verzichtet – was an sich nichts Ungewöhnliches war, doch heute abend stimmte es Roger unglücklich und nachdenklich.

Alsbald machte dreimaliges Klopfen an der Fensterscheibe ihn warnend darauf aufmerksam, daß seine Freunde draußen standen.

Er forderte sie flüsternd auf, herunterzukommen. Und als sie das taten, konnte man meinen, ihre Füße hätten bereits gelernt zu murmeln, wo sie sonst immer gescharrt und beträchtlichen Lärm gemacht hatten. Sie waren mit langen Stecken bewaffnet und boten einen derart furchteinflößenden Anblick, daß sogar Roger zufrieden war.

„Ich glaube nicht, daß es regnen wird", sagte er, indem er das Fensterchen zwei Finger breit öffnete und die Hand hinausstreckte, um Temperatur und Feuchtigkeit der Nacht zu erfühlen.

Sie sprachen gedämpft, was nicht nötig war, ihnen jedoch angemessen erschien. Wenn wir einem Menschen gerade eine Falle stellen, dann tun wir das gewöhnlich in gedämpftem Ton.

Sagte der eine: „Was glaubst du denn, wann er rauskommt?"

Roger antwortete: „Kann sich nur noch um Minuten handeln."

Sagte ein zweiter: „Gibt es eine Tür, die näher zur Straßenseite ist?"

„Hier", sagte Roger.

Schweigend warteten sie; lange Zeit verging. Hin und wieder ließ Roger die Hand aus dem Fensterspalt gleiten, um sich zu vergewissern, daß es nicht regnete. Desgleichen korrigierten die drei Männer hin und wieder ihr Mienenspiel, damit sie auch wirklich furchterregend aussahen, wenn der Angriff losging.

Um elf Uhr lief Roger ungeduldig auf und ab.
„Er verspätet sich", sagte er, „es sei denn, er wartet ab, bis ich nach Hause komme." Darüber mußte er ein bißchen lachen.
Erneut trat er ans Fenster. „Mir war, als hörte ich Schritte", sagte er. Wieder streckte er die Hand aus dem Fenster. Ein feiner, nebelgleicher Regen fiel sanft darauf nieder und benetzte sein Handgelenk. Er zog sie ruckartig zurück. Seine ganze Gestalt entspannte sich.
„Es regnet", sagte er.
Sie schauten einander an.
„Na denn!"
„Trinken wir was. Ich werde euch meiner Frau vorstellen." Wieder lachte er. „Und meinem Sohn."
Schwerfällig stapften sie nach oben. Roger stieß die Wohnzimmertür auf und rief nach seiner Frau.
„Bin schon da!" antwortete sie und trat mit langsamen Bewegungen ins Zimmer. Mit ihrem mißmutigen Blick beäugte sie die Szene.
Roger trat ans Fenster und schloß es.
„Weshalb läßt du denn das Fenster offen?" fragte er. „Es ist kalt, meine Liebe!"
„Ich weiß", antwortete sie und bewegte sich träge durchs Zimmer, als er seine Freunde vorzustellen begann. „Freut mich, Sie kennenzulernen. Ja, ich habe es offen gelassen, als ich gerade eben die Stiefmütterchen gegossen habe. Entschuldige."
Mit einem unterdrückten Aufschrei sprang Roger auf sie zu. „Als du *was* hast?" wollte er wissen.
Sehr langsam setzte er sich. Er schlug die Hände vors Gesicht und fing auf eine harte, eindringliche Weise zu lachen an.
In diesem Augenblick genau vollzog sich der Wandel von einem schweigsamen Mann zu einem Monologisierer.
Etwas in ihm war zerbrochen, und was zerbrochen war, war seine eigene unterdrückte Seele beim Ausbruch seines einzigen Sohnes.
Er spielte nur ein einziges Mal auf das an, was gerade vorgefallen war, ehe er sich in einem Sturzbach von Worten über seine Jugend erging.
„Meine Herren, Sie sehen, was es braucht, um einen Vater

und einen Sohn zu trennen." Er räusperte sich, und indem er beide Hände vor sich spreizte, begann er: „Ja, also, im Jahr achtzehnhundertneununddreißig verließ ich, nachdem ich mich lange danach gesehnt hatte, Preisboxer zu werden, eines Nachts mein Elternhaus durch ein Fenster zum Hof ..."

Er war jetzt ein sanfter, kindlicher Mann. Seine Freunde saßen und starrten einigermaßen verängstigt auf drei hölzerne Stecken, die zu ihren Füßen auf dem Teppich lagen.

Die Nacht in den Wäldern

Für Trenchard repräsentierte das städtische Gefängnis die Freiheit, die er sich immer so leidenschaftlich gewünscht hatte, eine gemeinschaftliche Freiheit, die diejenigen, die sie genießen, als gesellschaftliche Langeweile bezeichnen. Ihm, der ständig in seinem kleinen Keller bedienen mußte, wo er Brot backte, erschien dies quadratische, wackelige Gebäude als etwas Heiliges, bis zu dem Tag, wo er und seine Frau eingesperrt wurden und feststellen mußten, daß sie in einer Gemeinde von fünftausend Einwohnern die einzigen Missetäter waren – und das verdarb die Sache gründlich.

Jennie und er waren so etwas wie die sprichwörtlichen glücklichen dreißig Jahre verheiratet. Beide waren sie klein, gedrungen und gutmütig. Sie waren beide sanftmütig und hatten flaumige Haut und lächelten leicht. Sie waren so genau aufeinander abgestimmt, daß man den Eindruck haben konnte, sie seien irgendwann einmal im selben Nest geboren worden.

Beide stammten ursprünglich aus dem Süden Frankreichs; beide erinnerten sich nicht groß daran, doch riefen sie immer wieder aufgeregt: „Ach, was war das doch für eine Welt, Schatz! Nichts als Sonne und Blätter und umgepflügte Erde und Blumen!"

Beide hatten sie ihr ganzes Eheleben hindurch nahezu ehrfürchtig von der Freiheit gesprochen – und damit die Art von Freiheit gemeint, zu der ihre Jugenderinnerungen zurückschweiften –, von der Freiheit eines Lebens im Freien.

Jennie hätte sich den Gegebenheiten anpassen können, hätte sie nicht treu zu Trenchard gestanden. Zwar blickte sie oft in die Straße hinaus, um die Herrlichkeit der gerade erst erblühten Bäume einzuatmen, die die Bücherei flankierten, doch war das eine passive Art der Sehnsucht, die sie mit ins Grab genommen hätte, hätte es da nicht die entsprechende Sehnsucht in der Brust ihres Mannes gegeben.

Sie hatten keine Kinder, die ihnen die Freiheit geschenkt hätten, die die köstliche Fessel einer nachwachsenden Jugend bedeutet; sie hatten keine Verwandten und keine sehr

engen Freunde außer ihrem Hund Pontz. Sie lebten in einer Welt, die aus genau einem Menschen bestand – für Jennie aus Trenchard, für Trenchard aus Jennie, und dazu kam dann noch beider Liebe zu ihrem Hund, die ein Teil davon war.
In ihrer Jugend war Jennie rund, rosig, freundlich und dabei schnell im Handeln und langsam im Kopf gewesen. Sie war in eine Welt der Hühner und Enten, der Kühe und Pferde und selbstverständlicher Frühlinge und Herbste hineingeboren worden. Sie hatte damals Rattenschwänze gehabt, blaue Kittel getragen und war das stillste Mädchen der ganzen Schule gewesen. Wenn die Jungen sie neckten, runzelte sie ein wenig die Brauen; wenn sie sie an den Zöpfen zogen, wandte sie langsam den Kopf und sagte irgend etwas, das zwar nicht sonderlich herabsetzend war, dafür aber um so zögernder herauskam. Sie weinte nie, jammerte nie und beklagte sich nie. Schließlich ließen sie sie in Ruhe, denn diese Art junger Mensch ist der Fluch im Leben eines ungezogenen Jungen.
In seiner Jugend war Trenchard ebenfalls klein gewesen, pummelig, äußerst gutmütig, dabei aber aufbrausend. Er brauchte lange für seine Schularbeiten, war gründlich, aber träumerisch in seinem Vorgehen und wurde von seinen Eltern sehr verhätschelt.
Er hatte große Augen unter schweren Lidern und eine ungeheuer weiße Haut. Sein Mund und seine Nase wirkten wie etwas, das gegen eine harte, standfeste Mauer absticht. Die Nase war eine abrupt vorspringende Knolle.
Sie war immer noch blond, wenn der Farbton auch blasser wurde. Er war immer noch im Besitz von schwarzem Haar, wenn es auch in den letzten Jahren begonnen hatte, sich ein bißchen zu locken, das einzige Anzeichen dafür, daß er erwachsen geworden war, wie er zu sagen pflegte, woraufhin sie erwiderte: „Du willst wohl noch jünger werden, als du bei der Geburt warst, mein Schatz!"
Natürlich waren sie nicht ständig so milde gestimmt. Sie hatten den einen oder anderen Streit, wie es in guten Familien nicht nur notwendig, sondern auch üblich ist. Er konnte nicht rauchen, und folglich priemte er. Sie hatte ihm diesen „gemeinen Trick, den mein Vater sich nie genehmigt hat" schon längst vergeben. Sie konnte nicht nähen, doch er hatte ihr vergeben, obwohl, wie er sagte, „alle Frauen in

meiner Familie hervorragend mit der Nadel umzugehen verstanden".

Zuweilen verfiel Trenchard in verdrießliches Schweigen; dann lächelte Jennie und bediente die Kunden selbst. Abends, wenn die Backofentür loderte wie das blutende Maul irgendeines Dämons, zog Trenchard, nackt bis zur Hüfte, Brötchen für den Morgenverkauf heraus. Seine Frau sagte dann ziemlich energisch: „Mein lieber Mann, du arbeitest zu schwer. Es ist doch jetzt Zeit und Geld genug vorhanden, damit es sowohl für unsere alten Tage wie für einen kleinen Urlaub reicht."
Darauf schüttelte er den Kopf.
„Doch, du brauchst eine kleine Ruhepause", und dann setzte er stets hinzu: „Pah, was ich brauche, ist Freiheit!"
Sie setzte sich hin, ließ die Hände auf dem Karomuster ihrer Schürze ruhen und sagte: „Na schön, deine Freiheit. Kaufen wir uns doch ein bißchen Land."
„Wovon? Wir haben nicht genug Kapital."
„Riskieren wir es einfach", sagte sie.
„Ehe man zwanzig ist, kann man spekulieren, danach nicht mehr", antwortete er. Und so vergingen die Tage mit den kleinen Sehnsüchten der beiden, die durch die zärtliche Fürsorge des einen für den anderen gestillt wurden.
Und dann kommt der große Einbruch. Ein Mann und seine Frau irgendwo an der Stadtgrenze sterben plötzlich, und als Ursache hat man herausgefunden, daß sich in einem Brotlaib Gift befand. Da Jennie und Trenchard die einzigen Bäcker in der Stadt sind, hat der Polizeichef sie im Nu beim Wickel, und beide landen unweigerlich in eben dem Gefängnis, das zu beziehen Trenchard sich ersehnt hatte.
Wie die Vögelchen fangen sie an, nacheinander zu picken, fragend, redend, lachend, weinend. Trenchards Tränen saßen immer schon locker, und jetzt besteht sein Gesicht gleichzeitig aus Lachen, Tränen, Erstaunen und Angst, Vergnügen und Enttäuschung.

„So sieht das hier also aus!" scheint er zu sagen, als er sich wieder und wieder in der Zelle umdreht, die wie ein gewöhnliches Zimmer aussieht, allerdings eins mit ein paar rostigen Eisenstäben vor den Fenstern.

Unmöglich – er beginnt zu lachen. „Liebe Jennie", sagte er ungeheuer aufgeregt, „da haben wir ja die Freiheit und den Urlaub, von denen wir so lange geredet haben!"
„Lach nicht," erwidert sie streng, „die Lage ist wirklich bedrohlich. Man wirft uns etwas Furchtbares vor – begreifst du das?" Und sie faßt ihn beim Ärmel und zieht daran. „Wir sind wegen Mord hier drin – Giftmord. Natürlich", setzt sie folgerichtig hinzu, „haben wir es nicht getan. Damit brauchen wir uns also nicht zu belasten. Aber vielleicht glauben die ja, daß wir es trotzdem getan haben, und dann müssen wir sterben – ja, ganz gewiß müssen wir sterben, Trenchardlein, und so früh kann ich mich mit diesem Gedanken nicht befreunden."
„Du wirst wohl recht haben." Er setzt sich und beginnt unter gewaltigen Schluchzern wieder zu weinen. Jennie hingegen, trockenen Auges und gelassen faltet sie die Hände über der Schürze, wie sie es so oft in dem kleinen Laden getan hat.
„Was sollen wir bloß tun?"
„Da kann man nichts tun."
Als hätte ihm das einen schrecklichen Stich ins Ohr versetzt, fängt Trenchard erneut zu weinen an, während Jennie ihm die Schulter tätschelt. „Komm, komm", sagt sie tröstend, „du darfst nicht vergessen, Kleiner: Einmal kommt jeder dran, wie es immer heißt. Und nun ist es soweit."
„Aber Jennie, wir werden vielleicht aufgehängt!"
„Sehr wahr."
„Aber das ist ja schrecklich! Wir müssen irgend etwas tun. Gibt es denn auf der ganzen Welt kein Mittel, um diesen Leuten zu beweisen, daß wir das Brot nicht vergiftet haben?"
„O doch, es gibt viele Mittel, wenn sie uns nur lassen."
„Dann laß uns das sofort tun." Mit diesen Worten steht er auf und steuert die Tür an.
„Die Tür ist verschlossen, Trenchard. Wenigstens weißt du jetzt, wie es im Gefängnis ist."
„Daran brauchst du mich nicht zu erinnern."
„Ich will nur, daß du es nicht vergißt."
„Warst du das, Jennie, die mich immer davon abgehalten hat?"
„Was meinst du damit?"
„Deinetwegen habe ich nie meine Freiheit bekommen,

meine geliebte kleine Freiheit, die Liebe meines Herzens."
„Trenchard, du bist ein Schuft."
„Jennie, du bist eine eigensinnige und schlechte Frau."
Woraufhin beide dazu übergehen, zu weinen und einander zu küssen und zu tätscheln, als versuchten sie, ein zerbrochenes Bild wieder heilzumachen, etwas, das sie sich in den dreißig Jahren ihres Ehelebens aufgebaut haben.
Tief umschattet, so als säße sie ebenfalls im Gefängnis, bricht die Nacht an. Die Luft hat sich abgekühlt, denn es ist Spätsommer, und die beiden klammern sich aneinander und warten auf den Schritt des Wärters.
Trenchard fängt an, vor sich hinzuträumen – nicht weit weg ist der Wald, der prächtige, lautere, schützende Wald mit dem Moos und den Blättern. Wie oft hat er sich nicht danach gesehnt, ihn zu erforschen, doch hat die Zeit nicht einmal zu einem Besuch gereicht. Jennie beginnt, sich wegen der Brötchen zu sorgen, die gerade zu gehen angefangen hatten.
„Am Ende stimmt es gar nicht, daß Leben Freiheit ist, hm, Jennie?" Sie schüttelt den Kopf und sorgt sich immer noch wegen der Brötchen.
Er lehnt sich gegen die Gitterstäbe am Fenster und schaut hinaus in die gewaltige Dunkelheit und das noch gewaltigere Schweigen der Wälder. Ein paar wilde Vögel, die der Einbruch der Nacht aufgestört hat, kreisen weit weg am Himmel oben und stoßen einsame, furchtlose Schreie aus, als sie niederfliegen in den Schutz des Waldes.
Auf einmal sagt Trenchard: „Jennie", es klingt verschwörerisch, „wir wollen fliehen!"
In dem Wort *fliehen* steckt mehr als nur die Bedeutung, die er ihm zu verleihen scheint! Darin steckt die ganze Sehnsucht ihres Lebens, die Sehnsucht nach der Freiheit ihrer Jugend, die ihnen im Gedächtnis ist, der Zeit zum Spielen, als sie beide zu jung waren, um sie richtig schätzen zu können, zu jung aber auch, um sie zu vergessen.
„Gibt es denn eine Möglichkeit?"
Großspurig sagt er: „Ich schaffe eine Möglichkeit."
Und das tut er auch. Auf Zehenspitzen durchmißt er den wurmstichigen, baufälligen Raum, tastet den Boden ab und blickt prüfend zur Decke hinauf.

„Versuch mal das Fenster."
Fieberhafte Vorfreude auf das Abenteuer, das er nun endlich mit allen Sinnen erleben wird, erfüllt ihn, während er sich an den Gitterstäben versucht, die in ihrer Verankerung erbeben, aber nicht nachgeben.
Ach, es ist sinnlos; anders verhält es sich mit der Tür. Jennie, die verwegen auf sie zu tritt, wie kleine Kinder auf das zutreten, was sie bisweilen fürchten, um es zu plagen, rüttelt an ihr, und siehe da, die Tür öffnet sich langsam mit einem knarrenden Geräusch, das noch vor wenigen Augenblicken der Laut der Knechtschaft gewesen war.
Sie spähen in die Finsternis hinaus. Irgend jemand schnarcht leise. Sie beginnen zu laufen, anfangs ungeschickt und dann behender. Auf die Schatten der Wälder zu, auf das große Draußen und die große Freiheit. Jennie hat die Brötchen jedoch noch nicht vergessen und keucht: „Sollen wir nicht besser zum Laden zurückgehen, Trenchard, und nach dem Teig sehen?" Doch er hört sie nicht; seine Seele ist erfüllt von der neuen Freiheit, dem ersten Zug Nachtluft und Baumduft in dreißig Jahren.
Er schaudert ein wenig. „Ist das nicht großartig?" Und sie sagt: „Doch, es ist schön." Und sie laufen weiter.
Sie können jedoch nicht sehr weit laufen, weil sie schließlich für so etwas doch ziemlich alt sind, und für Trenchard heißt es überdies, Priemen oder Fliehen, und man muß bedenken, daß der Tabak eine dreißig Jahre alte Gewohnheit war und die Sehnsucht nach Freiheit nur ein dreißig Jahre altes Verlangen, und die eine ist immer stärker als die andere.

Beide sinken neben einem Gebüsch nieder.
Der frische Geruch von Grassoden und Moos steigt ihnen in die Nüstern, der Duft von einer zertretenen Blume, ein paar blutenden Beeren. Das Geräusch der Blätter und des Windes in der Luft hört sich gut an. Die Vögel, die Trenchard beobachtet hatte, sind jetzt gänzlich verschwunden, und bis auf irgend etwas, das sich im Boden regt, und die rastlosen Geräusche eines Waldes, der stetig im Wachstum begriffen ist und der Luft die Erde darbietet, ist alles still.
Alsbald setzen sie ihren Weg fort und dringen tiefer in den Wald ein, dorthin, wo eine Verfolgung beinah unmöglich

ist. Sie lassen sich auf Hände und Knie nieder und kriechen; ein-, zweimal fallen sie aufs Gesicht, und Jennie flüstert: „Diesmal habe ich die Erde geküßt."
Es ist kühl, kälter noch, als sie erwartet haben, und sie haben zu ihrem Schutz nichts als die Büsche, unter denen sie liegen, und Trenchards Mantel.
„Glaubst du", fängt sie an, „daß sie uns hier jemals finden werden?"
Er sagt großspurig: „Das möchte ich bezweifeln."
„Aber was soll denn aus unserem Laden werden?"
„Wie sollen wir denn dahin zurückkönnen – wir sind doch auf der Flucht, verstehst du denn nicht, Jennie?"
„Doch", sagt sie, „ich verstehe." Doch sie versteht nicht und schaut Trenchard mit sorgenvollen Blicken an und denkt, wie sehr er sich tatsächlich nach seiner Freiheit gesehnt haben muß.
„Aber was würden die denn mit uns machen?"
„Weißt du, wie schwer das Verbrechen ist, das man uns zur Last legt?"
„Ja, schon."
„Dann weißt du auch, was sie mit uns machen werden."
„Wir werden sterben."
„Ja, wir werden sterben – vorausgesetzt, sie fangen uns wieder ein."
„Werden sie uns wieder einfangen, Trenchard?"
„Ich weiß nicht – weshalb sorgst du dich denn? Im Augenblick sind wir frei, Jennie. Leg dich hin und schau die Sterne an."
„Ich kann mich nicht hinlegen!" schreit sie mit einemmal und klammert sich an Trenchard. „Wenn sie dich nun kriegen und töten und mich auch?"
„Ach was, sei nur ruhig, dazu kommt es bestimmt nicht."
„Aber vielleicht ja doch?"
In diesem Augenblick schrecken beide hoch.
„Was war das?"
„Es klang nach einem bellenden Hund."
„Und das?"
„Wir werden bereits verfolgt", sagt er trübsinnig und erhebt sich abermals auf die Knie, „komm weiter!"
Sie hören wieder den Hund bellen, und das Bellen ist näher gekommen und schließt eindeutig zu ihnen auf.

„Hör doch!" ruft Jennie aus, „das klingt nach unserem Pontz!"
„Ich habe ihn im Keller gelassen. Er wird uns noch verraten – unser Kind wird uns bestimmt verraten."
Er klingt jetzt so nahe, daß sie glauben, er sei bereits neben ihnen, doch dem ist nicht so. Einen Augenblick später jedoch springt Pontz sie mit seinem schweren weißen Körper an und kläfft dabei kurze, verrückte Entzückenslaute – und er springt um sie herum und leckt ihnen Hände und Gesicht.
Dann hören sie Männerstimmen.
„Oh, mon dieu!" rufen beide aus, „der Kleine hat uns bereits verraten."
Trenchard kniet am Boden und versucht, Pontz die Schnauze zuzuhalten. „Noch nicht", flüstert er.
Pontz beginnt zu winseln, sich zu winden – und als er entwischt ist, bellt er noch lauter und freudiger.
„Es muß sein", sagt Trenchard und packt den Hund bei der Gurgel. Er umspannt sie mit den Händen, drückt langsam zu, und während er drückt, steigen ihm Tränen in die Augen. Jennie sitzt vorgebeugt, die Hände im Schoß. Sie beginnt, die Karos in ihrer Schürze zu zählen. Gleich darauf fangen sie zu graben an.
Werden sie Zeit genug haben, um ihn zu begraben – ihren Kleinen –, der so froh war, sie wiederzusehen, so glücklich, so anhänglich?
Nein. Sie sind zu erschöpft. Schließlich legen beide sich neben dem Körper des toten Pontz nieder.
„Werden sie uns finden?"
„Wahrscheinlich."
„Ist das dort nicht eine Laterne?"
„Doch, ich glaube schon."
„Das ist uns teuer zu stehen gekommen, Trenchard."
„Doch es bedeutet Freiheit – für eine kurze Zeit."
„Sollen wir nicht lieber jetzt gleich sterben, statt nachher, wenn …"
„Nein. Bleib einfach nur liegen. Es ist so schön."
„Schrecklich ist es."
Er setzt sich plötzlich auf und sagt voller Ingrimm: „Die sollen denken, daß wir glücklich und zufrieden sind."
„Ich kann schon verstehen, was sie sagen, Trenchard. Sie sind gleich bei uns."
„Jetzt laß uns still liegen – das ist die Freiheit."

Aller et retour

Unter den Fahrgästen im Zug von Marseille nach Nizza war eine Frau von großer Kraft.
Sie war weit über vierzig und ein bißchen oberlastig. Sie war enggeschnürt, so daß die Korsettstangen sich bei jedem Atemzug bogen, und bei jedem Atemzug und jeder Bewegung erklirrten auch die klobigen Glieder ihrer vielen goldenen Ketten, während das Klicken derbgefaßter, großer Steine ihre leichteren Gesten unterstrich. Von Zeit zu Zeit hob sie eine langstielige Lorgnette vor die häufig zwinkernden Augen und spähte in die Landschaft hinaus, die hinter dem Rauch des Zuges verschwamm.
In Toulon zog sie das Fenster herunter und lehnte sich hinaus, um nach Bier zu rufen, und der Cul de Paris ihres hüftengen Rockes ragte steil über den hochgeschnürten hellbraunen Stiefeln auf, die wohlgeformte Beine in rosawollenen Strümpfen umspannten. Sie lehnte sich zurück, trank ihr Bier mit Genuß und fing derweil die Erschütterungen ihres Körpers auf, indem sie die kleinen molligen Füße fest gegen den Gummibelag des Bodens stemmte.
Sie war Russin, eine Witwe. Ihr Name war Erling von Bartmann. Sie lebte in Paris.
Bei der Abfahrt in Marseille hatte sie ein Exemplar von *Madame Bovary* erstanden, und das hielt sie nun mit leicht angehobenen, abgewinkelten Ellenbogen in den Händen.
Mit Mühe las sie ein paar Sätze, dann legte sie das Buch auf den Schoß nieder und schaute auf die vorbeiziehenden Hügel hinaus.
Nach ihrer Ankunft in Marseille überquerte sie gemächlich die schmutzigen Straßen, den gebufften Rock bis weit über die Stiefel geschürzt, und wirkte dabei gleichzeitig umsichtig und geistesabwesend. Die dünne Haut ihrer Nase erbebte, als sie die üblen Gerüche der engeren Gassen einsog, doch war ihr weder Vergnügen noch Mißvergnügen anzumerken.
Sie lief die steilen, engen, abfallübersäten Straßen hinauf, die vom Hafen ausgehen, und blickte abwechselnd starr nach links und nach rechts, mit einem Blick, dem nichts entging.

Eine derbe Frau lümmelte sich breitbeinig in der Tür zu einem einzelnen Zimmer, das mit einem hochbeinigen, rostigen Eisenbett vollgestellt war. Sie hielt einen Hahn und rupfte ihn beiläufig mit einer riesigen Hand. Die Luft hing voller schwebender Federn. Sie hoben und senkten sich über Mädchen, die unter ordinären dunklen Ponyfransen hervorzwinkerten. Madame von Bartmann setzte achtsam Fuß vor Fuß.
Vor einem Schiffslieferanten blieb sie stehen und sog den scharfen Geruch geteerter Taue ein. Sie nahm mehrere kolorierte Postkarten von ihrem Ständer, auf denen Frauen beim Baden zu sehen waren oder auch fröhliche Matrosen, die sich mit verschmitztem Blick in falscher Treuherzigkeit über vollbusige Sirenen beugten. Madame von Bartmann berührte die Satinstoffe vulgärer, grellfarbiger Bettüberwürfe, die in einem Seitengäßchen zum Verkauf auslagen. Ein Fenster voller Fliegendreck, staubig und von Sprüngen durchzogen, stellte einen stufenförmigen Aufbau von Trauerkränzen zur Schau, die aus weißen und magentaroten Perlen gewunden und von Abbildungen des Blutenden Herzens eingerahmt waren, diese wiederum aus Blech gehämmert und in blattsilberne Flammen gefaßt, und das Ganze gestrandet auf einer Brandung aus Spitze.
Sie kehrte in ihr Hotelzimmer zurück und löste vor dem Spiegel in der hohen Schranktür die Nadeln aus Hut und Schleier. Um die Stiefel aufzuschnüren, setzte sie sich in einen von acht Lehnstühlen, die mit millimetergenauer Präzision an den beiden gegenüberliegenden Wänden aufgereiht standen. Die dicken Samtvorhänge mit ihren üppigen Falten sperrten die Geräusche des Hofes aus, auf dem Tauben verkauft wurden. Madame von Bartmann wusch sich die Hände mit einem großen Oval gewöhnlicher roter Seife und trocknete sie ab, während sie nachzudenken versuchte.
Am Morgen plante sie, auf derbem Leintuch zwischen dem Mahagoni von Kopf- und Fußteil sitzend, den weiteren Verlauf ihrer Reise. Für den Zug war es noch zwei oder drei Stunden zu früh. Sie zog sich an und ging aus. Als sie auf eine Kirche stieß, trat sie ein und streifte langsam die Handschuhe ab. Es war dunkel und kalt, und sie war allein. Zwei Öllämpchen brannten zu beiden Seiten der Figuren

des heiligen Antonius und des heiligen Franziskus. Sie legte ihren Lederbeutel auf einer Bank ab und ging in eine Ecke, wo sie niederkniete. Sie drehte die Steine ihrer Ringe nach innen und legte die Hände so aneinander, daß das Licht durch die kleinen Finger hindurchschien. Sie hob die Hände und betete mit der ganzen Kraft der Erkenntnis um eine gewöhnliche Vergebung.
Sie stand auf und spähte umher, verärgert, weil vor dem Allerheiligsten keine Kerzen brannten – und befühlte dabei den Stoff der Altardecke.
In Nizza löste sie einen Omnibusfahrschein zweiter Klasse und erreichte etwa um vier Uhr den Stadtrand. Mit einem großen Eisenschlüssel öffnete sie das hohe, verrostete Eisentor eines privaten Parks und schloß es wieder hinter sich.
Die Allee der blühenden Bäume mit ihren wohlriechenden Blütenschalen, das Moos, das die geborstenen Pflastersteine umsäumte, die heiße, muskatduftende Luft, das unablässige Flügelrascheln unsichtbarer Vögel – das alles verwob sich zu einem Gewirr tönender Muster, heller wie dunkler.
Die Allee war lang und verlief schnurgerade, bis sie zwischen zwei wuchtigen Tonkrügen, aus denen sich stachelgespickte Arme von Kakteen emporwanden, eine Kurve machte, und gleich dahinter erhob sich das Haus aus Stuck und Stein. Von den Läden, die auf die Allee hinausgingen, war keiner offen, wegen der Insekten, und Madame Bartmann schritt, immer noch mit gerafften Röcken, langsam neben das Haus, wo eine langhaarige Katze wohlig in der Sonne lag. Madame von Bartmann schaute zu den Fenstern hinauf, deren Läden nur halb geschlossen waren, und blieb stehen, überlegte es sich dann jedoch anders und nahm den Weg in das Gehölz im Hintergrund des Hauses.
Das tiefe, durchdringende Gesumme krabbelnder Insekten verstummte, wo sie, mit Bedacht, den Fuß hinsetzte, und sie wandte den Kopf und schaute in die versprengten Tupfer Himmel hinauf.
Sie hielt immer noch den Schlüssel in der behandschuhten Hand, und das siebzehnjährige Mädchen, das aus dem Gebüsch trat, nahm ihn ab, als es neben ihr herzulaufen begann.
Das Kind trug noch kurze Röcke, und das Rosa seiner Knie

hatte vom Staub des Unterholzes einen Stich ins Graue angenommen. Eichhörnchenfarbenes Haar teilte sich leuchtend auf seinem Kopf und stieg zu den Läppchen der schmalen Ohren hinab, wo es von einem verblichenen grünen Band zusammengehalten wurde.

„Richter!" sagte Madame von Bartmann (ihr Gatte hatte einen Jungen gewollt). Das Kind legte die Hände auf den Rücken, ehe es antwortete.

„Ich war draußen, auf den Feldern."

Madame von Bartmann setzte ihren Weg fort, ohne zu antworten.

„Hast du in Marseille Station gemacht, Mutter?"

Sie nickte.

„Wie lange?"

„Zweieinhalb Tage."

„Wieso zweieinhalb?"

„Die Züge."

„Ist das eine große Stadt?"

„Nicht sehr groß, aber schmutzig."

„Gibt es da irgend etwas Schönes?"

Madame von Bartmann lächelte: „Das Blutende Herz – Matrosen ..."

Sie gelangten alsbald aufs freie Feld, und Madame von Bartmann raffte ihren Rock und setzte sich auf einen Erdhügel, der warm war von sonnenbeschienenem Gras.

Das Kind ließ sich mit der Gelenkigkeit seiner Jugend neben ihr nieder.

„Bleibst du jetzt zu Hause?"

„Eine ganze Weile."

„War Paris schön?"

„Paris war Paris."

Das Kind verstummte. Es begann, am Gras zu zupfen. Madame von Bartmann zog die hellbraunen Handschuhe aus, die an der Daumenspitze aufgeplatzt waren, und schwieg einen Augenblick, ehe sie sagte: „Tja, nun, wo dein Vater tot ist ..."

Die Augen des Kindes füllten sich mit Tränen. Es senkte den Kopf.

„Kehre ich eilenden Fußes zurück", fuhr Madame von Bartmann gutmütig fort, „um mein Fleisch und Blut in Augenschein zu nehmen. Schau mich einmal an", setzte sie hinzu

und hob das Kinn des Kindes auf dem Handteller ein wenig zu sich empor. „Zehn, als ich dich das letztemal gesehen habe, und jetzt bist du eine Frau." Mit diesen Worten ließ sie das Kinn des Kindes wieder sinken und zog ihren Handschuh wieder an.
„Komm", sagte sie, „ich habe das Haus schon seit Jahren nicht mehr gesehen." Während sie die dunkle Allee hinaufliefen, sprach sie.
„Steht die schwarze Marmorvenus noch in der Halle?"
„Ja."
„Leben die Stühle mit den geschnitzten Beinen noch?"
„Nur noch zwei. Letztes Jahr hat Erna einen kaputtgemacht, und im vorletzten Jahr ..."
„Ja?"
„Habe ich einen kaputtgemacht."
„Wenn Kinder größer werden", bemerkte Madame von Bartmann dazu. „Na schön. Ist das große Bild noch da, das über dem Bett?"
Das Kind sagte kaum hörbar: „Das ist mein Zimmer."
Madame von Bartmann zog erneut die Handschuhe aus, nahm die Lorgnette von ihrem Busen, hob sie vor die Augen und betrachtete das Kind.
„Du bist sehr dünn."
„Ich bin doch im Wachstum."
„Ich bin auch mal gewachsen, aber eher wie eine Taube. Nun ja, eine Generation kann nicht genau wie die andere sein. Du hast das rote Haar deines Vaters. Das", sagte sie unvermittelt, „war ein schrulliger, verrückter Kerl, dieser Herr von Bartmann. Ich bin nie dahintergekommen, was wir eigentlich miteinander im Sinn hatten. Was dich angeht", setzte sie hinzu, indem sie ihre Lorgnette zusammenklappte und die Handschuhe wieder anzog, „muß ich erst einmal sehen, was er aus dir gemacht hat."
Am Abend in dem wuchtigen Haus mit den wuchtigen Möbeln beobachtete Richter ihre Mutter, wie sie, immer noch in Hut und getüpfeltem Schleier, auf dem ausladenden blanken Flügel spielte, hoch oben hinter dem Terrassenfenster. Es war ein Walzer. Madame von Bartmann spielte schnell, temperamentvoll, ihre juwelenbesetzten Finger sprühten Funken über die Tasten.
Im Dunkel des Gartens lauschte Richter Schubert, der die

Lichtbahn der Fensteröffnung herabgeströmt kam. Dem Kind war jetzt kalt, und es erschauderte in dem langen Mantel, der die Kühle seiner Knie streifte.
Nach einem *finale* in der Manier der großen Oper schloß Madame von Bartmann schwungvoll den Flügel und trat einen Augenblick auf die Terrasse hinaus, wo sie die Luft einsog und die klobigen Glieder ihrer Kette befühlte, während ihr die Insekten waagerecht vor dem Gesicht hin- und herschossen.
Kurz danach kam sie in den Garten hinaus und setzte sich auf eine Steinbank, die Wärme verströmte.
Richter stand ein paar Schritte von ihr entfernt, näherte sich nicht und sagte auch nichts. Madame von Bartmann begann, obwohl sie das Kind gar nicht sehen konnte, zu sprechen, ohne sich dabei umzudrehen: „Du warst immer hier, Richter?"
„Ja", antwortete das Kind.
„In diesem Park, in diesem Haus, mit Herrn von Bartmann, den Hauslehrern und den Hunden?"
„Ja."
„Sprichst du Deutsch?"
„Ein bißchen."
„Laß mal hören."
„Müde bin ich, geh' zur Ruh."
„Französisch."
„O nuit désastreuse! O nuit effroyable!"
„Russisch?"
Das Kind antwortete nicht.
„Ach!" sagte Madame von Bartmann. Dann: „Warst du in Nizza?"
„O ja, schon oft."
„Und was hast du dort gesehen?"
„Alles!"
Madame von Bartmann lachte. Sie beugte sich vor, den Ellenbogen auf das Knie, das Gesicht in die Handfläche gestützt. Ihre Ohrringe kamen zur Ruhe, das Summen der Insekten war deutlich und sanft; der Schmerz lag noch brach.
„Früher einmal", sagte sie, „war ich ein Kind wie du. Dikker, gesünder – aber eben doch wie du. Ich mochte schöne Dinge. Allerdings", setzte sie hinzu, „andere als du, stelle

ich mir vor. Dinge, die lebensbejahend waren. Ich ging abends gern aus, nicht, weil der Abend süß und üppig war – sondern um mich zu ängstigen, weil ich das alles erst so kurze Zeit kannte und es nach mir noch so lange existieren würde. Doch das ...", unterbrach sie sich, „ist nicht entscheidend. Erzähl mir, wie du dich fühlst."
Das Kind im Schatten bewegte sich. „Ich kann nicht."
Madame von Bartmann lachte wieder, brach dann jedoch abrupt ab.
„Das Leben", sagte sie, „ist schmutzig. Und beängstigend ist es ebenfalls. Es enthält einfach alles: Mord, Schmerz, Schönheit, Krankheit – Tod. Weißt du das?"
Das Kind antwortete: „Ja."
„Woher weißt du das?"
Das Kind antwortete abermals. „Ich weiß nicht."
„Siehst du!" fuhr Madame von Bartmann fort, „du weißt nichts. Du mußt *alles* wissen und *dann* beginnen. Du mußt ein ungeheures Verständnis haben, oder du fällst. Pferde tragen dich geschwind aus der Gefahr; Züge bringen dich dorthin zurück. Gemälde versetzen dem Herzen einen tödlichen Stich – sie hängen über einem Mann, den du liebtest und vielleicht in seinem Bett ermordet hast. Blumen betrüben das Herz, weil ein Kind in ihnen begraben wurde. Musik treibt uns in das Grauen der Wiederholung. Die Kreuzwege sind dort, wo die Liebenden Schwüre ablegen, und die Schenken sind für die Diebe da. Nachdenken führt zum Vorurteil, und Betten sind Felder, auf denen Säuglinge eine aussichtslose Schlacht schlagen. Weißt du das alles?"
Aus dem Dunkel kam keine Antwort.
„Der Mensch ist verderbt von Anbeginn", fuhr Madame von Bartmann fort, „verderbt von Tugend und Laster. Er wird von beiden erdrosselt und zunichte gemacht. Und Gott ist das Licht, das das sterbliche Insekt entzündet hat, um sich ihm zuzuwenden und an ihm zu sterben. Das ist sehr weise, doch man darf es nicht mißverstehen. Ich will nicht, daß du über irgendeine Hure in welcher Straße auch immer die Nase rümpfst; bete und wandle und vergehe, doch ohne Vorurteil. Ein Mörder mag weniger Vorurteile haben als ein Heiliger. Manchmal ist es besser, ein Heiliger zu sein. Halt dir nichts zugute auf deine Gleichgültigkeit, solltest du von Gleichgültigkeit gepackt werden, und", sagte sie, „mißver-

steh den Wert unserer Leidenschaften nicht. Er ist nur die Würze des ganzen Grauens. Ich wünsche mir –" Sie sprach nicht zu Ende, sondern nahm ruhig ihr Taschentuch heraus und trocknete sich schweigend die Augen.
„Was?" fragte das Kind aus der Dunkelheit.
Madame von Bartmann erschauderte. „Denkst du denn etwas?" sagte sie.
„Nein", antwortete das Kind.
„Dann *denke*", sagte Madame von Bartmann laut und wandte sich dem Kind zu. „Denk alles, Gutes, Schlechtes, Gleichgültiges, alles, und *tu* alles, *alles*! Versuch herauszufinden, was du bist, ehe du stirbst. Und", sagte sie, indem sie den Kopf zurücklegte und mit geschlossenen Augen schluckte, „komm als wohlgeratene Frau wieder zu mir."
Dann stand sie auf und entfernte sich die lange Seitenallee hinab.
Am selben Abend zur Schlafenszeit rief Madame von Bartmann, die sich, rüschenbesetzt und lavendelduftend, bereits in einem Bett mit leinenem Rosenbaldachin zusammengerollt hatte, durch die Vorhänge hindurch: „Richter, kannst du Klavier spielen?"
„Ja", antwortete Richter.
„Spiel mir etwas vor."
Richter hörte, wie ihre Mutter sich wohlig und schwer im Bett herumdrehte.
Die dürren Beine nach den Pedalen gereckt, spielte Richter mit magerer Technik und leichtem Anschlag etwas von Beethoven.
„Bravo!" rief ihre Mutter, und sie spielte noch etwas, und diesmal blieb es still im Himmelbett. Das Kind schloß den Flügel und zog den Samt über das Mahagoni, machte das Licht aus und trat, immer noch in seinem Mantel fröstelnd, auf die Terrasse hinaus.
Nach ein paar Tagen, während derer sie ihr mit scheuer, verängstigter und verletzter Miene ausgewichen war, trat Richter in das Zimmer ihrer Mutter. Sie sprach ohne Umschweife und beschränkte sich auf wenige Worte: „Mutter, mit deiner Einwilligung würde ich gern meine Verlobung mit Gerald Teal bekanntgeben." Ihr Auftreten wirkte gezwungen. „Vater schätzte ihn. Er kannte ihn schon Jahre. Wenn du erlaubst ..."

„Allmächtiger!" rief Madame von Bartmann und fuhr auf ihrem Stuhl herum. „Wer ist das denn? Wie ist er denn?"
„Er ist bei der Regierung angestellt. Er ist jung ..."
„Hat er Geld?"
„Ich weiß nicht. Vater hat sich darum gekümmert."
In Madame von Bartmanns Zügen mischten sich Bestürzung und Erleichterung.
„Also gut", sagte sie, „ich möchte euch beide um Punkt acht Uhr dreißig zum Abendessen sehen."
Um Punkt acht Uhr dreißig saßen sie beim Abendessen. Madame von Bartmann, die am Kopf des Tisches saß, hörte sich an, was Mr. Teal zu sagen hatte.
„Ich werde mein Bestes tun, um Ihre Tochter glücklich zu machen. Ich bin ein eher beständiger Mensch und auch nicht mehr allzu jung", er lächelte, „ich habe ein Haus am Stadtrand von Nizza. Mein Einkommen ist gesichert –, ein wenig hat mir zudem meine Mutter hinterlassen. Meine Schwester ist meine Haushälterin. Sie ist eine unverheiratete Dame, doch sehr fröhlich und sehr gutherzig." Er schwieg einen Augenblick und hielt sein Weinglas gegen das Licht. „Wir hoffen, bald Kinder zu haben –, Richter wird beschäftigt sein. Da sie zart ist, werden wir jährlich einmal verreisen, nach Vichy. Ich habe zwei sehr schöne Pferde und eine stabil gefederte Kutsche. Sie wird nachmittags ausfahren, wenn sie nichts anderes zu tun hat –, ich hoffe allerdings, daß sie zu Hause am glücklichsten sein wird."
Richter, die zur Rechten ihrer Mutter saß, blickte nicht auf.

Binnen zwei Monaten hatte Madame von Bartmann erneut ihr Reisekleid angelegt, steckte den Kopf unter Hut und Schleier und zurrte ihren Schirm fest, während sie auf dem Bahnsteig stand und auf den Zug nach Paris wartete. Sie schüttelte ihrem Schwiegersohn die Hand, küßte ihre Tochter auf die Wange und stieg in ein Raucherabteil zweiter Klasse.
Sowie der Zug sich in Bewegung gesetzt hatte, zog Madame Erling von Bartmann langsam ihre Handschuhe durch die geschlossene Hand, von den Fingern bis zur Stulpe, und strich sie dann mit festem Griff über dem Knie glatt.
„Herrje, wie überflüssig."

Löschung

Kennen Sie Deutschland, Madame, Deutschland im Frühling? Dann ist es zauberhaft dort, finden Sie nicht auch? Alles so großzügig und frisch, und die Spree, die sich schmal und dunkel vorwärtswindet – und die Rosen! Die gelben Rosen an den Fenstern. Und die strahlenden Amerikaner mit ihrer Gesprächigkeit, wie sie zwischen den Gruppen schwerfälliger deutscher Männer hindurchlaufen, die über ihre Maßkrüge hinweg ihre lebenslustigen, lachenden Frauen anstarren.
Solch ein Frühling war das vor drei Jahren, als ich von Rußland nach Berlin kam. Ich war gerade erst sechzehn, und mein Herz war das Herz einer Tänzerin. So ergeht es einem manchmal; monatelang ist das Herz nur das eine und dann auf einmal – nur noch etwas völlig anderes, *nicht wahr?* Ich saß häufig im Café am Ende der Straße „In den Zelten", wo ich Eier aß und Kaffee trank und den plötzlich niedergehenden Regen der Spatzen beobachtete. Alle kamen gleichzeitig mit den Füßen auf dem Tisch auf, alle befreiten ihn gleichzeitig von Krümeln, und alle flogen gleichzeitig in den Himmel hinauf, so daß das Café ebenso plötzlich ohne Vögel war, wie es zuvor plötzlich voller Vögel gewesen war.
Manchmal kam eine Frau dorthin, etwa um dieselbe Zeit wie ich, so um vier Uhr nachmittags. Einmal kam sie mit einem kleinen Mann, so einem verträumten, unsicheren. Doch ich muß Ihnen schildern, wie sie aussah: *Temperamentvoll* und groß, *kraftvoll* und dünn. Sie muß damals vierzig gewesen sein und war teuer und nachlässig gekleidet. Man hatte den Eindruck, daß sie Mühe hatte, die Kleider anzubehalten. Ständig schauten ihre Schultern heraus, verhakte sich ihr Rock irgendwo, verlegte sie ihren Geldbeutel, doch die ganze Zeit war sie grausam schmuckbehängt, und irgend etwas Absichtsvolles, Dramatisches verband sich mit ihrer Erscheinung, so als sei sie der Mittelpunkt eines Strudels und ihre Kleider seien bloß kurzlebiger Plunder.
Manchmal lockte sie die Spatzen, und manchmal sprach sie mit dem *Weinschenk*, und dabei verschränkte sie die Finger derart gewaltsam, daß die Ringe hervorstachen und man

durch sie hindurchsehen konnte, sie war so lebendig und so deplaziert. Was ihren zierlichen kleinen Mann betraf, so sprach sie Englisch mit ihm, so daß ich nicht wußte, woher sie kam.
Dann ließ ich mich in dem Café eine Woche nicht sehen, weil ich mich beim *Schauspielhaus* bewerben wollte. Ich hatte gehört, daß sie eine Tänzerin suchten, und mir war sehr daran gelegen, die Rolle zu bekommen, so daß ich natürlich an nichts anderes dachte. Ich wanderte ganz allein durch den *Tiergarten* oder bummelte die *Siegesallee* hinunter, wo all die Statuen der bedeutenden deutschen Herrscher stehen und wie Witwer aussehen. Dann plötzlich dachte ich an die *Zelte* und an die Vögel und an die große, eigenartige Frau, also kehrte ich dorthin zurück, und da saß sie, nippte an ihrem Bier und lockte die Spatzen.
Als ich das Café betrat, stand sie sofort auf und kam auf mich zu und sagte: „Ja, guten Tag! Ich habe Sie vermißt. Weshalb haben Sie mir denn nicht gesagt, daß Sie weg wollten? Vielleicht hätte ich ja etwas dagegen unternehmen können."
So redete sie, mit einer Stimme, die einem ans Herz ging, weil sie so hell und rein war. „Ich habe ein Haus", sagte sie, „direkt an der Spree. Sie hätten bei mir bleiben können. Es ist ein großes, geräumiges Haus, und Sie könnten das Zimmer gleich neben meinem haben. Es ist nicht einfach zu bewohnen, aber es ist hübsch – italienisch, wissen Sie, wie die Interieurs auf den venezianischen Gemälden, wo die jungen Mädchen liegen und von der Heiligen Jungfrau träumen. Sie würden erleben, daß Sie dort schlafen können, weil Sie dazu ausersehen sind."
Irgendwie kam es mir gar nicht absonderlich vor, daß sie so auf mich zutrat und mich ansprach. Ich sagte, bestimmt würde ich ihr in diesem Garten bald wiederbegegnen, und dann könnten wir zusammen *nach Hause* gehen, und sie schien zwar erfreut, aber nicht weiter überrascht.
Dann betraten wir den Garten eines Abends genau im selben Augenblick. Es war spät, und die Geigen spielten bereits. Wir setzten uns zusammen, ohne etwas zu sagen, und lauschten einfach nur der Musik und bewunderten das Spiel des einzigen weiblichen Orchestermitglieds. Gespannt verfolgte sie die Bewegungen ihrer Finger und

schien geradezu einen langen Hals zu machen, um alles mitzubekommen. Dann stand die Dame mit einemmal auf, ließ ein paar Münzen auf den Tisch regnen, und ich folgte ihr, bis wir zu einem großen Haus kamen und sie die Haustür aufschloß. Sie wandte sich nach links und trat in ein dunkles Zimmer, machte das Licht an, setzte sich hin und sagte: „Hier schlafen wir; so ist es hier."
Alles war unordentlich und kostspielig und melancholisch. Alles war gediegen und hoch oder breit und geräumig. Eine Kommode reichte mir bis über den Kopf. Der Porzellanofen war riesengroß und hatte ein blaues Blumenmuster. Das Bett war so hoch, daß man darin nur etwas erblicken konnte, das es zu bewältigen galt. Die Wände bestanden vollständig aus Bücherregalen, und alle Bücher waren in rotes Saffianleder gebunden und hatten auf dem Rücken ein goldgeprägtes Wappen, das verzwickt und einschüchternd aussah. Sie läutete nach dem Tee und begann, ihren Hut abzusetzen.
Über dem Bett hing ein gewaltiges Schlachtgemälde; Gemälde und Bett schlossen bündig gegeneinander ab, so daß die riesigen Rümpfe der Hengste erst in den Kopfkissen gezügelt wurden. Die Generäle schienen, so wie sie in ihren fremdländischen Helmen mit tropfenden Schwertern durch die Rauchwalzen und die blutigen Schlachtreihen der Sterbenden wüteten, einen Angriff gegen das Bett zu reiten, das so ausladend, so zerwühlt und verheert war. Die Bettücher schleiften, die Bettdecke hing zerrissen herab, und Federn trieben am Boden entlang und erzitterten unter dem Windhauch, der vom offenen Fenster kam. Die Dame lächelte auf eine traurige, ernste Weise, sagte jedoch nichts, und es verging eine ganze Weile, bis ich auf einmal ein Kind sah, nicht viel älter als drei Jahre, ein kleines Kind, das inmitten der Kissen lag und einen kümmerlichen Laut von sich gab, wie das Summen einer Fliege, und ich dachte, das sei eine Fliege.
Sie sprach nicht mit dem Kind, beachtete es im Grunde gar nicht, so als hätte es ohne ihr Wissen in ihrem Bett gelegen. Als der Tee hereingebracht wurde, schenkte sie ihn zwar ein, rührte ihn jedoch nicht an und trank statt dessen kleine Gläser Rheinwein.
„Ludwig haben Sie ja gesehen", sagte sie mit einer schwa-

chen, kummervollen Stimme. „Wir sind schon seit sehr langer Zeit verheiratet, er war damals noch ein Junge. Und ich? Ich bin Italienerin, habe aber Englisch und Deutsch gelernt, weil ich bei einem Tourneetheater war. Sie", sagte sie unvermittelt, „Sie müssen das Ballett aufgeben – das Theater – die Schauspielerei."
Aus irgendeinem Grund empfand ich es nicht als merkwürdig, daß sie von meinem ehrgeizigen Wunsch wußte, wo ich doch noch gar nichts davon gesagt hatte. „Und", fuhr sie fort, „Sie sind nicht für die Bühne gemacht; Sie sind für etwas Stilleres, Zurückgezogeneres geschaffen. Hören Sie, ich liebe Deutschland sehr, ich lebe hier schon seit etlichen Jahren. Sie werden bleiben, und dann werden Sie schon sehen. Sie haben Ludwig ja gesehen, Sie werden bemerkt haben, daß er nicht stark ist. Er läßt ständig den Kopf hängen, das kann Ihnen nicht entgangen sein. Man darf ihm keinen Kummer zumuten, er hält überhaupt nichts aus. Er hat sein eigenes Zimmer." Sie schien auf einmal erschöpft und stand auf und warf sich übers Bett, am Fußende, und schlief fast augenblicklich ein, umflossen von ihrem Haar. Ich ging daraufhin weg, kehrte jedoch am selben Abend wieder zurück und klopfte an die Scheibe. Sie trat ans Fenster, machte mir ein Zeichen und tauchte gleich darauf an einem anderen Fenster auf und winkte mir, und ich schwang mich auf die Fensterbank und kletterte hinein, und es störte mich nicht, daß sie mir die Tür nicht aufgemacht hatte. Das Zimmer war nur vom Mond und von zwei dünnen Kerzen erhellt, die vor der Jungfrau brannten.
Es war ein schönes Zimmer, Madame, *traurig*, wie sie sagte. Alles war bedeutungsvoll und alt und düster. Die Bettvorhänge waren aus rotem Samt, italienisch, wissen Sie, und von Goldlitze umsäumt. Der Bettüberwurf war aus dunkelrotem Samt und mit der gleichen Litze eingefaßt. Am Boden neben dem Bett stand eine Fußbank, auf der ein rotes, quastenverziertes Kissen lag, und auf dem Kissen lag aufgeschlagen eine Bibel in italienischer Sprache.
Sie gab mir ein langes Nachthemd, das fiel bis zu den Füßen hinab und bauschte sich dann fast bis an die Knie. Sie öffnete mir das Haar, es war damals lang und gelb. Sie flocht es zu zwei Zöpfen; sie ließ mich neben sich niederknien und sagte ein Gebet auf Deutsch, dann eins auf Italie-

nisch, schloß mit den Worten „Gott segne dich", und ich ging zu Bett. Ich liebte sie sehr, weil es zwischen uns nichts gab als diese seltsame Vorbereitung aufs Zubettgehen. Sie ging dann aus dem Zimmer. Ich hörte das Kind weinen, war jedoch müde.
Ich blieb ein Jahr lang. Der Gedanke an die Bühne war aus meinem Herzen gewichen. Ich war eine *réligieuse*, eine Nonne geworden. Es war eine sanfte Religion, die mit dem Gebet begonnen hatte, das ich ihr an jenem ersten Abend nachgesprochen hatte, und mit der Art, wie ich schlafen gegangen war, obwohl wir die Zeremonie niemals wiederholten. Sie wuchs unter dem Einfluß der Möbel und der Atmosphäre des ganzen Zimmers und der Bibel, die an einer Seite aufgeschlagen lag, die ich nicht lesen konnte. Eine Religion, Madame, die keinerlei Entbehrung kannte, und vielleicht war sie demnach nicht gottgefällig und nicht, wie sie eigentlich hätte sein sollen. Ich war eben glücklich, und ich lebte dort ein Jahr lang. Ludwig sah ich fast nie und ebenso selten auch Valentine, denn so hieß ihr Kind, ein kleines Mädchen.
Am Ende jenes Jahres merkte ich jedoch, daß in anderen Ecken des Hauses Unruhe herrschte. Ich hörte sie des Nachts umherlaufen, und manchmal war Ludwig dann bei ihr, ich konnte ihn schreien und sprechen hören, doch ich konnte nicht verstehen, was er sagte. Es hörte sich nach einer Belehrung an, etwas, das von einem Kind wiederholt werden soll, doch wenn das so war, dann blieb die Antwort aus, denn das Kind gab nie einen Ton von sich, außer jenem summenden Schrei.
Manchmal ist es herrlich in Deutschland, Madame, *nicht wahr*? Es geht nichts über einen deutschen Winter. Sie und ich gingen gern am Kaiserpalais spazieren, und sie strich über die Kanonen und sagte, sie seien großartig. Wir sprachen über Weltanschauliches, denn sie hatte das Problem, daß sie zuviel nachdachte, doch sie kam immer zu demselben Schluß, daß man wie alle anderen auch sein oder zu sein versuchen müsse. Sie erklärte, so wie alle anderen zu sein, mit seinem ganzen Wesen und ohne Einschränkung, das heiße, heilig sein. Sie sagte, die Menschen verstünden nicht, was damit gemeint sei, wenn es heiße *Liebe deinen Nächsten wie dich selbst*. Es sei damit gemeint, sagte sie, daß

man sein solle wie alle Menschen *und* man selbst, und dann sagte sie, man sei gleichzeitig am Ende und mächtig.
Manchmal sah es so aus, als käme sie zurecht, als sei sie durch und durch Deutschland, zumindest in ihrem italienischen Herzen. Sie wirkte so heillos gefaßt und dabei doch betrübt, daß ich mich vor ihr fürchtete und auch nicht fürchtete.
So verhielt sich das, Madame, sie schien es so haben zu wollen, obwohl sie nachts sehr konfus und zerstreut war, ich konnte sie in ihrem Zimmer umhergehen hören.
Dann kam sie eines Nachts herein und sagte, ich müsse zu ihr ins Zimmer kommen. Es war in einer entsetzlichen Unordnung. Es stand ein Kinderbett darin, das vorher nicht dagewesen war. Sie zeigte darauf und sagte, das sei für mich.
Das Kind lag in dem prächtigen Bett, gegen ein großes Spitzenkissen gelehnt. Inzwischen war es vier Jahre alt und lief doch nicht, und ich hörte es niemals irgend etwas sagen oder irgendeinen Laut von sich geben, außer jenem summenden Schrei. Es war schön auf diese unechte Weise, wie schwachsinnige Kinder schön sind. Ein heiliges Tier ohne Abnehmer, befleckt von Unschuld und öder Zeit, honigblond und schwach, wie jene zwergenhaften Engel auf frommen Drucken und Valentinskarten, wenn Sie verstehen, was ich meine, Madame, etwas, das für einen besonderen Tag aufgehoben wurde, der nicht kommen würde, überhaupt nicht fürs Leben, und meine Dame sprach unterdessen ruhig zu mir, doch ich kannte sie überhaupt nicht mehr.
„Du mußt jetzt hier schlafen", sagte sie, „ich habe dich dafür hergeholt, falls ich dich brauchen sollte, und ich brauche dich. Du mußt hierbleiben, du mußt für immer hierbleiben." Dann fragte sie: „Willst du?", und ich sagte, nein, das könne ich nicht.
Sie nahm ihre Kerze hoch und stellte sie neben mir auf den Boden und kniete daneben nieder und schlang mir die Arme um die Knie. „Bist du treulos?", sagte sie. „Bist du in mein Haus, sein Haus, das Haus meines Kindes gekommen, um uns im Stich zu lassen?", und ich sagte, nein, ich sei nicht gekommen, um sie im Stich zu lassen. „Dann", sagte sie, „wirst du tun, was ich dir sage. Ich werde es dich leh-

ren, langsam, ganz langsam. Es wird dich nicht überfordern, doch du mußt beginnen, zu vergessen, du mußt *alles* vergessen. Du mußt alles vergessen, was die Menschen dir erzählt haben. Du mußt alle Argumente und die Philosophie vergessen. Es war falsch von mir, von solchen Dingen zu sprechen. Ich dachte, es würde dich lehren, wie du in ihren Geisteszustand zurückfallen kannst, wie du die vergehende Zeit für sie auflösen, dich in ihre Entbehrung und ihre Enteignung hineinfinden könntest. Ich habe dich schlecht erzogen; ich war eitel. Du wirst es besser machen. Vergib mir." Sie legte die Handflächen auf den Boden und hielt ihr Gesicht dicht vor meins. "Du darfst niemals ein anderes Zimmer sehen als dieses. Es war eine große Eitelkeit, daß ich dich zum Spazierengehen mitgenommen habe. Jetzt wirst du hier drinbleiben, sicher aufgehoben, und du wirst schon sehen. Du wirst es mögen, du wirst lernen, es überhaupt am allermeisten zu mögen. Ich werde dir Frühstück bringen und Mittagessen und Abendessen. Ich werde es euch beiden persönlich bringen. Ich werde dich auf den Schoß nehmen, ich werde dich füttern wie ein Vogeljunges. Ich werde dich in Schlaf wiegen. Du darfst nicht mit mir streiten, – vor allem dürfen wir keine Auseinandersetzungen haben, keine Gespräche führen über den Menschen und sein Schicksal – der Mensch hat kein Schicksal – das ist mein Geheimnis, ich habe es dir bis heute verschwiegen, bis zu diesem Augenblick. Warum ich es dir nicht schon früher gesagt habe? Vielleicht habe ich dies Wissen eifersüchtig gehütet, ja, das muß es sein, doch jetzt schenke ich es dir, ich teile es mit dir. Ich bin eine alte Frau", sagte sie und hielt immer noch meine Knie umfaßt, "als Valentine geboren wurde, war Ludwig noch ein Knabe." Sie stand auf und trat hinter mich. "Er ist nicht stark, er begreift nicht, daß die Schwachen das Stärkste auf der Welt sind, weil er einer von ihnen ist. Er kann ihr nicht helfen, sie sind unzugänglich für einander. Ich brauche dich, du mußt es sein." Plötzlich begann sie, mit mir zu sprechen, wie sie mit dem Kind sprach, und ich wußte nicht, mit wem von uns beiden sie sprach. "Sprich mir nie irgend etwas nach. Weshalb sollen Kinder nachsprechen, was die Leute sagen? Das Ganze ist nichts als ein Geräusch, so heiß wie das Innere eines Tigermauls. Sie nennen das Kultur – aber das ist eine Lüge!

Doch eines Tages wirst du vielleicht hinausgehen müssen, wird irgend jemand dich auszuführen versuchen, und dann wirst du sie nicht verstehen oder was sie sagen, außer du verstehst gar nichts, absolut nichts, dann wirst du damit fertig werden." Sie umkreiste mich, so daß sie uns ansah und mit dem Rücken zur Wand stand. „Hör zu", sagte sie, „es ist alles vorbei, es ist verschwunden, du brauchst keine Angst zu haben; es gibt nur dich. Die Sterne sind verloschen, und der Schnee fällt und deckt die Welt zu, die Hecken, die Häuser und die Lampen. Nein, nein!", sagte sie zu sich selbst, „warte. Ich werde dich auf die Füße stellen und dich mit Bändern aufputzen, und dann werden wir hinausgehen, in den Garten, wo die Schwäne sind und die Blumen und die Bienen und kleine Tiere. Und dann werden die Studenten kommen, denn es wird Sommer sein, und die werden in ihren Büchern lesen –", sie brach ab, nahm dann jedoch ihre wilde Rede wieder auf, diesmal, als spräche sie wirklich zu oder von mir: „Katya wird mit dir gehen. Sie wird dich unterrichten, sie wird dir sagen, daß es keine Schwäne, keine Blumen, keine Tiere gibt – *nichts,* absolut nichts, geradeso wie es dir gefällt. Keinen Geist, keinen Gedanken, auch sonst absolut nichts. Keine Glocken werden läuten, keine Menschen werden sprechen, keine Vögel werden fliegen, keine Knaben werden sich regen, es wird keine Geburt geben und keinen Tod; keinen Kummer, kein Lachen, kein Küssen, kein Weinen, kein Entsetzen, keine Freude; kein Essen, kein Trinken, keine Spiele, kein Tanzen; keinen Vater, keine Mutter, keine Schwestern, keine Brüder – nur dich, nur dich!"

Ich unterbrach sie und sagte: „Gaya, was quält dich nur so, und was soll ich tun?" Ich versuchte, die Arme um sie zu legen, doch sie schlug sie weg und schrie: „Still!" Dann sagte sie, während sie mit ihrem Gesicht ganz nah an meins herankam: „Sie hat keine Klauen, um daran zu hängen. Sie hat keinen jagdflinken Fuß; sie hat kein Maul für das Fleisch – *Leere!*"

Dann, Madame, stand ich auf. Es war sehr kalt im Zimmer. Ich trat ans Fenster und zog den Vorhang beiseite, es war eine kalte, sternklare Nacht, und ich stand, den Kopf an den Fensterrahmen gelehnt, und sagte nichts. Als ich mich wieder umwandte, schaute sie mich an, mit ausgestreckten

Händen, und ich wußte, daß ich weggehen und sie verlassen mußte. Und ich trat zu ihr und sagte: „Auf Wiedersehen, my Lady." Und ich ging und zog meine Straßenkleidung an, und als ich zurückkam, lehnte sie an dem Schlachtgemälde, mit herabgesunkenen Händen. Ich näherte mich ihr nicht, sondern sagte nur: „Auf Wiedersehen, mein Herz", und ging.

Manchmal ist es schön in Berlin, Madame, *nicht wahr*? Mein Herz wurde von etwas Neuem bewegt, dem leidenschaftlichen Wunsch, Paris kennenzulernen, und so war es nur natürlich, daß ich Berlin *Lebewohl* sagte.

Ich ging zum letztenmal in das Café „In den Zelten", aß meine Eier, trank meinen Kaffee und beobachtete das Kommen und Gehen der Vögel – erst alle auf einmal da, dann alle auf einmal weg. Ich war glücklich gestimmt, denn so ist das mit meiner Stimmung, Madame, wenn ich woanders hingehe.

Doch ein einziges Mal kehrte ich noch zu ihrem Haus zurück. Ich ging einfach nur durch die Tür hinein, denn alle Türen und Fenster waren geöffnet – vielleicht machten sie ja an dem Tag sauber. Ich stand vor der Schlafzimmertür und klopfte, doch es kam keine Antwort. Ich stieß die Tür auf, und da war sie. Sie saß aufrecht mit dem Kind im Bett, und sie und das Kind stießen diesen summenden Schrei aus, und zwischen ihnen gab es keinen menschlichen Laut, und wie gewöhnlich herrschte eine gewaltige Unordnung. Ich trat neben sie, doch sie schien mich nicht zu erkennen. Ich sagte: „Ich gehe weg; ich fahre nach Paris. Ich habe große Sehnsucht, in Paris zu sein. Deshalb bin ich gekommen, um Lebewohl zu sagen."

Sie stand vom Bett auf und kam mit bis zur Tür. Sie sagte: „Verzeih mir – ich habe dir vertraut – ich habe mich geirrt. Ich wußte nicht, daß ich es selbst tun konnte, doch du siehst ja, ich kann es selbst." Dann legte sie sich wieder aufs Bett und sagte: „Geh weg", und ich ging.

So ergeht es einem, wenn man reist, *nicht wahr,* Madame?

La Grande Malade

Und da waren wir, meine Schwester Moydia und ich, Madame. Moydia war fünfzehn, und ich war siebzehn, und wir waren rundum jung. Moydia hat eine dünne, dünne Haut, so daß ich sitze und sie anschaue und mich frage, wie sie überhaupt Ansichten haben kann. Sie ist vollkommen weiß, bis auf die Backenknochen, die damals rosig waren: ihre Zähne sind Milchzähne, und sie ist ein zierliches Persönchen, sehr hübsch und possierlich. Sie wollte *tragique* werden und *triste* und *schrecklich* zugleich, wie die großen Französinnen der Zeit, nur heftiger und vielleicht weniger *pure*, und dabei doch sterben und ihr Herz aufgeben wie eine Jungfrau. Es war eine edle, eine unsinnige Ambition, *n'est-ce pas*, Madame? Doch so stand es nun einmal um Moydia. Als wir in Norwegen waren, saßen wir immer in der Sonne und lasen Goethe und waren überhaupt nicht einverstanden mit ihm. „Der Mann ist *pompeux* und zu *assuré*", sagte sie dann und kniff die Lippen zusammen, „und viel, viel zu *facile*." Doch dann sagen die Leute halt, wir verstünden nichts davon.

Wir sind Russinnen, Moydia und ich, und es war reiner Zufall, der entsetzlichste Zufall in unserem ganzen bisherigen Leben, daß wir überhaupt jemals erfahren haben, daß unsere Großmutter Jüdin war – und warum? Weil man ihr nichtsahnend *erlaubt* hatte, auf dem Totenbett Champagner zu trinken, und Juden ist Champagner doch verboten. Und weil sie nun sozusagen verdammt war (zum Sterben und obendrein wegen der *Erlaubnis*), zwang sie Mutter, ebenfalls Champagner zu trinken, so daß sie schon als Lebende verdammt wäre wie die Sterbende im äußersten Falle. So sind wir denn Jüdinnen und keine Jüdinnen. Wir sind das, *wo* wir sind. Wir sind Polinnen, wenn wir in Polen sind, und wenn wir in Holland sind, sind wir Holländerinnen, und jetzt in Frankreich sind wir Französinnen, und eines Tages werden wir nach Amerika gehen und Amerikanerinnen sein, warten Sie nur ab, Madame.

Mittlerweile habe ich das ganze Polnisch vergessen, das ich konnte, und das ganze Russisch, das ich konnte, und das ganze Holländisch, außer allerdings einem Gedicht. Ach,

dies Gedicht! Dies winzige Gedichtchen! Es geht einem so ans Herz, so ein schwermütiges, süßes Stückchen Sprache. Es erfüllt einen von Kopf bis Fuß mit Mitleid, weil es zwar vollständig, aber verstümmelt ist, wie eine griechische Statue, und dennoch ein Ganzes, wie ein Leben, Madame.
Nun bin ich nach Paris gekommen, und ich respektiere Paris. Anfangs respektierte ich es in einem großen Hut. Ich bin klein, und ein großer Hut stand mir eigentlich gar nicht, doch ich trug ihn aus Respekt. Es war ein einziger Wirrwarr aus Blumen und einer protzigen Feder; er umstand mein Gesicht, so daß es sich inmitten eines Gartens befand. Mittlerweile trage ich ihn nicht mehr. Ich mußte in meinem Wissen zurückgehen, geradenwegs zurück bis zu der Stelle in meiner Erinnerung, wo ich meinen Vater anschaue und sehe, wie er aussah, wenn er aus dem Schnee hereinkam. Damals sah ich ihn nicht wirklich. Jetzt sehe ich hingegen, daß er die ganze Zeit, als ich mir keinerlei Gedanken über ihn machte, wahrhaft schön war – mit seiner Breitschwanzmütze, dem Rock mit Schnürbesatz, mit all den silbernen Knöpfen und den hohen, spiegelblanken Stiefeln, die seine Beine unmittelbar unter dem Knie umschlossen. Dann denke ich an das Fenster, von dem ich herunterblickte und die Rundung jenes Hutes sah, – eines wunderbaren, eines geheimnisvollen roten Filzhutes. Also trage ich meine Hüte aus Respekt für jenen Mann klein. Irgendwann, wenn ich Geld habe, werden meine Schuhe höher sein und mir bis zum Knie reichen. Das ist mein persönlicher Weg, Madame, doch es ist nicht dasselbe mit Moydia. Sie hat eine *großartige Erinnerung, die zur Gegenwart gehört,* und die dreht sich ausschließlich um ein Cape, und folglich trägt sie jetzt ein Cape, bis etwas noch Gebieterischeres das Cape vertreibt. Doch das muß ich erklären.
Zunächst einmal sind wir ja sehr jung, wie schon gesagt, und deshalb wird man auch sehr rasch *tragique*, wenn man tüchtig ist, stimmt das nicht? Also war Moydia, die doch zwei Jahre jünger ist als ich, fast sofort erschöpft.
Sie wissen doch, wie das in Paris ist im Herbst, wenn der Sommer sich gerade vom Laub trennt. Ich war mit Moydia zwei Herbste lang hier gewesen; der erste war traurig, ohne einem das Herz schwer zu machen, so wie das eben ist, wenn alle Geliebten, die man hat, trotz der Kälte leben. Wir

gingen in den Tuilerien spazieren, ich mit meinem Käppchen und Moydia in einem flauschigen Mantel, denn die Art Mantel trug sie damals gerade, und wir kauften uns vor dem Kasperletheater rosa und blaue Bonbons und lachten, wenn die Puppen einander hauten, und dabei war Moydias Gesicht unter der zitronenduftenden Haut ganz angespannt, und die Tränen liefen ihr aus den Augen, als wir fanden, wie vollkommen das alles war, die Puppen mit ihrem Gehaue und die Bäume, die kahlen, und der Boden, der zugeschüttet war von ihrem Laub – und dann der Teich. Wir blieben am Teich stehen. Das Wasser war bis zum Rand voll mit Wasserlilienkissen, und Moydia sagte, es sei eine Schande, daß die Frauen sich in die Seine stürzten, nur um in deren Gram einzugehen, statt sich in einen genau richtigen Teich wie diesen zu werfen, wo das Wasser ein Teil von ihnen würde. Wir grämten uns ungeheuer darüber, daß die Menschen nicht in Schönheit lebten oder starben und auch überhaupt nichts planten, und wir erklärten auf der Stelle, daß wir es besser machen würden.
Danach bemerkte ich, fast sofort, daß Moydia ein wenig zu dekorativ geworden war. Sie streute sich den Zucker aus zu großer Höhe in den Tee, und sie sprach sehr schnell. So war das mit meiner Schwester Moydia in jenem Herbst.
Und natürlich wurden wir plötzlich ungeheuer raffiniert. Wir hängten uns zwei lange Spitzenvorhänge über die Betten, und wir sprachen von Liebhabern, und wir rauchten. Und ich? Ich ging in Seidenhosen umher, aus Respekt für China, das ja ein gewaltiges Land ist und *majesté* besitzt, weil man es nicht kennen kann. Es ist wie ein dickes Buch, das man zwar lesen, nicht aber verstehen kann. Also erzähle ich Moydia von China; und wir hielten drei Vögel, die nicht sangen, als Symbol des chinesischen Herzens. Und Moydia lag auf ihrem Bett und wurde immer ruheloser, wie eine Geschichte, die keinen Anfang und kein Ende kennt, nur eine Leidenschaft, wie aufzuckende Blitze.
Immerfort strampelte sie mit den Beinen und zerriß sie Spitzentaschentücher und weinte sie in ihr Kissen, doch wenn ich sie fragte, weshalb sie das alles täte, dann setzte sie sich mit einem Ruck auf und wimmerte: „Weil ich *alles* will und mich in der Jugend verzehren!"
So wußte sie eines Tages dann alles. Obwohl ich zwei Jahre

älter bin als Moydia, ist es mit mir anders. Ich lebe langsamer, nur Frauen hören mir zu, doch Moydia beten die Männer an. Sie hören ihr nicht zu, sie schauen. Sie schauen sie an, wenn sie sich hinsetzt und wenn sie geht. Mit einemmal begann sie, völlig anders zu gehen und sich hinzusetzen. All ihre Bewegungen waren eine Art *malheureuser* Sturm. Sie hatte ihren Liebhaber, und sie lachte und weinte, das Gesicht nach unten gekehrt, und wimmerte dabei: „Ist es nicht herrlich?" Und vielleicht war es tatsächlich herrlich, Madame. Von all ihren Bewunderern hatte sie den Berühmtesten gewählt, keinen anderen als Monsieur X. Seine große Bekanntheit hatte ihn abgezehrt. Er kleidete sich sehr *soigneusement*, weiße Handschuhe, wissen Sie, und Gamaschen und ein Cape, eine sehr kleidsame Angelegenheit mit einem Militärkragen; und er war *grave* und *rare* und starrte einen mit dem einen Auge überhaupt nicht an, aber das andere, das blickte aus einem Monokel heraus, wie das lidlose Auge eines Fisches in tiefem Wasser. Er war der *protégé* eines Barons. Der Baron hatte ihn sehr gern und nannte ihn seinen *Poupon prodigieux*, und sie spielten zur Unterhaltung des Faubourg Farcen. So verhielt sich das mit Monsieur X, jedenfalls in seiner Glanzzeit, als er, sagen wir ruhig, die *belled'un-jour* und damit beschäftigt war, Fabeln über Gott und die Welt zu schreiben, doch beendete er die Geschichten stets mit einigen Absätzen gegen die Frauen, *très âcres*.

Moydia begann, sich eine gutturale Stimme zuzulegen. Sie wurde eine *habituée* der Oper; entfesselt umflatterte und umtänzelte sie Monsieur X während der Pause, zerpflückte dabei die Blumen und verstreute sie überallhin und trällerte: *„Je suis éternellement!"* Das Publikum sah das mit Mißvergnügen, doch der Baron war entzückt.

Weil meine Schwester und ich schon immer viel zusammen gewesen waren, waren wir auch jetzt viel zusammen. Zuweilen besuchte ich den Baron mit ihr und hatte viele erbauliche Stunden, indem ich die beiden einfach nur beobachtete. Wenn der Baron Gäste hatte, war er sehr heiter und verstand sich glänzend auf eine Art gealterter Unreife, und Moydia spielte dann das Kätzchen oder die große Dame, wie es der Anlaß erforderte. Wenn er sie einen Augenblick lang zu vergessen schien, wurde sie zur *gamine*, streckte ihm die Zunge heraus, wenn er ihr den Rücken zukehrte, und zischte: *"Ah, tu es belle!"*, woraufhin er sich umdrehte und lachte, und sie wiederum fiel ihm in den Schoß, mit allem was sie hatte, ganz steif und *enragée*. Und dann mußte er sie lange Zeit streicheln und sie mit seiner hohen, abgenutzten femininen Stimme fragen, was los war. Und einmal wollte sie die Augen nicht öffnen, sondern kreischte und ließ ihn ihr Herz fühlen, indem sie sagte: „Schlägt dies Geschöpf nicht gräßlich?", und er fragte in flehentlichem Ton: „Weil, weil?"

Dann klatschte sie in die Hände und brach in Tränen aus und schrie: „Ich verkörpere zu viele Schicksale für Sie. Ich bin Marie auf dem Weg zur *guillotine*. Ich bin Bloody Mary, doch ich habe kein Blut gesehen. Ich bin Desdemona, doch Othello – wo ist der? Ich bin Hekuba und Helena. Ich bin Gretchen und Brünhild, ich bin Nana und Camille. Doch ich bin nicht so gelangweilt, wie sie es sind! Wann werde ich mich *richtig* langweilen?"

Er langweilte sich und schob sie von seinem Knie herunter. Sie stürzte sich auf ihn und zerrte an seinen Kleidern und zerriß ihm die Handschuhe und sagte seelenruhig: „Ich kann mich nur wundern, wie ich Sie so gar nicht liebe."

Doch wenn wir nach Hause kamen, mußte ich sie zu Bett bringen. Sie zitterte und lachte, und sie schien Fieber zu haben.

„Hast du sein Gesicht gesehen? Das ist ein Untier! Ein Produkt der *malaise*. Er *will*, daß ich sein Sakristan bin. Er hätte gern, daß ich ihn beerdige. Da bin ich mir sicher. Katya, bist du dir nicht auch sicher? Er ist eine alte Seele. Er ist an seinem sterblichen Ende angelangt. Er ist ekelhaft vor lauter *finis*. Doch der Tod hat ihm einen Aufschub gewährt. Oh!", schrie sie, „ich bete ihn an! Ich bete ihn an! Ich bete ihn an! Oh, ich bete ihn an!" Und sie weigerte sich so lange, ihn zu sehen, bis er schier rasend wurde und selbst zu ihr kam. Sie rannte das ganze Treppenhaus hinunter vor ihm her. Ich konnte das scharfe Knallen ihrer Absätze und ihre lispelnde Stimme hören, als sie zitierte: *"Le héron au long bec emmanché d'un long cou"*, sie trällerte es, als sie die letzte Stufe hinunter in den Tag hineinsprang, und dann rief sie: *"C'est la fontaine, la fontaine magnifique!"* Und man konnte seinen Rohrstock hinterdrein tappen hören.

Dann, letzten Herbst, ehe der Winter anbrach (Sie waren damals nicht hier, Madame), war Moydia nach Deutschland gefahren, um Papa zu besuchen, und die ganze Nacht vor ihrer Abreise hatten wir zusammengesessen, wir drei, Moydia, ihr Liebhaber und ich. Wir tranken viel zuviel. Ich sang mein holländisches Lied und sprach ausgiebig, redete wirres Zeug über Vater und seine Mütze und seine Stiefel und den wundervollen Rock, den er hatte. Das gefiel Moydia, und es gefiel auch mir, doch Monsieur X kamen wir wahrscheinlich wie Bettler vor, die sich an verflossenes Gold erinnerten. Also tanzte ich einen Tatarentanz und wütete, weil meine Stiefel mir nicht bis an die Knie gingen, und die ganze Zeit saß Moydia an die Schulter ihres Liebhabers gelehnt, beide miteinander verschmolzen, als seien sie ein Emblem. Doch als ich herumzuwirbeln aufhörte, rief er mich zu sich und flüsterte, eines Tages würde ich ein Paar großartige Stiefel bekommen, was mich mit großer Freude erfüllte. Doch Moydia sprang auf. „Ich liebe doch diesen Mann nicht, diesen Cookoo, hm?" Sie nannte ihn immer Cookoo, wenn sie ihn am liebsten hatte, so als spräche sie von jemand anderem. „Ich liebe Cookoo nur, wenn ich betrunken bin. Deshalb liebe ich ihn jetzt überhaupt nicht, weil ich überhaupt nicht betrunken bin. O doch, wir russischen Frauen trinken ungeheuer viel, aber zum Nüchternwerden – das berücksichtigen die anderen Völker dabei nicht! Stimmt das nicht, Katya? Das liegt daran, daß wir so extravagant sind, daß wir keine Gerechtigkeit anstreben ... Wir streben Poesie an. Du betest mich zwar an, weißt du", sagte sie zu ihm, „und ich *lasse* dich, doch so ist das nun mal mit polnischen Frauen."
„Russischen", verbesserte er sie und saß und starrte durch die Rundung seines Monokels nur die Wand an.
Nun gut, Moydia fuhr also nach Deutschland, um Papa zu besuchen, der jetzt Handelsreisender ist und Diamanten kauft und verkauft. Er will uns kein Geld schicken, wenn er uns nicht wenigstens einmal im Jahr zu sehen bekommt. So ist er eben. Er sagt, er will nicht, daß seine Mädchen zu irgend etwas heranwachsen, für das er ungern bezahlt. Manchmal schickt er Geld aus Rußland, manchmal aus Polen, manchmal aus Belgien, manchmal aus England. Er sagt immer, eines Tages käme er auch nach Paris, doch er

kommt nicht. Es ist sehr verwirrend, so viele Sorten Geld zu bekommen, wir wissen nie, was wir ausgeben dürfen, wir müssen sehr vorsichtig sein; vielleicht ist das ja die Idee dabei. Doch in diesem Augenblick hatte Moydia jede Vorsicht aufgegeben. Sie kaufte sich ein neues Kleid, um Monsieur X zu gefallen und um darin zu reisen und um Vater nicht zu beunruhigen – alles gleichzeitig. Es war also ein raffiniertes Kleid, sehr geschickt gewählt und rührend. Es bestand ganz aus gepunktetem *suisse*, es hatte ein sehr enganliegendes Mieder, und auf dies Mieder war, genau zwischen den Brüsten, in sehr feinem Twist ein geschlachtetes Lamm gestickt. Das mochte alles bedeuten, Sie verstehen schon, oder auch gar nichts, und es konnte Vater und Liebhaber gleichermaßen erfreuen.

Nachdem sie weggefahren war, saß ich jeden Nachmittag im Café und wartete auf ihre Rückkehr. Sie sollte nicht länger als zwei Wochen wegbleiben. Das war der Herbst, in dem ich eine große Traurigkeit verspürte, Madame, ich las eine Menge und ging in den Tuilerien spazieren und besuchte wieder den Teich und trat unter die Bäume, wo die Luft kühl war, und es gab ganz viele Menschen, die nicht fröhlich zu sein schienen. Der Herbst ist im vorigen Jahr anders verlaufen; es war schon im September bedrückend gewesen – es war, als käme von weit her ein Katafalk nach Paris herein und jedermann wüßte das. Die Männer knöpften sich die Mäntel bis oben hin zu, und die Frauen hielten die Sonnenschirme schräg, wie gegen den Regen.

So vergingen zehn Tage, und die Jahreszeit hing lastend in einem Dunst, der fast alles andere auslöschte. Man konnte kaum die Seine erkennen, wenn man über die Brücken lief, die Statuen in den Parks hatten sich gänzlich zurückgezogen, und die Wachen sahen aus wie Puppen in Schachteln, der Boden war ständig feucht, die *brasiers* in den Cafés brannten mit aller Kraft. Dann wußte ich, plötzlich wußte ich – Moydias Geliebter lag im Sterben! Und er starb tatsächlich in derselben Nacht. Er hatte sich an dem Abend, als Moydia abgereist war, eine Erkältung zugezogen, und die war immer schlimmer geworden. Es hieß, der Baron sei ständig bei ihm gewesen, und als der Baron gesehen habe, daß Monsieur X wirklich sterben würde, habe er ihn dazu bewegt zu trinken. Sie tranken die ganze Nacht miteinan-

der und bis in den Morgen hinein. Der Baron wollte es so haben: „Auf diese Weise", sagte er, „kann er vielleicht sterben, wie er geboren ist, ohne es zu wissen."
Ich ging also schnurstracks zum Haus des Barons und zu seiner Tür hinauf und pochte –, doch er wollte mich nicht einlassen. Er sagte durch die Tür hindurch, Moydias Liebhaber sei noch am selben Morgen beerdigt worden, und ich sagte: „Geben Sie mir etwas für Moydia", und er sagte: „Was soll ich Ihnen denn geben?", und er setzte hinzu: „Er hat nichts hinterlassen als einen unsterblichen Namen!" Und ich sagte: „Geben Sie mir sein Cape." Und er gab mir sein Cape, durch den Türspalt unter der Kette hindurch, doch er sah nicht zu mir hinaus, und ich ging weg.
Am Abend kam Moydia aus Deutschland zurück. Sie hatte entsetzliches Fieber und sprach sehr schnell, wie ein Kind. Sie wollte unverzüglich zu Monsieur gehen. Ich hatte alle Mühe, sie zu Hause zu halten. Ich steckte sie ins Bett und machte ihr Tee, doch ich konnte es nicht für mich behalten, also brachte ich ihr das Cape und sagte: „Cookoo ist tot, und das ist sein Cape, und es ist für dich." Sie sagte: „Wie ist er gestorben?", und: „Warum?"
Ich sagte: „Er ist in der Nacht krank geworden, wo du weggefahren bist, er bekam Fieber, und das ging nicht wieder weg, also hat der Baron sich zu ihm gesetzt, und sie haben die ganze Nacht getrunken, so daß er sterben konnte, wie er geboren war, ohne es zu wissen."
Moydia begann, mit beiden Händen aufs Bett zu schlagen, und sagte dazu: „Dann laß uns auch trinken, und ich bete zu Gott, daß ich denselben Tod sterbe!" Wir saßen die ganze Nacht und tranken und redeten irgendwelches Zeug. Gegen Morgen sagte sie: „Da habe ich ja jetzt ein großartiges Leben!" und sie weinte und ging schlafen, und am anderen Mittag war sie ganz gesund.
Und jetzt, Madame, trägt sie es immer. Das Cape. Die Männer bewundern sie darin, und tatsächlich sieht sie sehr gut darin aus, finden Sie nicht auch? Sie ist rascher gewachsen als ich, man sollte eigentlich meinen, sie sei die Ältere, nicht? Sie ist heiter, verwöhnt, *tragique*. Sie zuckert ihren Tee aus zu großer Höhe. Und das ist alles. Mehr gibt es nicht zu erzählen, außer – in dem *débâcle* gerieten meine Stiefel ganz in Vergessenheit. Am nächsten Tag brachten

alle Zeitungen Seiten um Seiten über Monsieur X, und auf allen Seiten trug er ein Cape. Wir, Moydia und ich, lasen sie gemeinsam. Vielleicht hat man ja sogar in Amerika etwas über ihn gedruckt? Wahrhaftig, wir sprechen ein bißchen Französisch, da müssen wir zusehen, daß wir weiterkommen.

Eine Nacht mit den Pferden

Beim Anbruch der Abenddämmerung im Sommer jenes Jahres kroch ein Mann im Abendanzug mit Zylinder und Stöckchen auf Händen und Knien durch das Gesträuch, das das Weideland des Bucklerschen Gutes säumte. Ihm schmerzten die Handgelenke von seinem Gewicht, und er setzte sich hin. Zudringliche Kletterpflanzen, wohin er auch blickte; sie erklommen die Bäume, die Zaunpfähle, sie waren überall. Er spähte durch das dichte Gewirr der Zweige und erblickte eine Gruppe weißstämmiger Birken, die vor der Dunkelheit schimmerten wie Zähne in einem Schädel.
Er konnte hören, wie das Tor in seinen Angeln knirschte, wenn der Wind dagegenschlug. Sein Herz bewegte sich mit der Erde. Ein Frosch ließ seinen quakenden, unwiederbringlichen Ruf hören; der Mann rang nach Atem, die Luft war drückend heiß, als berge er sich in einer Höhle des Erstaunens.
Er wäre gern eingenickt; statt dessen legte er jedoch Hut und Stöckchen neben sich, strich die Rockschöße unter sich glatt, legte sich flach auf den Rücken und wartete. Eine rasche Bewegung erschütterte den Boden. Unvermittelt begann er, warnend zu beben, und er fragte sich, ob das von seinem Herzen kam.
Weit weg blinkte eine Lampe im Fenster, als die Zweige gegen den Wind schwangen; der Geruch zerdrückter Gräser, der sich mit dem schwachen, beruhigenden Stallgeruch mischte, fächelte empor und verflüchtigte sich nordwärts.
Das Beben setzte sich fort, es lief unter seinem Körper hindurch und stürzte dann in die Erde hinab.
Er richtete sich auf. Er setzte den Hut auf den Kopf und stemmte den Rohrstock zwischen seinen gespreizten Beinen gegen den Boden. Jetzt spürte er nicht nur das Beben der Erde, sondern bekam auch das gedämpfte, hörnerne Geräusch von Hufen mit, die gegen die Grasnarbe schlugen, wie ein Freund dem anderen auf den Rücken schlägt, hart, aber ohne Böswilligkeit. Sie waren auf seiner Seite angelangt, als sie die Kurve der Willow Road nahmen. Er preßte die Stirn gegen das Gatter.

Das leise, bedrohliche Geräusch steigerte sich, wie sich Hitze steigert; die Pferde donnerten mit gestreckten Hälsen an ihm vorbei, und ihre Beine hoben und senkten sich wie wilde, planlos stichelnde Nadeln.
Er sah, wie ihre Bäuche sich hin- und herwarfen und die Stangen des Zauns streiften, während sie vorbeischwenkten. Keuchend erhob er sich auf seiner Seite der Barriere. Sein Fuß verfing sich in der kriechenden Fichte, und er stürzte zu Boden, wobei er sich den Kopf an einem Baumstumpf aufschlug. Blut rann ihm vom Schädel. Wie eine rote Mähne lief es ihm in die Augen, und er strich es mit dem Handrücken weg, als er seinen Hut aufsetzte. In dieser Haltung wurde er von den stampfenden Hufen durchgerüttelt wie ein Kind auf einem Knie.
Als nächstes suchte er nach seinem Stock und fand ihn im Farn verhakt. Eine wächserne Winde streifte seine Wange, als er sich niederbeugte. Er ließ die Zunge daran entlanggleiten und knipste sie mit den Zähnen durch. Wie er sich auch bewegen mochte, das Gras war ständig unter ihm und knackte mit Zweigen und Zapfen. Eine Eichel fiel aus dem weich niederrieselnden Puder des Waldes herab. Er hob sie auf, und während er sie zwischen Zeigefinger und Daumen hielt, kehrten seine jagenden Gedanken zu der Szene mit der Hausherrin zurück, denn als was hätte man sie sonst bezeichnen können, wenn nicht als *die Hausherrin*, Freda Buckler, die zierliche, temperamentvolle Frau, die eine Trommel als Herz und einen Spielzeugkörper hatte, der alles verstand, die schnurrte, durchdrungen von Schamlosigkeit, ein mechanisches Schnurren, das ihr die Menschlichkeit austrieb.
Er blies gegen seinen Schnauzbart. Freda mit diesem ärgerlichen gelben Schleier! Er erklärte ihr, er sei „ärgerlich", er erklärte ihr, er sei *schamlos*, nichts als ein Mittel der Verführung. Er blies die Backen auf und pustete sie an, als sie vorbeiging. Sie lachte, strich ihm über den Arm, warf den Kopf zurück, die Nüstern leuchtend rot bis obenhin. Sie waren am Ende gemeinsam ausgeritten, eine Stiefellänge Abstand zwischen sich, sie nicht größer als eine Grille. Zutiefst unglücklich hatte er seinem Pferd die Sporen gegeben, und sie hatte gesagt: „Sachte, John, sachte!" und ihren breiten brennenden Mund gezeigt. „Du kannst doch nicht das *ganze Le-*

ben lang ein Stallknecht bleiben! Pferde!" schnaubte sie verächtlich. „Ich mag Pferde, aber ..." Er hatte seine Reitgerte sinken lassen. „Es gibt noch andere Dinge. Du kannst nicht einfach immer weiter Reitknecht bleiben, nicht mit soviel Anmut, und du weißt es. Ich werde einen Gentleman aus dir machen. Ich führe dich auf eine Stufe, wo man nicht länger ein *Ding* ist. Du wirst sehen, du wirst es genießen."
Er hatte sich hinübergelehnt und mit seiner Peitsche nach ihrem Stiefel geschlagen. Sie erwischte sie am Knie, der Fuß flog in seinem Steigbügel auf, als tanzte sie.
Und das kleine Biest war entzückt! Sie trabten eine Weile weiter, und sie trabten zurück. Er half ihr beim Absitzen, und sie schwebte davon, mit nachflatterndem gelbem Schleier, und rief ihm über die Schulter zu: „Du wirst es *lieben*!"
Noch ehe sie es einen Monat lang so getrieben hatten (indem sie einander aus der Fassung brachten, einander hierhin und dahin zerrten, jagend und gejagt), wurde daraus ein Spiel bar jeden Vergnügens. Verderbte Dame, verderbter Stallknecht, auf den Schwingen des Taumels.
In was zog sie ihn da hinein? Er schrie, brüllte, knallte mit der Peitsche – was stellte sie sich vor, was sie wollte? Die Art Frau, die nicht die Wahrheit sagen kann; die Wahrheit rann aus ihr heraus und floh sie, als wären ihre Adern Pipetten, die der Teufel hineingesteckt hatte; und wenn er trank, dann blähte er sich auf und wurde eine Beute des Stolzes, er schwemmte ihn hinweg. Er sah sie in jedem Spiegel hinter sich stehen, sie folgte ihm von Schaustück zu Schaustück, sie tauchte neben ihm auf, führte ihn umher, ihre Hand unter seinem Ellenbogen.
„Du wirst zum Generalgouverneur aufsteigen – nun, sagen wir, zum Inspekteur ..."
„Inspekteur!"
„Was dir lieber ist, sag meinethalben Rittmeister – sag Kavallerieoffizier. Auch wieder Pferde, Leder, Peitschen ..."
„O mein Gott!"
Sie wieherte nahezu, als sie auf dem Absatz herumfuhr: „Mit einer breiten, flachen, edlen Brust", sagte sie, „du wirst mit Ehrenzeichen gepflastert sein ... Bedeckt sein davon ... Du wirst nicht länger Trübsal blasen ..."
„Hören Sie auf!" schrie er. „Ich bin *gerne* gewöhnlich!"

„Bei einer derart behenden Taille werden die Hörner dich verfehlen."
„Was für Hörner?"
„Das Dilemma."
„Ich könnte Sie schon zum Schweigen bringen, und zwar gründlich, wenn ich wollte!"
Sie war amüsiert. „In die Enge getrieben?" fragte sie.
Sie quälte ihn, sie wußte es. Sie quälte ihn mit ihren *kulturellen* Gegenständen. Das Knie auf eine Ottomane gestützt, hielt sie die zerbrechlichste Miniatur empor, ihm entgegen, ein Stück Elfenbein in der hohlen Hand, mit der sie es von der Sonne weghielt, und sagte: „So schau doch nur, schau doch!"
Er legte die Hände auf den Rücken. Sie trieb ihm das aus. Sie forderte ihn auf, uralte Meßbücher in die Hand zu nehmen, Märchenbücher, alle hübsch gearbeitet, alle in rotbraunen Rips gebunden. Sie breitete Landkarten aus und zeigte, indem sie mit einer langen Hutnadel über Berge und Klüfte fuhr, *nur mal eben, wo sie gewesen war*. Wie eine trokkene Schnecke wanderte die Spitze die Küste entlang, bis sie auf einmal, indem sie den Stahl hineinbohrte, „*Borgia!*" rief und dastand und mit einem Ring voller uralter Schlüssel klapperte.
Seine Besorgnis wuchs im Verein mit seiner Neugierde. *Wenn* er sie nun heiratete – nachdem er sie geheiratet *hatte*, was denn dann? Wo stünde er, nachdem er ihre verrückte Laune befriedigt hätte? Was würde sie am Ende aus ihm machen, mit einem Wort, was würde sie von ihm übriglassen? Nichts, absolut nichts, nicht einmal seine Pferde. Da hätte man einmal einen verdammten Idioten. Er würde nach Freda nirgends mehr hinpassen, er wäre weder, was er war, noch was er gewesen war; er wäre ein *Ding*, halb stehend, halb hockend, wie jene Figuren unter den Dächern historischer Gebäude, die Ruhestellung der Verdammten.
Er hatte sie oft angeschaut, ohne sie zu sehen. Nach einer Weile begann er, sie mit großer Aufmerksamkeit zu betrachten. Nun ja! Wirklich ein maushaftes Frauchen mit hellem, hübschem Haar, das ihr wie Insektenfühler in den Nacken fiel und sich regte, wenn der Wind sich regte. Sie huschte und tänzelte zuviel umher, immer mit der bewußt-

losen Intensität eines mechanischen Spielzeugs, das über den Boden ruckte und schurrte.
Und sie war ihm immer um ein, zwei Schritte voraus oder strich ihm, um Armeslänge von ihm entfernt, gerade nur so über den Arm, oder sie kam wie ein Windstoß herein und legte ihr spitzes kleines Kinn auf seine Schulter, wobei sie langsam wieder entschwebte – nur, damit er über sie stolperte, wenn er sich umwandte. Und an diesem speziellen Tag hatte er sie beim Handgelenk gepackt und sie herumgeschleudert. Dies eine Mal, dachte er bei sich selbst, dies eine Mal werde ich sie ohne alle Umschweife nach der Wahrheit fragen. Vielleicht verjagt ein direkter Schuß sie ja.
„Miss Freda, einen Augenblick mal! Sie wissen doch, ich habe keinen einzigen Freund auf der Welt. Sie wissen ganz genau, daß ich keinen Menschen habe, zu dem ich gehen und von dem ich mir auf irgendeine Frage eine Antwort holen kann. Also gut, was wollen Sie eigentlich von mir?"
Sie errötete bis in die Haarwurzeln: „Mädchenhaft! Sie wollen doch nicht etwa mädchenhaft werden?" Sie sah aus, als würde sie gleich schreien, ihre ganze Gestalt siedete, doch sie fing sich wieder und sagte gedehnt mit gespielter Gelassenheit: „Sei nicht nervös! Sei geduldig. Du wirst dich an alles gewöhnen. Es wird dir sogar gefallen. Es gibt nichts Erfreulicheres als den Aufstieg."
„Und dann?"
„Dann wird alles andere in weite Ferne rücken, der Stall und alles andere." Sie versenkte ihre Nasenflügel in die Falten eines Spitzentaschentuchs. „Ist das nicht ein lohnendes Schicksal?" näselte sie.
Am schlimmsten von allem war der letzte Abend gewesen, der Abend des Maskenballes. Sie hatte auf seiner Anwesenheit bestanden. „Komm", sagte sie, „einfach so, wie du bist, und sei unser Einpeitscher." Das war der endgültige Schlag, die unverzeihliche Beleidigung gewesen. Er hatte gehorcht, nur war er nicht *einfach so, wie er war* gekommen. Er machte sorgfältig Toilette; er zog sich für den Abend an wie ein feiner Herr; er war infolgedessen der einzige Anwesende, der nicht *angezogen* war, das heißt, nicht für die Gelegenheit passend.
Bei seiner Ankunft fand er die meisten Gäste beschwipst.

Es dauerte nicht lange, und er war selbst mehr als nur ein bißchen angetrunken und stellte entsetzt fest, daß er, würdevoll und langsam, ein Menuett tanzte mit einem prächtigen weichen Plunderkuchen von einer Frau, die, besternt von Zechinen, in Kaskaden von gebauschtem Tüll vor sich hin grunzte. Schleunigst entwand er sich dieser Umarmung, hielt auf den blanken Stellen des kolophonium-bepuderten Bodens mühsam das Gleichgewicht und traf auf Freda, die mit einem winzigen Gläschen Magenlikör auf ihn zutrat und ihn ihm in den offenen Mund kippte. In dem Augenblick wurde ihm bewußt, daß er nach Luft geschnappt hatte.
Er blieb abrupt stehen. Sein fieberhafter Blick erfaßte den ganzen Raum. Dort in der Ecke saß Fredas Mutter mit ihren Katzen. Sie saß immer in Ecken, und sie saß immer mit Katzen. Und da war der Rest der Besetzung – Vettern, Neffen, Onkel, Tanten. Im nächsten Augenblick, die *Gaillarde*. Freda stand, die Arme erhoben, die Handflächen nach außen gekehrt, die Ellenbogen in Brusthöhe nach innen angewinkelt, eine Gottesanbeterin, unmittelbar vor ihm. Halt! Er entzog sich ihr, zeichnete mit der Krücke seines Stöckchens säuberlich einen Kreis um sie und wich dann durch die Fenstertüren zurück.
Dann wüßte er nichts mehr, bis zu dem Augenblick, wo er sich im Gesträuch wiederfand, seufzend, das Gesicht dicht am Gatter, und hineinspähte. Er war wieder bei seinen Pferden; er war dort, wo er nun wieder hingehörte. Er konnte hören, wie sie die Grasnabe auffrissen, umhergaloppierten, als befänden sie sich ihrerseits in ihrem Ballsaal, und das, was das Seltsamste überhaupt war, in dunkler Nacht.
Er fing an, sich unter der niedrigsten Stange hindurchzuziehen, Hut und Stock warf er voraus, und robbte keuchend hinein. Der schwarze Hengst war jetzt an der Spitze. Die Pferde nahmen gerade die Kurve in der Willow Road, die auf die entferntere Koppel führte, und durch den Staub hindurch sahen sie zugleich schwach und riesenhaft aus.
Auf der Hügelkuppe hatten sich vier von ihnen abgesondert und verharrten, um Witterung zu nehmen. Er würde sich eins einfangen, aufsitzen, er würde fliehen! Er hatte keine Angst mehr. Er stand auf und schwenkte schreiend Hut und Stock.

Sie schienen ihn nicht zu erkennen, und sie kurvten an ihm vorbei und jagten davon. Er starrte ihnen nach, dem Weinen nahe. Er dachte nicht an seine Kleidung, seine weiße Hemdbrust, den Zylinder, den fuchtelnden Stock, sein unvermitteltes Auftauchen aus der Dunkelheit, ihre Erregung. Aber bestimmt mußten sie ihn erkennen –, es konnte sich nur noch um Sekunden handeln.
Stampfend, mit flatternden Mähnen, schnaubenden Nüstern, Dampf ausstoßend, als sie herannahten, passierten sie ihn, eine wiehernde Flut, und er verfluchte sie entsetzt, doch was er rief, war „Hure!", und er kämpfte mit einem rasenden Schmerz, der ihn würgte, und lag am Boden ausgestreckt, schluchzend. „Ich *kann* das, verdammt noch mal, ich schaffe das, ich komme da schon noch hin!"
Die fliegenden Hufe des ersten Pferdes verfehlten ihn, die des zweiten nicht.
Wenig später zerstreuten die Pferde sich, knabbernd und schweifschlagend, und mieden dabei eine Stelle, wo das Gras hoch stand.

Der Diener

Die Felder um Louis-Georges' Haus fingen ganz zu Beginn des Frühjahrs zu grünen an und überließen die umliegenden Felder ihrem melancholischen Grau, denn Louis-Georges war der einzige Farmer, der auf seinen Feldern Roggen säte.

Louis-Georges war ein kleiner Mann mit einem dunklen, ovalen Gesicht, das wie ein Goya brannte und eine lange schiefe Nase trug, in der ein stacheliger Rauhreif von Haar gedieh. Seine Arme schwangen seinen Beinen voraus; seine ganze Person wußte, wer er war – die Art Mensch.

Er war von leidenschaftlichem Stolz auf alles erfüllt, was er tat, selbst wenn es nicht sonderlich gut geriet, er sich nicht sonderlich gut darauf verstand – er war persönlich so sehr daran beteiligt, so sehr hineinverstrickt.

Manchmal, wenn er auf dem Hof stand und mit emporgereckter Nase die wohlriechende Luft einsog, empfand er ein ungeheures Vergnügen an seinem Land, und dann rieb er die Finger gegeneinander oder wedelte mit den Händen über die Hörner seines Viehs hinweg, über denen summend die Fliegen kreisten, oder schlug seinen Rennpferden gegen die Schenkel und sagte zu ihrem Ausbilder: „Die haben jedes für sich mehr Rasse im Leib als irgendein Hinterteil in den Ställen von Westminster!" – und tat so, als kenne er sich genau aus, vom Maul bis zu den Hufen – kurz, er war ein Mann, der nahezu alles im Leben anschaute, als ob er *es gemacht* hätte.

Zuweilen spielten er und Vera Sovna Verstecken in den Getreidespeichern und inmitten der Heuhaufen, sie mit schleppenden Volants und hohen Absätzen, in denen sie kreischend zwischen Rechen und Dreschflegel umhersprang.

Einmal fing Louis-Georges eine Ratte, mit der bloßen Hand, und das mit einem solchen Geschick, daß sie keinen Gebrauch von ihren Zähnen machen konnte. Er verbarg seine freudige Genugtuung und zeigte ihr statt dessen, wie man das machte, und stellte es als ein Kunststück hin, das er erlernt habe, um das Wintergetreide zu schützen.

Vera Sovna war ein hochgewachsenes Geschöpf mit mageren Schultern, die sie hochzog, als seien ihr die Schulterblätter zu schwer. Sie kleidete sich gewöhnlich schwarz, und einen nicht geringen Teil der Zeit lachte sie in ziemlich hohen Tönen.

Sie war eine enge Freundin von Louis-Georges' Mutter gewesen, doch nach dem Tod der Mutter war sie, infolge ihrer fortdauernden engen Beziehung zum Haus, in Verruf geraten. Es wurde getuschelt, sie *habe etwas* mit Louis-Georges. Wenn die Gutsbesitzer sie sein Haus betreten sahen, konnten sie sich nicht beruhigen, bis sie sie wieder herauskommen sahen. Wenn sie sie herauskommen sahen, die Röcke achtsam über die Knöchel gelüpft, dann suchten ihre mißbilligenden Zungen den Gaumen; falls sie langsam ging und ihr Kleid nachschleppte, sagten sie: „Was für einen Staub sie auf der Zufahrt aufwirbelt!"

Falls sie etwas wußte von ihren Regungen, ließ sie es sich jedenfalls nicht anmerken. Sie fuhr durch die Stadt, wobei sie weder nach rechts noch nach links blickte, und überquerte den Marktplatz, ohne jemanden anzusehen, doch offensichtlich entzückt von den rosafarbenen Blumensträußen, dem leuchtenden Wirrwarr gelber Kürbisse und grüner Gurken, den zu ordentlichen Bergen aufgetürmten Früchten auf den Verkaufstischen. Doch bei den seltenen Gelegenheiten, wo Louis-Georges sie begleitete, schlug sie die Beine übereinander, oder beugte sich vor und drohte ihm mit dem Zeigefinger oder wandte den Kopf von einer Seite zur anderen oder lehnte sich lachend zurück.

Manchmal besuchte sie die Gesindekammern, um mit Leahs Kind zu spielen, einem kleinen Geschöpf mit O-Beinen und zerbrechlichem Hälschen, das den Bauch herausstreckte, damit sie ihn tätschelte.

Die Mägde Berthe und Leah waren wohlgestalte, zufriedene Frauen mit heiteren blauen Augen, schönen Zähnen und runden festen Brüsten, einladend wie Pippinäpfel. Sie versahen ihre Pflichten, wobei sie auf Roggenhalmen und auf Salatblättern kauten, die sie mit der Zunge einholten.

Jung, wie sie war, hatte Leah offensichtlich etwas getan, um dessentwillen sie nun in regelmäßigen Abständen betete, gewöhnlich vor einem hölzernen Christus, der in der Scheune von einem Balken herabhing und ihr ein so vertrauter Anblick war, daß sie Ihn gar nicht wahrnahm, bis sie sich

zum Melken niederließ und die Augen hob; dann lehnte sie die Stirn gegen den Bauch der Kuh und betete, wobei die Milch ihr über die kräftigen Knöchel spritzte und in den Boden sickerte, bis Berthe kam, um ihr beim Eimertragen zu helfen, und sie bemerkte: „Es sieht nach Regen aus."
Vera Sovna hielt sich stundenlang im Garten auf, und das Kind krabbelte hinter ihr her und hinterließ die Spuren seiner Händchen, die naß waren von seiner Spucke, auf den staubigen Blättern, oder riß mit solcher Mühelosigkeit junge Gemüsewurzeln aus, daß es auf sein Hinterteil plumpste und in die Sonne hinaufblinzelte.
Die beiden Mägde, der Diener Vanka und Louis-Georges bildeten zusammen den Haushalt, außer daß er sich, bei deren gelegentlichen Besuchen, um Louis-Georges' Tanten Myra und Ella erweiterte.
Vanka war Russe. Er kaute Nägel. Er hielt nicht auf seine Kleidung, so als habe er gerade nur Zeit für die Adrettheit seines Herrn. Sein üppiges blondes Haar war zerzaust trotz der Pomade, seine Brauen waren zerklüftet und weiß. Seine Augen waren, wenn er die schweren Lider hob, sanft und intelligent. Er war absolut pflichttreu.
Louis-Georges sagte oft zu ihm: „So, Vanka, jetzt erzähl mir doch noch einmal, was sie mit dir gemacht haben, als du noch ein Junge warst."
„Sie haben meinen Bruder erschossen", antwortete Vanka dann und zog an seiner Stirnlocke. „Sie haben ihn als *Roten* erschossen. Sie haben ihn mit meinem Vater zusammen ins Gefängnis gesperrt. Dann hörte meine Mutter, die ihnen in zwei Eßgeschirren Essen brachte, eines Tages ein Geräusch; es klang wie ein Schuß, und an dem Tag brachte Vater nur ein Eßgeschirr zurück, und angeblich hat er es zurückgegeben wie ein Mensch, der über die Achsel blickt."
Diese Geschichte erzählte Vanka oft, und manchmal setzte er seufzend hinzu: „Meine Schwester, die eine hübsche Frau gewesen war (die Studenten besuchten sie immer, nur um sie reden zu hören), wurde kahl – über Nacht."
Nach derartigen Zwiegesprächen schloß Louis-Georges sich in sein Arbeitszimmer ein, wo er mit großer, krakeliger Schrift an seine Tanten schrieb. Manchmal fügte er ein, zwei Äußerungen über Vanka ein.
Bisweilen kam dann Vera Sovna herein und schaute ihm da-

bei zu und lüpfte ihre Rüschen und hob die Brauen. Wenn Vanka ebenfalls anwesend war, erwiderte sie seinen starren Blick. In beider Blicken lag die kalte Präzision von Stahl.
Sie stand dann mit dem Rücken zum Kamin, mit auswärtsgekehrten Absätzen, klopfte gegen die gestraffte Seide ihres Rocks und sagte: „Na, weißt du, jetzt ist es aber genug!", und setzte hinzu: „Vanka, nimm ihm die Feder weg."
Vanka rührte sich nicht. Louis-Georges schrieb weiter, lächelnd und schnaufend, doch ohne jemals die Hand von der beschriebenen Seite zu heben. Vanka wiederum stand einfach nur da und nahm die Seiten an sich, sobald sie fertiggeschrieben waren.
Schließlich stieß Louis-Georges dann mit einem lauten Federkratzen und unter nachdrücklichem Scharren den Stuhl zurück, erhob sich und sagte: „So, und nun wollen wir Tee trinken."
Am Ende verfiel er einer schleichenden Krankheit. Sie befiel seine Glieder. Er war gezwungen, am Stock zu gehen. Er klagte über sein Herz, doch hielt er daran fest, hinauszugehen und die Pferde anzuschauen, und um Vera Sovna zu unterhalten, hieb er mit dem Stock nach den Fliegen und genoß dabei den Geruch von Milch und Mist.
Er hatte Pläne für die Heumahd, für das Einbringen der Ernte, doch mußte er alles den Landarbeitern überlassen, die, unbeaufsichtigt, wie sie waren, alle naselang davonspazierten, auf ihre eigenen Äcker, zu ihren eigenen kaputten Zäunen.
Sechs Monate später wurde Louis-Georges bettlägerig.
Die Tanten kamen und nahmen das Ausmaß des Verfalls im einfallenden Sonnenlicht in Augenschein, während sie Linderungsmittel zuteilten wie Frauen, die ein Baby in ihrer Obhut haben, und äußerten untereinander überrascht: „So war er aber wirklich noch *nie*", lupften samtene Achselbänder, die ihnen in die Schultern schnitten, und beäugten einander von beiden Seiten des Bettes.
Sie hatten Angst davor, Vera Sovna zu begegnen. Ihre Lage war heikel. Sie hatten zu Lebzeiten von Louis-Georges' Mutter zwar auf freundschaftlichem Fuß mit ihr gestanden, doch sowie die alte Dame gestorben war, das Gefühl gehabt, an Würde und Zurückhaltung zulegen zu müssen. Außerdem schienen sich die Leute im Städtchen gegen

Vera gewandt zu haben. Doch wollten die Tanten auch wieder nicht allzu unfreundlich sein, also verließen sie ihren Platz an Louis-Georges' Bett jeden Abend für eine Stunde, so daß Vera Sovna ihn besuchen kommen konnte, und Vera Sovna kam dann auf leisen Sohlen herein und sagte: „Ach, mein *Lieber*!". Sie erzählte ihm gern Geschichten, die sie ihm früher schon erzählt hatte und die alle von ihrem eigenen Leben handelten, so als könne jenes Leben, das noch nicht abgelaufen war, hilfreich sein. Sie erzählte ihm von ihrer Woche in London, von einem Besuch im Haag, von Abenteuern mit Hotelbesitzern in unmöglichen Gasthäusern, und manchmal, wenn sie sich ihm zuneigte, meinte er, sie weinen zu hören.

Doch trotz all dieser betrüblichen Dinge – der Krankheit und der gespannten Atmosphäre – schien Vera Sovna seltsam fröhlich.

Während des Verfalls von Louis-Georges dienten Leah und Berthe als Krankenschwestern, die seine Laken wechselten, ihn umdrehten, um ihn mit Öl und Alkohol abzureiben, sich bekreuzigten und ihm den Löffel hielten.

Der Diener stand am Fuß des Bettes, bemüht, nicht zu husten oder zu seufzen oder seinem Herrn sonst in irgendeiner Weise beschwerlich zu fallen. Manchmal schlief er jedoch ein, indem er sich am Bettpfosten festhielt, und wachte auf, wenn die Träume von der *Revolution* kamen, Träume, die verblaßten, wenn er in den Wachzustand gestoßen wurde.

Vera Sovna hatte sich angewöhnt, mit den Mädchen in der Küche zu Abend zu essen, einem langen kahlen Raum, der ihr gefiel. Vom Fenster konnte man den Obstgarten und die Pumpe und die langgestreckte, sacht abfallende Wiese sehen. Von den Balken hingen Zwiebelzöpfe herab, und Rauchfleischseiten baumelten über dem langen Tisch mit seiner dünnen Schneeschicht aus Mehl und den heißen, frischen Brotlaiben.

Die Mädchen nahmen Vera Sovnas Gesellschaft frohen Mutes hin. Wenn sie wegging, wischten sie die Tischplatte ab und sprachen dabei von anderen Dingen, schärften die Messer und dachten nicht mehr an sie.

Auf dem Gut ging alles seinen Gang wie gewöhnlich. Nichts wurde durch die Hinfälligkeit des Herrn in Mitlei-

denschaft gezogen. Die Saaten reiften, die Zeit der Heuernte ging vorbei; im Obstgarten war das dumpfe Geräusch des Fallobstes zu hören. Louis-Georges wurde reif für den Tod, abwesend, als sei er nie gewesen. Von Vera Sovna ging ein stilles Leuchten aus. Sie handhabte die Arzneiflaschen, als handelte es sich um musikalische Intervalle; sie arrangierte ihm Blumensträuße, als handelte es sich um Tribute.
Und Vanka?
Das war derjenige, der sich in größter Pein befand, er beugte sich unter dem kürzer werdenden Schatten seines Herrn wie jemand, dem es endlich vergönnt ist, um seiner selbst willen Kummer zu empfinden.
Myra und Ella, die vor Entsetzen wie gelähmt waren, schüttelten sich die Krümel vom Schoß und schickten einander hinein, Louis-Georges besuchen, und machten einander vor, daß es ihm sehr viel besser ging. Nicht, daß sie Angst davor hatten, daß er sterben könnte, sondern sie hatten Angst davor, daß sie nicht vorbereitet sein könnten.
Wenn der Arzt kam, streiften sie ihre Verzagtheit ab. Sie eilten hin und her und ließen sich Rezepte ausschreiben, Löffel polieren; sie schlossen die Augen und saßen zu beiden Seiten seines Bettes und malten sich aus, daß er bereits die Absolution erteilt bekommen und das Zeitliche gesegnet hätte, um das Vergnügen haben zu können, die Augen zu öffnen und ihn genauso vorzufinden wie immer.
Als sie wußten, daß er wirklich im Sterben lag, konnten die Tanten nicht aufhören, ihn zu berühren. Sie versuchten, die Stellen seines Körpers zu bedecken, die allzu deutlich das Ausmaß seines Verfalls verrieten, die dünnen Arme, den feuchten pochenden Fleck am Hals, die eingefallene Magengrube. Sie tätschelten seine Handgelenke und trieben den Arzt und die neue Schwester ganz allgemein zum Wahnsinn. Am Ende schlug Myra allen anderen ein Schnippchen und kniete unbemerkt vor lauter Verzweiflung neben Louis-Georges nieder und streichelte sein Gesicht. Der Tod schien nicht überall zu sein, das heißt, er schien nicht an einem Platz zu bleiben, sondern schien sich mit ihren Liebkosungen von einer Region in die nächste zu bewegen. An diesem Punkt wurde sie mitsamt ihrer Schwester ausgesperrt. Sie wanderten die Diele auf und ab, hatten Angst zu sprechen, waren unfähig zu weinen, drückten sich

aneinander vorbei und stemmten die Handflächen gegen die Wände.
Als Louis-Georges dann wirklich starb, erhob sich das Problem Vera Sovna. Sie vergaßen sie jedoch bald über ihrem Bemühen, den Weisungen des Toten Folge zu leisten. Louis-Georges hatte Sorge getragen, daß alles so weitergehen würde wie gewöhnlich; er würde in den Wechsel der Jahreszeiten nicht eingreifen, er hatte das nächste Jahr *vorausgeplant*.
Die Hühner rühmten sich ihrer Eier wie gewöhnlich, wie gewöhnlich waren die Ställe von fröhlichem Lärm erfüllt. Die Felder gossen ihr Leben in verschwenderischer Fülle über die Scholle, und Vanka legte die Kleider des Toten zusammen und verstaute sie.
Als der Bestatter kam, duldete Vanka nicht, daß er Hand an den Leichnam legte. Er wusch und kleidete ihn selbst. Er selbst legte Louis-Georges auch in den schimmernden Sarg, der nach Kolophonium roch; er steckte die Blumen, und er verließ schließlich den Schauplatz, indem er mit der ganzen Sohle seiner plötzlich schwerfällig gewordenen Füße auftrat. Er ging in sein Zimmer und schloß die Tür.
Er ging auf und ab. Er hatte das Gefühl, etwas unerledigt gelassen zu haben. Er liebte Dienstbarkeit und Ordnung; er liebte Louis-Georges, der den Dienst zu einer Notwendigkeit und die Ordnung wünschenswert gemacht hatte. Was dazu führte, daß er die Handflächen aneinanderrieb und sie dabei dicht an seinen seufzenden Mund hielt, als könne das Geräusch ihn irgendein verschwiegenes Geheimnis lehren.
Natürlich hatte Leah eine Szene gemacht, über die man sich, wenn man die Umstände bedachte, allerdings nicht weiter wundern konnte. Sie hatte ihr Baby hereingebracht, es neben dem Leichnam abgesetzt und ihre erste Anweisung erteilt: „Ihr könnt jetzt mal eine Minute miteinander spielen!"
Vanka hatte sich nicht dagegen verwahrt. Das Kind war zu verschreckt, um die sorgfältig arrangierte Pracht von Louis-Georges' Abschied zu beeinträchtigen, und beide, Kind und Mutter, verließen das Zimmer alsbald in lautlosem Stumpfsinn. Vanka hörte, wie sie in die tiefer gelegenen Regionen des Hauses hinabstiegen, das absichtsvolle Gestampfe Leahs, das hurtige Getrippel des Kindes.
Während er in seinem Zimmer auf und ab lief, hörte Vanka,

wie die Bäume gegen den Wind schlugen; eine Eule schrie aus dem Schober, eine Stute wieherte, stampfte und senkte den Kopf wieder in ihren Futterkasten. Vanka öffnete das Fenster. Er meinte, Schritte auf der kiesbestreuten Einfassung zu hören, die die Hortensienbüsche umgab; ein schwacher Duft, wie er von den tanzenden Rüschen an Vera Sovnas Kleid aufstieg, schien in der Luft zu hängen. Verärgert wandte er sich ab; dann hörte er sie rufen.
„Vanka", sagte sie, „komm, mein Fuß hat sich in den Ranken verfangen."
Ihr Gesicht mit dem offenen Mund erschien oberhalb der Fensterbank, und einen Augenblick später sprang sie ins Zimmer. Und da standen sie nun und sahen einander an. Sie waren noch niemals miteinander allein gewesen. Er wußte nicht, was er tun sollte.
Sie war ein bißchen aufgelöst; Zweige hatten sich in den Rüschen ihrer Röcke verhakt. Sie hob beide Schultern und seufzte. Sie streckte die Hand aus und sagte seinen Namen.
„Vanka."
Er trat zurück und starrte sie an.
„Vanka", wiederholte sie und trat zu ihm und stützte sich auf seinen Arm. Mit größter Schlichtheit sagte sie: „Du mußt mir alles erzählen."
„Ich erzähle es Ihnen", sagte er automatisch.
„Sieh doch, deine Hände!" Plötzlich ließ sie den Kopf in seine Hände sinken. Er erbebte; er zog die Hände weg.
„Oh, sieh doch, du glücklicher Mensch!", rief sie, „glücklichster aller Menschen, vom Schicksal erwählter Vanka! Er hat sich von dir berühren lassen, von ganz nah, ganz nah, hautnah, herzensnah. Du wußtest, wie er aussah, wie er stand, wie seine Fesseln in den Fuß übergingen! –", er hörte sie schon gar nicht mehr, er war dermaßen erstaunt –, „Seine Schultern, wie sie geformt waren. Du hast ihn angekleidet und ausgekleidet. Du kanntest ihn, ganz und gar, lange Jahre. Erzähl mir – erzähl mir, wie war er?"
Er wandte sich ab. „Ich erzähle es Ihnen", sagte er, „wenn Sie ruhig sind, wenn Sie sich hinsetzen, wenn Sie still sind."
Sie setzte sich. Sie beobachtete ihn mit großer Freude.
„Seine Arme waren zu lang", sagte er, „doch das wissen Sie, das konnten Sie sehen, aber schön; und sein Rücken, seine Wirbelsäule, sein Rücken verjüngte sich, er war schlank, höchst edel geformt..."

Das Kaninchen

Die Straße war von Blättern bedeckt gewesen an dem Tag, da der kleine Schneider sein Heimatland verließ. Er sagte guten Tag und auf Wiedersehen in einem Atemzug, den Mund mit den breiten Zähnen aufgerissen, als sei er aus tiefem Wasser gezogen worden. Er verließ Armenien nicht, weil er das wollte, sondern er verließ es, weil er mußte. An ganz Armenien war nichts, das er nicht gern auf alle Zeiten immer weitererlebt hätte; es war die bare Notwendigkeit, man stieß ihn hinaus. Mit einem Wort, man hatte ihm in New York eine Erbschaft hinterlassen.

Das Abschiednehmen brach ihm nicht das Herz, er weinte keine Tränen, die fallenden Blätter versetzten ihm keinen Stich, er handhabte die ganze Angelegenheit, wie ein schlichter, schicksalsergebener Mann das tun sollte. Er ließ sich Armenien durch die Finger schlüpfen.

Sein Leben war eine gefestigte, stetige, langsame, angenehme Sache gewesen. Er pflügte und kümmerte sich um seine Felder. Die Hände über dem Schaft seiner Sense gefaltet, beobachtete er seine grasende Kuh. Er pflegte die Federn und Schnäbel seiner Enten, so daß das Gefieder glatt anlag, die Schnäbel unversehrt und glänzend blieben. Er ließ die Hand gern über die Geschöpfe auf seinem kleinen Stück Land gleiten, sie waren genauso erfreulich wie Pflanzen; ja, genaugenommen sah er da eigentlich keinen großen Unterschied.

Das war nun anders geworden. Seine Angehörigen rieten ihm (da er alleinstehend war), die Erbschaft anzunehmen, eine kleine Schneiderei, die sein Onkel ihm hinterlassen hatte. Wenn er sich einen Gehilfen nahm, sagten sie, konnte er damit nur besser fahren. Es würde ihn vielleicht *bilden*, einen *Geschäftsmann* aus ihm machen, einen *Chef*, einen Mann, der sich in der Welt auskannte.

Er widersprach zwar, doch nicht sonderlich nachdrücklich; er war ein schüchterner Mann, ein sanfter Mann. Er säuberte den Spaten, schärfte seine Sägen, schüttelte die Späne aus dem Hobel, ölte Bohrer und Hobeleisen, rieb Fett ins Geschirr, und während er sein letztes Kalb aus der erschöpften, murrenden Kuh herauszog, fragte er sich, was er tun sollte.

An dem Tag, da er aufbrechen sollte, ging er als erstes in den Wald, wo er Zweige herabgeholt und zusammengebunden hatte, um sich eine Hütte gegen die Sonne zu bauen. Sein Krug, worin er sein Sirup-Zimt-Wasser gehabt hatte, war noch da, neben seinem Sitzbalken. Der Wald wucherte in den Fahrweg hinein; die Schatten, die von hellen Löchern aus Sonnenlicht zerrissen waren, tanzten in satten Tupfern. Mücken vom Sumpf sangen über seinem Kopf. Sie gerieten in die langen Haare seines Kinnbarts und verfingen sich darin, sirrend hingen sie in dem Gewirr, rotierten gegen seine Wange, flogen auf, wenn er in die Hände klatschte, und während er sich gegen das Gesicht schlug, sah er sich im Geiste in klaglos ertragenem Unglück hoch oben auf einem Tisch sitzen und nähen, als wäre er gestorben und müßte damit fertig werden.

So kam also eines Tages ins untere Manhattan (in die Straße, wo der Laden von Amietiev, dem Schneider, war) ein Fremder, der jüngste Amietiev, und er kam mit einem Besen. Die Passanten sahen, wie er ihn über die Dielenbretter seines Erbteils schwang, eines Raums nicht viel größer als 12 mal 24 Fuß, wobei das hintere Drittel durch einen Vorhang abgetrennt war, der das schmale Bett und die danebenstehende Kommode verbarg. Er sog prüfend die Luft ein, wie er die Luft seines Landes geprüft hatte, er nieste. Er packte den Raum im Geiste gewissermaßen beim Genick und schüttelte ihn im Angesicht seiner verlorenen Hektar.

Er hatte das Schneiderhandwerk zwar als Junge erlernt, als dieser nunmehr verstorbene Onkel sein Vormund gewesen war, doch seine Finger waren ungeschickt, und er brach die Nadel ab. Er arbeitete langsam und mühevoll, und er hielt den Atem zu lange an und stieß ihn dann unter lauten Seufzern wieder aus. Er schuftete bis spät in die Nacht, das Schneiderbügeleisen zwischen den Knien. Leute, die auf dem Nachhauseweg waren, äugten zu ihm herein, wie er auf seinem langen Tisch saß, halb verborgen von den Anschlägen an seinen Fensterscheiben, dem von Fliegendreck übersäten Modenalbum, das aufgeschlagen im Fenster lag und worin hochelegante Herren in Gehröcken zu sehen waren, von längst überholten Ankündigungen religiöser Veranstaltungen und Programmzetteln der komödiantischen

Veranstaltungen des Viertels. Bummler, denen seine Blässe auffiel, bemerkten: „Der da stirbt bestimmt an Schwindsucht, möcht' ich wetten!"
Auf der anderen Straßenseite, auf einem Fleischerschragen (der mit Amietievs noch verbliebenen Futterseiden, Schottenstoffen und Wollstoffen wetteiferte) lagen leuchtende Rinderviertel, Kalbsköpfe und -füße; Reste von Tieren, gelbrosa Fettschichten. Da gab es Muskelfleisch und Nieren mit ihrem Netz aus Talg; riesige Karkassen, die in der Mitte durchgehauen waren und die Tastatur der Wirbelsäule sehen ließen, und, an Haken aufgehängt, Enten, die mit dem Kopf nach unten in Becken abtropften.
Wenn der kleine Schneider aufblickte, machte ihn das furchtbar traurig; die Farben waren eine Todesernte. Nur allzu gern erinnerte er sich der wogenden Wiesen seines Heimatlandes, mit den Kühen auf den Feldwegen und dem Obst, das einem über den Kopf herabhing, und er wandte sich ab und stichelte weiter.
Hinter dem Vorhang gab es einen kleinen Gaskocher, auf dem er sich sein Frühstück wärmte; bisweilen eine Wurst, immer Kaffee, Brot, Käse. Im Sommer war es zu heiß, im Winter herrschte im Laden eine tödliche Stickluft. Er konnte es nicht wagen, die Tür aufzumachen. Er wurde von Kälte angeweht, jedesmal, wenn ein Kunde hereinkam (kein Mensch schien je auf die Idee zu kommen, daß er vielleicht den Wind abbekäme), also saß er in der verbrauchten Luft, die durch den Gasofen noch unendlich verschlechtert wurde, und mit jedem Tag traten ihm die Augen tiefer in den Kopf, wuchsen die dunklen Brauen mehr und mehr hervor. Die Kinder in der Nachbarschaft nannten ihn *Kohlenauge*.
Im zweiten Sommer kam das Geschäft in Schwung, er arbeitete schneller, lieferte ausgezeichnete Flickarbeit, berechnete sehr wenig und gönnte sich selbst nie die geringste Zeit; er stichelte, wendete, bügelte, änderte, als wäre die Welt ein riesiger Wall alter Kleider gewesen. Zu diesem Zeitpunkt hatte er sich bereits mit einem kleinen, kranken, schlanken italienischen Mädchen angefreundet, das anfangs mit dem Mantel ihres Vaters bei ihm erschienen war. Sie roch herb, wie nach Zitronen.
Ihr glattes schwarzes Haar, das in der Mitte gescheitelt war,

war so schwarz wie ihre Augen; unter einer gebogenen Nase brannte ihr Mund, der energisch geschlossen war. Nahezu alles Leuchtende hatte es ihm angetan. Er dachte an die vielen Kalender mit all den Madonnen, die er gesehen hatte, und er beging den Fehler, dies Mädchen damit in Verbindung zu bringen. Die scharfe, gierige Grausamkeit ihres Gesichts gefiel ihm; er verwechselte das rasche Hin- und Herzucken ihres Kopfes mit Munterkeit. Er selbst war kein gutaussehender Mann; das störte ihn jedoch nicht, er sah genausogut aus wie alle anderen in seiner Familie auch, und das genügte. Es war ihm überhaupt nicht bewußt, daß sein Körper, gemessen an der Größe seines Kopfes, ziemlich klein war; die Tatsache, daß er krauses Haar hatte, verschlimmerte die Sache noch.

Dies Mädchen, Addie, tat all diese Dinge kund. Das schmerzte ihn, weil er anfing, sie zu mögen. Ihm entging nicht, wie hungrig sie aussah, wenn er das durch das Zittern seiner Nadel verriet. Er war verdutzt. „Warum", fragte er, „wenn du solche Sachen über mich sagst, siehst du so hübsch aus?"

Dabei war das das Schlimmste, was er sagen konnte, es ermutigte sie, es schmeichelte ihr. Sie legte es weiter darauf an, ihren Schnabel zu wetzen, und er reizte sie obendrein ständig: Schließlich war sie weder so nett, wie er gedacht hatte, noch so jung. Endlich, nachdem er lange mit sich zu Rate gegangen war und sich gründlich das Hirn zermartert hatte, fragte er sie, ob sie schon an Liebe und Heirat gedacht habe. Natürlich hatte sie das; hier hatte sie direkt vor der Nase ein Geschäft, das nur auf sie wartete, es war vielversprechend und schien *blühen* zu wollen, wie man so sagt, und war sie nicht außerdem schon an ihn gewöhnt? In aller Stille, Schläue und ohne etwas zu überstürzen (was er, Trottel, der er war, nicht bemerkt hatte), hatte sie ihre Pläne gemacht. Es freute sie zwar, die Bindung einzugestehen, doch ihre Worte waren: „Du bist nicht gerade ein Prachtexemplar!" Sie sagte es unwirsch (so als werfe sie ihm irgend etwas vor). Sie sagte es hochnäsig und strich dabei ihren gefälteten Rock mit zwei Fingern glatt. Er hatte das Gefühl, daß sie sehr stark war, er selbst hingegen so ziemlich nichts.

„Was verlangst du denn von mir?"

Sie zuckte die Achseln, warf das Haar zurück und öffnete den Mund so weit wie überhaupt möglich, so daß die darin kauernde Zunge in ganzer Länge sichtbar wurde.
„Ich meine, wenn ich irgend etwas tun muß, was ist das denn? Wenn ich, wie du sagst, nichts weiter bin als –"
„Du wirst niemals etwas *sein*", sagte sie, dann setzte sie hinzu: „Du wirst niemals etwas *anderes* sein."
„Na gut. Etwas anderes vielleicht nicht, aber vielleicht ja mehr?"
„So siehst du aus." Sie verstand sich darauf, ihn mit wenigen Worten abzufertigen, das war ihre Form der Verachtung.
„Was heißt das – ‚so siehst du aus'?"
„Du bist beispielsweise nicht der Typ, um ..."
„Um was?" Er rutschte herum und starrte sie eindringlich an.
„Du bist wohl kaum ein *Held*!" Sie lachte, es klang wie eine ganze Reihe kurzer Schnapplaute, wie bei einem Hund.
„Sind Helden gefragt?" sagte er mit solcher Tücke und einem derart verstörten Gesicht, daß sie kicherte.
„Nicht in deiner Familie, wie ich sehe."
Er nickte. „Ganz recht. Doch, das ist völlig richtig. Wir waren stille Leute. Du magst also keine stillen Leute?"
„Pah!" sagte sie, „das sind doch Weiber!"
Er dachte lange Zeit darüber nach. Langsam bewegte er sich von seinem Tisch herunter. Er nahm sie bei den Schultern und schüttelte sie sachte hin und her.
„Das stimmt nicht, und du weißt das auch. Sie sind etwas anderes."
Sie fing an zu schreien. „Ach nein! Jetzt bin ich also eine Lügnerin. So weit ist es schon gekommen! Ich bin abscheulich, unnatürlich, unnatürlich!" Es war ihr gelungen, sich in die höchsten Töne geheuchelter Entrüstung hineinzusteigern, sie riß an ihrem Haar und schwenkte es von rechts nach links wie eine Peitsche. Dadurch, daß sie sich auf diese Weise selbst Gewalt antat, daß sie derart aus der Fassung geriet und ihre geradezu herablassende Selbstsicherheit einbüßte, bereitete das schlaue Balg ihm eine derartige Qual, als müßte er die Zertrümmerung eines Heiligenbildes mitansehen.
„Nein, nein!" rief er und klatschte in die Hände. „Tu so was

nicht, geh nicht so mit dir um! Ich werde etwas tun, ich mache alles, was es auch sei." Er trat zu ihr und zog ihr das Haar aus der Faust. „Ich tue *alles* für dich! Doch, bestimmt, ich werde es tun, ich tu's, ich tu's!"
„Was wirst du tun, Amietiev?" fragte sie unvermittelt mit einer solchen Ruhe, daß seine Bangigkeit geradezu daran abprallte. „Was ist das denn, was du tun willst?"
„Ich werde kein solches Weib mehr sein. Du hast mich Weib genannt; es ist etwas Schreckliches für einen Mann, das gesagt zu bekommen, vor allem, wenn er klein ist, und ich bin klein."
Sie trat auf ihn zu, die Ellenbogen fest an die Rippen gepreßt, die Handflächen nach außen gekehrt, und sie setzte die Füße seitwärts. „Du wirst alles für mich tun? Wie? Etwas Kühnes, etwas wirklich *Großes*, etwas Großartiges nur für mich?"
„Nur für dich." Er sah sie bekümmert an. Das kurze, grausame Zucken ihres Mundes (alles an ihr war flüchtig) –, die erbärmlich dünnen Arme, der schmächtige Brustkorb, das allzu lange Haar, die Hände, die an den Handgelenken schlackerten, der schleifende Gang der schmalen Füße und der schwache, trostlose beißende Zitronengeruch, der von ihrem schwingenden Rock in Wolken aufstieg, trieben ihn von ihr weg. Wieder war er vor Kummer wie vernichtet. Sie trat von hinten an ihn heran, griff sich seine beiden Hände, zog sie hinter seinen Rücken und küßte ihn, indem sie sich an ihn lehnte, in den Nacken. Er versuchte, sich umzudrehen, doch sie hielt ihn fest, und so standen sie eine Weile, dann riß sie sich los und rannte auf die Straße hinaus.
Er machte sich wieder an die Arbeit; im Schneidersitz auf dem Tisch hockend, fragte er sich, was von ihm wohl erwartet wurde. Etwas Derartiges war ihm bislang nie passiert; tatsächlich hatte er ihr immer erzählt, wie sehr er sich nach einem Leben auf dem Land sehnte, mit ihr an seiner Seite, auf den Feldern oder zwischen Büschen und Gemüsen. Und jetzt trat er sich auf einmal in der Rolle des Helden gegenüber … Was war denn überhaupt ein Held? Was war denn der Unterschied zwischen ihm und dieser Art Mann? Er versuchte sich zu besinnen, ob er jemals einen gekannt hatte. Er erinnerte sich an Geschichten, die die Zigeunerinnen ihm erzählt hatten, vor urlanger Zeit, als er noch in sei-

ner Heimat war. Die hatten ihm gewiß von einem jungen Burschen erzählt, der ein ungeheuer starker Ringkämpfer war und wie der Teufel mit seinen Feinden rang, sich jedoch, da er nicht imstande gewesen war, irgend etwas zu töten, von einem Berg gestürzt hatte. Doch einem wie ihm, einem Schneider, wäre so etwas unmöglich ... er würde dabei nur umkommen, und davon hätte er nichts. Er dachte an all die großartigen Menschen, von denen er gehört oder gelesen hatte oder denen er zufällig hätte begegnen können. Da war Jean, der Schmied, der ein Auge verloren hatte, als er sein Kind vor einem Pferd gerettet hatte; doch wenn er, Amietiev, ein Auge verlor, würde Addie ihn schon überhaupt nicht leiden können. Und wie stand es mit Napoleon? Der war nun wirklich sehr berühmt; er hatte alles gemacht, ganz allein mehr oder minder, und war dabei so weit gegangen, daß er sich sogar ohne irgendwelche Hilfe zum Kaiser gekrönt hatte, und die Menschen bewunderten ihn so sehr, daß sie in der ganzen Welt sein Bild aufhängten, weil er natürlich ein Meister im Töten gewesen war. Er dachte darüber lange Zeit nach und gelangte schließlich zu dem unausweichlichen Schluß: Alle Helden waren Männer, die töteten oder getötet wurden.
Nun ja, das war unmöglich; wenn er getötet würde, hätte er ebensogut gleich in seinem Land bleiben und Addie niemals zu Gesicht bekommen können – folglich mußte er also töten, doch was?
Er könnte natürlich auch jemanden oder etwas retten, doch müßte das dann mit irgendeiner Gefahr verbunden sein, und womöglich gäbe es so etwas tagelang nicht, und er war des Wartens müde.
Er legte seine Arbeit beiseite, glitt vom Tisch herab, drehte das Licht kleiner und versuchte, mit dem Gesicht nach unten auf seiner Bettstelle liegend, die ganze Sache zu durchdenken.
Er setzte sich auf und rieb sich mit beiden Händen die Wangen. Es war feucht unter seinem Bart, das spürte er. Er versuchte, sich ein Bild von der Sache zu machen, ein Bild davon, wie Töten war. Er saß auf der Bettkante und starrte auf das kleine Stück Teppich mit seinem persischen Muster, und sein Geist folgte dessen gewundenen Linien.
Er dachte an Bäume, an den Bach, wo er fischen gegangen

war, die grünen Felder, die Kühe, die ein langes Band heißer Luft aus ihren Nüstern ausstießen, wenn er sich näherte; er dachte an die Gänse, er dachte an das dünne Eis auf den Weihern mit den Büschen, die daraus hervorsprossen ... Er dachte an Addie, und Addie war mit der Vorstellung vom Töten verquickt. Er versuchte, sich als jemanden zu sehen, der jemanden zerstört. Er schlug die Handflächen gegeneinander und verschränkte die Finger. Nein, nein, nein! Mit so etwas konnte man nicht einmal einer Drossel den Garaus machen. Er hielt die Hände nebeneinander und blickte auf die Daumen. Er rieb sie an seinen Beinen entlang. Wie schrecklich war nicht ein Mord! Er stand auf und warf den Körper hin und her, als schmerzte er ihn. Er ging in den Laden und zog das Rouleau so hoch, wie es ging.
Genau gegenüber brannten zwei helle Lampen im Fenster des Fleischers. Er konnte die Rinderhälften von ihren Haken herabhängen sehen, die gekühlten Blutlachen in den Schalen, die geschlossenen Augen der Kalbsköpfe, die nebeneinander auf ihren Schragen aufgereiht lagen und wie gehäutete Frauen aussahen, und in der Zugluft der offenen Tür baumelnd, Wild mit eingeknickten Läufen.
Vorsichtig trat er aus seinem Laden auf die Straße hinaus, auf Zehenspitzen, als ob jemand ihn hätte sehen oder hören können. Er überquerte die Fahrbahn, stieß die Stirn gegen die Schaufensterscheibe des Fleischers, starrte all die geschlossenen Lider der jungen Tauben an, die verwitterten, geschrumpften Spinnweben der Gänsefüße, den überquellenden Abfalleimer, der seine Lungen und Gedärme ausspie. Ihm wurde erst flau im Magen und dann schlecht. Er legte die Hand gegen die Magengrube und drückte. Er zog an seinem Bart und zwirbelte die rotbraunen Haare, die ihm zwischen die Finger kamen.
Er kannte den Fleischer gut; er wußte auch, wann er auf ein Bier in die Kneipe ging und den Laden für einen Augenblick verließ. Er kannte seine Gewohnheit, die Hintertür nur eingeklinkt zu lassen, und wußte genau, was im Hinterzimmer gelagert war. Er erwartete kein Hindernis und traf auch auf keins. Er stieß die Hintertür ohne jede Schwierigkeit auf. Einen Augenblick lang machte das Dämmerlicht ihn blind, doch im nächsten tauchte er bereits wieder aus dem Laden auf und hatte einen Kasten unter dem Arm.

Verstohlen, hastig, stolpernd lief er wieder über die Straße, auf seine eigene Tür zu, stieß sie mit dem Fuß auf und fiel nahezu hinein.
Der Widerschein der rubinroten Glasschirme des Fleischerladens lief rot über seine Modezeichnungen und die einherstolzierenden Herren aus Pappe. Der kleine Schneider setzte den Kasten in der hintersten Ecke nieder. Das Herz schlug ihm bis in den Hals hinauf. Er suchte im Innern fieberhaft nach irgend etwas, woran er sich halten konnte, etwas, das ihm das Gleichgewicht wiedergeben würde. Er mußte seine Entschlossenheit wiederfinden. Er biß die klappernden Zähne aufeinander, doch das trieb ihm nur die Tränen in die Augen, und so verschränkte er die Hände im Nacken, sank gleichzeitig neben dem Kasten auf die Knie und senkte Hände und Stirn zum Boden. Er mußte es tun! Er mußte es tun! Er mußte es *jetzt* tun! Seine Gedanken begannen wieder umherzuschweifen. Er versetzte sich wieder in seine Heimat, in eine andere Jahreszeit. Sonne auf dem Waldboden. Er erinnerte sich an die Mücken. Er kauerte sich mit baumelnden Armen auf die Hacken. Der strahlende, unvermutet einsetzende Sommer! Pflügen, Säen, Heuernte – was für ein Jammer! Er stutzte – was war ein Jammer? Erst jetzt ging es ihm auf.
In dem Kasten rührte sich etwas, das atmete und strampelte, um sich von ihm zu entfernen. Er stieß einen Schrei aus, eher ein Grunzen als einen Schrei, und das Etwas im Kasten antwortete mit einem angsterfüllten, harten Trommeln.
Der Schneider beugte sich vor mit ausgestreckten Händen, dann schob er sie zwischen den Stäben hindurch in den Kasten hinein, öffnete sie und schloß sie wieder, fest, ganz fest! Fester! Das Schreckliche, das wirklich Schreckliche an der Sache war, das Tier quiekte nicht, es wimmerte nicht, es schrie nicht: Es keuchte, als nähme der Wind ihm den Atem, es kämpfte sich mühsam aus dem Leben heraus, das furchtsame Scharren der bereits Überwältigten im Angesicht der letzten schäbigen Ungeheuerlichkeit.
Der Schneider stand auf und wich vor dem zurück, was er getan hatte. Er trat gegen den Wassereimer, wandte sich um und tauchte die Hände hinein. Er schlug ins Wasser und warf sich die Wellen mit dem Handrücken ins Gesicht. Er

sprang zur Tür und öffnete sie. Addie stürzte herein, sie hatte, mit den Händen auf dem Rücken, hochgereckt an der Tür gelehnt, um hereinzuspähen.
Sie richtete sich ohne Entschuldigung oder Ausrede auf; sie sah seinem Gesicht an, daß er zum erstenmal im Leben etwas Ungeheuerliches getan hatte und das, da gab es keinen Zweifel, für sie. Sie trat dicht an ihn heran, wie sie es mit der Tür gemacht hatte, die Arme auf den Rücken gelegt.
„Was hast du getan?" sagte sie.
„Ich habe getötet – ich glaube, ich habe getötet –"
„Wo? Was?" Sie trat von ihm zurück und blickte in die Ecke auf den Kasten.
„*Das!*" Sie fing zu lachen an, ein hartes, markerschütterndes Gelächter.
„Rutsch mir den Buckel runter!" schrie er, und sie verstummte und sah ihn mit offenem Mund an. Sie stürzte los und hob das kleine graue Kaninchen hoch. Sie legte es auf den Tisch; dann trat sie zu Amietiev und schlang die Arme um ihn. „Komm", sagte sie, „kämm dich."
Sie fürchtete sich vor ihm, mit seinem Mund stimmte irgend etwas nicht, denn er hing seitlich leicht herab. Sie fürchtete sich vor seinem Gang, der laut, klatschend war. Sie schob ihn auf die Tür zu. Er setzte Fuß vor Fuß, mit einer Präzision, die ihn zuerst den Hacken aufsetzen ließ, dann folgte die Fußspitze ...
„Wo willst du denn hin?"
Er schien nicht zu wissen, wo er war, er hatte sie vergessen. Er bebte, den Kopf erhoben, im Innersten verwundet.

Die Ärzte

„Wir haben uns gegen das Jüngste Gericht gewappnet." Diese Bemerkung machte Dr. Katrina Silverstaff in den seltsamsten Augenblicken, und es schien damit nichts weiter auf sich zu haben – wie wenn einer seufzt: „Reg dich nicht auf." Oft sagte sie es zu sich selbst. Sie dachte es, wenn sie auf dem Heimweg war, an der östlichen Kaimauer des Flusses entlang, und die Schachtel mit den Kümmelkuchen, die sie stets zum Tee mit nach Hause brachte, an ihrer Bindfadenschlaufe vom Finger herabbaumeln ließ; sie blieb jedoch jedesmal stehen und lehnte sich über die Mauerkrone, um die Flußbarken zu beobachten, wie sie, schwerbeladen mit hellen Ziegelsteinen, den Islands zustrebten.
Dr. Katrina und ihr Gatte Dr. Otto hatten dasselbe Gymnasium in Freiburg im Breisgau besucht. Beide hatten Gynäkologen werden wollen. Otto Silverstaff schaffte es, wie man so sagt, doch Katrina kam bei der Vivisektion vom Weg ab und benahm sich, als sei sie sich einer schändlichen Handlungsweise bewußt. Otto wartete ab, was sie tun würde. Sie blieb den Übungen fern und wurde im Park gesehen, wo sie vorgebeugt saß, Ottos Spazierstock vor sich, den goldenen Knauf in beiden Händen, die Ellenbogen auf die Beine gestützt, und langsam die herabgefallenen Blätter aufspießte. Sie fand nie wieder zu ihrer Heiterkeit zurück. Sie heiratete Otto zwar, schien jedoch nicht zu wissen, *wann*; sie wußte, warum – sie liebte ihn –, doch er vermied sie, indem er sich im Fluß der Zeit tummelte, indem er absolut *alltäglich* war.
In den frühen Zwanzigern kamen sie nach Amerika und fanden sofort Anklang bei den Bewohnern der Second Avenue. Die Leute mochten sie, sie waren vertrauenswürdig, sie waren verläßlich; Dr. Katrina machte sich um Säugetiere und Vögel verdient, und Dr. Otto war in jedem Zoll seiner zielstrebigen, rundlichen kleinen Gestalt ein Mann von leidenschaftlichem Pflichteifer. Er war ein Mann wie aus einem Stück – sieht man einmal ab von den baumelnden Gummischläuchen seines Stethoskops –, der sich da um schwerste Fälle bemühte. Wenn er mit den Fingern gegen einen dargebotenen Rücken pochte, reckte er sich gleich-

zeitig mit hervortretenden Augen und zusammengepreßten Lippen um die dazugehörige Schulter und sprach dann unter Schwaden von Hoffnung, Lakritze und Karbolsäure sein Verdikt aus.
Die Namensschilder der beiden Ärzte hingen einträchtig nebeneinander in dem kleinen gekachelten Flur, und einträchtig nebeneinander (wie Menschen auf einem holländischen Gemälde) saßen die Ärzte an ihrem Tisch, der dem Fenster zugekehrt war. Der erste Tag war der Tag, an dem sie zum erstenmal bemerkte: „Wir haben uns gegen das Jüngste Gericht gewappnet." Zwischen ihnen stand ein Globus und auf seiner Seite eine Waage. Er hatte das Gewicht müßig auf seinen rostenden Zähnen hin und her geschoben, als sie zu sprechen begann, und als sie abrupt aufhörte, spielte er nicht weiter und blickte sie mit einem nachsichtigen Ausdruck an. Sie gefiel ihm ungeheuer; sie war *Seewasser* und *unpersönliche Tapferkeit*, die weder um Aufmerksamkeit bat, noch welcher bedurfte. Sie ruhte fest in verdienstvoller Hingabe, war eingebettet in ein festumrissenes Territorium der Abstraktion, einer hervorragend organisierten Begegnung mit der Entfremdung; sie war Otto unverständlich wie eine Entscheidung beim Schach, sie konnte jeden nur erdenklichen Zug tun, doch, so kam es dem Arzt vor, wie der auch aussehen mochte, er würde nach den Regeln jenes uralten Spiels erfolgen.
Die Ärzte hatten ihre Praxis kaum mehr als ein Jahr, als ihr erstes Kind geboren wurde, ein Mädchen, und im darauffolgenden Jahr war es ein Junge; dann kamen keine Kinder mehr.
Da sich Dr. Otto immer als Liberalen – im ursprünglichen, gesünderen Sinne des Wortes – betrachtet hatte (wie er später zu erklären pflegte, wenn er mit seinen Nachbarn im ungarischen Grillrestaurant saß, seine Frau neben sich), konnte er an der Geistesabwesenheit seiner Frau nichts Seltsames finden, an ihrer Verschlossenheit, ihrem Schweigen, insbesondere, wenn es ein Xylophon gab und ein Mädchen sich in der beizenden Luft des rotierenden Sprühregens auf der Stiefelspitze um die eigene Achse drehte. Katrina war immer schon musikbeflissen gewesen, man konnte sagen, daß sie Note für Note *bei der Sache war*. Sie sammelte außerdem Bücher der Vergleichenden Religions-

wissenschaft und fing an, Hebräisch zu lernen. Er sagte zu allen: „Na? Sind wir nicht heimisch in *allem*?"
So ging ihr Leben ins zehnte Jahr. Das Mädchen hatte angefangen, Tanzunterricht zu nehmen, und der Junge (der eine Brille trug) vertiefte sich in die Insektenkunde. Dann geschah etwas, das völlig ungewöhnlich war.
Eines Tages hatte Dr. Katrina auf das Läuten eines hausierenden Bücherverkäufers hin die Tür geöffnet. Gemeinhin hatte sie mit derlei Burschen keine Geduld und pflegte sie mit einem scharfen „Nein, danke!" abzuweisen. Diesmal verweilte sie jedoch mit dem Türknauf in der Hand und betrachtete einen Mann, der seinen Namen mit Rodkin angab. Er sagte, seine Tour führe ihn insbesondere durch diesen Teil der Stadt. Er sagte, er habe ihn nämlich ausgelassen im letzten Jahr, als er Carlyle's *French Revolution* verkauft habe. Diesmal verkaufe er jedoch die Bibel. Dr. Katrina trat zur Seite und ließ ihn ein. Sichtlich überrascht, trat er in die Diele.
„Wir gehen ins Wartezimmer", sagte sie, „mein Mann hat Sprechstunde und darf nicht gestört werden." Er sagte: „Ja, selbstverständlich, ich verstehe." Obwohl er überhaupt nichts verstand.
Das Wartezimmer war leer, düster und feucht, wie ein aus dem Meer aufgestiegenes Stück Weideland. Dr. Katrina hob den Arm und knipste ein einsames Licht an, das seinen schwingenden Bogen über den verblichenen Teppich ergoß.
Der Hausierer, ein hagerer blasser Mann mit ungekräuseltem, flachsblondem Bart, dem Bart eher eines Tieres als eines Mannes, und mit einem Schopf desselben, fast weißen Haars, das ihm glatt von der Schädelplatte herabhing, war – mit diesen hellen Augen, die er obendrein hatte – kaum bedrohlich zu nennen; er war so farblos, daß er geisterhaft wirkte.
Dr. Katrina sagte: „Wir müssen über Religion sprechen."
Er war verdutzt und fragte, weshalb.
„Weil", sagte sie, „sich niemand daran erinnert."
Er antwortete nicht, bis sie ihn aufforderte, Platz zu nehmen, und er nahm Platz und schlug die Beine übereinander; dann sagte er: „Also?"
Sie saß ihm gegenüber, den Kopf leicht abgewandt, und dachte offensichtlich nach. Dann sagte sie: „Ich will, daß die

Religion etwas wird, das nicht nur *wenigen* zugänglich ist. Ich meine, nur *für* wenige zugänglich; wieder etwas Unmögliches wird; das man wieder finden muß."
„*Wird?*" wiederholt er. „Das ist ein eigenartiges Wort."
„Es ist das einzig mögliche Wort", sagte sie gereizt, „weil die Religion augenblicklich von zu vielen beansprucht wird."
Er fuhr sich mit der kleinen Hand durch den Bart. „Ja, schon", antwortete er, „ich verstehe."
„Nein, das tun Sie nicht!" wies sie ihn scharf zurecht. „Kommen wir zum entscheidenden Punkt. Für mich ist das alles zu sehr arrangiert. Ich sage das nicht, weil ich Ihre Hilfe brauche. Ich werde Ihre Hilfe niemals brauchen." Sie starrte ihm ins Gesicht. „Damit Ihnen das von Anfang an klar ist."
„Von Anfang an", wiederholte er mit lauter Stimme.
„Von Anfang an, von vornherein. Nicht Hilfe, *Hinderung.*"
„Und um *was* zu bewirken, Madame?" Er nahm die Hand vom Bart, senkte den linken Arm und ließ seine Bücher fallen.
„Das ist meine Angelegenheit", sagte sie, „es hat nichts mit Ihnen zu tun; Sie sind nur Mittel zum Zweck."
„Soso", sagte er, „Mittel zum Zweck."
Ein Zittern ergriff ihre Wange, wie eine schmerzliche Grimasse. „Sie können nichts tun, nicht als Person." Sie stand auf. „Ich muß alles tun. Nein!" sagte sie und hob beide Hände und ergriff die Zipfel ihres Schultertuchs mit einer Geste des Zorns und des Stolzes, obwohl er sich nicht gerührt hatte, „ich werde Ihre Geliebte sein." Sie ließ die Hände in die Falten des Tuchs sinken. „Doch", setzte sie hinzu, „mischen Sie sich nicht ein. Morgen werden Sie mich besuchen kommen, das ist genug; das ist alles." Und bei diesem *alles* verspürte der kleine Hausierer eine ihm gänzlich fremde Angst.
Immerhin kam er am nächsten Tag; nervös, unter Verbeugungen, stolpernd. Sie wollte ihn nicht sehen. Sie ließ ihm durch das Hausmädchen ausrichten, daß sie ihn nicht brauche, und er ging beschämt wieder weg. Er kam am darauffolgenden Tage wieder und bekam lediglich zu hören, Dr. Katrina Silverstaff sei nicht zu Hause. Am nächsten Sonntag aber war sie es.

Sie war still, nahezu sanft, als bereite sie ihn auf eine Enttäuschung vor, und er hörte zu. „Ich halte das Verbotene ganz bewußt frei von Gewissensbissen. Ich hoffe, Sie verstehen das."
Er sagte: „Ja", und verstand nichts.
Sie fuhr unerbittlich fort: „Es wird keine Dornen für Sie geben. Sie werden die Dornen vermissen, doch maßen Sie sich nicht an, das in meiner Gegenwart zu zeigen." Und angesichts seines Entsetzens setzte sie hinzu: „Und ich erlaube Ihnen nicht zu leiden, während ich im Zimmer bin." Langsam und umständlich begann sie, ihre Brosche abzunehmen. „Ich verabscheue jeglichen geistigen Verfall."
„Jeje!" sagte er leise.
„Der Wille ist es", sagte sie, „der die vollständige Entfremdung herbeiführen muß."
Für ihn selbst unerwartet, bellte er: „Das will ich meinen!"
Sie schwieg nachdenklich, und wider Willen hörte er seine Stimme sagen: „Ich will leiden!"
Sie wirbelte herum: „Nicht in meinem Haus!"
„Ich werde Ihnen durch die ganze Welt folgen."
„Sie werden mir nicht fehlen."
Er sagte: „Was werden Sie tun?"
„Zerstört man sich, wenn man gänzlich unbeteiligt ist?"
„Ich weiß nicht."
Als nächstes sagte sie: „Ich liebe meinen Mann. Ich möchte, daß Sie das wissen. Es hat damit nichts zu tun, auch das sollen Sie wissen. Er *gefällt mir*, und ich bin sehr stolz auf ihn."
„Jaja", sagte Rodkin und fing wieder an zu zittern. Seine Hand am Bettpfosten brachte die Messingstangen zum Klirren.
„In mir ist etwas, das traurig ist, weil es ist."
Er antwortete nicht; er weinte.
„Da ist noch etwas", sagte sie unwirsch, „worauf ich bestehe – daß Sie mich nicht durch Ihre Aufmerksamkeit beleidigen, während Sie im Zimmer sind."
Er versuchte, seinen Tränen Einhalt zu gebieten, und er versuchte, zu begreifen, was geschah.
„Denn sehen Sie", fuhr sie fort, „manche Menschen trinken Gift, manche nehmen das Messer, andere ertrinken. Ich nehme Sie."

In der Morgendämmerung fragte sie ihn, aufrecht sitzend, ob er rauchen wolle, und zündete ihm eine Zigarette an. Danach zog sie sich in sich selbst zurück und saß auf der Mahagonibettkante, die Hände im Schoß.
Unglücklicherweise war Rodkin nun behaglich zumute. Er drehte sich im Bett herum, setzte sich mit gekreuzten Füßen hin und rauchte langsam, mit Bedacht.
„Bereut man?"
Dr. Katrina antwortete nicht, sie regte sich nicht, sie schien ihn nicht gehört zu haben.
„Sie haben mich erschreckt gestern abend", sagte er, streckte die Fersen weg und legte sich auf den Rücken. „Gestern abend ist beinah ein Jemand aus mir geworden."
Es herrschte immer noch Schweigen.
Er begann, aus seiner Bibel zu zitieren. „Werden die Tiere des Feldes und die Vögel unter dem Himmel dich je verlassen?" Er setzte hinzu: „Wird je ein Mensch dich verlassen?"
Katrina Silverstaff blieb, wie sie war, doch ein kaum merkliches Zucken durchlief ihre Wange. Die Morgendämmerung war hereingebrochen, die Straßenlaternen gingen aus, ein Milchwagen ratterte über das Kopfsteinpflaster und in die Dunkelheit einer Seitenstraße hinein.
„Eine. Eine von vielen ... *die* Eine."
Sie sagte immer noch nichts, und er machte seine Zigarette aus. Das Atmen fiel ihm schwer. Er begann zu zittern; er rollte sich herum, setzte sich auf und zog seine Sachen an.
„Wann werde ich Sie wiedersehen?" Der kalte Schweiß brach ihm aus, seine Hände zitterten. „Morgen?" Er versuchte, auf sie zuzugehen, fand sich jedoch in Türnähe wieder. „Ich bin nichts, niemand –", er wandte sich ihr zu, beugte sich ein wenig hinab, als wollte er sie küssen, doch es kam kein Zeichen der Ermutigung. „Sie nehmen alles weg. Ich kann nicht fühlen, ich leide nicht, nichts, wissen Sie – ich kann nicht –." Er versuchte, sie anzuschauen. Nach langer Zeit gelang es ihm.
Er erkannte, daß sie nicht wußte, daß er im Zimmer war.
Daraufhin befiel ihn so etwas wie Entsetzen, und mit leisem, geübtem Griff drehte er den Türknauf und verschwand.

Ein paar Tage später in der Abenddämmerung kam er, mit dem Herzen eines Hundes, in die Straße der Ärzte und schaute zu deren Haus hinüber.
Eine einzige, zur Schleife gebundene Seidenbahn hing an der Tür.
Von dem Tag begann er, heftig zu trinken. Er galt in den Cafés des Viertels alsbald als rechte Landplage, und einmal, als er Dr. Otto Silverstaff mit seinen beiden Kindern allein in einer Ecke sitzen sah, lachte er laut auf, und brach in Tränen aus.

Kopfunter

Hinter zwei flinken Pferden fuhr, in der Mittagshitze, Julie Anspacher. Die Luft war erfüllt vom Lärm der Winden und des Brunnenwassers und vom parfümierten Wellenschaum der Blumen, und Julie starrte geradeaus, während die Straße sich in die Wegstrecke ihrer Erinnerung verwandelte.
Der Kutscher, ein alter Skandinavier und ein Freund der Familie, der genau zwei Sagen kannte, eine, die von einem Rebhuhn und eine, die von einer Frau handelte, saß steif auf seinem Bock und ließ die Zügel über die glatten Hinterteile der Stuten schleifen; er pfiff die Weise, die zur Geschichte vom Rebhuhn gehörte, wiegte sich dabei langsam auf seinem stabilen Sitz, und mit der Melodie kam, wie der von Kräutern, der starke Duft von Pferdestall zurück, in das sich schmerzhaft das Leder drückte.
Die Pferde begannen, hügelan zu ziehen, ließen die Ohren spielen und senkten ruckhaft die Köpfe. Auf der Kuppe angekommen, sprangen sie in einem Wirbel von Funken und Staub in den Galopp. Der Kutscher, der immer noch kerzengerade saß, immer noch pfiff, zügelte die Pferde letztmals mit schwungvoller Gebärde und hob den Peitschenstock hoch in die Luft, um ihn dann elegant in seinen Halter zu senken. Mit tiefer Baßstimme sagte er: „Es ist einige Zeit vergangen, seit wir Sie zuletzt gesehen haben, Mrs. Anspacher."
Julie hob ihr langes Gesicht aus dem Kragen und nickte.
„Ja", sagte sie kurz und runzelte die Brauen.
„Ihr Mann hat den Mais schon geerntet, und die Obstbäume hängen berstend voll."
„Ach ja?" Sie versuchte, sich zu erinnern, wie viele davon Apfel- und wie viele Birnbäume waren.
Der Kutscher wechselte die Zügel von der einen Hand in die andere und wandte sich um: „Es ist schön, Sie wiederzusehen, Mrs. Anspacher." Er sagte das so schlicht, mit soviel herzlicher Freude, daß Julie laut herauslachte.
„Ach, wirklich?" antwortete sie, biß sich jedoch sogleich auf die Lippen und richtete den zornigen Blick starr geradeaus.
Das Kind, das neben ihr saß, beweglich, wie es seinem Al-

ter angemessen war, hob das Gesicht, aus dem mit drolliger Kühnheit eine kleine Adlernase hervorsprang. Es hielt einen altmodischen Hermelinmuff in der Hand, der ihm immer wieder halb entglitt und dessen Schwänze nach allen Richtungen abstanden.

„Sie erinnern sich doch an Mrs. Berling?" fuhr der Kutscher fort, „Sie hat wieder geheiratet."

„Ach, tatsächlich?"

„Ja, Ma'am, so ist es."

Er fing an, ihr von einer freien Stelle im Postamt zu erzählen, die der Neffe ihres Gatten eingenommen hatte.

„Korruption!" schnaubte sie verächtlich.

Das Kind fuhr zusammen und sah dann rasch weg, wie es Kinder tun, wenn sie etwas erwarten und nicht begreifen, was. Der Fahrer ließ die Peitsche auf den Pferden niedergehen, links und rechts; ein Saum aus dichtem Schaum bildete sich entlang den Kanten des Geschirrs.

„Was sagten Sie gerade, Mrs. Anspacher?"

„Nichts sagte ich. Ich sagte, alles ist verloren von Anbeginn, wenn wir es nur wüßten – immer."

Das Kind sah zu ihr auf, dann senkte es den Blick auf seinen Muff.

„Ann", sagte Julie Anspacher plötzlich und nahm dem Kind den Muff vom Schoß. „Hast du schon einmal so große Pferde gesehen?"

Das Mädchen wandte ihr das aufleuchtende Gesicht zu, beugte sich nieder und versuchte, zwischen den Armen des Kutschers hindurchzublicken. Sie lächelte.

„Sind das deine?" flüsterte sie.

„Du brauchst nicht zu flüstern", sagte Julie. Sie holte tief Luft, so daß sich die Seide ihrer Bluse über den Brüsten spannte. „Nein, es sind nicht meine, doch wir haben auch zwei – noch größere – schwärzere ..."

„Darf ich sie sehen?"

„Natürlich wirst du sie ansehen – sei nicht albern!"

Das Kind zuckte zusammen und zerrte nervös an seinem Muff. Julie Anspacher überließ sich wieder ihren Gedanken.

Es waren fast fünf Jahre vergangen, seit Mrs. Anspacher zuletzt zu Hause gewesen war. Vor fünf Jahren, in geradeso einem Herbst, hatten die Ärzte ihr noch sechs Monate zu

leben gegeben ... Eine Lunge zerstört, die andere bereits angegriffen. Manchmal nennt man das den *weißen Tod,* manchmal die *Liebeskrankheit.* Sie hustete ein wenig, als sie daran zurückdachte, und das Kind an ihrer Seite hustete ebenfalls, wie ein Echo, und der Kutscher runzelte die Stirn und dachte bei sich, daß Mrs. Anspacher wohl nicht geheilt sei.
Sie war neununddreißig; sie hätte mit vierunddreißig sterben sollen. Innerhalb jener fünf Jahre Gnadenfrist hatte ihr Gatte Paytor sie fünfmal besucht. Zur Weihnachtszeit hatte er die über vierzehnstündige Bahnfahrt ins Landesinnere unternommen. Er verfluchte die Ärzte, nannte sie Dummköpfe und fragte sie jedesmal, wann sie nach Hause käme.
Das Haus tauchte auf. Schmutzigweiß stand es vor den Robinien. Rauch, der träge Rauch, der sich im Herbst zu einer geraden Säule erhebt, stieg in einen leeren Himmel auf, als der Kutscher die Pferde zum Stehen brachte, deren schaumbedeckte Kiefer den Druck der Trense spürten. Julie Anspacher sprang mit einem Satz neben der Kutsche zu Boden, so daß der modisch kurze Schoß ihrer Jacke tanzte. Sie wandte sich um, schob die schwarzbehandschuhten Hände unter das Kind und hob es auf den Weg hinab. Irgendwo bellte ein Hund, als sie durch das Tor traten.
Ein Hausmädchen im Häubchen steckte den Kopf aus einem Fenster heraus, schrie überrascht auf, zog den Kopf wieder ein und knallte den Fensterflügel zu, und Paytor kam mit langsamen, gemessenen Schritten über den Kies auf seine Frau und das Kind zu.
Er war ein Mann mittlerer Größe mit einem dichten, gestutzten Bart, der in einem grauen Keil am Kinn endete. Er war kräftig, gravitätisch und kehrte beim Gehen die Knie nach außen, was ihm einen wiegenden, verläßlichen Gang verlieh; er hatte ernste Augen und einen energischen Mund. Er wirkte ein wenig überrascht. Er hob den aprikosenfarbenen Schleier, der Julies Gesicht verbarg, beugte sich vor und küßte sie auf beide Wangen.
„Und woher kommt das Kind?" wollte er wissen und berührte das Kinn des kleinen Mädchens.
„Nun komm schon, sei nicht albern", sagte Julie ungeduldig und segelte auf das Haus zu.

Er eilte ihr nach. „Ich freue mich so, daß du da bist", sagte er und versuchte, mit ihrem weitausholenden, schwingenden Gang Schritt zu halten, der das Kind fast vom Boden hob und es zwang, im Laufschritt neben ihr herzustolpern.
„Sag doch, was haben die Ärzte gesagt – geheilt?"
Es war seiner Stimme anzumerken, daß er glücklich war, als er fortfuhr: „Nicht, daß ich wirklich etwas auf ihre Meinung gäbe – ich habe dir ja immer schon ein hohes Alter vorausgesagt, stimmt das nicht? Denn was hatten die Ärzte denn in Marie Baskirtseffs Fall für eine Heilmethode, wie? Sie haben sie bei geschlossenen Fenstern in ein dunkles Zimmer eingesperrt – so starb sie natürlich –, das war damals ihre Methode. Jetzt ist es Kochs Tuberkulin –, und das ist ebenfalls nichts als Blödsinn. Gute, frische Luft, darauf kommt es an."
„Es hat aber bei manchen Menschen gewirkt", sagte sie, während sie vor ihm ins Wohnzimmer trat. „Ein Junge war da – nun, davon später. Läßt du Ann bitte von irgend jemandem zu Bett bringen – die Reise war anstrengend für sie –, sieh nur, wie schläfrig sie ist. Lauf nur, Ann", fügte sie hinzu und schob sie mit sanftem Nachdruck auf das Hausmädchen zu. Während sie verschwanden, stand sie und blickte sich um und setzte unterdessen den Hut ab.
„Ich bin froh, daß du die Kristallüster abgenommen hast – ich habe Kristallüster noch nie ausstehen können –." Sie trat ans Fenster.
„Ich habe es nicht getan, das Dach ist eingestürzt – gleich nach meinem letzten Besuch im Dezember. Du siehst großartig aus, Julie." Er errötete. „Ich freue mich so, ich bin so schrecklich froh, weißt du. Ich fing langsam an zu glauben ... Na, nicht daß die Ärzte wirklich eine *Ahnung* hätten ... Doch es hat so lange gedauert ..." Er versuchte zu lachen, überlegte es sich dann jedoch anders und brachte stockend heraus: „Das ist doch ein Höhenunterschied von über fünfhundert Metern – aber dein Herz – das ist kräftig – war es immer."
„Was weißt denn du von meinem Herzen?" sagte Julie wütend. „Du weißt nicht, wovon du sprichst. Das Kind wiederum ..."
„Ja?"

„Sie heißt Ann", schloß sie verdrießlich.
„Ein hübscher Name – deine Mutter hieß so, wem gehört es denn?"
„Herrgott noch mal!" rief Julie und bewegte sich im Zimmer umher, indem sie die Sitzgarnitur umrundete. „Mir, mir, mir natürlich! Wem denn sonst, wenn nicht mir?"
Er schaute sie an. „Dir? Aber Julie, was für ein Unsinn!" Sämtliche Farbe war aus seinem Gesicht gewichen.
„Ich weiß –, wir müssen das besprechen –, es muß alles arrangiert werden, es ist schrecklich. Aber sie ist nett, ein kluges Kind, ein braves Kind."
„Was um alles in der Welt soll denn das bedeuten?" Er vertrat ihr den Weg. „Weshalb bist du denn in einer solchen Stimmung – was habe ich denn getan?"
„Großer Gott, was sollst *du* denn getan haben! Was bist du doch für ein alberner Mensch. Nichts natürlich, absolut nichts!" Sie winkte ab. „Darum geht es doch nicht; weshalb fängst du denn von dir an? Ich tadele dich nicht, ich bitte nicht um Vergebung. Ich habe auf den Knien gelegen, ich habe den Kopf gegen den Boden geschlagen, ich habe mich erniedrigt, doch …", setzte sie mit einer schrecklichen Stimme hinzu, „das ist nicht tief genug, der Boden ist nicht tief genug; sich niederzubeugen ist nicht genug, um Verzeihung zu bitten, ist nicht genug, sie zu erlangen? –, wäre nicht genug. Es gibt auf der Welt einfach nicht das richtige Elend, das ich durchleiden könnte, nicht die richtige Art des Mitleids, das du empfinden könntest; auf der ganzen Welt gibt es kein Wort, das mich heilen könnte; Buße kann mich nicht erschüttern – es ist etwas jenseits aller Zwecke –, es ist Leiden ohne jede Vollstreckung, es ist wie unzulänglicher Schlaf; es ist wie alles, das ohne Maß ist. Ich bitte nicht um das Geringste, weil es nichts gibt, das gegeben oder entgegengenommen werden kann – wie primitiv, diese Fähigkeit, entgegenzunehmen …"
„Aber, Julie …"
„Nein, nein, das ist es nicht", sagte sie schroff, und ihre Augen schwammen in Tränen, „selbstverständlich liebe ich dich. Doch stell dir das einmal vor: Ich, eine Gefahr für jedermann – außer für solche wie mich, die dieselbe Krankheit haben und damit rechnen, sterben zu müssen: Voller Angst, vollkommen gefangengenommen von einem Pro-

blem, das eine Handvoll Menschen angeht – erfüllt von Fieber und Lust –, keinesfalls einer selbstgewollten Lust, sondern einer, die mit Hitze zu tun hat. Und so voller Angst, so voller Angst! Und nichts, das danach kommen wird, was immer du anstellst, überhaupt nichts, überhaupt nichts, nur der Tod – und man macht weiter –, es geht weiter –, dann das Kind –, und das Leben, ihres, wahrscheinlich, für eine Zeitlang ..."

„*Aha.*"

„Deshalb konnte ich es dir nicht erzählen. Ich dachte: Nächsten Monat sterbe ich, ganz bald wird keiner uns mehr wiedersehen. Trotzdem, alles in allem, und sag was du willst, ich wollte nicht gehen – und ich *habe* versucht ... nun, du weißt schon, was ich meine. Dann starb ihr Vater – sie haben festgestellt, daß sie eine schwache Lunge hat ... Der Tod pflanzt sich fort ... Seltsam, nicht wahr ... Und die Ärzte ..." Sie fuhr herum: „Du hast recht, sie haben mich belogen, und ich habe es durchgestanden, von Anfang bis Ende."

Er hatte sich von ihr abgewandt.

„Die wirkliche, die eigentliche Vorstellung dabei ist", sagte sie mit gequälter Stimme, „daß eine Sache einen Sinn haben sollte. Die Qual sollte eine Bedeutung haben. Ich wollte nicht über dich hinausgehen oder dir irgend etwas voraushaben – das war nicht die Idee, es war überhaupt nicht die Idee. Ich dachte, es sollte mich nicht mehr geben. Ich wollte nichts hinterlassen als dich, nur dich. Du mußt das glauben, oder ich ertrage es nicht ... und trotzdem", fuhr sie fort, während sie ungeduldig im Zimmer umherlief, „es war auch eine Art hysterischer Freude dabei. Ich dachte, wenn Paytor Intuition hat, jenes seltsame andere *Etwas,* das bei allem im Mittelpunkt stehen muß (oder es gäbe kein so sehnliches Verlangen danach), jenes geheimnisvolle Etwas, das uns immerfort so nahe ist, daß es bald schon obszön ist – ja, ich dachte, wenn Paytor das hat (und denk dir, ich wußte die ganze Zeit, daß du es nicht besäßest), diese *Gnade,* dachte ich, nun, dann wird er verstehen. Dann sagte ich mir bei solchen Gelegenheiten, nachdem du schon lange wieder weg warst, *jetzt* hat er die Antwort, eben in diesem Augenblick, genau Schlag halb zehn, wenn ich jetzt bei ihm sein könnte, dann würde er zu mir sagen: *Ich verstehe.* Doch sobald ich den Fahrplan in der Hand hielt, um den Zug herauszusuchen, in dem du säßest, wußte ich, daß es in deinem Innern kein solches Gefühl gab – ganz und gar keins."

„Empfindest du denn kein Grauen?" fragte er mit lauter Stimme.

„Nein, ich empfinde kein Grauen – zum Grauen gehört der Konflikt, und ich sehe für mich keinen. Ich bin dem Leben entfremdet, ich bin verloren in stillem Gewässer."

„Hast du einen religiösen Glauben, Julie?" fragte er sie, wieder mit dieser lauten Stimme, so als richte er sich an jemanden, der weit weg war.

„Ich weiß nicht, ich denke schon, doch ich bin mir nicht sicher. Ich habe versucht, an etwas Äußeres und Umfassendes zu glauben, etwas, das mich forttrüge, nach jenseits – das verlangen wir doch von unseren Glaubensgewißheiten, nicht wahr? Es wird jedoch nicht genügen, es entgleitet mir wieder; ich kehre wieder zu der Vorstellung zurück, daß es etwas Angemesseneres gibt als die Erlösung."

Er legte den Kopf in die Hände. „Weißt du", sagte er, „ich habe immer gemeint, daß eine Frau, weil sie Kinder haben *kann,* alles wissen müßte. Die bloße Tatsache, daß eine Frau etwas so Anmaßendes zu tun imstande ist, wie ein Kind zu bekommen, müßte ihr die Gabe der Prophetie verleihen."

Sie hustete, das Taschentuch vor dem Gesicht. Sie lachte bitter. „Man lernt es zwar, behutsam mit dem Tod umzugehen, doch niemals, niemals ..." Sie sprach nicht zu Ende, sondern starrte ins Leere.

„Warum hast du das Kind hierhergebracht, weshalb bist du denn dann überhaupt wiedergekommen, nach so langer Zeit? – Es ist alles so schrecklich verworren."

„Ich weiß nicht. Vielleicht, weil es ein Falsch und Richtig, ein Gut und Böse gibt, und ich das herausfinden mußte. Wenn es so etwas gibt wie eine *immerwährende Gnade,* dann möchte ich darüber etwas erfahren. Die christliche Gnade hat etwas so Unvertrautes, so eine befremdliche Intimität ..." Sie hatte die Angewohnheit, das Gesicht zu verziehen, indem sie die Augen schloß. „Ich dachte, vielleicht weiß Paytor ja Bescheid ..."

„Bescheid worüber?"

„Die Spaltung. Ich dachte, er wird imstande sein, mich von

mir selbst abzuspalten. Persönlich fühle ich mich nicht gespalten; ich scheine ein geistig gesundes, ausgeglichenes Ganzes zu sein, doch ein hoffnungslos verstricktes. Ich sagte mir: Paytor wird erkennen, wo die spaltende Absicht liegt und wovon sie ausgeht, obwohl ich mich die ganze Zeit über gar nicht aus der Affäre zu ziehen versuchte, ich habe nicht an irgendein System gedacht – nun ja, mit anderen Worten, ich wollte ins *Unrecht* gesetzt werden. Verstehst du?"
„Nein", sagte er mit unverändert lauter Stimme, „und was schwerer wiegt, ist, daß du selbst gewußt haben mußt, was du mir angetan hast. Du hast alles auf den Kopf gestellt. Oh, ich will gar nicht sagen, mich betrogen – es ist viel weniger als das und mehr, es ist das, was die meisten von uns tun, wir verraten die Umstände, wir bleiben ihnen nicht treu. Nun", sagte er schneidend, „ich kann nichts für dich tun. Ich kann nicht das Geringste tun; es tut mir leid, es tut mir sehr leid, doch so ist es nun einmal." Er grimassierte, und seine Schultern zuckten.
„Das Kind hat es auch", sagte Julie Anspacher und blickte ihm ins Gesicht. „Ich werde bald sterben. Es ist lächerlich", setzte sie hinzu, während ihr die Tränen über das Gesicht strömten. „Du bist stark, bist es immer gewesen, und deine Familie vor dir war es ebenfalls – nicht einer von ihnen unter neunzig, als er unter die Erde kam –, es ist alles verkehrt – es ist völlig lächerlich!"
„Ich weiß nicht, vielleicht ist es gar nicht lächerlich. Man sollte sich hüten, allzu rasch zu einem Schluß zu kommen." Er begann, seine Pfeife zu suchen. „Nur mußt du selbst doch wissen, wie sehr ich mich quäle, wenn eine Sache einigermaßen gewichtig ist, tagelang, jahrelang. Und warum? Weil ich sofort zu Schlußfolgerungen gelange und dann einen harten Kampf führen muß, um sie wieder zu zerstören!" Er klang jetzt ein wenig hochtrabend. „Weißt du", sagte er, „ich bin menschlich, aber anspruchslos. Vielleicht werde ich später imstande sein, dir etwas zu sagen – dir wenigstens einen Anfang zu bieten. Später." Er wandte sich ab, die Pfeife in der halbgeöffneten Hand, verließ das Zimmer und schloß die Tür hinter sich. Sie hörte ihn die Treppe hinaufsteigen, die harten Eichenholzstufen, auf den Speicher, wo er Schießübungen abhielt und auf die konzentrischen Ringe seiner Scheibe zielte.

Die Dunkelheit brach herein, sie verschluckte die Büsche und die Scheune und hüllte die Wohlgerüche des Obstgartens ein. Julie lehnte sich gegen ihre Hand, die an der Kante der Fensteröffnung ruhte, und lauschte. Sie hörte schwaches Hundelärmen in der Ferne, den Bach, der den Berg hinablief, und sie dachte, Wasser in der Hand hat keine Stimme, doch brüllt es richtig, wenn es über die Felsen hinabstürzt. Es singt über den kleinen Steinen in Bächen, doch schmeckt es nur nach Wasser, wenn man es einfängt und es sich sträubt und einem durch die Finger rinnt. Sie hatte das Gefühl, Tränen in den Augen zu haben, doch sie fielen nicht. Sentimentale Kindheitserinnerungen, sagte sie sich, die manchmal angsterregend gewesen und eng verknüpft waren mit Angeln und Schlittschuhlaufen und dem Tag, an dem man sie die Wange ihres toten Priesters hatte küssen lassen – *Qui habitare facit sterilem* – *matrem filiorum laetantem* – dann *Gloria Patri* –, was sie hatte weinen lassen aus einem seltsamen, nachträglichen Kummer, der heruntergeschluckt worden war, weil sie damals, als sie seine Wange berührte, eine aggressive Passivität geküßt hatte, die unversehrt war und kalt.

Sie wanderte innerlich umher und verwunderte sich. Sie konnte Paytor auf den dünnen Dielen oben umherlaufen hören, konnte seinen Tabakrauch riechen, konnte ihn klakkend die Hähne seiner Gewehre spannen hören.

Mechanisch ging sie zur Truhe in der Ecke hinüber; sie war mit Schneeszenen dekoriert. Sie hob den Deckel. Sie schlug die obere Schicht alter Spitzen und Schals um, bis sie an eine Hemdbluse aus gestreiftem Taft gelangte ... Diejenige, die sie vor Jahren getragen hatte, sie hatte ihrer Mutter gehört. Sie hielt inne. Das Kind? Paytor schien das Kind nicht zu mögen. „Wie albern!" sagte sie laut. „Sie ist still, lieb, sanft. Was will er mehr?", doch nein, das genügte jetzt nicht. Sie zog die Handschuhe aus – warum hatte sie das nicht sofort getan? Vielleicht war es ein Fehler gewesen zurückzukehren. Sie schritt auf die Treppe zu, um Paytor zu rufen und ihm das zu sagen, und steckte unterdessen ihren Schleier hoch. Die Zeit verrann. Doch nein, das war nicht die Antwort, das war nicht die richtige Vorstellung.

Das Pendel der Uhr im Holzgehäuse auf dem Kaminsims schob die Zeit mit behäbiger Mühelosigkeit vor – und zurück, und Julie, die jetzt am Fenster stand, döste schlaflos vor sich hin –, lange groteske Träume stellten sich ein, klammerten sich an sie, verflüchtigten sich und wälzten sich erneut heran. Irgendwo hustete Ann im Schlaf; Julie Anspacher hustete ebenfalls, wobei sie sich das Taschentuch vors Gesicht hielt. Sie hörte Füße, die auf und ab und auf und ab gingen, und der Tabakgeruch war nicht mehr nur schwach zu spüren.

Was konnte sie tun, um Gottes willen, was blieb ihr denn zu tun? Wenn sie nur nicht diese Angewohnheit hätte, gegen den Tod anzukämpfen. Sie schüttelte den Kopf. Der Tod lag jenseits des Wissens, und zuerst einmal mußte man in einer anderen Hinsicht Gewißheit haben. „Wenn ich nur die Kraft hätte zu fühlen, was ich fühlen soll, doch ich habe so lange soviel ertragen, doch wohl nicht zu lange, das ist das Tragische ... Die unendliche Disziplin, die es erfordert, alles ertragen zu lernen." Sie dachte: „Wenn Paytor mir doch nur Zeit ließe, ich würde damit schon fertig werden." Dann war ihr, als müsse irgend etwas passieren. „Wenn mir doch nur das richtige Wort einfiele, ehe es passiert", sagte sie sich. Sie sagte es wieder und wieder. „Weil mir kalt ist, kann ich nicht nachdenken. Ich werde gleich nachdenken. Ich ziehe die Jacke aus, den Mantel an ..."

Sie stand auf und streifte mit der Hand an der Wand entlang. Wo war er? Hatte sie ihn auf dem Stuhl liegenlassen? „Mir fällt das Wort nicht ein", sagte sie, um sich mit irgend etwas zu beschäftigen.

Sie wandte sich um. Seine ganze Familie ... langlebige Menschen ... „und ich auch, ich auch", murmelte sie. Ihr wurde schwindlig. „Das kommt daher, daß ich auf die Knie nieder muß. Das ist jedoch nicht tief genug", widersprach sie sich, „aber wenn ich den Kopf nach unten halte, abwärts – nieder, nieder, nieder, nieder ..." Sie hörte einen Schuß. „Sein Blut gerät rasch in Wallung ..."

Ihre Stirn hatte die Dielen noch nicht ganz berührt, jetzt berührte sie sie, doch stand sie unverzüglich wieder auf und stolperte dabei über ihr Kleid.

Die Leidenschaft

Jeden Nachmittag um vier Uhr dreißig, außer donnerstags, bewegte sich eine elegante Kutsche mit gemessener Bravour durch den Bois. Sie wurde von zwei Braunen gezogen, deren glänzende Lacklederscheuklappen silberne *Rs* zierten und deren gestutzte Schwänze sich stolz über schön beschlagenen, makellosen Schwanzriemen wölbten.
In dieser Kutsche mit ihren halb zugezogenen Vorhängen saß die Prinzessin Frederica Rholinghausen, aufrecht, genau in der Mitte eines mit Klöppelmedaillons abgesetzten Kissens. Ihr Kopf bewegte sich nicht. Dem reglosen Gesicht hinter dem enggezogenen Schleier, der die leuchtende Pracht eines mit Bändern und Rosen überladenen Strohhuts umspann, wurde das Rouge nicht mehr aufgelegt, um seine Konturen zu unterstreichen, sondern um eine edle Abgezehrtheit zu malen. Die hochgewachsene Gestalt mit den hohen Schultern, die wie zerbrechliche Strebepfeiler wirkten, war in grauen Moirée gehüllt, dessen übermäßige Steifheit sich zu zwei scharfkantigen Punkten, den mageren Knien, zuspitzte wie die Ecken einer Pralinenschachtel. Keine Perle des Halsbands erzitterte zwischen den eingesunkenen blauen Adern, ebensowenig wie der leichte Glanz der Nägel durch irgendwelche persönlichen Gesten vom Schicklichen abwich, und nicht anders verhielt es sich mit den Schnallen auf den Schuhen oder auch dem durchdringenden Blick. Die ganze Pracht und Haltung teilte die Kehrtbewegung der Kutsche, als die Pferde den See umrundeten und die Schwäne, deren ihre Beschwerde schnatternd über die Wasseroberfläche ausstreuten. Die Spaziergänger unter den Bäumen schienen (wenn die Kutsche sie ins Blickfeld rückte) winzig und eingesperrt, denn die mächtigen astlosen Baumstämme warfen ein geradliniges Schattengitter. So bewegte sich dies parfümierte Gehäuse durch den Tag.
Der Kutscher, der mit seinem Sohn oben auf dem Bock saß, richtete den jungen Mann für ein Kutscherleben ab, an dem der alte Mann nicht teilhaben würde. Jeden Donnerstag, wenn die Prinzessin zu Hause blieb, wurde die leere Kutsche in einem zügigen, federnden Trab gefahren, und jeden

Donnerstag hallte die Allée de Longchamps von den Rufen des alten Mannes wider: *"Eh, doucement, doucement!"*
Die Gefolgschaft der Familie, nunmehr fünf Bedienstete, arbeitete mit so wenig Anstrengung, wie sich mit einer abnehmenden Routine vereinbaren ließ. Jeden Morgen wurden in der Bibliothek die Bücher mit ihren weißen Ziegenledereinbänden und dem verblichenen Wappen abgestaubt, und jeden Nachmittag, wenn die Sonne nicht gar zu grell war, wurden im Musikzimmer die Vorhänge aufgezogen, doch da die Prinzessin sich mit jedem Jahr weniger von Zimmer zu Zimmer bewegte, wurde Jahr um Jahr ein Zimmer mehr auf immer dichtgemacht.
In der Küche schlug der Koch mit der Regelmäßigkeit eines Uhrwerks das Eiweiß von drei Eiern mit Rum und Zucker für das abendliche Soufflé, und mit derselben Regelmäßigkeit wässerte der Gärtner in der Abenddämmerung die Pflanzen, als sei er befördert worden, denn umgeben von der stillen Pracht der Schloßgärten sog er deren düstere, behäbige Majestät ein, als sei es die eines Versailles.
Der Schoßhund, seit langem schon zu alt, um von dem rüschenbesetzten Chintzkissen in seinem Korb aufzustehen, schlief schwer, ein Knäuel aus weißem Fell, von dem sich weder Glieder noch Gesicht abhoben, abgesehen von dem Strich aus dunklem Haar, der den Lidern ihren Platz zuwies, und dem feuchten, immer tiefer sackenden Punkt unter dem Kinn.
An ihren Donnerstagen erhob sich die Prinzessin um drei und kleidete sich vor einer langen Eichenstellage an, die von facettierten Flaschen blitzte. Sie war fast einen Meter achtzig groß gewesen und mit der Zeit nur um weniges geschrumpft. Wohin sie sich auch wenden mochte, standen Schnittblumen, doch sie pflegte sie nicht. Die Jagdszenen, die zwischen den hohen Eichenholzstühlen an der Wand hingen (sie hatte sie in der Jugend gemalt) waren staubbefiedert und gehörten einer fernen Vergangenheit an. Das Spinett in der Ecke, das mit einem, von ihrer eigenen Hand bestickten Satinüberwurf bedeckt war, warf sich entlang der Schrägkante seines Deckels und kündete auf diese Weise vom Schweigen eines halben Jahrhunderts. Die Notenhefte, die dort aufgestapelt lagen, waren für Sopran. Eins war beim *Liebeslied* aufgeschlagen. Der einzige Gegenstand, der in jüng-

ster Zeit in Gebrauch genommen worden war, war der Kandelaber, dessen Kerzen auf ihrem Dorn halb herabgebrannt waren, denn die Prinzessin las bis in die Nacht hinein.
Es gab nur zwei Porträts, sie hingen im Eßzimmer. Das eine zeigte ihren Vater, der, in Uniform, neben einem Tisch stand, den Hut mit dem Federbusch in der Hand, die Hand wiederum auf dem Heft eines Schwertes, die gespornten Stiefelabsätze versunken im üppigen Flor eines Läufers. Das andere Porträt zeigte ihre Mutter auf einer Gartenbank. Sie war im grünen Jagdkostüm und hatte einen männlich wirkenden, kleinen Hut schräg über dem Ohr sitzen. In der einen Faust hielt sie, über hohen Reitstiefeln, eine ganze Kaskade von Rüschen. In einer Barockvitrine waren Miniaturen von Brüdern und Cousins aufgestellt; das waren weißblonde, geschlechtslose Kinder mit rosigen Wangen, die zwischen dem Nippes hervorlächelten; da gab es Fächer, Münzen, Siegel, Porzellanplatten (die von Adlern belebt waren) und, unpassenderweise, die Statuette einer Dame, die durch das hauchdünne Gewebe eines Nachtgewands auf ihre farblosen Brüste niederblickte.
Bisweilen regnete es, so daß die Tropfen gegen die hohen Fenstertüren klatschten und die Widerspiegelung in den Spiegeln stürmte. Bisweilen traf die Sonne einen Kristallüster, der seinerseits eine kalte Feuerschwinge gegen die Decke warf.
Kurz, die Prinzessin war sehr alt. Nun wird behauptet, die Alten könnten sich dem Grab nicht ohne Bangigkeit oder religiöse Zeremonie nähern. Die Prinzessin aber wohl. Sie befand sich in der Hand hochgradigen Verfalls: Sie war *sèche,* doch dank einer letzten Eiterung ihres Willens lebte sie noch.
Bisweilen, nicht oft, doch bisweilen lachte sie mit der einprägsamen Schärfe einer im unpassenden Augenblick auftauchenden Erinnerung, und das Auflachen eines sehr alten Menschen wirkt verstörend, weil es ohne Freundlichkeit und isoliert ist. Hin und wieder hatte sie, wenn sie in diesem, keinem Vergleich zugänglichen Augenblick ihre Augengläser hob, überraschenderweise den Ausdruck eines *galant,* eines *bon-vivant* – doch lag über ihrer Haut ein Anflug von Blau, der vom Einverständnis mit der Sterblichkeit kündete. Sie sprach niemals von der Seele.

Hin und wieder kamen zwei verrostete Tanten zu Besuch, die von taperigen Gefährten begleitet wurden, ebenso wakkeligen und hinfälligen, denen es gleichwohl gelang, heruntergefallene Gegenstände wiederzufinden, verlegte Brillen und zerbröckelten Kuchen – geduldig beugten sie sich herab und richteten sich wieder auf, während ihre Taschenuhren an ihren silbernen Häkchen hin- und herbaumelten.

Bisweilen schlenderte der einzige Neffe herein, ein *Taugenichts* – nicht sonderlich kindlich in seinem Gebaren, eher unverschämt und selbstgerecht –, nachdem er seine Pferde eingestellt hatte; mit gespreizten Beinen kam er durch das ganze Zimmer stolziert, ließ dabei die Schlaufe seiner Reitgerte gegen die Wickelgamasche klatschen, versprach *ewige Ergebenheit* und trug mit ausgestrecktem Arm eine derbe Zinnie vor sich her. Dann brach er in einem Sessel zusammen und bewies jene Gleichgültigkeit, die ihm in seinem hochwohlgeborenen Schienbein, in Schenkel und Scheitel vererbt worden war, ein gänzlich Ungenierter, Verdienstvoller ohne Verdienst, nippte Tee aus der zerbrechlichen Teetasse und starrte, während er tüchtige Halbmonde in das dünne Butterbrot biß, mit kaltem, berechnendem Blick ins Freie hinaus; und wenn die Prinzessin das Zimmer verließ, bemerkte er es wirklich nicht.

Kurt Anders, ein polnischer Offizier von einem vage erinnerlichen Regiment, der fast nie in Uniform erschien, war der wichtigste ihrer Besucher. Einmal im Monat, am zweiten Donnerstag, machte er seit dreißig Jahren seine Aufwartung, trank bei der Gelegenheit zierlich aus demselben Porzellan und war doch ein Riese, tüchtig gegürtet und oberlastig. Zwei langgezogene Falten gingen von der langen, gebogenen Nase aus, unterhalb deren sein Mund, der zu klein und zu flach geraten war für die weit auseinanderstehenden Zähne, der Tasse zustrebte. Er sprach mit ausgeprägtem Akzent.

Er war Witwer. Er sammelte Stiche und alte Ausgaben, Feuerwaffen und Briefmarken. Außerdem war er ein Verehrer des siebzehnten Jahrhunderts. Er trug braunrote Handschuhe, die, wenn er sie mit einer einzigen energischen Bewegung abstreifte, einen schwachen Veilchenduft ins Zimmer entsendeten. Er hatte das Auftreten eines Mannes, der

der Ausschweifung nicht abhold gewesen ist; er wirkte, als habe er alles gegessen. Doch wenn er seiner ganzen Erscheinung nach auch elegant war, so haftete ihr doch irgend etwas an, das vom Beichtstuhl nicht weit entfernt war.
Manchmal kam er ein wenig zu früh, und dann ging er zu den Ställen, wo die beiden Braunen, die jetzt die einzigen Pferde waren, stampften und gestriegelt wurden, und wo das erfreuliche Gezänk, das Geschnappe und Gekläffe von Hündinnen, die gerade schwer am demnächst zu erwartenden Wurf des Jahres trugen, ihn erwarteten. Anders beugte sich eifrig nieder, um ihre Schnauzen zu streicheln, an ihren Lederhalsbändern zu ziehen, und blieb lang genug, daß ihre Schwänze sich beruhigen konnten.
Dieser Mann, dessen Geschichte angeblich ebenso *éblouissant* wie dunkel gewesen war, und der, so wollte es der Klatsch, seine Familie in der Jugend mit ziemlicher Gewißheit enttäuscht hatte, war zweifelsohne eine *figure scandaleuse*. Er hatte die *demimonde* allzu gern gehabt. Er hatte die Gunst der *Favoritinnen* sämtlicher großen Männer genossen. Er hatte einen Hang zu allen, die auf *Vergebung* angewiesen sein würden. Er war viel zusammen gewesen mit einem *Liebling* der Akademie, einem Sproß des Hauses Valois, derjenigen, die *L'Infidèle* genannt wurde – oder jedenfalls behauptete er das –, und die sich, obwohl leidenschaftlich *modern*, doch hingezogen fühlte zu Museum und Wachsfigur, insbesondere den mit einem Seil eingefriedeten Sektionen, die königlichen Equipagen oder mittlerweile historisch gesicherten Betten längst vergessener Könige eine Heimstatt boten.
Die Wahrheit? Anders hatte Freude am Manöver, am vollkommenen *Sprung*, dem Trick aus dem Hut und ganz allgemein an einer gesunden Witterung. Imposant, mit hochangesetztem Bauch, gamaschentragend und behandschuht, schlenderte er durch den Luxembourg, beobachtete die Blätter, wie sie auf die Standbilder toter Königinnen herabfielen, die Spielzeugboote auf dem Teich, die Schleifen, die an den Rücken kleiner Mädchen auf und ab hüpften, die Leute, die nur dasaßen und nichts sagten. Wenn man nun einst in den Genuß des Paradieses kommt? Dann ist der einzige nicht wiedergutzumachende Verlust jeglicher Park in Paris, den man nicht mehr besuchen kann.

Später, wenn er dann ins Musikzimmer trat und seine Handschuhe abstreifte, sprach er gern von den Hunden, von den verschiedenen Rassen, vom Herbst, von der Luft im Hinblick auf den Herbst und von der Luft anderer Länder; sprach er gern von dieser oder jener Kathedrale, diesem oder jenem Drama. Zuweilen legte er der Prinzessin eine seltene Radierung vor, von der er hoffte, daß sie ihr gefallen würde, oder er ging vor ihr auf und ab, bis ihr die Taschen seines Gehrocks auffielen, in die er kleine Blumen gesteckt hatte. Manchmal vergaß er auch Pferde und Hunde, Radierungen und Herbste, und konzentrierte sich auf Verwendung und Niedergang des Rapiers und auf die Vorteile des Schaftstiefels für den Schauspieler. Die Prinzessin zitierte gern Schiller. Dann vertiefte Anders sich in die Verwendung des Narren bei Shakespeare, wobei er unermüdlich einen dünnen Goldreif am kleinen Finger drehte (der einen Rubin so zart wie Wasser aufblinken ließ) und einen Einwand bedachte, den die Prinzessin gemacht hatte und der die Unmöglichkeit betraf, die Tradition zu wahren, wo sich doch heute sowieso jeder zum Narren mache. Als nächstes verlegten sie sich vielleicht auf die Literatur im allgemeinen, und sie fragte ihn dann, ob er in der Lyrik Großbritanniens sehr bewandert sei. Er antwortete, Chaucer habe es ihm angetan und der sei ein Bursche, der verteufelt schwer wieder abzuschütteln sei. Woraufhin sie lächelte und in ernsthaftem Ton nachfragte: „Wieso schütteln?", um dann in eine Diskussion über Malerei hinüberzugleiten und damit auch zu dem Thema, wie diese das häusliche *genre* eingebüßt habe, als die Holländer den Engländern gewichen seien. Sie erörterten das Für und Wider des Interieurs und der Landschaft in der Ölmalerei; und hin und wieder mündete die ganze Erörterung in den Vorschlag, man solle doch eine Ausfahrt machen, etwa um ein erlesenes spanisches Möbelstück anzuschauen. Manchmal ließ er die Radierung da.

Selbstverständlich nahm jeder an, daß die Prinzessin die einzig wahre Leidenschaft seines Lebens sei. Es galt als ausgemacht, daß er, hätte es nicht während des Französisch-Preußischen Krieges einen Bruch gegeben, um die Hand der Prinzessin angehalten hätte. Andere waren genauso unerschütterlich davon überzeugt, daß die Prinzessin viel zu knauserig sei, um ihr Bett mit jemandem zu teilen. Die übrigen behaupteten unbeirrbar, sie seien in der Jugend ein Liebespaar gewesen und jetzt so gut wie Mann und Frau. Doch das war alles Unsinn. Sie waren Seiten in einem alten Buch, die sich zusammengefunden hatten, weil das Buch geschlossen wurde.

Beim vorletzten aller Besuche hatte es so etwas wie Spannungen gegeben. Er hatte Gesualdo erwähnt und den Gram des Mörders; und von dem Mörder war es nur ein Schritt zur Passion Monteverdis *am Grabe des Geliebten*.

„Das *unbeirrt dem Schrecken zu*", sagte er, „das ist Liebe."

Er blieb unmittelbar vor ihr stehen, während er sprach, und neigte sich ihr zu, um zu sehen, wie sie sich fühlte, und sie, zurückgelehnt spähte sie in sein Gesicht und sagte: „Der letzte Gefährte einer alten Frau ist immer ein *Unverbesserlicher*." Sie setzte die Teetasse mit einem leichten Zittern der Hand nieder und fügte dann mit beißender Schärfe hinzu: „Wenn jedoch – ein unbedeutender, leichtlebiger Mann mit Bart gesagt hätte *Ich liebe dich*, hätte ich an Gott geglaubt."

Danach kam er nur noch einmal, und nur einmal noch sah man die Prinzessin durch den Bois fahren, ein verschwommener Umriß hinter enggezogenem Schleier. Kurz danach lebte sie nicht mehr.

Der Brief, der niemals abgeschickt wurde

Den ganzen Winter lang hatte Berlin von nichts anderem geredet als vom Charme, der unaussprechlichen Anmut und Schönheit der kleinen Wiener Tänzerin Vava Hajos. Zu Beginn der Theatersaison war sie wie der Blitz ins Publikum gefahren – ein wirbelndes Stücklein gefärbter Draperie, so flüchtig wie der Atemhauch eines Sterbenden auf einem Spiegel, durch den ihre Glieder hindurchschienen wie hinter dem Wolkenvorhang des Gedächtnisses. Ihr Kopf war eine einzige Masse üppig quellenden Haars, das sich mit sehnsuchtsvoller und dabei doch strahlender Ungebärdigkeit vom Halsansatz emporlockte und über hohen geschwungenen Brauen flammte. Und das allmähliche *rallentando* ihres Tanzes, das ihre Füße über die Bühne zog, als lägen sie, in wehrloser Schwäche, in irgendeinem zarten Phantomspinngewebe gefangen, hatte nicht nur das ganze tonangebende Berlin zum Rasen gebracht, sondern auch sämtliche Provinzgrößen und Kaufleute, die in jener Saison in die Stadt drängten.

Wenn sie aus dem Theater strömten, in dem sie auftrat, glitzerte die frostkalte Luft von ihren bewundernden Kommentaren. Ihr Mund, so riefen sie, sei vom warmen leuchtenden Scharlachrot einer Mohnblüte, das letzte ersterbende Zucken ihrer Hand ein Triumph der Ausdruckskunst und der Schönheit. „Niemals zuvor hat eine Hand", daran konnte es für sie keinen Zweifel geben, „mit soviel *largo* Lebewohl gewinkt. Und dies äußerste Maß an Harmonie, das jede Linie ihres Körpers auszeichnet ... – die Schultern, schmal, wie sie sind, wirken sie doch straff und breit ... Der feste, winzige Zylinder des Rumpfes, wie er sich zu Hüften verjüngt, um sich mit der Entrücktheit des Schlafes in Bein und Fessel aufzulösen, die wiederum ihren göttlichen Abschluß in einem Fuße finden, der der Springborn des Lebens selbst scheint."

Beschwingt wie Vögel flatterten die Preisgedichte nächtens über die gestikulierenden Hände, die in freudiger Erregung gestrafften Schultern von Vavas anbetendem Publikum hinweg in die Luft hinauf.

Zwei der reichsten, edelsten, glühendsten unter all den an-

betenden, flehenden Augenpaaren gehörten zwei Freunden, dem Baron Anzengruber und dem Vicomte Virevaude. Ihre ehrgeizigen Bemühungen, was sie betraf, waren unbestreitbar von der durchdachtesten Art, denn beide waren sie reich genug, um den Rhythmus selbst noch dieser unvergleichlichen Tänzerin ein wenig zu verschleppen, so schwer wog ihr Tribut an Perlen und eckigen Smaragden. Die Leidenschaft, die sie für sie empfanden, war vom Wahnsinn nicht weit entfernt. Sie durchschritten ihren jeweiligen Salon unter den marternden Peitschenhieben der Wenns, Abers und Vielleichts, die ihnen die Schuhsohlen zu Waffeln verschlissen und ihre Gefühle zu einer einzigen mißtönenden Verzweiflung; denn zu beider Liebeskrankheit kam noch die unerträglich dramatische Tatsache, daß diese rivalisierenden Liebhaber seit der Kindheit eng befreundet waren. Sie hatten auf demselben freiherrlichen Fußboden mit Murmeln gespielt, waren im Bois vom selben Pferd abgeworfen worden – denn ihre Familien hatten einander alljährlich besucht. Als sie das Mannesalter erreicht hatten, hatten sie einträchtig Verluste an der Börse erlitten und zu ihrer Zufriedenheit mit den besseren Rheinweinen spekuliert. Sie hatten jeder jeweils die Sprache des anderen erlernt, und der Baron bot den *Freund* für den *ami* des Vicomte. Sie hatten gemeinsam in Afrika gejagt und Glück und Unglück geteilt ..., und als die Jahre sich bemerkbar zu machen begannen, hatten sie in ihrem Lieblingsheilbad gemeinsam Glas um Glas gesunden Quellwassers getrunken. Ihre unverbrüchliche Treue zueinander war Legende geworden, ihre Freundschaft ein edles Bauwerk, das auf einen Felsen der Wahrhaftigkeit gegründet war.
Und nun war Vava Hajos in ihr Leben getreten. Und wo sie bislang Arm in Arm marschiert waren, mußten sie nun leise auftreten und auf die Zehen des anderen achtgeben; wo nichts als schlichtes Einverständnis geherrscht hatte, da wurde nun ein Zweifel, eine Frage geboren. Auf den friedvollen Pfad ihrer Freundschaft war der furchtbare Schatten der Rivalität gefallen. Sie liebten dieselbe Frau.
Strenggenommen hatte der Vicomte dem Baron gegenüber in der Vava-Sache einen Vorsprung von achtundvierzig Stunden. Er hatte sie zuerst gesehen, und die schlagartige Verzauberung, die ihre Schönheit an ihm bewirkte, verstieg

sich bis hin zu fünf Dutzend jener berühmten deutschen Rosen, die allzeit bereit scheinen, zur Ehre ihres Vaterlandes an ihren Stielen hinzuwelken.
Liebestrunken war der Vicomte an jenem Abend heimgetaumelt, um Vavas Schönheit Kerzen der Ekstase anzuzünden. Während er auf und ab schritt, versuchte er fieberhaft, Mittel und Wege zu ersinnen, wie er die Wertschätzung dieser ungekannten kleinen, dieser tanzenden Miszelle aus Gold und Elfenbein und schwebendem Tüll erringen konnte, deren Zauber so unfehlbar, so unsäglich mächtig war; denn da war etwas an der rhythmischen Hüftbeuge Vavas, das von verborgenen Dingen kündete, die vor langer, langer Zeit begangen worden waren, ehe Vater und Mutter auch nur den leisesten Verdacht schöpfen konnten.
Der Vicomte durchschritt seine Zimmer bis zum Morgengrauen. Und nahm am darauffolgenden Abend den Baron mit ins Theater, so daß er sich dies herrliche Mädchen anschauen konnte. Der Baron war zunächst skeptisch – doch als er Vava erblickte, packte ihn ein Schwindel, und sein Herz schlug so ungebärdig, daß er wie von einem Lachanfall geschüttelt wurde ... Doch er lachte nicht.
In der Pause saßen sie „In den Zelten", tranken schwarzen Kaffee und rauchten Zigarren und sprachen von ihr, und ihr Loblied war zügellos, lyrisch, rokokohaft. Danach saßen sie die ganze Nacht beisammen vor den glühenden Scheiten des Barons, und der Morgen dämmerte fast, bis der Vicomte erkannte, daß der Baron nicht aus freundschaftlicher Anteilnahme von Vava sprach, sondern weil er selbst verliebt war.
Dann begann ein bezauberndes Tête-à-tête. Sie gestanden einander ihre Liebe ein, sie besiegelten sie mit einem Händedruck; sie waren gleichzeitig selig und zutiefst unglücklich. Keinem von beiden wäre es je in den Sinn gekommen, daß Vava selbst Gelegenheit hätte erhalten sollen, zwischen ihnen zu wählen, denn das ist so die Art reicher Herren mit Adelstitel, wenn die fragliche Dame ihren Rang nur Gott allein zu verdanken hat. Eine solche Schlacht von dreien wird immer von zweien ausgefochten. Doch was, so fragten sie sich selbst und einander, war in einem solchen Falle zu tun?
Sie sprachen freimütig darüber. Keine hinterhältigen, heimlichen Manöver sollten die Reinheit der Freundestreue trü-

ben. Sie waren Gefährten, Brüder ... Sie würden in dieser Sache gemeinschaftlich vorgehen.
Der Baron bestand darauf, daß sein Freund, da er Vava ja zuerst gesehen hatte, ein Anrecht auf den ersten Annäherungsversuch habe. Er selbst, sagte der Baron, würde es darauf ankommen lassen. Und als der Vicomte sich nach wakkerem Protest schließlich dreingeschickt und zugestimmt hatte, stellte sich heraus, daß das in der Tat eine gescheite Lösung war. Denn am nächsten Tag erhielt er ein Telegramm, aus dem hervorging, daß seine betagte Mutter, die sich während eines vierzehntägigen Aufenthalts in Venedig eine Halskrankheit zugezogen hatte, eilends an ihren Wohnsitz in Südfrankreich zurückgekehrt war, dennoch aber jeden Moment das Zeitliche segnen konnte. Er beschloß, sofort abzureisen, und die wenigen noch verbleibenden Stunden in Berlin waren gleichermaßen der Sorge um seine Mutter wie der letzten verzweifelten Anstrengung gewidmet, das Zwillingsproblem von Freundschaft und Liebe zu lösen.
Der Baron, der den sehnlichen Wunsch hatte, die Betrübnis eines Freundes zu lindern, schwor, daß er während dessen Abwesenheit nicht den kleinsten Versuch unternehmen werde, Vava für sich zu gewinnen. Der Vicomte gelobte seinerseits, daß er jede Stunde seiner Reise unablässig bemüht sein werde, Vava um seines Freundes willen zu vergessen. Als der Zug sich in Bewegung setzte, lehnte er sich weit aus dem Abteilfenster und sagte: „Unternimm nichts, darum bitte ich dich, teurer Freund, bis du von mir hörst. Wenn ich dir schreibe, dann bedeutet das, daß ich mein Herz um deinetwillen besiegt habe – daß es mir gelungen ist, sie zu vergessen. Wenn du statt dessen jedoch binnen zwei Wochen nichts von mir hörst, mußt du sie vergessen. Und ich glaube", setzte er hinzu, und sein Blick umwölkte sich, „daß du jenen Brief erhalten wirst."
Einmal im Süden angelangt, schäumte der Vicomte vor Wut. Er liebte seine Mutter, hielt ihr getreulich die Hand und freute sich, sie auf dem Wege der Besserung zu sehen, doch innerlich raste er über die ausgedehnte Trennung von Vava. Als die Tage vergingen, beunruhigte ihn überdies das Gefühl, sich an der Freundschaft, die ihn mit dem Baron verband, vergangen zu haben, treulos zu sein – denn die

zwei Wochen waren mittlerweile abgelaufen, und er hatte den Brief nicht abgeschickt ... – jenes Zauberwort, das für seinen Freund Liebe und Glück, ja das Leben selbst bedeutet hätte. Wie gemein er doch war, wie so durch und durch unwürdig! Gemartert stellte er sich den Baron vor, wie er dort, stoisch und unbestechlich, an der Paradiesespforte ausharrte, gegen jede Versuchung gefeit, solange er nicht von seinem Freund gehört hatte.
Warum konnte er es nicht über sich bringen, den Brief zu schreiben? Ein halbes Dutzend Male hatte er es während der vergangenen zwei Wochen versucht, hatte er die Feder genommen, um zu schreiben: „Sie gehört Dir, mein lieber Baron ... Ich schenke sie Dir." Doch jedesmal war er davor zurückgescheut und am Ende gescheitert. Er konnte den Brief nicht schreiben, er konnte es einfach nicht. Er wollte sie nicht aufgeben. Nach fünfzig Jahren der Freundschaft war er ein Geizhals geworden, der seinem teuersten Freund versagte, was ihm doch alles bedeutete ... Was für ein Mensch war er eigentlich? fragte er sich grimmig. Warum konnte er sein Glück nicht im Glück jener beiden finden? Er hatte doch versprochen, es zu versuchen, er hatte fast versprochen, daß es ihm gelingen werde – und nun konnte er es nicht.
Als die Stunde näherrückte, wo er wieder nach Berlin zurückkehren sollte, erreichte seine Verzweiflung ein solch tragisches Ausmaß, daß er händeringend auf einen Plan, einen Ausweg sann. Kam es denn jetzt, fünf Minuten vor zwölf, auf eine kleine Lüge an, wo es doch darum ging, den Freund zu retten? Wie viele Menschen griffen nicht zu dieser Art von Lüge, indem sie eilends Bestätigungsbriefe schrieben – nach all den Phantombriefen, die sie hätten schreiben sollen, jedoch nicht geschrieben haben. „Mein Lieber!" so riefen sie unter dem ungläubigen Auf und Ab der Feder, „Willst Du behaupten, Du habest den Brief, den ich Dir vor einem Monat geschrieben habe, nie *bekommen*? Ich *habe* Dir aber geschrieben ..." Es war eine weiße Lüge, die bleiche, gemarterte Imitation einer Lüge. Weshalb sollte er jetzt nicht Gebrauch davon machen, indem er den Brief mit seiner Frage so absandte, daß der Baron ihn am Morgen des Tages, an dem er selbst in Berlin einträfe, erhalten würde?
Eilends schrieb er: „Mein lieber Freund, ist es möglich, daß

Du meinen Brief nicht erhalten hast ...?" und setzte hinzu: „Ich treffe am Abend des 24. in Berlin ein. Besuch mich bitte unverzüglich." Er versiegelte ihn mit einem schweren Siegel, schickte ihn ab und war zum erstenmal wieder froh.
Fiebernd vor Erregung traf er in Berlin ein. Sein Freund würde ihn in seiner Wohnung vor dem Kaminfeuer erwarten; und wenn er es richtig anstellte, seine Melancholie im richtigen Moment zur Geltung brächte, im rechten Augenblick dezent einen Seufzer des Bedauerns hören ließe, eine tragische Geste des Verzichts anzubringen wüßte, würde das den Baron so tief berühren, daß dieser gefühlvolle Mensch, da war er sich sicher, bestimmt einverstanden wäre, ach was – geradezu darauf bestehen würde, Vava ein zweites Mal aufzugeben, sie dem Freunde, dem Vicomte, wieder in die Arme zu werfen. Und der Vicomte wäre doppelt glücklich dran, denn da er ja durch alle Stationen der Opferbereitschaft gegangen war, würde er in den Augen seines Freundes nicht im geringsten an Ansehen verlieren. Es war ein scharfsinniger Plan von bestechender Schlichtheit.
Er schüttelte sich den Schnee vom Kragen, während er die Treppe zu seiner Wohnung hinaufrannte. Atemlos erkundigte er sich, ob der Baron schon da sei. Nein, so erfuhr er, es sei niemand da. Er trat in den Salon, wo sie zuletzt miteinander gesprochen hatten, goß sich einen Brandy Soda ein und schaute auf die Uhr. Es war noch früh – wahrscheinlich würde der Baron nicht vor halb elf eintreffen. Er hätte sogar noch Zeit, überlegte er, Vava einen Besuch abzustatten ... doch nein. Das Ganze sollte ohne jeden Makel zu Ende geführt werden. Erst würde er mit dem Freund sprechen.
Er nahm sich seine Post vor – Rechnungen, ein Brief seines Schneiders wegen einer Anprobe ... Dann erblickte er einen Brief, der von der Hand des Barons adressiert war und einen vier Tage alten Poststempel trug. Schlimmes ahnend, riß er ihn zitternd auf.
„Wann war je ein Mensch mit einem so noblen, so großzügigen Freund gesegnet!" schrieb der Baron. „Selbstverständlich habe ich Deinen Brief erhalten – er traf vor einer Woche ein, genau wie Du vorausgesagt hattest. Du bist ein wahrer Sportsmann, ein Held, ein Gentleman ..., und Vava und ich umarmen Dich!"

Tagebuch eines gefährlichen Kindes

1. September

Heute bin ich vierzehn geworden; die Zeit fliegt nur so; Frauen altern schnell.

Heute habe ich mir eine andere Frisur gemacht und mir eine Frage gestellt: „Wie wird mein Schicksal aussehen?"

Weil ich heute meine Kindheit hinter mir gelassen und den Gegebenheiten ins Auge geblickt habe.

Mein Onkel aus Glasgow mit den eckigen Koteletten und der dumpfen Stimme bringt meiner Mutter Fasane. Ich werde während des Essens schweigend dasitzen und nachdenken. Vielleicht wird irgendwer, der Sinn für die Heranwachsenden hat, mit gespannter Stimme fragen: „Warum siehst du denn so nachdenklich aus, Olga?"

Falls das eintreten sollte, werde ich es sagen.

Ja, ich werde das Schweigen brechen.

Denn früher oder später müssen sie erfahren, daß ich einiges zu verbergen habe.

Damit meine ich, daß ich mich mit der Frage auseinandersetze, ob ich mich in die Hände eines anständigen Mannes geben und eine Mutter werden soll, oder ob ich ein ausschweifendes Leben führen und mir draußen in der Welt meinen Platz suchen soll.

Irgendwie glaube ich, ich werde eher ausschweifend sein.

Das ist mehr nach meinem Geschmack. Wenigstens glaube ich das.

Ich habe versucht, die innere Gewißheit dadurch zu zügeln, daß ich das Leuchten in meinen Augen unterdrücke, wenn ich vor dem Spiegel stehe, doch keine zehn Minuten später habe ich schon Zitronen gegen meine Sommersprossen geschnitten.

„Ach Weib, dein Name ... usw."

3. September

Ich konnte gestern nichts in mein Tagebuch schreiben, meine Hände zitterten, und bei jeder Kleinigkeit schreckte ich zusammen. Ich glaube, das zeigt, daß ich anämisch sein werde, sowie ich alt genug bin, um mir das leisten zu können.

Das ist erfreulich; ich werde bekommen, was ich haben will.

Ja, ich bin froh, daß ich schon früh zu zittern anfange. Vielleicht neige ich zur Innenschau. Man darf nicht zu viel in sich hineinschauen, solange das Innere noch zart ist. Ich möchte mich nicht erschrecken, ehe ich das ertragen kann.
Ich werde heute abend weiter darüber nachdenken, wenn Mutter das Licht ausmacht und ich in aller Ruhe eine Cremespeise essen kann. Dabei kommen mir oft die besten Gedanken.
Ah! Was für Einfälle habe ich nicht, wenn ich langsam, genießerisch eine Cremespeise esse!

10. September

Viele Tage sind vergangen; ich habe nichts geschrieben. Habe ich mich womöglich verändert? Ich werde mich einen Tag lang ausschließlich mit diesem Gedanken beschäftigen.

11. September

Ja, ich habe mich verändert. Ich habe herausgefunden, daß ich der Familie das schuldig bin.
Ich will das erklären. Vater ist Anwalt, Mutter führt ein gesellschaftliches Leben.
Man stelle sich vor, wie das auf die Außenwelt wirken würde, wenn ich herumliefe, als hätte ich ein Geheimnis.
Wenn ein menschliches Auge auf diese Seite fiele, dann könnte das ungeheuer leicht mißverstanden werden.
Was für eine Schande brächte ich nicht auf das Haupt meines Vaters – und auch auf das meiner Mutter, wenn man das Ganze einmal stark verallgemeinern will –, weil ich nun einmal frühreife Neigungen habe.
Ich sollte um ihretwillen eine Idiotin sein!
Das werde ich!

4. Oktober

Ich habe es geschafft. Niemand errät, daß es in meinem Innern brodelt. Niemand argwöhnt, daß ich zu meinem Recht gekommen bin, wie es heißt.
Bin ich aber. Das ist heute nachmittag passiert, als der Diplomat aus Brasilien zu Besuch kam.
Meine Kindheit ist nur Erinnerung.

Sein Name ist Don Pasos Dilemma. Aus seinem einen Auge spricht große Intelligenz; das andere beschäftigt sich vor allem mit einem Monokel. Zwischen den Schneidezähnen hat er bequeme Lücken, und er spricht mit solch einem weichen Genäsel, daß man Lust bekommt, Satinkleider zu tragen.
Er macht meiner Schwester den Hof.
Meine Schwester ist ein außerordentlich gewöhnliches Mädchen, zwar älter als ich, doch hat ihr Geist keinerlei Zugang zu den Dingen, die für mich nahezu auf der Hand liegen. Sie sieht nicht schlecht aus, doch verglichen mit meiner ist diese Schönheit vulgär.
Ich habe etwas Zeitloses, während meine Schwester ganz und gar vergänglich ist.
Ich saß hinter dem Phonographen, als er eintrat. Ich las gerade *Drei Leben*. Natürlich sah er mich nicht.
Pech für ihn, armer Kerl!
Meine Schwester war auch da; sie ging auf dem engstmöglichen Raum auf und ab und zerrte an ihrem Fächer. Er muß sie geküßt haben, denn sie sagte: „Oh", und dann muß er sie heftiger geküßt haben, denn sie sagte wieder „Oh" und schnappte nach Luft, und einen Augenblick später sagte sie leise: „Sie sind ein gefährlicher Mann!"
Da sprang ich auf und sagte laut und bestimmt: „Hurra, ich liebe die Gefahr!"
Doch niemand verstand mich.
Ich soll mit Brot und Milch ins Bett gesteckt werden.
Macht nichts, das Zimmer, in dem ich schlafe, geht auf den Garten hinaus.

7. Oktober

Ich war während der letzten Tage zu aufgeregt, um Eintragungen zu machen. Alles hat sich großartig entwickelt.
Es ist mir gelungen, ein unterirdisches Leben zu führen. Ich habe heimlich etwas Herrliches getan. Ich habe den Butler bestochen, Don Pasos Dilemma eine Nachricht zukommen zu lassen, und dem Stallburschen habe ich Angst gemacht, so daß er mir ein gesatteltes Pferd zur Verfügung stellt. Und unter dem Bett habe ich eine Peitsche mit Silberknauf.
Gott helfe allen Männern!

Und dies ist mein Plan: Ich werde mich um Mitternacht am Ende des Zitronenhains mit Don Pasos Dilemma treffen und ihn mit der Peitsche schlagen. Aus zwei Gründen: Erstens verdient er es, und zweitens ist das russisch. Danach werde ich ihn keines Blickes mehr würdigen, doch um die Psychologie der Familie wird es wesentlich besser bestellt sein.
Dessen bin ich mir ganz sicher.
Ja, bei Vollmond wird Don Pasos Dilemma mich erwarten. In seiner Schlechtigkeit hat er sich bereits ausgemalt, wie ich ihm in die Arme falle, ein zerfließendes Stück zarter, grüner Jugend.
Statt dessen wird er ein Mannweib am Hals haben! Das Wort allein macht mich schaudern. Es gibt nur noch ein anderes Wort, das mich so stark berührt – Xanthippe! Das sind meine Worte!
Ach, mit vierzehn ein Mannweib zu sein! Welche Frau hat das schon geschafft?
Keine bisher.

8. Oktober

Gestern nacht war es soweit. Doch ich will der Reihe nach erzählen.
Der Mond ging schon sehr früh auf und hing als prächtige Scheibe am Himmel. Sein Licht fiel auf die Goldregenbüsche und Zitronenbäume und bewirkte, daß es mir eiskalt den Rücken rauf und runter lief. Ich dachte viel an die Duse und an alles, was sie auf Balkons zu leiden gehabt hat; jedenfalls legen die meisten Bilder von ihr diese Vermutung nahe.
Auch ich stand auf dem Balkon und litt mit abgewandtem Gesicht. Das silberne Licht glitt über die glatte Balustrade und schwamm im Goldfischteich.
In der einen Hand hielt ich die silberbeschlagene Peitsche. Auf dem Kopf hatte ich einen modischen satinierten Reithut mit einer einzelnen Feder, die frei an der Seite hinabfiel.
Ich hörte, wie die winzige Perlmuttuhr auf meinem Kaminsims die Minuten hinwegtickte. Ich begann, sachte gegen den Schaft meines Reitstiefels zu schlagen. Eine nervöse Frau weiß, was sie dem Schufte schuldet. Ich biß mir auf die

Unterlippe und bedachte, was mir noch zu tun blieb. Ich beugte mich vom Balkon hinab und schaute in den Garten. Da stand der Stallbursche in seinem roten Flanellhemd und neben ihm die temperamentvolle Stute.
Ich versuchte, aufgeregt zu werden, doch meine Brust wollte sich nicht heben. Vielleicht bin ich noch zu jung.
Ich werde vom Balkon auf den Rücken des Pferdes springen. Ich pfiff dem Jungen, er blickte nickend herauf. Schon stand die Stute unter meinem Fenster. Ich sah auf die Armbanduhr. Es war zwei Minuten vor zwölf. Ich sprang.
Ich muß die Fallhöhe falsch eingeschätzt haben, oder aber das Pferd hat sich bewegt. Jedenfalls landete ich in den Armen des Stallburschen.
Na schön, vom Stallburschen zum Prinzen, diesen Weg haben ja alle faszinierenden Frauen genommen.
Ich schlug dem Pferd die Hacken in die Flanken und flog davon wie der Wind.
Ich kann es jetzt noch spüren – die Nachtluft auf meinen Wangen, die Muskelanspannung des herrlichen Tieres, den Herbstgeruch, die Düsternis, die Stille. Meine eigene transzendente Natur – ich näherte mich dem Mann, den ich haßte – haßte mit dem Haß einer Familie. Er, der meine Schwester geküßt hatte, der bis heute nacht nie einen Gedanken an mich verschwendet hatte und der nun ganz fiebernde Erwartung war – ja, der mit dem harten, abgefeimten Pochen eines südländischen Herzens im mittleren Alter die Minuten zählte.
Wenn man zwischen Leben und Tod steht (jeder Augenblick hätte mein letzter sein können), dann, so heißt es, läßt man seine ganze Kindheit noch einmal an sich vorüberziehen. Angeblich tritt einem jede Einzelheit noch einmal deutlich vor Augen.
Jedenfalls wandte mein Geist sich zurück. Da die Strecke so kurz war, durchmaß er sie mehrmals.
Ich dachte an die vielen glücklichen Stunden, die ich damit verbracht hatte, meiner jüngsten Schwester Spinnen auf den Rücken zu setzen, sie am Haar zu zerren und ihr meine Brotrinden zu essen zu geben. Ich dachte an die Stunden, die ich mit der Lektüre von Petronius und Rousseau und Glyn im Staub unter dem Sofa verbracht hatte. Ich dachte an meinen Vater, einen großen, finsterblickenden Kerl, der

sechs Fuß zwei Zoll in Socken maß, meist jedoch im Morris-Stuhl saß. Dann erinnerte ich mich an den Tag, als ich vierzehn geworden war, der erst gut einen Monat zurücklag.
Wie alt einer wird und wie plötzlich!
Ich wurde alt auf dem Pferderücken, zwischen zwölf und zwölf Uhr eins.
Denn um Punkt zwölf erblickte ich die Gestalt Don Pasos Dilemmas im Schatten der Bäume, und mein Herz stand still, und ich spürte, wie all die kindlichen Unsicherheiten einer festen, unbeugsamen Haltung wichen, und ich wußte, ich würde nie wieder ein Kind sein.
Ich konnte kaum erkennen, wie der Verräter gekleidet war, doch ich spürte, daß er sich für die Gelegenheit aufgeputzt hatte. Ich wäre jede Wette eingegangen, daß er sich hinter den Ohren und unter dem Kinn parfümiert hatte. Das ist die Art von Kniff, mit der diese ausländischen Männer es immer versuchen.
Das habe ich in irgendeinem Buch gelesen.
Solche Männer planen Niedergänge; sie sind sozusagen Connaisseurs des Betrugs. Sie sind die Virtuosi der Verderbtheit.
Ich zügelte den ausgreifenden Schritt meines Pferdes; ich hob die silberbesetzte Peitsche. Ich warf den Kopf zurück.
Ein Lachen durchdrang die mitternächtliche Stille.
Es war mein eigenes, hoch, getränkt von der Verachtung für Leben, Liebe und Männer.
Es war ein gutes Lachen.
Ich ließ die Peitsche niederfahren ...

27. Oktober

Ich habe meinen Entschluß geändert.
Ja, ich habe einen ganz anderen Entschluß gefaßt – ich werde mich weder einem guten Manne zu eigen geben und eine Mutter werden, noch werde ich in die Welt hinausgehen und ein ausschweifendes Leben führen. Ich werde weglaufen und ein Junge werden.
Denn dieser Spanier, dieser Brasilianer, dieser Don Pasos Dilemma hat meine Herausforderung mißachtet, diese feine, stolze Herausforderung eines Mädchens von jugendlicher Tatkraft, er hat sie verächtlich abgetan und sich, ge-

nau besehen, hinter meiner Mutter verkrochen, so daß ich zu später nächtlicher Stunde Enttäuschung und Kummer erleben mußte, wo kein nettes Mädchen unterwegs sein und erst recht nichts erleben sollte.

Denn wie Sie vielleicht erraten haben, war es nicht Don Pasos, der zum Treffpunkt geritten gekommen war, sondern meine Mutter, die seinen langen spanischen Umhang trug.

3. November

Noch ein Jahr, und ich bin fünfzehn. Eine Frau muß wieder jung werden können. Ich habe mir das Haar abgeschnitten und frage mich nichts.

Absolut nichts.

Entsagung

Skirl Pavet beugte sich vor und stützte den Kopf gegen die Rückenlehne des Kirchenstuhls; er hätte gern aufgeblickt, wagte es jedoch nicht.
Sein Gebet war lange schon gesprochen worden, ehe er auf die Knie geglitten war; jetzt hielt er den Kopf gesenkt, um den Gebeten anderer nicht hinderlich zu sein.
Er tastete im Dunkeln nach seinem Gesangbuch, konnte es jedoch nicht finden. Er begnügte sich damit, seine Stiefelsohle zu befühlen, wo sich ein Loch ankündigte.
Die dämmrige Kirche und der Weihrauchgeruch kamen ihm ganz wunderbar vor, wie ein verdunkelter Parfümbeutel für Schmerzen. Hier schüttelte man sich die Gewänder der Sünde aus, und wenn sie nicht gereinigt werden konnten, so konnten sie doch immerhin parfümiert werden. Er hatte gehört, Ballettmädchen täten etwas Ähnliches – benutzten Kölnischwasser, wenn sie bis zur nächsten Nummer keine Zeit hatten.
Die hohe Decke sah in Skirls Augen wie ein umgestülptes Model aus, ein Ort, wo formlose, schreckliche und häßliche Dinge zu schönen gemacht wurden. Er bekreuzigte sich, als er das dachte und ihm sein Kummer wieder einfiel, und er schaute sich ein wenig verstohlen mit seinen gelben Augen um, die in blasse, feste Runzeln gebettet waren wie eben erblühte Blumen.
Er konnte den Altar weit weg, am Ende seines Flehens, erkennen; von seinen beiden Weihrauchkesseln stiegen langsam dünne parfümierte Rauchwolken zu beiden Seiten der leuchtend roten Priestergestalt empor.
Skirl Pavet blickte auf dies ferne Bild und dachte, wie sehr dieser Altar doch einem Toilettentisch ähnelte – einem Toilettentisch für die Seele – und wie sehr der scharlachrote Priester einem hübschen roten Herbstblatt, das gegen das polierte hölzerne Ding mit der gewaltigen aufgeschlagenen Bibel geweht war. Er bewegte sich obendrein ganz wie ein Blatt, mal hierhin, mal dorthin, als versuche er, ein Lied zu spielen, und könne die Melodie nicht finden.
Er hob das Gesicht dem Bild der Jungfrau entgegen. Ihr Ausdruck einer erwachenden Unschuld gefiel ihm. Da war

die Gestalt am Kreuz, auch das war schön, wie eine prächtige, pathetische Frucht – eine ganz besondere Leistung der Natur –, doch irgendwie zu bekümmert, um gepflückt zu werden.
Die Sonne, die gegen das Buntglas der Fenster schlug, kippte farbige Lichter auf den Boden, das war wie das Sonnenlicht im Wald. Alles kam Skirl wie ein Wald vor, ein großer, dichter Wald. Ein Ort, wo alles sproß – der Kummer sproß und die Reue und die Hoffnung und die Tugend und die Sünde.
Er dachte, wie herrlich die Sünde doch war. Sie war so gediegen und stark und universal. All die gebeugten Häupter mit ihren Lippenbewegungen wurden von der Sünde erzwungen. Die Sünde eilte in zwei feinen beißenden Bächen seinen Hals hinab. Jetzt bewegte er ebenfalls die Lippen, aber nur weil ihn die Lücke nervös machte, die ein loser Zahn am selben Morgen hinterlassen hatte.
Er sah Bewegung in die Reihen kommen; die Leute gingen, und einige von ihnen traten mit einem Bein aus der Kirchenbank heraus, beugten es und entfernten sich rasch. Er lächelte ein wenig und stand ebenfalls auf. Männer und eine Frau tauchten die Hände ins Weihwasser, warteten, bis sie im Schatten des Pfeilers angelangt waren, und bekreuzigten sich.
Er tauchte seine eigene dicke Hand ein und berührte sich viermal, während er gemächlich die verschüchterten Menschen musterte; er bespritzte sich ausgiebig, wie ein Vogel in einer öffentlichen Pfütze badet, und ließ Myriaden von Wassertropfen auffliegen.
Er schämte sich dessen nicht und trocknete sich die kurzen Finger ab, während er die Stufen hinabstieg.
Jetzt, wo er im Sonnenlicht stand, erinnerte er sich, daß er um Kraft gebetet hatte, um eine schreckliche Art von ausdauernder Kraft, das Wirksamwerden einer möglichen Stärke, die er, vor langer Zeit, hätte haben können, wenn er gewollt hätte.
Sein Eingeständnis, daß die Sünde schön und stark sei, war nur eine andere Art, einsichtig und dankbar Abschied von dem zu nehmen, was er gewesen war, was er getan hatte, und den Weg frei zu machen für das, was er jetzt tun mußte, jetzt sein mußte – Abschied nämlich mit einer Art

feinsinnigem Charme, einer klugen, philosophischen Verbeugung.
Skirl Pavet kehrte gerade nach fünfundzwanzigjähriger Abwesenheit zu seiner Frau nach Hause zurück. Er stellte sich das alte Haus, die vertraute Straße, die einstigen Bekannten vor. Die meisten Menschen, die ihn gekannt hatten, würden unterdessen seinen Namen, seinen Spitznamen, ja selbst seinen Kosenamen vergessen haben. Sie würden in dunklen Ecken ihres Gedächtnisses danach kramen, sein Gesicht nach einem Anhaltspunkt für die Eigenart absuchen, die ihm welchen Namen auch immer eingetragen hatte. Er kehrte mit nagendem Verlangen und nagender Furcht zurück. Er wußte zwar, wieviel Fenster die Küche hatte, konnte sich jedoch nicht einmal erinnern, wie die Hände seiner Frau sich anfühlten.
Er blickte in das hochaufragende Gewirr der New-Yorker Dächer hinein. Er dachte an den Tag zurück, als die erste Wanderdrossel ihn aus der Stadt mit ihrem hektischen, ganz auf Wettkampf gebauten Leben herausgelockt hatte. Er war in einem trägen Traum gefangen, als er sich stadtabwärts wandte.
Seltsam, daß er, ein Pole, hier sein sollte. Durch Tränen, unvermutete, blickte er in den Himmel. Seltsam auch, daß er nun sein Gesicht seinem Zuhause und den Dingen zuwenden sollte, die ihn gebrochen, ihn wie ein Blatt in einem Wald umhergetrieben hatten, das es von seinem Ast gerissen hat und das nun umhertaumelt zwischen fremden Baumstämmen, bis es sich seinen Weg ins Freie erkämpfen und schließlich die Felder erreichen kann, um sich auch dort wieder nur zwischen starken, saftstrotzenden grünen Dingen herumzudrücken, hilflos über satte, langgezogene Erdwälle zu flattern, langsam sterbend, dürr werdend, braun und melancholisch und dabei immer beweglicher, bis endlich ...
Seltsam, daß er, Skirl Pavet, dessen Lippen jegliches heilige Bild in Polen berührt, sich gegen das Glas vor so mancher Ikone gedrückt, so manches Kreuz gefunden hatten, schließlich so enden sollte. Mit dieser trockenen Absage an die ganze Lebenskraft seiner Jugend und deren Schwung, an seine ganze Wanderliebe, an seine Freiheit. Wie herrlich das gewesen war. Was für Kehlen die finnischen Mädchen hatten, was für Hände die englischen!

Er stolperte über eine Unebenheit des Trottoirs und wandte sich um, um in die Gesichter der Menge zu blicken. Dunkle Gesichter und blasse, manche stumpfsinnig, manche heiter. Ein Offizier ging vorbei, schwenkte seinen Spazierstock und klirrte mit den Sporenkettchen, die unter seinen Stiefeln hindurchliefen.
Skirl ließ die Hände sinken und baumeln. Das tat er immer, wenn er ratlos war; es verlieh ihm das Gefühl einer derartigen Hoffnungslosigkeit, daß einfach irgend etwas mit ihm passieren, irgend etwas eintreten mußte, das ihn aus dieser schrecklichen Stumpfsinnigkeit, dieser müßigen, verträumten Erschöpfung befreien würde.
Er dachte an Polly, seine Frau, eine Person von mittlerer Größe mit drallen Knien und vollen Lippen, die zu farblos und freundlich waren. Er erinnerte sich, daß ihre Nasenflügel ziemlich tief ins Gesicht eingebettet waren, und befand, daß dieser Typ immer rund wurde. Sie war immer schon eine gutmütige Frau gewesen, aber lebensfroh, lachlustig.
Sie war die Tochter eines Hotelbesitzers im Westen. Er vergegenwärtigte sich seine erste Begegnung mit ihr. Sie war der Liebling der Familie und wäre sehr verwöhnt gewesen, hätte sie eine rasche Auffassungsgabe oder einen scharfen Verstand besessen. Doch so lächelte sie nur über die, die sie verhätschelten, schnurrte bei freundlicher Behandlung wie ein Kätzchen, und wie ein Kätzchen kam sie ohne aus, wenn sie aufhörte. Er war nach dem Westen gegangen, weil er von den Möglichkeiten gehört hatte, die sich dort böten; er war mit leeren Händen und mit dieser frischwangigen Maid, mit Polly, zurückgekehrt – der Tochter eines Hotelbesitzers. Sie tummelte sich alsbald wieder in dem Geschäft, das sie kannte, eröffnete in den frühen Dreißigern ein Restaurant nahe Seventh Avenue, und von der Zeit an war er ruhelos geworden.
Das war lange her. Jetzt dachte er daran zurück, und seine Nüstern durchlief ein kleines, rasches Beben, als sich pikante Erinnerungen einstellten, und er schloß die Augen und versuchte, sich an das Muster des Teppichs zu erinnern, den man überqueren mußte, ehe man zum Tisch gelangte. Zwei hockende Drachen, ein aufrechter und zwei umgekehrt hockende Drachen – war es das, oder irrte er sich, und es war ein ganz anderes Bild? Er zerbrach sich

den Kopf über ihre Art von Englisch; sie hatte ein paar seltsame Eigenheiten mit kurzen Wörtern, irgend etwas war mit ihren Lippen gewesen. Er konnte sich nicht erinnern, was für Wörter, und was da mit ihren Lippen gewesen war.
Sie saß gewöhnlich an einem langen Tisch mit ihren ältesten Kunden, beleibten, stumpfsinnigen Männern mittleren Alters. Einige waren Kurzwarenhändler, ein paar Schneider, einer war Bankier, ein anderer Börsenmakler.
Später, wenn die Schar der Mittagsgäste gegangen war, saßen die Köche und Kellner an einem anderen langen Tisch am hinteren Ende des Raumes, in weißen Mützen und Schürzen, und sprachen langsam, leise über die Herstellung von Buttersauce, *tripe sautée*.
Er lächelte mit einemmal, als er sich an den Namen des Chefkochs erinnerte – Bradley, das war ein seltsamer Name. Er hatte keine Zähne, und sein ausladender Kiefer schwang rhythmisch in zufriedenen, mächtigen Kaubewegungen, während ein Lippenbärtchen sich über der eingesunkenen Oberlippe hob und senkte.
Und dann war da Sammie gewesen, der immer in die Sirup- und Milchkrüge gespäht und seufzend den Kopf darüber geschüttelt hatte, wie schnell sie sich leerten, und sich beim Essen gesputet hatte, mit dem ganzen Körper und unablässig regen Armen dem leidenschaftlichen Wunsch gefolgt war, an die Reste in den Schüsseln heranzukommen, ehe sie in den Bäuchen verschwanden, die ihn umgaben.
Skirl hatte das schmutzig, eklig genannt. Er hatte immer schon das Land geliebt, die offenen Felder, den Geruch des Frühlings wie den Atem eines geliebten Menschen nach Monaten eines öden Hinsterbens. Das Gefühl der aufbrechenden Knospen und die frühen Regenfälle, die sich Freiheiten mit den frisch eingesäten Blumenbeeten erlaubten, indem sie kleine Lehmbröckchen in eilende Bächlein jagten, die es darauf anlegten, etwas in die Eingeweide der Erde mit hinabzunehmen. Das Geräusch von Tieren, die durch Brombeergesträuch und Morast rannten, das Knakken kleiner Hufe im Gestrüpp und der Geruch neugeborener Kälber mit feuchtem Fell. Und das war das Argument gewesen, das er gegen sie ins Feld geführt hatte, seine Entschuldigung, als er wegging, um sich sein Anteil Leben, Liebe und Erde zu holen.

Er hatte ein Kind, doch auch das hatte er vergessen, hatte es beiseite gelegt, es in seinem Gedächtnis verstaut, um es dann hervorzuholen, wenn ihm danach zumute wäre, und das mit der Gemütsruhe eines Menschen, der sich nimmt, was er begehrt, jedoch niemals ganz fahrenläßt, was er nicht begehrt, sondern es aufhebt, um in Notzeiten davon Gebrauch zu machen. Polly hatte es bis zum vierten Lebensjahr mit großzügigen, herzhaften Klapsen auf seine dicken, roten Backen großgezogen und zustimmende Blicke geerntet, wenn sie es hochnahm, herzte, es in die Haut auf beiden Seiten seines nassen Mündchens kniff, in Quietschlaute über es ausbrach und sich mit der freudigen Erregung und der Energie von Müttern an ihm berauschte, die ihr Fleisch und Blut gern haben; so küßte sie denn seine winzigen weißen Zähnchen und beobachtete es schließlich, die Arme in die Hüften gestemmt, wenn es davonkroch und sagte: „Ist das nicht ein Bursche?" und machte dazu jene Tierlaute, die das Kind vor einer allzu frühen Begegnung mit den Schrecken der Zivilisation bewahren.

Er hatte behauptet, er sei eifersüchtig auf die dicken, behäbigen Männer, mit denen Polly zusammensaß und Nüsse knackte und lachte, obwohl er sehr wohl wußte, daß es zum Geschäft eines Restaurantbesitzers gehört, liebenswürdigen Umgang mit den Gästen zu pflegen. Doch irgendwie gefiel ihm ihre Art nicht, wie sie deren Geschichten aus ihnen herausholte. Das verübelte er wirklich. Er hatte das Gefühl, er hätte der einzige sein sollen, über den Polly alles wußte, daß solche Fragen wie die, wo andere Männer ihre Kleidung kauften, ihre Bräute trafen oder ihre Sorgen loswurden, nicht Gegenstand von Pollys Neugier hätten sein sollen. Er verargte diesen wohlgenährten Herren ihre Art, sich nach dem Essen zurückzulehnen, die Backen aufzublasen, Banderolen von Zigarren zu schnipsen und sich breit zu machen, als wollten sie sagen: „Hier ißt es sich weiß Gott nicht schlecht, aber vor allem sitzt es sich hier gemütlich."

Er verargte ihnen ihre behaglichen Seufzer, die kreisförmige Nach-dem-Essen-Bewegung ihrer geschlossenen Münder, ihr unablässiges Gequalme. Er haßte ihr Gelächter, er haßte ihre Zufriedenheit mit der Stadt, ihre schmutzigen Straßen, ihre ermüdenden, langweiligen Berufe. Das war nicht das Leben. Er hatte damals das Gefühl, sie unter-

drückten ihn, umzingelten ihn, töteten ihn mit dicken Schichten Fleisch, indem sie sich über und um ihn legten wie ein Boot voll zappelnd sterbender Fische.
Und wegen dieser Dinge hatte er um Stärke gebetet, die Stärke, sich von allem fernhalten zu können, das er liebte, die Stärke, zu all dem zurückkehren zu können, das ihm weh tat und ihn einlullte, allem zu entsagen, so daß er seine alten Tage wenigstens mit dieser Frau würde verbringen können, die immer freundlich, beschränkt und wohlgelaunt gewesen war. Jene anderen verlassen zu können, die jung und hell waren und verstanden.
Da war Ollie, die große, herrliche Ollie mit ihren seltsamen großen Augen und ihrer Art zu sagen: „Du wirst mich schon nicht vergessen, mein kleiner Mann."
Sie war die einzige wirkliche Leidenschaft seines Lebens gewesen, dachte er, doch er war nicht lange bei ihr geblieben. Es hatte andere gegeben, reizende Frauen, warmherzige, sanfte Geschöpfe – bis auf die eine, die ihn eines Nachts auf Java geohrfeigt hatte.
Das machte ihm jetzt nichts mehr aus, er war froh, daß sein Gesicht überhaupt von irgendeiner Erinnerung prickelte, solche Dinge waren die Würze der großen faden Masse, die ein Mann darstellt, ehe er geliebt hat.
Er wußte, er war nicht immer glücklich gewesen, vielleicht würde er Polly das eingestehen, wenn er zurückkehrte, es würde sie ja vielleicht freuen zu erfahren, daß es Zeiten gegeben hatte, wo er sie vermißte, sie sogar mit anderen verglich. Er gestand Polly gern Dinge ein, dann sah sie immer fröhlich drein und nickte, als wollte sie sagen: „So ist es recht, halt schön die Ohren steif!"
Das war das Seltsame an Polly, die nahm niemals übel, machte niemals Vorwürfe, schien das, was er tat, nicht einmal für seltsam zu halten: eine Art von Lebensphilosophie, deren hauptsächliche Überzeugung in jenem Satz gipfelte: „Halt schön die Ohren steif" – so als sei die bloße Tatsache, daß die Menschen die Ohren steifhielten, an sich schon eine Entschuldigung für alles.
Das war vielleicht eine etwas geringschätzige Betrachtungsweise, doch sie hatte ihn getröstet. Selbst in jenen Tagen, als er wach in dem gelben Holzbett mit den vier Pfosten gelegen, in der Dachkammer, deren Sparren fast seinen Kopf

berührten, und befunden hatte, daß er kein anderes Obdach wollte als den Himmel.
Ganz deutlich spürte er jetzt wieder die weichen Decken jenes Bettes an seinem unrasierten Kinn, die kühle Kante der gestärkten Bettücher, die er am Hals nicht ertragen konnte – ein Gefühl, als sollte er gleich erwürgt, enthauptet werden!
Er hatte Polly nach diesen fünfundzwanzig Jahren Abwesenheit geschrieben, und sie hatte ihm zurückgeschrieben, er solle kommen. Ob sie sich wirklich freuen würde, ihn wiederzusehen? Das mußte wohl so sein, denn sie besaß keine wirkliche Neugier, kein vergleichendes Werturteil, kein Verlangen, eins und eins zusammenzuzählen, um das ganze Gewebe des Lebens vor Augen zu haben, Teile, Ausschnitte, Ränder genügten ihr. Sie hatte keinen anderen Grund als gerade nur diesen, ihn zurückkehren zu lassen, wenn er das wollte.
Und plötzlich überlief es ihn heiß, weil er erkannte, wie gut sie war, immer gewesen war.
Und der Junge, der mußte jetzt längst in den Zwanzigern sein, erwachsen. Doch er konnte sich kein Bild von ihm machen. Er hielt die Hand auf Schulterhöhe in die Luft. Die Leute blieben stehen, wandten sich lächelnd um. Er errötete und ließ die Hand wieder sinken. So groß würde sein Junge jetzt sein. Die Leute konnten natürlich nicht wissen, was er gerade dachte. Es war einfach nur eine Geste, die er machen mußte, um das Vergehen der Zeit zu spüren.
Er mußte jetzt gut zu ihm sein, mußte ihm und ihr den Rest seines Lebens widmen. Kein Sichabwenden mehr, kein Drang zur Natur mehr, kein Hang mehr zu schönen Kehlen, Händen, Gesichtern.
Er wußte, wie schwach er war, welcher Natur seine Leidenschaften waren, große, überwältigende Leidenschaften, und Ollie lebte hier, sehr nah bei seinem Haus – und wie wichtig sie ihm gewesen war ...
Ja, das war der Grund, weshalb er gebetet hatte – um die nötige Kraft gebetet, sich klug verhalten zu können, seine Augen vor allem verschließen zu können außer vor seinem eigenen Inneren, vor allem außer den häuslichen Dingen, die ihm gehörten.
Er war ein Pole, und er liebte seinen Gott, und er erinnerte

sich wieder des Bildes der Jungfrau und des Christusbildes, eines Christus, der jenem Abwärtsdrang folgte, wie alle Dinge, die betrüben – die Tränen, das Fleisch, und er dachte an all die heiligen Bilder in anderen Ländern, die vom Abdruck seines großen, liebkosenden Mundes befleckt worden waren.

Er war sehr müde, er hatte gar nicht gewußt, daß er so müde sein konnte. Er war diese paar Blocks in der Vergangenheit so oft gegangen, und sie hatten ihn nicht müde gemacht, und er erinnerte sich, daß er müde gewesen war, als er sich zum Beten niedergekniet hatte.

Und dann war er in ihrer Straße, an ihrer Tür, drehte den Türknauf, trat ein, und ihm war, als sei er nur gestern fort gewesen, und die Geranien in ihren Töpfen waren die, die er erst vor einer Sonnenumdrehung gepflanzt hatte, und der Tisch voller beleibter Herren war derjenige, den er nur eine Morgendämmerung früher gehaßt hatte. Und da war Polly, die aufstand und Krümel verstreute, lächelnd, ein wenig dicker, heiter, lebensfroh, lachlustig.

Und der Tisch am hinteren Ende des Raumes war von einer Schar weißbemützter, weißbeschürzter Köche und Kellner umgeben. Nur Bradley war nicht da, jemand mit einem kleinen, schmalen Kinn hatte den Ehrenplatz eingenommen, und niemand sprang auf, um in die Krüge mit Sirup und Milch zu schauen.

Hastig stellte er Fragen, um zu verhindern, daß er seine ganze Vergangenheit auf einmal verlor, denn was er noch gestern gewesen war, schien plötzlich weniger als ein Traum zu sein. Und weniger als Dunst waren die herrlichen Tage, die er mit Ollie in Huntington verbracht hatte, einer kleinen Stadt, durch deren Straßen graugesichtige Büroangestellte eilten, die sich zur Mittagszeit an der niedrigen, efeubewachsenen Mauer versammelten, die den Friedhof umschloß. Damals hatten die Vögel im Gras gesungen, und dort waren die Liebenden den Blicken Bekannter ausgewichen, indem sie hinter dem zerfallenden Symbol in Gestalt eines alten Steines verschwunden waren, der die Liebe eines Menschen zu einem vor langem dahingeschiedenen Menschen ausdrückte.

Und sie, Olli, hatte die bloßen Arme hinter sich ins Gras geworfen und von einem neuen Gingankleid gesprochen, von

den bunten Postkarten, die in der Gegend verkauft wurden, Bildchen von der Mühle, der Kirche, der Bibliothek – ja ...
Er fragte ebenfalls nach den alten Bekannten, und Polly antwortete ihm drolligerweise, indem sie von ihrem eigenen Leben erzählte; wie der Sohn eines ihrer Kunden das Offizierspatent erworben und bereits auf See sei, und wie Tessie krank geworden und im Herbst verschieden sei.

Schließlich saß er auf der Kante seines Bettes. Wie leicht es doch gewesen war zurückzukehren, er wußte nun auch wieder, wie ihre Hand sich anfühlte. Wie sie den Mund verzog, das hatte er immer irgendwie gewußt, das ging nach links, und ihr westlicher Akzent gehörte nun einfach einmal zu seinem Leben.
Und der Junge?
Der Junge war verheiratet.
Darauf wäre er nun nie gekommen.
Er tastete in der Tasche nach seiner Pfeife, fand sie, und während sein Blick über die alten Sparren und das Bett mit den vier Pfosten wanderte, seufzte er. Polly war dicker, viel dicker geworden, doch war sie ihm gerade nur um ein Doppelkinn fremder.
Er schloß die Augen. Er hatte um Stärke gebetet – Polly holte ihm seine Pantoffeln, und Trägheit überkam ihn und schien ihn jeder Kraft zu berauben, sie sich selbst zu holen. Dann langte er hastig nach ihnen.
„Und Ollie?"
„Ihre Enkelin ist letzten Juni getauft worden."
Durch das kleine schmutzige Fensterviereck blickte er hinaus in die Straße.
„Laß nur, ich zieh sie dir schon an, das Bücken fällt dir nicht mehr so leicht wie früher, Skirl."
„Ich habe heute gebetet – auf den Knien ...", und er streckte einen bestrumpften Fuß aus. Er nickte fast und lachte ein wenig, zufrieden.
Doch später, als er sich zur Wand kehrte und sich mit einem Finger bekreuzigte, quollen ihm Tränen durch die Lider. Er konnte Polly unten mit der Küchenhilfe sprechen hören, die mit den Pfannen klapperte, doch er war müde und fiel in einen leichten Schlummer.

Altweibersommer

Im Alter von dreiundfünfzig Jahren war Madame Boliver wieder jung. Sie wurde mit einem Male von einem Strudel unbekümmerter Jugendlichkeit gepackt und zur strahlenden Schönheit. Was sie mit den Jahren angefangen hatten, die sich zu einer derart vollkommenen Summe addiert hatten, wußte sie nicht – es war ein seltsamer, verschwommener Traum. Sie war unansehnlich, beinah häßlich gewesen, schüchtern, eine alte Jungfer. Sie war groß und ungelenk gewesen – in dem jugendlichen Alter, das bei Mädchen als Knospe bezeichnet wird, hatte sie sich hingesetzt, als würde sie gleich in der Mitte durchbrechen.
Als sie dreißig war, war sie unverhohlen und in erstaunlichem Maße Yankee gewesen; kerzengerade kam sie eckigen Ganges auf einen zu. Sie war streng, schweigsam und neugierig gewesen. Was wahrscheinlich der Grund dafür war, daß sie Madame genannt wurde. Sie trug Schwarz, das mit weißen Krägen und Manschetten abgesetzt war, ihr Haar war straff zurückgebunden und ließ Ohren mit großen Ohrläppchen sehen. Dies straffe Haar entblößte ihr Gesicht zu jener augenfälligen, unschönen Nacktheit, die Zimmer zuweilen an sich haben, wenn schwere, melancholische Vorhänge aufgezogen werden – sie blickte mit derselben unalltäglichen, erwartungsvollen Miene dem Leben entgegen, die gute Stuben zur Schau tragen, wenn sie sich für die einzige festliche Gelegenheit des Jahres auftun, die bekundet, daß ihre Besitzer keine armen Leute sind.
Sie hatte keine Freunde und konnte keine Bekanntschaften aufrechterhalten – ihre Zunge war scharf, rasch und wahrheitsliebend. Sie sprach selten, doch mit so viel unerbittlicher Strenge und Genauigkeit, daß diejenigen, die einmal mit ihr zu tun gehabt hatten Sorge trugen, ihr kein zweites Mal in dieser Weise ausgeliefert zu sein.
Sie wurde stetig älter und das ohne Bedauern – lange noch, ehe sie dreißig war, hatte sie alle Ansprüche auf ein gewöhnliches Leben wie auch jegliche Hoffnung auf ein *ungewöhnlich* zu nennendes aufgegeben; sie wandelte auf einem geradlinigen Pfad zwischen beiden, und sie war es zufrieden und machte sich wenig Gedanken darüber, was an ihr

das wohl war, das sie ungeliebt und unliebenswürdig gemacht hatte.
Ihre Schwestern hatten geheiratet und sich von ihr entfernt wie Blütenblätter fortgeweht werden und den kahlen Stengel übriglassen – ihre Kinder kamen zu ihr wie Pollen, und sie hatte Freude an ihnen und war auf bescheidene Weise glücklich. Früher hatte sie auch einmal von Liebe geträumt, doch das war gewesen, ehe sie noch siebzehn war – zu dem Zeitpunkt war ihr dann klar, daß sie niemand um ihre Hand bitten würde – sie war unansehnlich und unattraktiv, und sie war zufrieden.
Sie war Magd und Ratgeberin in einem geworden – alles, was es zu bewerkstelligen oder zu lösen gab, wurde ihr aufgebürdet. Sie schuftete anstandslos und bereitwillig für andere, und die ließen sie schuften.
Mit dreiundfünfzig erglühte sie in einem Altweibersommer von überwältigender Schönheit. Sie war groß und prachtvoll anzuschauen. Der Duft einer exotischen Blume umwehte sie; sie strömte irgend etwas aus, das in Duft und Ton jene köstliche Nähe zu Schmerz und Lust ahnen ließ; allen bis dahin gestaltlosen Dingen lieh sie plastische Gestalt. Sie war wie ein erlesenes Holz, das zu einem Model geschnitzt worden war – sie atmete unversehens wie jemand, der ein halbes Jahrhundert tot gewesen ist.
Ihr Gesicht war freilich nicht jenes mollige, flaumige nichtssagende Antlitz der ersten Jugend – es war schmal und dunkel und zeigte ein paar höchst empfindsame Fältchen; um den Mund herum gab es Anzeichen eines Humors, den sie nie besessen hatte, und einer Liebe, die sie nie gekannt hatte, einer Freude, die sie nie erlebt hatte, und einer Weisheit, die zu erwerben ihr ganz unmöglich gewesen war. Ihre immer noch neugierigen Augen mit den blauweißen Rändern und der leuchtenden Iris waren halb von seltsam staubigen Wimpern verhangen. Das Haar, das einst straff zurückgekämmt gewesen war, war zwar immer noch zurückgekämmt, doch entblößte es keine so entsetzlich strengen Züge mehr. Vielmehr schien das Haar all jenen einen Gefallen erweisen zu wollen, deren Blick seine bescheidene Fülle suchte, weil es ein Gesicht enthüllte, das zugleich betrachtenswert und ungewöhnlich war.
Ihr Lächeln war reich an Farben – das leuchtende Hellrot

ihres Zahnfleischs, die auffällige Weiße ihrer Zähne, der feuchte Schimmer ihres empfindsamen Mundes, das alles erweckte den Eindruck, Madame Boliver sei durch und durch von einem vollendeten, erlesenen Leben gefärbt.
Wenn sie jetzt den Raum betrat, hoben alle Anwesenden die Köpfe und sprachen über sie. Sie war sich dessen sehr wohl bewußt, und es gefiel ihr – nicht, daß sie übermäßig eitel gewesen wäre, es war nur so neu und unerwartet.
Eine Zeitlang genügte ihr schon ihre bloße Jugend – sie lebte mit sich selbst, als sei sie ein zweiter Mensch, dem der Zugang zu einem wunderschönen, lang ersehnten Traum gestattet worden war. Sie wußte nicht, was sie tun sollte. Hätte sie aufgrund ihrer neuen Jugend die Religion wiederentdecken können, sie hätte an Andachten teilgenommen und mit inbrünstiger Freude und Zuversicht dem Niederknien und Aufstehen beigewohnt, doch gehörte dies zu ihrer einstigen Kindheit und war somit nicht, was sie brauchte.
Damals hatte sie gebetet, weil sie häßlich war; jetzt konnte sie nicht beten, weil sie schön war – sie wollte etwas Neues, dem sie sich zuwenden, mit dem sie sprechen konnte.
Eins ums andere verschwanden die alten, unschönen Dinge, und an ihrer Stelle fanden sich venezianisches Glas und Onyxschalen, Seidenstoffe, Kissen und Parfum ein. Aus ihren Büchern wurden Zeitschriften mit seltsamen, unübertrefflich gelungenen und gewagten Illustrationen.
Alsbald hatte sie einen Salon. Alles riß sich um sie. Herren mit Politikerkoteletten, mit pomadisiertem und gelocktem Haar, überließen ihre Überzieher den Armen feierlich ernster, bestens geschulter Bediensteter.
Junge Studenten mit Blume im Knopfloch und Ambitionen fanden sich ein; ein, zwei Gesandte schauten herein, legten Herzen zu Füßen und empfahlen sich wieder. Dichter und Musiker, Literaten und Künstler, die mit Modernem experimentierten, gruppierten sich um ihre Kaminsimse wie Schmetterlinge sich über Bonbons zusammenfinden und ergossen ihre Herzen in ihr Ohr.
Etliche Herren von Muße und Millionen machten ihr mit Tränlein in den Winkeln ihrer alerten Augen entfesselt den Hof. Professoren mittleren Alters und gar ein Diözesan fan-

den sich im Gedränge derer, die ihre hübsche Wohnung an den Tagen füllten, wenn sie empfing.
Etwas an Madame Boliver wollte ihr nicht recht nachgeben. Sie war immer noch ängstlich; sie schreckte zusammen, zog mitten in irgendeiner hitzigen Debatte die Hand zurück und erbleichte – bei solchen Gelegenheiten eilte sie dann zum Spiegel, wenn sie auch nie den Kopf wandte, um hineinzuschauen.
War das möglich, daß sie jetzt schön war? Und wenn, würde es andauern? Und ihr Herz sagte ihr: „Ja, es wird andauern", bis sie endlich glaubte.
Sie ließ die Vergangenheit hinter sich und versuchte, sie zu vergessen. Die Erinnerung daran schmerzte sie, als sei das etwas, das sie in einem Augenblick der Zerstreutheit begangen hatte und dessen sie sich schämen mußte. Sie erinnerte sich daran, wie man sich an eine kleine unrechte Handlung erinnert, die jahrelang im Gedächtnis verborgen lag. Sie dachte an ihre einstige Reizlosigkeit, wie ein anderer an irgendeine selbst verübte Grausamkeit denken mochte. Ihre Augen wurden feucht, wenn sie daran zurückdachte, wie sie sich selbst in den Zwanzigern gesehen hatte. Ihre Lippen zitterten, wenn sie an ihre Strenge und ihre scharfen Erwiderungen zurückdachte.
Ihr eigener Körper warf ihr all das vor, was ihm in ihrer anderen Jugend aufgezwungen worden war, und eine seltsame Leidenschaft bemächtigte sich ihrer und verwandelte die Erinnerung an ihre Schwestern in etwas, das zuweilen jenem Haß der Unterdrückten gleichkam, die sich der Drangsal erinnern, wenn sie der Fülle gewichen ist.
Doch jetzt war sie frei. Sie dehnte sich, sie sang, sie saß lange Stunden träumend, die Ellenbogen aufs Fensterbrett gestützt, und schaute in den Garten hinaus. Sie lächelte, als ihr der alte Brauch der Serenade in den Sinn kam, und fragte sich, wann sie sie wohl selbst kennenlernen würde.
Daß sie dreiundfünfzig war, bereitete ihr niemals Sorge. Es kam ihr nicht einmal in den Sinn. Sie war schon vor langer Zeit, als Zwanzigjährige, dreiundfünfzig gewesen, und jetzt war sie zwanzig mit dreiundfünfzig, das war alles – das war die Entschädigung, und wenn sie ihr mittleres Alter in der Jugend durchlebt hatte, dann konnte sie ihre Jugend auch im mittleren Alter durchleben.

Manchmal dachte sie, wieviel schöner die Natur doch in ihren Betrügereien war als in ihren Heilmitteln.

Diejenigen, die sie umschwebten, boten ihr, ein ums andere Mal, die Ehe an oder wollten sie nach Italien oder Spanien mitnehmen, sie mit Geld und Verehrung überhäufen, und anfangs hatten sie mit ihren Beteuerungen nahezu offene Türen bei ihr eingerannt, weil diese Beteuerungen an sich so neu und so beglückend waren.

Doch desungeachtet war sie irgendwo hinter all ihrer Jugendlichkeit alt genug zu wissen, daß sie nicht liebte, wie sie lieben wollte, und so wartete sie mit einer Geduld, die ihr durch die unablässigen Aufmerksamkeiten der Vielen versüßt wurde.

Und dann war Petkoff, *der Russe,* in Begleitung eines der Studenten gekommen.

Eine schwere Pelzmütze senkte sich bis fast über seine zwinkernden, durchdringenden Augen. Er trug ein Gemisch von Kleidern, das ihn auf Anhieb zugleich als Ausländer wie als armen Mann erkennen ließ. Sein kleiner Schnauzbart bedeckte kaum eben empfindsame, wohlgeformte Lippen, und die gerade Haarsträhne, die ihm zu beiden Seiten seiner enganliegenden Ohren hinabwuchs, erweckte den Eindruck, als gehöre er in eine andere Zeit, so als habe auch er, ungeachtet seines geringen Alters, in der Zeit gelebt, als sie ein Mädchen war.

Er konnte nicht viel über dreißig sein, vielleicht war er gerade eben dreißig – er sagte wenig, wandte den Blick jedoch niemals vom Gegenstand seines Interesses.

Er sprach aber nicht schlecht und fiel dabei gelegentlich ins Russische, was sehr pikant war. Mit seinem unbeirrbaren Blick schlug er alle anderen Bewerber aus dem Feld. Er ignorierte die restliche Gesellschaft so gründlich, daß man ihm wenigstens keine Grobheit nachsagen konnte. Wenn einer die bloße Gegenwart seiner Mitmenschen nicht zur Kenntnis nimmt, kann er allenfalls als *seltsam* gelten.

Petkoff war gleichzeitig ein ehrgeiziger und ein selbstbezogener Mensch – in allem war er entschieden und kannte kein zögerndes Versteckspiel, es sei denn, es bedurfte eines solchen, um zum erwünschten Ergebnis zu kommen. Er wirkte anziehend auf Madame Boliver, weil er genauso selt-

sam war wie sie, ihre Jugend war etwas Fremdes, und das war auch Petkoff.
Er war in dies Land gekommen um einer vielversprechenden Unternehmung willen; er hatte sich also fürs erste als Mensch und in Herzensdingen in acht zu nehmen.
Was er in bezug auf Madame Boliver empfand, war zunächst Erstaunen darüber, daß eine solche Frau noch unverheiratet war; er wußte nichts über ihre Vergangenheit und schätzte sie als wesentlich jünger ein, als sie in Wirklichkeit war. Nach einer Weile wich sein Erstaunen dann dem Vergnügen und schließlich wirklicher, aufrichtiger Liebe.
Er begann, ihr den Hof zu machen, vernachlässigte infolgedessen seine Geschäfte ein wenig und machte sich diesbezüglich Sorgen, blieb aber dennoch hartnäckig.
Er erkannte sehr wohl, daß sie ihrerseits eine tiefe Neigung für ihn zu fassen begann. Stundenlang lief er im Park umher und ließ sich die Affäre gründlich durch den Kopf gehen. Für und Wider gleichermaßen.
Das brachte ihm jedoch nichts ein, außer zunehmender Ungeduld. Er neigte zu eindeutigen Schritten und konnte sich nicht entschließen, zu gehen oder zu bleiben. Im Grunde konnte es für sein Geschäft überhaupt nichts Schlimmeres geben als diese anhaltende fiebrige Unentschlossenheit. Er kam zum Entschluß.
Madame Boliver war selig. Sie begann, sich von ihrem geselligen Leben zurückzuziehen und verwandte statt dessen fast ihre ganze Energie auf die Anbetung ihrer ersten wirklichen Liebe. Sie erhörte ihn auf der Stelle mit einer Spur ihrer einstigen messerscharfen Entschiedenheit und grenzenlosen Freimütigkeit. Er erklärte ihr, sie nehme ihn ja wie ein Stück Kuchen bei einer Teegesellschaft, und sie lachten beide.
Das war im Winter. Madame Boliver war fünfundfünfzig – er fragte sie nie, wie alt sie sei, und ihr kam es nie in den Sinn, es ihm zu erzählen. Sie setzten ihren Hochzeitstermin auf Anfang Juni nächsten Jahres fest.
Sie waren ungeheuer glücklich. Einer nach dem anderen zogen die feurigeren unter den anderen jüngeren Bewunderern sich zurück, doch nur langsam; sie wandten im Gehen ein wenig den Kopf, da sie gleichzeitig zu eitel und zu

skeptisch waren, um zu glauben, daß so etwas von Dauer sein könne.
Sie gab immer noch Empfänge, und immer noch waren ihre Zimmer voller Menschen, doch wenn Petkoff eintrat, ein wenig besser gekleidet, aber immer noch ein wenig gleichgültig der Schar der anderen gegenüber, legte ihre ausgelassene Heiterkeit sich schlagartig, und sie sprachen von den neuen Romanen und dem neuesten Trend in der Kunst.
Petkoff hatte in dem Maße von ihnen Notiz genommen, wie es einem Mann geziemt, der weiß, was er erobert hat und von wem und wie vielen. Er blickte sie beiläufig an, doch mit einer Spur von Wohlgefühl.
Madame Boliver wurde schöner, strahlender, graziöser. Ihre Bewegungen begannen fließendem Wasser zu ähneln. Sie war fast zu glücklich, zu geschmeidig, sich ihres Wohlbefindens allzusehr bewußt. Sie wurde arrogant, blieb dabei aber immer noch die strahlende Schönheit; sie wurde eitel, blieb jedoch immer noch anmutig; sie wurde sich selbst zur Gewohnheit, blieb jedoch immer noch nachdenklich. Man könnte sagen, sie war in einem allzu günstigen Alter aufgeblüht; sie war alt genug, um es zu würdigen, und das ist etwas Gefährliches.
Sie brachte Stunden beim Friseur und beim Schneider zu. Ihr Toilettentisch glich einem Schlachtfeld. Hier fand sich das gesamte Waffenarsenal, um das Alter auf Distanz zu halten. Sie fuhr in einer offenen Kutsche die Allee entlang und lächelte, wenn sie ihren Namen und ihr Foto auf der Seite mit den Gesellschaftsnachrichten fand.
Schließlich hatte man den Eindruck, sie sei zwar schön, sich dessen jedoch zu bewußt; talentiert, doch zu eitel; gewandt im Auftreten, doch dessen allzu sicher; eigenartig und ausgefallen und wundervoll, doch ein wenig zu eigenartig, ein wenig zu ausgefallen, ein wenig zu wundervoll. Sie wurde nach außen hin ungeheuer komplex, doch im Innern bewahrte Madame Boliver immer noch ihre Ehrlichkeit, ihre Offenheit und ihre Schlichtheit.
Und dann mußte Madame Boliver sich eines Tages hinlegen. Es begann mit Kopfschmerzen und endete mit starken Schüttelfrösten. Sie hoffte, am nächsten Tag wieder aufstehen zu können, und lag dann eine Woche im Bett. Sie verschob ihre Gesellschaft, weil sie annahm, bald wieder auf

den Beinen zu sein, statt dessen hielt sie sie in einem Sessel sitzend ab, von Kissen gestützt.
Petkoff war besorgt und verdrossen. Er hatte Madame Boliver eine Menge Zeit geschenkt, und er hatte auf eine selbstsüchtige, alles umfassende Weise viel für sie übrig. Als sie nicht mehr aufstand, zerbrach er einen venezianischen Becher, indem er ihn in den Kamin warf. Als sie darüber lachte, brach er plötzlich in sehr heftiges Weinen aus. Sie versuchte, ihn zu trösten, doch er wollte sich nicht trösten lassen. Sie versprach ihm, daß sie bald wieder auf den Beinen sein werde, wie eine Mutter einem Kind einen lang ersehnten Gegenstand verspricht. Als sie sagte: „Bald geht es mir wieder gut, Lieber, schließlich bin ich doch eine junge Frau", hörte er auf und schaute sie durch einen Film schmerzlicher Tränen an.
„Aber bist du das denn wirklich?" fragte er und ließ zum erstenmal seine heimliche Befürchtung laut werden.
Und in diesem Augenblick dämmerte ihr das Grauenhafte der Situation. Der Jugend, wenn die Jugend kommt, wie es ziemlich ist, wohnt das Greisenalter inne, das ihren Verlust verschmerzen kann, doch wenn sie kommt, wenn jemand schon alt ist, fehlt ihm die Zeit, ihren Verlust mitanzuschauen.
Sie setzte sich auf und starrte ihn an.
„Ja, nun", sagte sie trocken und bestimmt, „so ist das nun mal. Ich bin nicht mehr jung an Jahren."
Sie konnte nicht sagen *nicht mehr jung*, weil sie jung war.
„Es kommt ja auch nicht darauf an."
„Oh", sagte sie, „dir wird es nicht darauf ankommen, uns hingegen schon."
Sie legte sich zurück und seufzte, und kurz darauf bat sie ihn, sie ein Weilchen allein zu lassen.
Als er fort war, rief sie den Arzt.
Sie sagte: „Mein Freund – sterbe ich schon – so bald?"
Er schüttelte nachdrücklich den Kopf. „Natürlich nicht", versicherte er ihr, „in einer Woche etwa haben wir Sie wieder auf den Beinen."
„Was hält mich denn dann im Bett fest?"
„Sie haben sich überanstrengt, weiter nichts. Wissen Sie, ein so ausgedehntes gesellschaftliches Leben, liebe Madame, das nimmt noch die Jüngsten mit." Er schüttelte bei

diesen Worten den Kopf und zwirbelte seinen Schnauzbart. Sie schickte ihn ebenfalls weg.
Die nächsten Tage waren glücklich. Sie fühlte sich besser. Sie saß ohne Anstrengung im Bett. Sie genoß Petkoffs liebevolle Aufmerksamkeit, die er ihr mit frischem Eifer zuteil werden ließ. Er hatte Angst gehabt, und er verschwendete mehr übertriebenes Lob und mehr bestrickende Worte auf sie als je zuvor. Er war wie ein Mann, der, als er sein Vermögen schwinden sah, erkannt hatte, wie teuer es ihm doch war und wie unentbehrlich, als es zu ihm zurückkehrte. Dadurch, daß er sie fast verloren hatte, wußte er einzuschätzen, was er empfunden hätte, hätte er sie wirklich verloren.
Es wurde zu einem Scherz zwischen ihnen, daß sie überhaupt irgendwelche Befürchtungen gehegt hatten. Im Klub schlug er seinen Freunden auf den Rücken und rief: „Gentlemen, eine schöne, junge Frau." Und dann erwiderten sie gewöhnlich den Schlag und riefen: „Glückspilz!"
Sie bestellte einen großen Wein- und Kuchenvorrat für die Hochzeitsfeier, kaufte ein paar neue venezianische Gläser und genehmigte sich ein paar neue kostbare alte Teppiche für den Fußboden. Sie liebäugelte außerdem ziemlich mit einem neuen Kleid, das für eine bemerkenswert niedrige Summe angeboten wurde, doch sie begann sich zu zügeln, denn sie hatte es eigentlich doch arg übertrieben.
Und eines Tages starb sie.
Petkoff kam in einer aufgewühlten, seltsamen Stimmung. Vier Kerzen brannten zu Kopf und Füßen, und Madame Boliver war schöner denn je. Stampfend, so daß er mit jedem Schritt kleine Staubspiralen vom neu erworbenen Teppich emporsandte, schritt Petkoff neben der Bahre auf und ab. Er beugte sich vor und zündete sich an einer der flakkernden Kerzenflammen eine Zigarette an. Madame Bolivers ältliche Schwester, die neben der Toten kniete, hüstelte und blickte vorwurfsvoll in Petkoffs Gesicht hinauf, der einmal mehr jeden und alles vergessen hatte. „Verdammt!" sagte er und schob die Finger in die Weste.

Das Niggerweib

John Hardaway lag im Sterben. Das war es jedoch nicht, was ihn störte. Seine kleinen, wohlgeformten Hände zuckten auf der weichen Bettdecke, die sich langsam mit seinem Atem hob und senkte, und er atmete mühsam mit offenem Mund, so daß alle Zähne sichtbar waren.
Rabb, das Niggerweib, kauerte in der Ecke. Die Luft um sie herum war schwanger von ihrem Geruch. Sie blinzelte unaufhörlich. Die Gegenwart ihres Herrn erfüllte sie mit Scheu, aber auch mit Scham, weil er im Sterben lag – derselben Scham, die sie empfunden hätte, hätte sie ihn zufällig beim Toilettemachen gestört.
Rabb war ein gutes Niggerweib; sie hatte John Hardaways Mutter gedient, sie hatte sie sterben sehen – die alte Mrs. Hardaway war gegen ihre Spitze geflattert wie ein im dichten Laub gefangener Vogel –, Rabb hatte bei Mrs. Hardaways Tod von Nutzen sein können, weil Mrs. Hardaway sie geliebt hatte, auf ihre Weise.
Mrs. Hardaway war auf eine begreifliche Weise gestorben – auch sie hatte mühsam geatmet, mit offenem Mund, doch war das sanft und eifrig geschehen, wie bei einem Kind an der Brust.
Rabb hatte versucht, ihr nahe zu sein, hatte ihre Hände zu Hilfe genommen. Doch was sie zu berühren versucht hatte, hatte in einem versteckten Winkel von Mrs. Hardaway gelegen, wie eine unter dem Bett versteckte Katze, und Rabb hatte schließlich überhaupt nichts getan.
Mit John Hardaway war es jedoch anders. Sie sah zu, wie das Leben kokett mit ihm spielte. Es spielte mit ihm, wie ein Hund mit einem alten Mantel spielt. Es bewirkte, daß er unvermittelt unter gewaltigen Heiterkeitsanfällen erbebte. Es spielte mit seinen Lidern, es verzerrte seinen Mund, es ging in seinem Körper ein und aus, wie eine Flamme an einer Zündschnur entlangleckt – um ihn schließlich mit völliger Nichtachtung zu strafen und ihn kalt, einsam und abstoßend liegen zu lassen.
John Hardaway haßte Neger mit jenem Haß, den ein Herr Liebe nennt. Er war ein Südstaatler und vergaß das nie. Rabb war seine Amme gewesen, sie hatte ihn zu einem gro-

ßen Jungen heranwachsen sehen, und dann war sie dabei gewesen, als er seiner Geliebten aufgrund irgendeines Makels seiner im übrigen makellosen Leidenschaft das Leben zur Hölle gemacht hatte.

Von Zeit zu Zeit rief John Hardaway nach Wasser. Und als Rabb seinen Kopf anzuheben versuchte, beschimpfte er sie als *schwarzes Miststück* – schließlich hatte er sie gewähren lassen.

John Hardaway war neunundfünfzig, er hatte gut gelebt, verachtungsvoll, und das macht das Ende immer leichter; er war ein Gentleman gewesen auf die einzige Art und Weise, die einem Südstaatler zu Gebote steht – er hatte niemals vergessen, daß er ein Hardaway war ...

Jetzt rief er ihr mit lauter Stimme zu: „Wenn ich sterbe – verlaß das Zimmer!"

„Ja, *sah*", flüsterte sie traurig.

„Bring mir die Brühe."

Sie brachte sie zitternd. Sie war sehr müde und sehr hungrig, und sie hätte gern gepfiffen, wisperte jedoch nur: „Kann ich nichts für Sie tun?"

„Mach das Fenster auf."

„Es ist Nacht, *sah* ..."

„Mach's auf, dummes Ding ..."

Sie ging zum Fenster und öffnete es. Sie war hübsch, als sie so den Arm ausstreckte, und ihre Nase war fast so vollendet wie bestimmte jüdische Nasen; ihre Kehle war glatt und pulste.

Gegen zehn Uhr am selben Abend begann John Hardaway vor sich hin zu singen. Er hatte etwas für Französisch über, doch was er auf Französisch lernte, sang er auf Englisch.

„Oh, mein Kleines, ich hab dich gewiegt auf meinem Knie ...
Ich hab deine Ohren geküßt und deinen Hals ..."

„Jetzt lege ich Sie flach hin ..."

„Das kannst du halten, wie du willst."

Er versuchte, sich umzudrehen, doch es gelang ihm nicht, und so lag er und starrte ins Feuer.

Als John Hardaways Tod an diesem Punkt angelangt war, kam Rabb, the nigger, aus ihrer Ecke hervor und hörte auf zu zittern. Sie war hungrig und begann, sich Suppe in einer Kasserolle warm zu machen.

„Was machst du da?" wollte John Hardaway auf einmal wissen.
„Ich bin hungrig, *sah*."
„Dann geh raus – geh in die Küche."
„Ja, *sah*", sagte sie, rührte sich jedoch nicht.
John Hardaway atmete schwer, ein Schleier legte sich vor seine Augen – dann, nach unendlichen Jahren, hob er auf einmal die Lider. Rabb schlürfte inzwischen langsam die dampfende Suppe.
„Verfluchtes Niggerweib!"
Sie erhob sich schleunigst aus der Hocke, indem sie sich auf die Hand stützte, und wich in Richtung Tür zurück.
„Mein Kleines, ich hab dich gewiegt auf meinem Knie ..."
Rabb schlich wieder näher – sie trat an sein Bett.
„Massah – soll ich nicht vielleicht ..."
„Was?"
„Einen Priester – vielleicht?"
„Dummes Ding!"
„Ja, *sah*, ich wollte nur sicher sein."
Er versuchte zu lachen. Er preßte die Knie gegeneinander. Er hatte sie vergessen.
Schließlich, kurz vor der Morgendämmerung, begann er zu phantasieren.
Rabb benetzte den Fleischwulst im Innern ihrer Lippe und biß die Zähne aufeinander. Sie begann völlig grundlos zu grinsen und strich sich über die Hüften.
Er rief nach ihr.
„Ich will dir was sagen."
Sie trat zu ihm – mit rollenden Augen.
„Komm näher."
Sie trat näher.
„Beug dich nieder!" Sie beugte sich nieder, doch ihr Mund begann sich bereits mit Speichel zu füllen.
„Fürchtest du dich?"
„Nein, *sah*", log sie.
Er hob die Hand, doch sie sank kraftlos wieder herab.
„Bleib, wo du hingehörst", flüsterte er und schlief sofort ein.
Sein Atem begann zu rasseln, während Rabb in der Ecke kauerte, ihre Brüste mit den Armen umfangen hielt und sich sachte auf den Ballen wiegte.

Das Rasseln hielt an. Rabb begann, auf Händen und Knien auf ihn zuzukriechen.
„*Massah!*"
Er regte sich nicht.
„John!"
Eine seltsame Empfindung regte sich in ihm – er hob die Lider mit ihrem weißen Wimpernsaum und sagte fast unhörbar: „Geh jetzt!"
Er hatte die Augen lange Zeit geschlossen gehalten, als ihn der Gedanke beunruhigte, jemand könne in seinen Körper zu gelangen versuchen, während er ihn verließ. Er öffnete die Augen, und da stand Rabb, das Niggerweib, ganz dicht bei ihm und blickte auf ihn hinab.
Ein Blutschwall quoll ihm aus der Nase.
„Nein, *sah!*"
Er begann zu keuchen. Rabb reckte sich zu voller Größe empor und blickte auf ihn hinab. Sie begann, ihm hastig Luft zuzufächeln. Er atmete noch schneller, seine Brust fiel zusammen wie ein Kartenhaus. Er versuchte zu sprechen, doch es gelang ihm nicht.
Plötzlich beugte Rabb sich nieder, hielt ihren Mund an seinen und hauchte ihm ihren Atem ein, einen einzigen gewaltigen Atemstoß lang. Seine Brust hob sich, er öffnete die Augen, sagte „Ah!" und starb.
Rabb fuhr sich mit der Zunge über die Lippen, und als sie den Blick hob, starrte sie auf den Fleck an der Wand, der ein bißchen höher saß, als sie es gewohnt war. Nach einer Weile erinnerte sie sich daran, daß sie ihre Suppe noch gar nicht aufgegessen hatte.

Saturnalien

Westindien hatte Mr. Menus endlich erwischt. Er hatte die Beacon Street und die Gesellschaft seiner Tante, Miss Kittridges, mit festen religiösen Überzeugungen, politischen Zielen und einer erfreulichen journalistischen Begabung verlassen. Mittlerweile litt er an *mañana*.
Nach zehn Jahren Kingston war er stellvertretender Chefredakteur einer erschlafften Lokalzeitung und der wahrscheinliche erste Anwärter auf ein baldiges Begräbnis.
In diesen Jahren war seine Tante in Europa gewesen; der Krieg führte sie zurück, allerdings zugegebenermaßen mit angegriffenen Nerven, so hatten ihre Brüder ihm geschrieben. Sie hatten sie vom Schiff abgeholt und sie eilends in ein Sanatorium irgendwo oben in den Bergen gesteckt. Sie war dort nur eine Woche geblieben. Er kannte seine Tante, straff, dünn, schweigsam. Er grinste, als er sich mit dem Taschentuch in den Kragen fuhr. Er hoffte, sie würde *es schon schaffen* (sie kam ihn gerade besuchen), würde es schaffen und davonkommen. Alle Nicht-Jamaikaner hoffen, daß eines Tages irgendwer *sämtliche Klippen umschifft* und die Flucht schafft. Er hatte allerdings nie jemanden kennengelernt, dem das gelungen war, das heißt, jedenfalls nicht auf die Weise, wie man es von ihm erwartete; es war immer eine kleine Malaise im Spiel, ein Sonnenstich, eine Hinneigung zum Okkultismus, ein Verlangen nach Walhall, ein Fleck im Unveränderlichen; Sterngucken, Teesatzdeuten. Er hatte Zweifel, ob Kingston nun genau das Ideale für eine Frau mit angegriffenen Nerven war. Er setzte seine Hoffnung in den heilsamen Zauber seines Gartens.
Die Eidechsen, die bei der Berührung des heißen Steins die Kehle aufbliesen, wandten das kalte Auge in die Richtung, wo auf der anderen Seite der Gartenmauer gemeinschaftlich Lateinisches hergesagt wurde. Im Ladies' Seminary (einer besseren Schule für die Töchter der britischen Offiziere und die Wohlhabenden) war gerade Unterricht. Jeden Nachmittag um Punkt fünf kamen die Mädchen unter dem Gewicht von Milton, Inferno und Common Prayer hocherhobenen Hauptes eine nach der anderen über den Rasen. Wenn sie zum Tee hineingingen, luden sie ihre Last am Eingang

ab. Mr. Menus hoffte, sie würden seiner Tante gefallen.
Dann war da noch der alte Colonel Edgeback, der sich einen Mandarinenhain, einen planlos zusammengestückelten Bungalow, ein Tabakfeld und eine Eselherde gekauft hatte. Er schenkte seinen Eingeborenenbediensteten Nähmaschinen, um sie bei Laune zu halten, und für sich selbst hielt er einen hervorragend bestückten Keller, der aus nichts als Scotch bestand. Er sprach ständig davon, in die unvergleichlichen Cotswolds zurückkehren zu wollen. Was er niemals tun würde. Er wußte das; wenn er jedoch seinen Zitronensaft trank oder mit seinen Freunden einen Brandy Soda kippte, dachte er nun einmal gern daran. Dann waren da die Lieutenants Astry und Clopbottom und ihre Frauen mit unglücklicherweise je einem Kind. Eins spielte Gitarre, das andere trug eine Fliege in einer Flasche mit sich herum und trieb das sogenannte *Angelspiel*. Eine reichliche Handvoll junger Damen und gemeiner Soldaten beschlossen die Liste, und die vernünftige Mrs. Pengallis vom Dust Bowl leistete ihnen Gesellschaft. Sie hatte stählerne Stricknadeln.
Miss Kittridge kam an, hinter sich den Neffen mit ihrem himmelblauen Wochenendköfferchen, von dem gestochen scharf ihre Initialen leuchteten. Ein Schwarzer kam aus der Undurchdringlichkeit des hinteren Gartens hervorgeschossen und bemächtigte sich seiner. Miss Kittridge trug ein seidenes Jugendstiltuch und einen Band der Briefe Madame de Lafayettes. Sie nickte erst dem bevölkerten Garten zu und dann der Gruppe südamerikanischer Mädchen, die wie ihr eigener Schatten wirkten, wie sie da unter dem Schnalzen der Limettenblätter die Köpfe zusammensteckten. Miss Kittridges Schleier floß von einem honigfarbenen Basthut herab, auf dem, über zartgeschwungenen Augenbrauen, mit gespreizten Flügeln ein Vogel hockte. Unter seiner Brust, die zu einem stummen Trillern ausgestopft war, glitzerten die Funkensplitter einer Diamantnadel. Sie setzte sich in den Sessel, den ihr Neffe mit der ruckenden Bewegung für sie heranschob, die einem bei niedrigem Blutdruck vorwärtsgetriebenen Gegenstand eigen ist. Während der Gesprächspausen konnte man das dunkle Geräusch tropfenden Wassers hören, das auf einen steinernen Katafalk aufschlug – die Wanne im Badehaus.
Der flaumige Gitarrist, der unter Unsicherheit litt, verhed-

derte sich bei dem Versuch, ein Empfangsständchen zu spielen, vor Übereifer in den Saiten seines Instruments. Eine riß und schnellte mitsamt dem eben angeschlagenen, ersterbenden *G* in die Höhe. Der Zucker landete in Miss Kittridges Schoß. „Danke", sagte sie mit einer Stimme, aus der der Schreck jeden Vorwurf getilgt hatte, „danke".
Ohne das Vorstellungsritual abzuwarten, beugte Mrs. Astry sich vor.
„Das kleine Scheusal hat seine Fliege mitgebracht." Sie zwinkerte vielsagend in Richtung des jungen Clopbottom, der, tief in sein Angelspiel versunken, das Gesumme seiner Gefangenen gar nicht mitbekam.
„Wirklich?" sagte Miss Kittridge.
„Möchten Sie vielleicht mit den anderen bekannt gemacht werden?" fragte eine junge Dame, die links von Miss Kittridge auf dem Rasen saß. Sie blickte kichernd zu Mr. Menus hinüber, der vergessen hatte, die Honneurs zu machen. Das vergaß er immer. „Mrs. Pengallis (Mr. P. ist dort drüben – er wird nicht mit berücksichtigt), Colonel Edgeback, Lieutenants Astry und Clopbottom (samt Gören), Señorita Carminetta Conchinella, Mrs. Beadle, Mr. Pepper … und Sie sind Miss Kittridge? Hoppla!" sagte sie und verhinderte gerade noch, daß ihr die Tasse von der Untertasse glitt, die sich am Ende ihres gestikulierenden Arms befand. „Ist ja auch egal!"
„Cecilia!" sagte jemand, doch war das ein tonloser Ausruf. Es war so warm.
Lieutenant Astry bot dünngeschnittenes Brot mit Guavengelee an. „Ich hoffe, Sie sind an die Trägheit gewöhnt. Wie war denn Paris?"
Miss Kittridge wandte ihm ihr schmales hübsches Gesicht zu. „Ja, Paris, doch das ist schon einige Wochen her. Ich war danach in den Bergen oben; da fing es gerade an zu tauen; die Skiläufer fielen auf die Nase, konnten sich nicht auf den Beinen halten, Matschwoche. Die Männer in den Bergen haben Sodiumbichlorid in die Wasserrohre geschüttet; das schneidet ins Eis." Sie schaute in den Himmel hinauf. „Schneidet wie ein Messer." Die blasse Haut zitterte unter der Anstrengung ihres Knochengerüsts. „Sanatorium", sagte sie ruhig und ohne Verlegenheit. Die anderen fühlten sich beruhigt und hilflos zugleich.

Das Gesumm der Fliege drang zu Miss Kittridge und zugleich das Geräusch von Blättern, die an ihren Stengeln auf und ab wehten. Nach dem *Idioten*, dachte sie, hätte es niemals wieder eine andere Fliege geben sollen. Das grauenhafte Kind schrie auf einmal: „Fang-den-Fisch!" Mr. Pengallis, dessen Profil vom breiten Band seines Kneifers verdunkelt wurde, schreckte zusammen. In diesem Augenblick stürmte Sir Basil Underplush in den Garten. Er war ein alter, bevorzugter Freund, der nach einem gelegentlichen Jagdausflug in Schottland doch irgendwie jedesmal wieder nach Jamaika und in den übermäßig gepolsterten Sessel mit der Ziernaht zurückkehrte, den Mr. Menus ihm immer zusammen mit dem Teetablett in den Schatten rollte. Sir Basil war mit der Kompilierung der Heldentaten seines Ururgroßvaters (der in Indien gedient hatte) beschäftigt gewesen, eine Aufgabe, die ihm durchaus Vergnügen bereitet hatte, doch beglückte es ihn noch mehr, daß er sich selbst seine altschottische Dudelsackweise komponiert hatte. Angeblich *konnte er teuflisch gut Dudelsack spielen*, trotz Kurzatmigkeit und Nationalgetränk. Die Eingeborenen erblickten in ihm eine Art *buckra* oder bösen Geist – wegen seines Kilts und der bloßen Knie. Jetzt eben watete er durch die Vanillepflanzen zu seinem Sessel.

„Verdammt noch mal!" sagte er, während er sich erleichtert fallen ließ. „Warum nicht was völlig anderes! Warum Tiere, immer Tiere?" Er langte nach dem Siphon. „Warum nicht ein gebutterter Brotlaib, der einem, sagen wir, vor Augen schwebt; eine Vision des glücklichen Albion – warum immer Tiere?"

„Schlechte Nacht gehabt?" forschte Mr. Menus zaghaft.

„Sehr schlechte. Und immer rosa. Warum rosa? Ich muß ergründen, warum rosa, warum nicht etwas völlig anderes."

„Wieso denn gebuttert?" fragte Mrs. Pengallis und ließ die Nadeln klappern.

Sir Basil blickte sie an. Er war ein schwerer Mann und litt entsprechend. „Ich benutze dies Wort mit Bedacht, Madame, ein trockener Knust ist mir zuwider."

„Brotknust?"

Mr. Pepper (der spinnenhafte kleine Angestellte eines Gemüseladens) nieste. Er war über dem Anblick von Sellerie neurotisch geworden, und mittlerweile litt er an Kriegs-

angst und Hautausschlag. Unaufhörlich schob er die Hände ineinander, als mische er Karten. „Das Leben ist schrecklich. Ich fühle mich ständig unwohl – ständig."
Sir Basil grunzte, ein volles, destilliertes Grunzen. „Versuchen Sie's mit Ihren Vorfahren, schreiben Sie's auf, das wird Ihnen den Kopf zurechtrücken. Erproben Sie Ihre Hand an Ihrem Großvater – ich nehme doch an, Sie hatten einen."
Mr. Peppers Ausdruck veränderte sich. „Ehrlich gesagt, ich weiß es nicht."
„Keine Vögel – wieso eigentlich nicht?" fuhr Sir Basil fort. „Warum bloß seit den Anfängen des Menschen und dem ersten aufmunternden Schluck immer nur Vierfüßler?" Er brachte sein Glas zum Kreiseln. „Warum nicht die Nachteule, die Nachtweihe, die Nachtigall? Schlimmstenfalls auch der Kiebitz, die Lerche, aber wirklich, warum nicht die Nachtigall? Ich bevorzuge die Nachtigall."
„*Warum* mußte dieser Vogel bloß so hoch hinauffliegen?" wollte Mrs. Pengallis wissen, „so weit hinauf, nur um mit Shelley im Mund wieder herunterzukommen?"
„Schnabel!" fuhr Sir Basil sie an, „Schnabel, verdammich!"
Mrs. Astry neigte sich zu Miss Kittridge. „Wir nennen ihn den Bienenkorb", flüsterte sie, „hat das gesamte Alphabet hinter seinem Namen herschwärmen, seine ganzen Orden und Auszeichnungen. Sie wissen schon, Knight of the Bath und Hosenband und emeritierter Professor und was nicht noch alles."
„Es läßt sich aushalten hier, sobald man sich an den Tee gewöhnt hat", sagte Mr. Menus zu seiner Tante. Mit einem Nicken wies er auf die Miliz. „Nach dem Abendessen gibt's Billard, und die Eingeborenen singen ihr *wahoo*, und die Damen nähen ein bißchen. Die Hitze kümmert sich so ziemlich um alles ... Ranküne, Tollheit, Ehrgeiz und Verdammnis."
Miss Kittridge sagte: „Ich habe gehört, weiter oben gibt's eine Menge Ex-Patrioten, die Ackerbau und Viehzucht treiben. Sie seien sehr zufrieden und stolz darauf. Sie gäben alle Gesellschaften, bei denen sie die Milch in Cocktailgläser melken."
Señorita Carminetta Conchinella wiegte ihren kleinen Hintern auf ihrer schwarzen Mantilla. „Die Amerikaner finden Gott und das Leben ziemlich schwierig, stimmt das nicht?"

Sie wandte Mr. Menus ihren dunklen, sanften, angestrengten Blick zu. „Ich laufe durch eure Krüger-Parks, sogar durch euren New-Yorker Zoo, und sämtliche jungen Leute hört man über Psychiatrie und Zen und über Nervenkrankheiten sprechen, während die alten über Kuren und Heilungen reden und über Vergänglichkeit, und sie befinden sich dabei alle sehr wohl und sind wohlhabend und unglücklich. In meinem Land, da pflegt man allein vor Gott zu treten, nackt und ungebeten. Damit man nicht auf die Idee kommt, ihn um Gunstbeweise zu bitten ... Das ist schön, so ist es gut – so kann auch Er ausruhen ... Ihr Amerikaner aber, ihr ringt die Hände ... wenn ihr müde seid oder es euch zu heiß ist. Es ist gut, wenn es heiß ist, das ist wie Weisheit. Es schlägt einem die Schädeldecke weg."
Ein dünnes kleines Lächeln zuckte Miss Kittridges Lider entlang. „Ja, ich weiß, ich bin gereist; jedes Land ängstigt sich auf andere Weise." Sie schwieg einen Augenblick. „Als ich nach Amerika zurückkehrte, fand ich, daß die Menschen sich sehr seltsam benahmen ... alle suchten nach irgend etwas ... Zertrümmerten die alten Götter zu Hunderten von neuen Formen; versuchten, irgend etwas zu finden ..."
„Haben ihre Murmel verloren, so sieht's nämlich aus", sagte Mrs. Beadle laut atmend, „haben das Spielen so lange aufgeschoben, daß sie nicht wissen, wo sie anfangen sollen ... Da schießen die Sanatorien und die Ismen wie die Pilze aus dem Boden ..."
Die Schulleiterin traf ein, eine Reihe junger Damen hinter sich, alle in korrekter Haltung. Alle gingen gesittet, alle setzten sich artig, alle lächelten, als sie sich alle gleichzeitig über ihre Tassen beugten.
„Trinken Sie doch etwas", sagte der Colonel und richtete sich dabei durchaus an jeden persönlich. „Ja, danke", sagte Mr. Pengallis, und die ängstliche Besorgnis, die der grauenhaften Jugend galt, wich aus seinem Gesicht. „Nur einen Tropfen." – „Nein, danke." Der Chor setzte sich durch den ganzen Garten fort. „Später vielleicht", sagte Miss Kittridge.
„Uff!" sagte das junge Mädchen vor einem zweiten Anlauf und brachte ihre Beine in eine bequeme Lage. „Wo wir gerade von Verrückten sprechen, ich habe jede Menge

Freunde und Verwandte." Sie setzte Tasse und Untertasse neben sich im Gras ab, griff den linken Daumen mit der rechten Hand und begann, mit gesenktem Kopf zu zählen.
„Ein Argument mehr für die Public School", sagte Sir Basil und drehte sein Glas. „Wir Briten schwitzen das aus."
„Meine Großmutter kannte Ann Besant", sagte Miss Kittridge, und ihre Stimme schien von weither zu kommen, „ehe sie diesen neuen Messias großgezogen hat. Doch nun ist sie tot, meine Großmutter, meine ich, und er ist ab durch die Mitte, so daß jetzt alle Mandolinen schweigen und nichts mehr unter Levitation zu leiden hat." Sie wandte sich um und blickte in die Luft mit ihrem Insektengesirre. „Mir gefiel es besser, als Rasputin nicht getötet werden *konnte*; mir gefiel es besser, als Romulus und Remus den Kopf in den Nacken gelegt hatten; mir gefiel es besser, als die Römer ihre Kleider tauschten; als die Araber den Ramadan einhielten, ihre Sammlung von Großvateruhren beim Opfern von Widderhörnern mit in die Schlucht warfen."
„Fortschritt", sagte Lieutenant Clopbottom, „gegen den Fortschritt läßt sich nichts ausrichten."
Mr. Menus rieb sich die Kuchenkrümel auf das Alpaka seiner Knie. „Ja, vermutlich, doch man muß ein solides Einkommen haben, ein absolut solides, wenn man anders sein will. Man kann nicht anders sein, es sei denn, man hat ein Geldpolster. Man kann der Länge nach im Rinnstein liegen", sagte er, „und doch der auf eigenen Füßen stehen, wenn Sie verstehen, was ich meine." Er blickte besorgt.
„Es gefiel mir besser, ehe sie anfingen, Shakespeare und Bach auszuplündern." Miss Kittridge ließ die Hände über ihre Handtasche gleiten. „Mir gefiel es besser, als die Pferde Hände hatten. Ich habe so eins im Britischen Museum gesehen. Hat mich an Beethoven denken lassen, warum, weiß ich nicht. Es ist hübsch, wenn man an alles auf einmal denken kann. Früher haben die das getan, in den alten Ländern."
„Phantastisch", rief der Colonel aus, „ein Pferd mit Händen! Das Pferd könnte uns jetzt auf der Stelle ein Menuett vorspielen!"
„In der Tat", sagte Miss Kittridge, „das könnte es."
„Wissen Sie, was ich glaube", sagte das junge Mädchen im Gras, „ich glaube, dies ganze Gebrüte stopft den Leuten Tabus in die Köpfe, das finde ich, ehrlich gesagt."

Miss Kittridge sagte: „Das meinten auch meine Brüder. Sie sind nie gereist, sie bleiben am selben Fleck (abgesehen natürlich von meinem Neffen hier), so bleiben sie geschäftlich am Ball, es lohnt sich nicht zu reisen, da lernt man doch nur Dinge kennen, von denen sie nicht gern etwas hören."

„Ich fürchte, Miss Kittridge, Sie sind nicht auf der Höhe der Zeit", sagte Sir Basil, und in seinen Augen blitzte es.

„Ach, mein Spätzchen, ach, mein Schätzchen, mein angoraweiches Kätzchen!" jaulte der junge Herr Astry, die Gitarre auf dem Knie, das Gesicht himmelwärts erhoben.

Mrs. Pengallis ließ die Nadeln klappern und sagte: „Er mogelt sich man eben so durch; wenn seine Eltern kein Geld hätten, säße er in einem Käfig."

Der Colonel leerte sein Glas und sagte: „Wahnsinn und Bösartigkeit verdanken wir der freien Erziehung."

Mrs. Beadle sprang auf einmal aus ihrem Sessel hoch und rief: „Raus! Raus mit dir, Teufel!" Dann setzte sie sich ruhig wieder hin.

Alle fuhren zusammen, außer natürlich Mr. Menus. „Sei unbesorgt", sagte er zu seiner Tante, „sie treibt bloß Teufel aus. Sie tut das höchstpersönlich mindestens einmal pro Tag, es lohnt sich für sie."

„In Frankreich sparen sie Saiten", murmelte Miss Kittridge, „und in Venedig singen sie ‚Macht des Schicksals ...' und in diesem Sanatorium in den Catskills haben sie mich gefragt, ob ich stricke." Sie lächelte. „Ich war ans *Pflügen* gewöhnt."

„Dem entnehme ich", sagte Sir Basil und setzte sich in seinem Plüschsessel bequem zurecht, „daß Ihr Arzt nicht eben angenehm war."

„Er mochte seine Arbeit", sagte sie. „Er erklärte mir, der amerikanische Geist würde mit jedem Tag profitabler. Er sagte, wenn sein Haus dort oben nur groß genug wäre, könnte er jede Woche fünfundsiebzig profitable Hirne zur Strecke bringen. Ich würde meinen, er baut einen Flügel an. Eine der Schwestern spielt mit dem Gedanken, den Zeitungen eine Kolumne anzubieten, die die Liebeskummerspalte ablösen soll. Ihre eigene will sie nennen: Was meinen *Sie* dazu? Jedesmal, wenn ein neuer Blitzkrieg stattfindet, reibt der Chefarzt sich die Hände und sagt zur Bedienung: ‚Legen Sie ein weiteres Gedeck auf.'"

Mrs. Beadle klapperte wütend. „Da lob ich mir die Religion, besten Dank. Es muß ja gräßlich sein, wenn sie einem den Geist so zu Klump hauen."
„Der Zusammenbruch ist eine der Bestimmungen der Amerikaner", sagte Mr. Menus und ließ den Blick zu den Hügeln schweifen.
„Ich werd mich auch weiter an die Beichte halten", fuhr die direkte Mrs. Beadle fort, „danke. Die löst einen langsam auf, mit den Jahren, das andere Zeugs macht die Menschen krank und stolz, als hätten sie einen Vulkan stillgelegt." Sie schnaubte verächtlich.
Ein schwacher, tiefer Klagelaut war aus dem hinteren Garten zu hören, wo der Rauch des offenen Koksfeuers in einer dünnen, wabernden Fahne emporstieg.
Mr. Menus sagte: „Das ist nur Linny Lou, die es nach ihrer Rasse und nach Yamswurzeln verlangt."
„Ich halte mich weiter an meine Kirche", wiederholte Mrs. Beadle, „ich liebe Kirchen, wenn gerade eine Braut hineingeht oder eine Leiche herauskommt."
Mrs. Astry seufzte. „Jaja, wir müssen eben irgendeinen Halt haben."
Der Colonel schwenkte sein Glas: „An meinen Vorfahren haben sie Halt gefunden, an beiden Enden, indem sie sie nach dem Abschiedstrunk, dem schäumenden Pokal, dem Schlummertrunk, dem So-lebt-denn-wohl-lebenslustige-Herren ins Bett hinaufgeschafft haben. Muntere alte Herren des Goldenen Zeitalters, leicht angeknackst vom Plumps ins Unterholz."
Das junge Mädchen auf dem Rasen stieß hervor: „Meine Schwester war eine Badminton-Kanone, und jetzt steigt sie in den Wäscheschrank, um sich zu konzentrieren."
„*Con declarar se eximió del tormento –*", murmelte Carminetta Conchinella, „Amerikaner ertragen alles, wenn sie nur einen Namen dafür haben."
„Mir gefiel die Zeit besser, als die Nonnenklöster voller Affen waren, die zuviel schnatterten, und voller Papageien, die zuviel zu sagen hatten."
Mrs. Pengallis räusperte sich verächtlich. „Und nun ist es der Heranwachsende, der an all solchem Zeug Vergnügen findet ... Die schwirren in die Praxis des Psychiaters wie die Wespen."

Mr. Menus rutschte unbehaglich hin und her. Körbe voller Tangerinen und Garnelen und ausgewrungener nasser Wäsche segelten jenseits der Gartenmauer auf den Köpfen von Negerinnen vorbei, die die Hände in die Hüften gestemmt hatten. Es war fast dunkel, und die Südamerikanerinnen entfernten sich schweigend und waren unter den still gewordenen Blättern kaum voneinander zu unterscheiden. Am Gartentor wandten sie sich um und verschwanden. Von irgendwoher kam das letzte Krähen eines sterbenden Hahns. „Die müssen sie direkt über dem Bratspieß töten", sagte Mr. Menus behaglich, „das macht die Hitze, und die Butter kommt nur noch in Büchsen." Er wandte sich mit besorgter Miene an seine Tante. „Du kannst hoffentlich Büchsenbutter essen?"
„Kann ich", sagte sie. „Ich war an so vielen Orten, und keiner davon war seit Jahrhunderten mehr sicher. Ich bin nicht mehr an einem sicheren Ort gewesen, seit ich meine Einbildungskraft zu gebrauchen begann." Sie schwieg einen Augenblick. „Da oben sagten die Ärzte: ‚Gebt uns den Mittelstand, die sind jederzeit bereit, uns hemmungslos noch die wüstesten Sachen zu erzählen.'"
„Bis zum heulenden Elend", sagte Mrs. Pengallis. Sie wandte sich Miss Kittridge zu. „Gab es denn da auch einen richtigen Arzt, der sich darum gekümmert hat, daß die Bewegungen koordiniert sind und so weiter?"
„O ja, einen tadellos aussehenden Landarzt, gestreifte Hosen, nicht ganz die richtige Aufmachung, und Bowler, und er hatte eine kleine schwarze Tasche. Ich mußte mit geschlossenen Augen meine Nasenspitze berühren und mit kurzen Schritten eine gerade Linie laufen und mich nach hinten beugen, ohne zu fallen."
„Und haben Sie das geschafft?"
„Aber gewiß doch. Er verließ das Zimmer, kam jedoch fast augenblicklich wieder zurück; er hatte meine Reflexe vergessen, meine Knie. Ich erklärte ihm, die seien in Ordnung – gegen die muß man nämlich mit der Handkante schlagen oder mit einem Hämmerchen. Ich erklärte ihm, sie funktionierten bestens, doch gegen eins hat er trotzdem geschlagen."
„Und was passierte dann?" fragte Mrs. Beadle.
Miss Kittridge stand auf. Sie wandte sich Mrs. Beadle zu. „Ich hab ihm seinen Hut vom Kopf geschlagen", sagte sie.

REPORTAGEN

Greenwich Village wie es ist

Ein Freund erzählte mir einmal von einem Künstler, der Selbstmord begangen hatte, weil seine Farben zu verblassen begannen. Seine Gemälde vergingen wie Blumen. Die Menschen, die sie betrachteten, seufzten und flüsterten: „Dies hier stirbt", und im Hintergrund setzte jemand hinzu: „Das da ist tot". Es war das noch unerfüllte Geschick seiner Zukunft. Wäre er weniger überschwenglich gewesen, hätte er ergründet, wie haltbare Farbe zustande kommt und wie nicht, er hätte vielleicht ein paar jener düsteren Bilder hinterlassen, die mit jedem Tag strenger und *besser erhalten* wirken. Die frühsten Akte, die mit untadeligen, dauerhaften Farben ausgeführt wurden, scheinen sich nach und nach mit jenem haltbarsten aller Gewänder zu bekleiden – der Patina der Zeit. Turner gehört zu denen, die vom Tod ihrer Gemälde leben.
Und so stehen die Leute vor Greenwich Village und murmeln in mitleidigem Ton: „Es ist nicht von Dauer, die Farben werden verblassen. Es beruht nicht auf gesundem Urteil. Es ist nicht aus jenem robusten, gesunden Material, aus dem, der Vorsehung sei Dank, *wir* gemacht sind, die aus dem eigentlichen Manhattan." Ein paar gibt es, die seufzen: „Stellenweise ist es ja schön!", und andere setzen hinzu: „Das ist reiner Zufall!"
Was für eine reizende Antwort der Natur war es nicht, daß sie die meisten ihrer Irrtümer liebenswert gestaltet hat. Das Christentum scheint ein recht verwerfliches Experiment. Doch was lockert so rasch die Tränen wie zwei zum Kreuz zusammengefügte Stücke Holz?
Weshalb hat der Washington Square eine Bedeutung, einen Duft sozusagen, während Washington Heights keinen hat? Der Platz besitzt Erinnerungen an bedeutende Leben und die Möglichkeiten zu solchen, wohingegen die Heights leer sind und die Fifth Avenue nur eine Durchgangsstraße ist. Hier auf der Nordseite gibt es stattliche Häuser, die von großen Vermögen bewohnt werden, von den Lydigs und Guiness' und all denen, deren Namen rascheln wie seidene Unterröcke, und auf der anderen Seite eine Anhäufung von Häusern und Hütten, die in die Kaninchenbauten überge-

hen, wo die Italiener in der Sonne ihre Brut mehren und herumwimmeln wie in Neapel, wo Obst und Gemüse auf der Straße verkauft werden wie auf der Chiaja, in Schlafzimmern Eis und auf dem Kellerfußboden Spaghetti gemacht werden. Hier ist die Höhle, wo sich unlängst die Revolverschützen verschworen, den Freihandelsfleischer niederzuschießen, und hier findet sich auch die Häuserzeile, deren Bewohnerinnen den Women's Night Court mit der Hälfte seiner Sensationen beliefern. Atlas und Automobile auf dieser, Schäbigkeit und Schubkarren auf jener Seite – das ist der Kontrast, der Lebendigkeit schafft, die Phantasie anregt, Liebe und Haß einflößt.
Der größere Teil New Yorks ist so seelenlos wie ein Warenhaus; Greenwich Village hingegen hat Erinnerungen wie Ohren, die angefüllt sind mit verstummter Musik, und Hoffnungen wie blicklose Augen, die bestrebt sind, einen Blick auf die himmlische Vision zu erhaschen.
Auf den Bänken am Platz Männer und Frauen, die sich ausruhen; die Beine weit von sich gestreckt, herabhängende Arme, lustlos; um die Brunnen herum und an den Ecken Kinder, dunkeläugige italienische Kinder, die eben noch mit einem Yankee-Cockney-Akzent kreischen und einen Augenblick später ihren Müttern mit den schweren Brüsten im Toskanisch Dantes etwas ins Ohr flüstern. Hier eine Schar jüdischer Mädchen wie ein Biedermeiersträußchen, dort ein norwegisches Emigrantenpaar, kräftig von Statur und karg an Worten; ein farbiges Mädchen auf dem Trottoir rempelt einen japanischen Dienstboten an und fragt sich, ob der auch farbig ist oder als weiß gilt wie *denen Dagos*.
An jeder Ecke kann man einen neuen Typ sehen; doch seltsamerweise muß man feststellen, daß man hier nirgendwo Amerikaner entdecken kann. New York ist der Treffpunkt der Völker, die einzige Stadt, wo sich kaum ein typischer Amerikaner finden läßt.
Die Wahrheit über Washington Square und Greenwich Village – Namen, die zu Synonymen geworden sind – ist niemals zu Papier gebracht worden. Wenn man genötigt ist, die Wahrheit über einen Ort zu sagen, dann geht dieser Ort sofort in Abwehrstellung. Örtlichkeiten und Stimmungen sollten in Ruhe gelassen werden. Wie viele Restaurants gibt es nicht, die durch ein oder zwei Zeilen in einer Zeitung

verdorben worden sind? Wir befinden uns in derselben Gefahr. Was wir dagegen tun können? Nichts. Das Malheur ist bereits passiert, stellen wir fest, und der Schmetterlingsflügel zerfällt bereits zu Staub.
Ich persönlich habe niemals einen wirklich guten Artikel über den Washington Square zu Gesicht bekommen. Noch der banalste Fleck ist nicht wiederzuerkennen. Die kühnsten Dekorationen in den Läden sind alle falsch koloriert. Und was das lange Haar der Männer und das kurze der Frauen angeht, so findet man diesen Typ eher auf dem Broadway. Zigaretten werden uptown nicht weniger geraucht als hier. Das Weintrinken ist ebenfalls Allgemeingut, die harmlosen Eitelkeiten werden andernorts genauso unverhüllt zur Schau gestellt wie hier. Jenseits der Fourteenth Street wird das Geschäft der Liebe zwar unter dem Tisch abgewickelt, doch stellt das etwa einen Präzedenzfall dar, der das Geschäft des Händchenhaltens auf dem Tisch untersagt? Ist die Berührung von Glacéleder denn schädlicher als der Druck von Stiefelleder? Natürlich gibt es Aufschneider, Heuchler, Scharlatane unter uns. Doch wo steht denn verzeichnet, daß sämtliche Übeltäter und Heuchler unter denen gefaßt worden seien, die wir unsere Boheme nennen? Und was das Verbrechen angeht, wurden seine Opfer denn ausschließlich in den Betten von Waverly Place und Fourth Street ermordet aufgefunden?
Oh, Schluß mit dieser albernen Litanei über die unmöglichen Menschen, die hier leben. Weil wir uns euch in unseren Papierhaarwickeln zeigen, müßt ihr da um jeden Preis zu eurem väterlichen Paraffinofen zurückkehren und schreien, im ganzen Leben hättet ihr noch keine Ponyfransen getragen? Und müßt ihr denn auf alle Zeiten die Rolle des zeternden Puritaners übernehmen, der noch nie etwas von sexuellen Beziehungen gehört hat? Was für ein Geschichtchen ist denn das, das euch in den Ohren klingt und das eure Mutter eines Abends über Dad erzählt hat, als sie im Abendschein Erinnerungen freien Lauf ließ, die bei Tage nach Recht oder Unrecht klingen, des Abends jedoch nur pfiffige Anekdötchen sind, zaghafte oder süße Abenteuer eines Mannes, der mittlerweile zu alt ist für seine Jugend und zu weise, um auch nur versuchsweise jene Dinge zu wiederholen, die die Jugend überall in der Welt zum

schönsten und traurigsten Teil des Lebens werden lassen? So berauben wir uns denn auf alle Zeiten unserer selbst. Wir sollten mit siebzig geboren werden und anmutig in die Jugend hinabtapern.
Ist denn der Bettler von Paris oder Neapel besser dran als der Bettler vom Washington Square? Und wird denn die Ähnlichkeit innerhalb einer Nation ebenso wie innerhalb einer Gruppe uns nicht erst durch unsere Bettler offenkundig? Diese Bettler, die die Fingerschalen der Stadt abgeben, wohinein die Hände der Gier getaucht sind!
Was will man also noch? Wir haben unsere Künstler, doch wir haben auch unsere Verkäufer. Wir haben unsere Dichter, doch wir haben auch unsere Unternehmer. Wir haben unsere Müßiggänger, doch haben wir nicht auch unsere Scheuerfrauen? Wir haben unsere Reichen und unsere Armen.
In Wirklichkeit sind Washington Square und Greenwich Village nicht eins. Sie sind eins geworden oberhalb des Trottoirs, auf der Höhe, wo die Köpfe der Menschen vorübergehen; doch in schlichten Straßenzügen gemessen, läuft das Village nicht an der Sixth Avenue vorbei. Es beginnt irgendwo um die Twelfth Street herum und begeht Selbstmord an der Battery.
Es gibt ebenso viele Künstler, die nicht am Square wohnen, wie solche, die dort wohnen. Manche Läden werden erwähnt, wie diese Künstler erwähnt werden, weil sie das gewisse Etwas an sich haben, das wir in Ermangelung eines besseren Wortes Atmosphäre nennen.
Wir sprechen ständig von Daisy Thompson's Laden, von der Treasure Box, vom Village Store und vom Oddity Cellar – ebenso viele hübsche Dinge kann man jedoch auch in einem Lädchen in der Eighth Street zwischen Fifth und Sixth Avenue sehen. Weshalb wird das nicht ebenfalls erwähnt? Weil es im Village, aber nicht vom Village ist.
Da gibt es das angenehme Nachtleben des Café Lafayette. Das Brevoort wird wegen seines Souterrains geliebt, wo man das Lichtgefunkel zwischen dem Gesträuch mitbekommt. Dort gibt es außerdem den Kellner, der einen seit zehn Jahren bedient. Alles, was man ißt, kommt einem irgendwie vertraut vor. Mit geschlossenen Augen kann man sagen, wo man sich aufhält. Der kalte Braten des Lafayette

ist dem des Brevoort überlegen; die *Fizzes* aus New Orleans sind in letzterem abscheulich und köstlich in ersterem. Es besteht die Aussicht, daß man jemanden trifft, den man nicht mag, wie die Wahrscheinlichkeit besteht, daß man jemandem begegnet, auf den das Gegenteil zutrifft. Man entscheidet von vornherein, welches höhnische Lächeln man Billy schenken wird, wie kalt man Bobbie übersehen oder ob man Louise, die monatelang neben einem gewohnt hat, zur Salzsäule erstarren lassen will.
Die Choleraangst hat dem Lokal Zulauf verschafft, doch die Atmosphäre hat sich nicht wesentlich früher eingestellt als ein gewisser Bobbie Edwards. Im Jahre 1906 verwandelte er das, was damals der „A Club" war, in das, was später als der „Crazy Cat Club" oder das „Concolo Gatti Matti" bekannt war – in einem von Paglieri geführten Restaurant in der 64 West Eleventh Street.
Edwards führte die Sitte ein, die Tische zurückzuschieben und einen After-Dinner-Dance zu organisieren. Er verschickte Einladungskarten an seine Freunde, die ihrerseits Einladungen an ihre Bekannten verschickten. Leroy Scott, Howard Brubaker und Mary Heaton Vorse waren unter den ersten Mitgliedern. So begann etwas von dem einzusickern, was die Boheme werden sollte.
Doch was weiß man von einem Ort, wenn man keine intime Kenntnis von seinen Menschen hat? Mir fällt nichts ein, das ich als hinlänglichen Ersatz dafür anbieten könnte, allenfalls die Form der Anekdote – das Skelett des Lebens.
Dies ist die Geschichte einer Tänzerin, die im letzten Sommer eines Tages mit dem Bus hier unten eintraf, um künftig hier zu leben. Was sie in der Vergangenheit getrieben hatte, fragten wir nicht – was ihre Augen nicht sagten, war nicht wissenswert –, doch sie war ungeheuer offenherzig. Eines Nachts stand dies Mädchen (es war im Polly) vom Tisch auf, weil sie am Telefon verlangt wurde. An ihrer Seite saß ein junger Russe, und als sie hinausging, sagte sie zu ihm: „Hör zu, keine von euren schmutzigen slawischen Tricks – untersteh dich, dich an meinem Kaffee zu vergreifen, während ich weg bin – wehe!", und von der anderen Seite des Tisches rief jemand dem auf diese Weise angesprochenen Jungen zu: „Na, du Kosake, wie stehst du nun

da?" Augenblicklich war die Tänzerin zurückgerannt gekommen, hatte dem Jungen die Arme um den Hals geworfen und gerufen: „Ein Kosake, wie großartig! Ich habe von euren Greueltaten gehört."
Und nachdem ich mir nun durch diesen meinen letzten Versuch, einige der falschen Vorstellungen zu entkräften, Erleichterung verschafft habe, bringe ich auch die nötige Beherztheit auf, um diesem Ort einen Leib zu geben.
In der Macdougal Street gerade über dem Dutch Oven befindet sich der Liberal Club. Er ist eins unter der erklecklichen Zahl von Dingen, die von uptown zu uns gelangt sind. Margaret Wilson gehörte zu seinen Gründern, doch versteht sich von selbst, daß sein Charakter sich seit dem Ortswechsel verändert hat. Mitglieder dürfen ihre Freunde mitbringen, falls sie das nicht zu häufig tun. Viele Menschen haben sich hier kennengelernt, gestritten, geliebt, sind dahingeschieden. Die Dochte vieler Geistesleuchten sind hier geputzt worden und haben eine Weile heller gebrannt, bis auch sie neueren Leuchten Platz gemacht haben. Hier hat Dreiser debattiert und Bordman Robinson Skizzen gezeichnet und Henrietta Rodman das Geräusch ihrer Sandale hinterlassen. Harry Kemp hat für seine Büste posiert, um dann, als er sich umwandte, feststellen zu müssen, daß gar keiner daran arbeitete. Jack Reed und Horace Traubel sind hier gesehen worden; Kreymborg, Ida Rohe, Max Eastman, Bob Minor und Maurice Becker —, und hundert andere.
Whitman-Dinner werden jeden 31. Mai in einem Privatraum des Brevoort abgehalten. Zwei Spielzeiten zurück begann hier das Herz der Washington Square Players zu schlagen, wenn das Theater selbst auch uptown zu finden war. Ein wenig später eröffnete Charles Edison, der es sich wirklich leisten kann, um seiner selbst willen gekannt zu werden, und der seinen Vater nur als Dekoration mit sich herumträgt, mit dem großen Guido Bruno das Thimble Theatre. Wenn sie auch abgesehen von „Fräulein Julie" keine Erfolge hatten, so war dieser eine doch bedeutend genug, um das Wagnis zu rechtfertigen.
Bruno fing an, in eigener Verantwortung eine Zeitschrift mit dem Titel „Greenwich Village" zu machen. Allan Norton folgte ihm bald mit der harmlosen kleinen „Rogue", die auf einige Zeit einging, deren Wiedererscheinen jedoch für

Oktober oder November geplant ist. Kreymborg brachte „Others" – eine Zeitschrift in (Blank-)Versen – ein rechtes Stimmungsbarometer; eine Art poetisches Knäckebrot – das *vers libres* genannt wird; und obwohl es in der Bronx gedruckt wurde, roch es doch nach der Atelieratmosphäre auf der Südseite des Square.

Clara Tice machte Furore mit Gedrucktem und Bobbie Locher ebenfalls. Der Baron de Meyer begann, über einem Glas Yvette in den Cafés gesehen zu werden, umgeben von einer Menge Gesichter, die Anschriften außerhalb des Village gehabt haben mögen, aber doch Bohemiens waren. Schließlich kommt es nicht darauf an, wo man sich den Hals wäscht, sondern wo man sich die Kehle benetzt. Und immer noch sind Dinge im Kommen, weiten sich welche aus. Die Luft selbst scheint sich zu verbessern. Es geht das Gerücht, daß *King* McGrath oder auch Jack, unterstützt von einigen Gesellschaftsgrößen, demnächst am Sheridan Square eine Kneipe eröffnen werde, und Jack setzt für alle, die es hören wollen, hinzu: „*Mit* Schankerlaubnis".

George Newton wiederum plant, an demselben Platz ein Toy Theatre zu eröffnen. Newton macht bereits eine neue Zeitung, die für zwei Cents verkauft werden wird. Die erste Nummer soll im August erscheinen. Ja, so ist das – die Sonne läßt sich schließlich nicht dadurch ausknipsen, daß man auf ihren Schatten spuckt.

Und unsere Ateliers? Unsere Wohnhäuser? Das Judson auf der Südseite des Platzes, das Holly Hotel, das Earle Hotel, das Washington; das gelobte Gebäude, wo jetzt die Sodaquelle des Village und Guido Brunos Dachkammer stehen. Die Washington Mews sind bereits teilweise abgerissen worden, um erneut zu erstehen. Und in der jüngsten Geschichte des Louis' am Sixty Washington Square South – was ist daraus geworden? Man bewahrt sein Andenken, wie nur das einer toten Frau oder das eines einstigen Gasthauses bewahrt werden kann; das eine, weil es das Herz nicht losläßt, das eine, weil es sich im Kopf eingegraben hat. Louis' hatte nicht nur Louis, sondern auch noch Christine, eine Frau, die, entstammte sie nicht diesem Jahrhundert, eine gewaltige, gewichtige Göttin gewesen wäre, deren schiere Gegenwart Gerechtigkeit ohne Worte bedeutet hätte. Louis' wurde dichtgemacht, weil es ohne Schanker-

laubnis auskam. Vielleicht war das einer seiner Reize! Alkoholische Getränke waren dort nicht einfach nur alkoholische Getränke, sie waren *freier* Wein.
Und dann ist da der Candlestick Tea Room und das Gonfarone, und da sind die Red Lamp, Mori's und Romano's, der Red Star und Mazzini's.
Und so seid doch nicht so streng mit uns, ihr aus der Außenwelt, und vor allem untersteht euch, uns zu bemitleiden – uns rechtschaffene Menschen. Wir haben alle normalen Annehmlichkeiten, wie sie auch die übrige Welt besitzt, und wir haben noch etwas viel Wertvolleres: Männer und Frauen, in deren Augen ein neues Licht glimmt oder auf deren Stirn der Abglanz einer unsichtbaren Herrlichkeit liegt.

PEARSON'S MAGAZINE, OKTOBER 1916

Der Saum von Manhattan

Wenn man eine Yachtfahrt um Manhattan Island unternimmt, befindet man sich in der peinlichen Lage eines Menschen, der erst zum Fremden im eigenen Haus werden muß, um es mit der notwendigen Farbigkeit beschreiben zu können.
Wieviel einfacher hat einer es doch, der, beispielsweise, nach Rußland geschickt worden ist, um in Worten deren dortige Nachmittagsmahlzeit und ihre Wohnungen zu malen. Oder der nach Frankreich gefahren ist, um durch die Überreste dessen zu schlendern, was einst die anschaulichen Partien von Kusine Millys Briefen nach Hause ausmachte; um eine Zeitlang die Boulevards entlangzulaufen oder begehrliche Blicke auf Hüte unweit des Cafés zu werfen, von dem Jules mir neulich abend erzählt hat. Oder der anderen dabei zugeschaut hat, wie sie französische Zigaretten geraucht haben, oder der Napoleons Grab besichtigt hat oder dort entlanggelaufen ist, wo Sarah Bernhardt immer entlangging, oder das Café zu finden versucht hat, wo Verlaine und Baudelaire ihre Gedichte schrieben, oder sonst ir-

gendeins der zehn Millionen Dinge, die einer zu sehen erwartet, wenn er eine Reise in ein fremdes Land unternimmt.
Dort würde einem auffallen, wie die Knöpfe gemacht sind, weil es ein fremder, neuer Mensch wäre, der sie in einem fremden, alten Land an seinen Kleidern hätte. Hier fehlen einem die Knöpfe nie, bis sie abfallen.
Hier schaut man die Dinge an, weil man Augen hat. Dort hat einer Augen, damit er sich Betrachtungen hingeben kann. Das ist die unausweichliche Tragödie der Vertrautheit mit dem eigenen Zuhause. Hier durchleben wir das tägliche Programm, weil wir müssen; doch erst wenn man reist – und sei es auch nur nach Kansas, einmal vorausgesetzt, Kansas sei ein fremdes Land –, macht man die Entdeckung, daß man, um würdigen und verstehen zu können, auf keinem allzu freundschaftlichen Fuß mit Architektur und Menschen stehen darf.
Der bildende Teil des Lebens ist, daß man *Guten Tag!* sagt. Das *Auf Wiedersehen* ist nur der traurige kleine Punkt hinter einem nicht länger benötigten Absatz.
Wer war das noch, der gesagt hat: „Mein Freund, du kannst nicht schauen in dein Haus, denn von dort gelangtest du hinaus?" Und so bin ich mit tausend Millionen anderer verdammt, es sei denn, ich befände mich dereinst an einem einsamen Ort, wo ich mit Erfolg nach den Echos riefe, mit denen ich mich umgeben habe und die niemals zurückrufen, seit ich geboren bin. An einem Ort, der mir so fremd sein wird wie ich ihm.
Das ist ein erfreulicher Gedanke, doch erspart er mir nicht meine letzte Aufgabe: die Rückschau auf meine Wiederbegegnung mit Manhattan Island.
Ich glaube, diese Rundfahrt wird als Vergnügungsfahrt angeboten. Vielleicht bin ich ja melancholisch, wie ich mir oft habe sagen lassen, doch was kann man auch anderes sein, wenn man, um das Schiff zu erreichen, als erstes die Death Avenue überqueren muß? Und was soll man denn anderes empfinden als Verzweiflung, wenn dreieinhalb Stunden lang Elend, Armut, Tod, Alter und Wahnsinn vorüberziehen?
Die beiden Küstenlinien sind durch einen Streifen Wasser von klagloser Glätte getrennt, wie zwei Sträflinge, die drei

gleichmütige Kettenglieder zwischen sich haben: zwei schreckliche Positive, die durch ein Negativ getrennt sind.
Doch wie der Geschichtenerzähler sagen würde: Fangen wir beim Anfang an.
Ich glaube, es war etwa 14 Uhr 30, als ich losfuhr. Das Schiff war in seiner Art das kleinste, das ich je betreten habe, und als ich an Bord stieg, war das Oberdeck bereits voll von steifrückigen Schullehrern aus dem Mittleren Westen, die überwiegend bärtige Herren waren und zu Krawattennadeln verarbeitete Nuggets trugen.
Gemeinsam saßen sie in geschlossenen Reihen, wie in einem Klassenzimmer, und hin und wieder wandten sie die Köpfe gerade um soviel, daß sie zielstrebig aufs Wasser blicken konnten, denn sie waren da, um zu sehen, und sie würden sehen.
Die Sonne schien heiß, und ich hörte Tauwerk und Planken knarren. Ich will noch erwähnen, daß ich auf dieser Fahrt nicht mehr als ein einziges Kind gesehen habe. Und das war schließlich auch ganz richtig so. Kinder fährt man nach Bear Island oder hudsonaufwärts zu einem Zeltplatz, zu irgendeinem Platz, der wenigstens wie ein fester Punkt aussieht.
Die Yacht lief aus und begann, einen weiten Bogen um den Battery Park zu schlagen, und schon trat der Mann mit dem Megaphon vor und begann zu leiern: „Das Gebäude links von Ihnen ist bekannt als Woolworth Tower, das größte Gebäude der Welt. Es ist soundsoviel Fuß hoch ..." – er nannte die genaue Anzahl Fuß und Zoll, als sei es im Wachstum, und dann wandte er sich in die andere Richtung und setzte beiläufig hinzu: „Rechts von Ihnen ein Truppenschiff, das, wie Sie sehen, mit unseren Jungs in Khaki gefüllt ist."
Dann hörten wir Stimmen, gleich Hunderte, die über das dazwischenliegende Wasser zu uns hinüberdrangen. Ein seltsamer Schrei, ein glücklicher Schrei, ein Jubelschrei, der von Verhängnis und Tod kündete. Alle standen auf, schrien, schwenkten Arme und Taschentücher. Ein paar Worte trug es zu uns hinüber, als wir längsseits gingen und vorbeiglitten. „Wir schnappen uns den Kaiser", und das oft wiederholte „Schließt euch an!" Einer, der ein Stückchen

weiter vorn stand, warf einen übermütigen Handkuß; andere steckten ihre zerzausten Köpfe aus den Luken. Ich mußte an Coney Island denken und an die Stimme, die gewöhnlich zu solchen emporgereckten Köpfen gehört: „Drei Schuß ein Nickel!"
Ich blickte mich um: Alle saßen auf dieselbe passive Weise, steif und konventionell und unbewegt.
Wenn man die Skyline betrachtete, während das Schiff den Battery Park umrundete, stieg New York aus dem Wasser wie eine mächtige Woge, die nicht wußte, wie sie wieder zurücksinken sollte, und deshalb grauenerfüllt verharrte, wie sie war, und aus der Million Fenster hinausspähte, hinter die sie die Menschen gesperrt hatten.
Schiffe waren wie Schoßhunde an die Docks gebunden, und ein kleiner Schleppdampfer, der wie ein Spitz aussah, knurrte uns von der Seite an und reckte seine Nase aus dem grünen, unbeteiligten Wasser, als versuche er zu beißen.
Die Brooklyn-Bridge, die Manhattan-, die Williamsburg- und die Queensborobridge kamen in Sicht und reichten bis in weite Ferne. Der Megaphonmann kam wieder und erklärte, Steve Brodie sei der erste gewesen, der von dieser Brücke gesprungen und am Leben geblieben sei. Danach habe er ein Café aufgemacht und sei ein ziemliches Original.
Und dann dachte ich an eine andere Fahrt, die ich einmal gemacht hatte – einen billigen Ausflug auf einem größeren und schmutzigeren Schiff. Irgendwie hatte mir der besser gefallen; das Ganze hatte so etwas Lebendiges, Sorgloses, Menschliches gehabt. Da hatten Babys in orientalischen Posen an Deck gelegen und nach der Flasche geschrien; junge Leute in Windjacken und offenen Hemden hatten miteinander gekichert und Lieder gesungen; es hatte ein gewaltiges Durcheinander geherrscht – Tanz, Musik, Spaß. Die Lunchpakete hatten aus gleich aussehenden Schachteln mit einem Sandwich, einem Ei, einem Stück Kuchen bestanden, und dann die Sodakannen, die Ingwerbierflaschen – das Aufklatschen, wenn ab und zu eine auf die Wasseroberfläche traf, die einer von den jungen Leuten, der seinen Durst gelöscht hatte, vom Oberdeck hinabgeschleudert hatte. Ich kehrte aus meinen Erinnerungen zurück und schaute mir die Passagiere auf diesem Schiff an, die mit gefalteten Hän-

den auf Baumwoll- und Barchentmänteln saßen und zuweilen vor sich hin murmelten, hoffentlich seien die erzieherisch wertvollen Bestandteile New Yorks mit dem bloßen Auge erkennbar. Das waren sie durchaus, doch sie – sahen sie nicht.

Der einzige Abfall, der sich nicht wieder aufbereiten läßt, scheint der menschliche Geist zu sein. Hier an den Ufern schaukelten Barken, in denen der Müll der Stadt aufgehäuft war, im öligen, dunklen Wasser ächzten die gewaltigen Abfallberge einer Stadt in der Sonne, wie ein dösender Vielfraß nach einer Orgie. Man hatte das Gefühl, wenn man scharf genug hinhörte, würde man seinen schweratmenden Schlund hören können: die Berge schienen sich zu bewegen, sich langsam zu heben und zu senken, ein mächtiger Bauch auf einer Couch. Ach, unsere modernen *Seerosenmädchen von Astolat* sind die namenlosen Toten aus dem Leichenschauhaus, die auf den Armenfriedhöfen hinter den Krankenhäusern aufgereiht liegen, und diese gewaltige, nimmer endende tägliche Geburt der toten Nahrung der Stadt. Mir war vorher noch nie in den Sinn gekommen, daß es schrecklichere Orte gibt als Friedhöfe. Das sind die Müllkippen, und wie aasfressende Vögel, die über einem Schlachtfeld kreisen, so machen sich Menschen über diesen Schmutz und diese Verwesung her und suchen nach Anmachholz, Papier für die Papiermühlen und Lumpen für die Papierfabriken und weiß der Himmel wonach noch, und irgend jemand verdient an dieser schrecklichen Auferstehung eine Million.

Vom Saum des Wassers kamen wir gekrochen und begannen den langsamen Anstieg ins Menschenleben, und zum Saum des Wassers werden wir am Ende zurückgeführt, zum großen, nassen Grab, das alle Tränen trocknet, das den Rohstoff liefert und das vollendete Werkzeug wieder an sich nimmt und weder Freude noch Schmerz kennt; denn dies *ist das Ende aller menschlichen Lieder.*

Und wie schon gesagt: „Der Mensch ist das einzige, das sich nicht weiterverwenden läßt, wenn etwas nicht mehr in Ordnung ist." Jeder kann sich selbst ein Bild davon machen. Genau gegenüber diesem Saum von Müll, diesen schwerbeladenen Barken, gibt es ein Heim für Geisteskranke. Keine Hand tastet in diesen armen, verwirrten Hirnen nach irgendeinem Gedanken, der noch verwendbar wäre. Da gibt es keinen, der der Stadt etwas für das Privileg bezahlte, aus diesem traurigen Abfall das eine oder andere verlorengegangene Schöne zu bergen; keiner empfängt Lohn dafür, daß er die Finger krumm macht, um einen kleinen Kienspan aus diesem zerrütteten Haus zu retten, und da läßt sich auch aus dem Niedergang des Gartens nichts Einträgliches mehr herausholen.

Und unmittelbar daneben Old Men's Home. Graue, hakenkrumme Gestalten bewegen sich über die prächtigen Rasenflächen und rasten zwischen den mächtigen Bäumen, die ihre grüne Pracht über den Boden ergießen. Alte Männer wie flüchtige Pollen in einer Brise, deren Flug der Welt nichts einbringt.

Und nun werden Sie sagen: „Genug damit! Hier geht es doch um eine Vergnügungsfahrt – so beschreiben Sie uns doch, was Sie Schönes erlebt haben!" Wie kann ich das, wenn es doch nichts Schönes oder Erfreuliches zu sehen gab außer dem allzeit erfreulichen Himmel, dem Grün von Gras und Bäumen und gelegentlich einer hübschen Turmspitze?

Weiter ging die Fahrt, und der Megaphonmann unterteilte sie durch zwei Witze. Bei dem einen lief es darauf hinaus, daß im Flatiron Building die Hunde auf und ab statt seitwärts wedelten, und bei dem anderen, daß kein Tauber je verurteilt worden sei – dieser kam, als wir an einem Gefängnis vorbeifuhren –, und zwar aus dem einfachen Grunde, daß er *Gehör finden* müsse.

Und während ich diese Insel mit ihren alten Männern und ihren Gefängnissen, Krankenhäusern und dem Heim für unheilbar Kranke anschaute, dachte ich an den Tag zurück, den ich, genau auf der anderen Seite von Hell Gate, auf einem Streifen Land mit einem Jungen verbracht hatte, der zu dem Schluß gelangt war, die Gesellschaft sei schwer zu begreifen. Es war ein einsamer, flacher Streifen Marschland, dicht bewachsen mit wildem, hohem Gras, das im Wasser wurzelte. Von dem zerfallenen Haus liefen Planken zum Ufer, wo ein Boot verankert war. Diese Insel mit ihrem Strandgut und ihrem Schlick und dem Salzgeruch bei Ebbe ließ mich damals an solche menschlichen Wesen denken. Zuweilen leidet die Natur an einer Unpäßlichkeit – diese

Insel war eine davon. Über das Wasser drangen, es war später Nachmittag, die Schreie der Wahnsinnigen – ein wildes, trauriges Schreien, das nach und nach von den anderen aufgenommen wurde, so als spielten sie ein Spiel über den Wahnsinn –, und ein Schauer durchlief mich, und ich hätte ebenfalls gern geschrien, und ich fragte ihn, wie er das ertragen könne. Er lächelte. „Manchmal", sagte er, „denke ich, wir sind eigentlich die Verrückten. Man hat doch auch Lieder, mit denen man in die Schlacht zieht – weshalb sollen sie nicht ihre Lieder haben, um in den Tod zu ziehen?" Danach sagte er, sie kämen oft herübergeschwommen und spielten völlig friedlich miteinander.
Doch ja, das ist vorüber – die Insel liegt nun unter Sonne und Regen, und der Junge ist nicht mehr da –, was aus ihm geworden ist, weiß niemand, vielleicht ein Landstreicher, ein Insasse eines der Häuser gegenüber. Doch eins weiß ich: wo immer er auch hingegangen sein mag, er hat ein wenig von der Freiheit eines ungezähmten Lebens mitgenommen, der kein gewöhnlicher Wahnsinn etwas anhaben kann.
Jetzt fuhren wir unter der letzten Brücke der Harlemer Serie hindurch, an der ein Soldat mit geschultertem Gewehr stand – und hinaus in den Halbmond von Spuyten Duyvil Creek. Kleine nackte Kinder liefen am holzbefestigten Ufer hin und her und ließen sich seufzend auf die Blätter fallen wie die Eicheln. Andere schauten aus kleinen, badenassen, blinzelnden Augen zu uns her und winkten, um dann rasch ins Wasser zu springen, damit wir ihnen für ihre fabelhafte Gelenkigkeit gebührende Bewunderung zollen konnten.
Die Wende im Spuyten Duyvil Creek erlebten wir auf die angenehme Weise, daß wir diese Kinder beobachteten, bis wir sie nicht mehr sehen konnten. Und das war mein erster zufriedener Augenblick auf der ganzen Fahrt. Von den Hängen blickten etliche schmucke Häuser durch die Bäume herab, und im Licht des nahenden Abends standen die Palisades so schwerelos wie ein Rauchwölkchen.
Die Luft roch eine Spur nach Regen. Ein kleines Motorboot schoß an uns vorbei, und ein Junge mit braunen Armen steuerte und rief uns ein Hallo zu. Ein Kanu mit drei Paddlern und einem Mädchen ganz vorn tauchte aus dem Flußarm hinter uns auf. In ebenmäßigem Rhythmus tauchten

die Paddel ein und ließen zarte silberne Wasserperlen fallen.
Ein Junge trat mit dem Ruf: „Eiskaltes Sodawasser!" aus der heißen Kajüte. Ein Schokoladenverkäufer trat auf meinen Hut – ich lächelte.
Der Steuermann mit dem braunen, faltigen Gesicht drehte langsam das Steuerrad und blickte in die Ferne. Der Megaphonmann forderte uns auf, uns ein weißes Haus an der Uferstraße ganz genau anzusehen. „Wahrscheinlich mit Zigaretten gebaut", sagte er. Wir beugten uns alle vor. Dann lenkte er unsere Aufmerksamkeit auf das College. Sämtliche Schulmeister aus dem Westen standen auf.
„Ich wüßte gern", sagte der eine, „ob die sich hier mit höherer Mathematik auseinandersetzen." Ein anderer antwortete lakonisch: „Spinoza." Sie setzten sich wieder hin.
Irgendwo, überall dort drüben in der Welt, die wir umrundet hatten und gegen die sich nur eine Stimme abhob – die des Megaphonmanns –, hielten Schauspielerinnen ihren Schönheitsschlaf oder erlernten in ihrer Schule mit Eifer einen neuen Tanz. Irgendwo tötete ein Mann eine Mücke, und wieder woanders baute einer eine Bombe. Jemand küßte, und jemand tötete, jemand wurde geboren, und jemand starb. Manche aßen und tranken und lachten, und andere hungerten. Einige dachten, und andere taten es nicht. Kellner bewegten sich durch die großen Hotels und schleppten ihre Dienstbarkeit mit sich wie Züge. Wichtigtuerische Herren mit dicken Ringen erörterten zwischen Spucknäpfen politische Fragen, und hübsche Frauen lasen Romane mit gelben Rücken und hoben die Hand, um sie von Galanen küssen zu lassen. Und dort spazierten auch einige umher, die schauten uns an, wie wir sie unsererseits anschauten.
Die hohen Gebäude warfen ihre Schatten nieder auf kleine Gebäude, große Männer auf kleine, Freude auf Kummer.
Neben mir gähnte jemand und kaufte Postkarten, fünfunddreißig Ansichten für einen Vierteldollar, und ich besaß tausend für gar nichts!
Und noch war von der Stadt her nur ein schwacher Laut zu hören, wie von reißendem Gewebe – die eine Hälfte der Masse zog in die eine und die andere Hälfte in die andere Richtung. Eins der vielen selbstgenügsamen Schleppschiffe

tutete uns von den Docks her zu, und die Fabriksirenen heulten zurück, wie Herren, die sie nach Hause riefen. Eine Leuchtreklame stand gegen den Himmel und warb für eine Kaugummimarke, und daneben der Turm einer Kirche. Riesige Lagerhäuser und Getreidesilos trugen grelle Reklameschilder; man hatte den Eindruck, ganz Manhattan stünde zum Verkauf.
Links von uns ein dunkler Saum von Schiffen – holländischen, deutschen, italienischen.
Und irgendwo in all diesem Gewirr der menschlichen Leben und dem Gewirr der Häuser, landeinwärts, dort, wo man weder Meer noch Nebel sehen konnte, lag meine eigene private kleine Wohnung, die Zuhause hieß.
Und *es geht doch nichts über ein Zuhause*, vor allem, weil wir dort am besten vergessen können.

NEW YORK MORNING TELEGRAPH SUNDAY MAGAZINE, 29. JULI 1917

Es gibt kein Chinatown

Zu dritt machten wir uns kürzlich abends auf, um Chinatown zu entdecken. Wir waren tapfer und unerschrocken, wir waren mutig und hegten keinen Zweifel am Mut des anderen, doch die Angst saß uns auf den Fersen und kitzelte uns mit der Vorahnung von Gefahr und schrecklich bösen Dingen, die wir zwar sehen mußten, an denen wir jedoch nicht teilhaben durften – wir erwarteten die krumme Gasse, die von blutroten Laternen erleuchtet war; Balkons, auf denen China vor sich hindöste; hohe, schmale Schilder, die mit Teepäckchen-Buchstaben beschrieben waren; einen Schuß, abgefeuert im Schutz der Nacht; schmale Gäßchen, die ins finsterste China führten; Hinterausgänge und Zimmer hinter schweren Vorhängen, in denen halbtote Bündelchen, nur noch gelbe Haut und Knochen, an der Pfeife sogen; Tanzlokale und Teegesellschaften, die seltsame, von Drähten hervorgebrachte Musik oder ein Tomtom wie eine Teakholzmuschel und die fellbespannte Trommel; Mädchen, die innerhalb eines Jahres alt wurden, und Männer,

die dem Tod ins Gesicht lachten. Wir drei erwarteten, daß wir im glimpflichsten Falle Chop Suey essen und das Ganze sich zu einem Tong-Krieg zuspitzen würde.
Vom Park Row kommend, hielten wir auf die Mott Street zu – kam da vielleicht zischend ein Feuerball herausgeschossen? Nein! Fuhren uns vielleicht urgewaltige bezopfte Chinesen mit sechs Zoll langen manikürten Fingernägeln an die Gurgel? Machte die chinesische Schrift sich plötzlich selbständig und rückte unserer Beherztheit mit einer in scharlachrote Tinte getauchten Sandelholztuschbürste zuleibe?
„Ich möchte", murmelte der Sportredakteur, in Treue fest, „ich möchte eine Laterne sehen. Vor allem möchte ich den Kriegsschrei eines Chinesen hören, und danach möchte ich einen Reiskuchen."
Es gibt kein Chinatown.
Es gibt ein paar Pyramiden Tee zu einem Vierteldollar das Päckchen. Es gibt ein paar Krämerläden, in denen sich kein Mensch rühren kann, mit seltsamen hochaufgetürmten Eßwaren. Es gibt ein paar wettergebleichte Schilder, die im Wind schlagen. Es gibt ein paar Chinesen – doch nicht einer von ihnen trug eine bedrohliche Waffe; nicht einer trug einen Zopf, kaum einer trug die orientalische Tracht. Während des ganzen Abends bekamen wir nur eine Frau zu Gesicht außer Miss Florence, der Missionsschwester. Und aus den hundert dunklen Fenstern spähte nicht ein Gesicht.
Wo war denn Kelly's, Jimmy Kelly's, das Tanzlokal mit den Blechvorhängen? Ein baufälliges Souterrain, ein Wurf Bulldoggenwelpen, ein Stöhnen aus dem Dunkel, Matrosen, die die Treppe hinaufstolperten, ein Licht in der Finsternis. In einer Ecke gestapelte Tische, die vor sich hin rosteten; kleine Gäßchen, die in ein anderes Haus und hinaus in die Hintergassen führten; lichtlose Leuchter, ein verbogenes Schild mit einer Tabakreklame und in der Mitte des Tanzbodens fingerdick der Staub, der seinen Ruhm bedeckte, eine Opiumlounge mit Platz für vier, mit Perlmutt ausgelegt und dem Verfall anheimgegeben. Das war Kelly's – unwandelbarer Staub –, sonst nichts.
Und was war mit dem Mandarin Club? Was war mit dem chinesischen Theater mit seinen Hundertaktern? Letzteres ist eine Missionsstation, worin Menschen vor Hitze ersticken und Christen werden.

Weh dir, du abgelebter Glanz! Doch was kann man überhaupt erwarten, wenn das Trottoir die Menschen bis in die Straßenmitte quellen läßt? China tritt den geraden und schmalen Pfad der Notwendigkeit. Nur gelegentlich gewahrt man, daß Chinatown bewohnt ist, auf solch leisen Sohlen gehen die Bewohner; sie leben im Gefilde ihres tiefsten Innern und lassen nichts hinaus zu ihrem Nachbarn. Vielleicht ist diese Monotonie ihres Lebens schuld daran, daß ihre Kunst nicht höher gestimmt wurde und sich mit flachem Ton und flacher Oberfläche zufriedengab.
In dem ganzen Viertel gab es weit und breit nur zwei chinesische Laternen zu entdecken. Sie hielten in einer Restaurantküche als Dekoration her, wo die Chinesen zur Förderung des Appetits kochten – in einer makellosen, herrlichen Küche, in der sich die makellosen, herrlichen, geschnitzelten Gemüse und geschnitzelten Fleischportionen türmten.
China hat darauf verzichtet, dem Teufel zu dienen, und dient nun Amerika. Und ungeachtet der Tatsache, daß es gar kein Chinatown gibt, ist es schwierig, den Ort zu beschreiben, der seine Tanzlokale, seine Opiumhöhlen, seine Hinterzimmer voller Diebesgut und seine Schrecken, seine Farbe und seine Schwelgerei, seinen Aufruhr und seinen Chuck Connors verloren hat, denn im Tode ist er entsetzlich.
Aus dem gewundenen Ende der Doyers Street kommt der einzige Bettler, den die Straße kennt – tiefgebückt, mit lautem Bittgeschrei –, denn das Eisen muß Wasser werden, und die Hügel müssen herabkommen und wandeln, und der Himmel muß einstürzen, ehe ein Chinese die bleiernen Fesseln spürt, die aus den Wänden des Herzens wachsen, und um Almosen bittet. Da war er nun, bettelte mit weitausholenden Gesten der Klage, ohne Hoffnung auf Erfolg, ein verbitterter, torkelnder, gebrochener, verkrümmter Leib, der seinen Weg durch eine gebrochene, verkrümmte Straße nahm.
Meilenlang erstreckt sich der Himmel in dunklem Blau, von den Sternen gesprenkelt, bis er jenen Streifen erreicht, der auf Mott und Pell Street hinabblickt. Da verlischt der Himmel, und die Sterne vergehen, und da ist nur noch ein schwarzer, undurchdringlicher Abgrund überm Kopf, ein

schwarzes klaffendes Loch in der Ewigkeit – bezeichnenderweise, weil die Chinesen, die verstohlen unter ihm einhereilen, die Geräusche ihrer Familie im Hausinnern niemals mit Kummer oder Freude erfüllen und die Geräusche ihrer Nachbarn außerhalb des Hauses ebensowenig.
Als es uns dreien endlich gelang, uns auf Zehenspitzen aus der eintönig gesungenen, orakelhaften Umarmung des Götzenhaus-Wächters zurückzuziehen, der mit feindseligem Blick über den Tresen voll Puppen gebeugt stand, *die wachsen konnten,* nach dem endlosen und unverständlichen Gemurmel an die Adresse gefallener Götter, und nachdem wir ganze Wolken Weihrauch durchdrungen hatten, traten wir den Rückzug an, eine schmutzige graue Treppe hinab und durch einen Flur, und stahlen uns, wie die Schatten von Ungeheuern gleitend, von Tür zu Tür voran, wobei wir mit weitaufgerissenen Augen nach einem Chinesen Ausschau hielten und nach dem Mohn schnüffelten, der sein Leben dafür hingibt, den Menschen zu besiegen.
Der Sportredakteur öffnete auf einmal eine Tür, und wir drei platzten in ein Zimmer. Waterloo mag ja auf grandiose Weise verlorengegangen sein, aber bestimmt nicht auf so grandiose Weise, wie der Chinese im Innern dieses Zimmers verloren war. Da stand er nun, der Bedrängnis trotzend, die Pfeife in der Hand, aufgeschreckt und aus einem Traum gerüttelt, und versuchte es hurtig mit einem Spiel, das ihm die Chance ließ, unentdeckt zu bleiben. Er spielte mit einer Flasche ambrafarbenem Öl herum, und wir lächelten. „Laß die Pfeife nicht ausgehen, Alter", sagte der Sportredakteur, und der Chinese in dem dämmrigen, rauchgeschwängerten Zimmer fiel mit kleinen Mandelaugen, die langsam noch kleiner wurden, wieder in seinen Traum zurück.
Und dann paradierten das Chop Suey und der Tee vorbei – unnachahmlicher Tee, der, wiewohl aus stets demselben Stoff, niemals gleich schmeckt – die blauen, henkellosen Tassen, die allgegenwärtigen Perlen und die Tische, aus denen Touristen, die der Meinung sind, das Wesen von Chinatown ließe sich in der Tasche davontragen, sämtliche Perlmuttintarsien herausgestohlen haben. Die ulkigen, lautlosen Kellner, die ihren Webster gut genug beherrschen, um die Rechnung auf Englisch zu schreiben – der Orient,

in den sich Amerikaner einmengen, die dumm genug waren, die Ruhe eines fremden Elements mit einem unvermittelten scharlachroten Lächeln zu durchbrechen, das von einem Slangwort begleitet wird.
Dann gab es Musik, die unverhältnismäßig entgleiste, als einem schlotternden Klavier mit kurzen, spasmodischen Tastenhieben ein Tango entrungen wurde. Es war ein von fremdländischen Händen erzeugtes Wimmern – von Händen, die die einzige Musik erzeugten, die das alte Instrument hervorzubringen imstande war – wahrhaftig, ein heidnischer Gott, der englische Liedchen singt.
Und auf dem Tanzboden tanzten mit der lockeren, schwingenden Bewegung des Tangos wie ein in seinen Angeln verrückt spielendes Weidegatter die Yankees und schnippten mit den Fingern, summten und drehten sich im Kreise. Aus den seidenen Draperien heraus schauten wir zu, während wir unseren Tee tranken, und der Sportredakteur verwirklichte seinen Reiskuchentraum, und der kleine Chinese schaute mit ungerührtem Blick aus halbgeschlossenen Augen zu, denn er wurde dafür bezahlt, daß er die Jalousien heruntergelassen hatte.
Um dessentwillen waren wir hereingekommen, und eben weil wir hereingekommen waren, konnten wir nicht anders als erleben und erlebten wir und waren wir enttäuscht zu entdecken, daß keine Nation imstande ist, die Tonleiter des Bösen zu handhaben, keine Rasse so wendig leben kann, daß am Ende die Sühne nicht doch ihre fordernde Hand ausstreckt. Wir waren enttäuscht, doch nicht auf traurige Weise, wir hatten zwar Hoffnungen gehegt, standen am Ende jedoch nicht mit dem Gefühl da, einen sinnlosen Abend verbracht zu haben. Wir hatten die Erinnerung an Tee, und wir wußten, daß wir den Saum des schwärzesten Flors gestreift hatten.
Wir wandten uns um. Hinter uns, um die verbotene Ecke linsend, lagen die Lichter von Park Row. Auf Tuchfühlung mit uns schnitt ein Chinese Zuckerrohr in Stücke, und im Innern eines schummrig beleuchteten Zimmers saß ein orientalischer Arzt sinnierend über seinen Waagen und Kräutern, und die Restaurants bliesen ihre warmen, angenehmen Düfte in die drückende Luft. Und so verließen wir an dieser Stelle die Sphäre, worin die verwunderten Götzen

lagen und der zu Staub zerfallene Neujahrskuchen und die Blechjalousien von Kelly's, so blicklos wie die immerwährenden Toten, und das Haus, wo Chuck seinen Geist aufgab und wo die Gebete sich im Verhau einer gespickten Sprache verfangen hatten, das Herz jedoch aufrichtig trauerte. Und als wir in die Lichter der Row traten, die blinkten und blinkten, sagte der Sportredakteur langsam:
„Na schön, ich habe die Reiskuchen bekommen, und ich habe die Laternen gesehen, doch da gibt es gegenwärtig nichts, das einen Chinesen zu einem lauten Aufschrei bewegen könnte, weil dann der ganze Staub und die ganze Verwesung eines gloriosen Begräbnisses auf ihn niederrieseln und ihn unter der Asche begraben würden. Springen wir rüber zur Forty-second Street und sehen wir uns einen Tanz an."
Chinatown ist ein Abschnitt, über den das Alphabet unserer Stadt hinwegsteigen muß.
Es gibt kein Chinatown.

BROOKLYN DAILY EAGLE, 30. NOVEMBER 1913

See Europe in Brooklyn!

Dreitausend Meilen entfernt, an einem fremden Gestade, das uns in der Schriftsprache von Männern geschildert worden ist, die gingen und sahen und sehend schrieben; ausgemalt für uns von Träumern, die Vorstellungskraft mit Ölfarbe vereinigen; gehegt von uns als etwas, das es erst noch zu verwirklichen gilt – seinen Kummer, seinen Zauber, seine Heiterkeit, seine Farbenpracht, vereinigt mit der Pracht seiner Konturen, der Pracht kleiner Dinge und der Pracht großer – das ist das Land unseres Herzens. Wir fahren dorthin, wenn wir genug gespart haben, eines Tages, wenn die Teekannenspardose berstend voll ist, oder eines Tages, wenn unsere Onkel beschließen, sich im Äther eine Bleibe anzumieten, eines Tages, wenn wir erwachsen sind. Das ist das Land, das von Ereignissen wimmelt und das fruchtbar ist an Lauten des Erstaunens. Wir befinden uns

selbst jetzt noch im Kindbett geistiger Erwartungsschauder.
Und dabei haben wir, wir Zuhausbleiber, doch Gelegenheit, uns das mal eben selbst anzusehen. Wie viele das wohl schon entdeckt haben? Wie viele wohl schon wissen, daß Europa in Brooklyn liegt?
Wallabout! Wallabout! Wallabout! Warum um Himmels willen habt ihr das denn nicht gemerkt? Hier könnt ihr den bunten Kilt sehen, der ein spatiges Pferd bedeckt, das Tamburin, das den Erlös einer Seele im Metall jener Seele empfängt – Musik, die einen Silberling oder eine Zwiebel aus den Zuhörern in den Läden herausholt.
Warum, ach warum, meine Füße, habt ihr den beißenden, allmächtigen Pfeffer, das Crescendo aufschreiender Erdnüsse auf dem Rost, das Getöne von Hökern und den Hintergrund müder, stumm in der Sonne käuender Pferde nicht gemieden?
Darüber präsidiert der Geist der Zeit, repräsentiert durch die Uhr am Marktplatz, im Turmhaus, worin der Marktschreiber über seinem Rechnungsbuch sitzt und die Vierteldollars zusammenzählt, die er vom Bauern als Standmiete für seinen Platz in den Gängen des Platzes kassiert hat. Während die Uhrzeiger auf fünf zugehen, merkt man, daß die wenigen, die schon hellwach sind, erwartet werden. Zwischen der Uhr und dem angrenzenden Restaurant mit hohen Gläsern voll Spaghetti und zusammengequetschten braunen Feigen schwingt eine durchhängende, schlaffe Wäscheleine, die den Zapfenstreich gegen den blauen Himmel klatscht. Giuseppe ist nach ihrer Melodie aufgewachsen. Er hat gelernt, die Uhr und die Läden und die Straßen und die eigentliche Stadt nach dem Geruch zu erspüren, während er seine Bananen an den Mann bringt. Giuseppe ist davon durchtränkt, er weiß gar nicht mehr, daß schon seine Rockschöße sich Florida buchstabieren, daß sein fliegender Schlips und sein liederliches, ausgebeultes Hemd samt und sonders mit dem Flachs von Obst verwoben sind.
Das Leben verändert sich, doch Wallabout macht weiter, ungeheuer ruhig im Grau einer Wintermorgendämmerung. Die Nacht wird durchbohrt von einem keck aufragenden Schornstein, der mit gewaltigen, trägen Zügen raucht. Niedrige Schiffe purren im Hafen, und das nasse Segeltuch

klatscht auf ein nasses Dock, und da ist die Gischt und der Reif und der Aufruhr der See. Dann verzieht sich die Dämmerung, und die Häuser werden Gebäude, und die Fenster und Türen nehmen Formen an, und die Pflastersteine treten ins Leben. Langsam stehlen sich auf den vierzig Wegen der Bodenprodukte die Pferde herein: Karren, auf denen sich sattsam die Kohlköpfe und Rüben und Beeten türmen, und auf dem Bock, den Kopf auf der Brust, schlafen die Long-Island-Bauern, während sie unser Mittagessen heranschaffen.

Aus den Frachträumen der schwärzlichen Schiffe, die eben noch in der Morgendämmerung vor sich hingemurmelt haben, kommen die Importe, die Weintrauben, die Nüsse, die Feigen, herauf von den bergenden Decks, und werden von fluchenden Männern in offenen Hemden und erdfarbenen Hosen von Bord gehievt. So kommt unser Dessert herein.

Und dann müssen wir noch den *Eintopf* besingen, der im Topf unseres *kleinen Italien* brodelt, dem Suppentopf, der auf dem Kaminabsatz in jedwedem bescheidenen Heim leise vor sich hin kocht. Diesen lyrischen straßengeborenen Eintopf, zusammengeklaubt von Frauen in ungeheuer gebauschten Röcken und umhüllenden Schultertüchern, aufgepickt mit verstohlenem Blick, denn wenn es auch nicht verboten ist, so macht die Beschaffung ihn doch erst süß.

Um zwölf müssen die Karren vom Markt herunter sein, und die Abfallmänner und -frauen schaffen Platz für die Straßenfeger, die alles aufsammeln, was übersehen worden sein mag. Der Platz muß für die Abendvermietung gesäubert werden, bis die Sechs-Uhr-Frachten eintreffen. Der Zwischenhändler hat den Blumenkohl und die Bohnen und den Sellerie bereits abgefertigt. Er hat seinen Preis für die Fracht festgesetzt, wie sie liegt und steht, und bis zwölf Uhr hat er bereits alles wieder an die Markthändler losgeschlagen. Er faltet die Hände und wartet müßig auf den nächsten Posten, und die Markthändler prüfen Waren und den Duft von Obst und rechnen Gewinn und Verlust aus und scheinen nie zu wissen, daß sie nur ein paar Schritt von einem soundso viel Cent höheren Gewinn entfernt sind. Denn diese Long-Island-Bauern stehen nur um einen Häuserblock von ihrem Markt entfernt und warten dennoch darauf, daß der Zwischenhändler als erster kauft.

Jedes Stück zerbrochene Kiste wird zu Kienholz zerkleinert und von den nacktbeinigen Jungen mit ihren Seifenkistenkarren weggeschafft. Jede Faßdaube und jeder Nagel und jedes Fetzchen Papier wird ebenfalls aufgeklaubt, und die plustrige Mutter steht dahinter und treibt mit kleinen, zischenden ausländischen Flüchen und drohendem Armeschwingen zur Eile.
Leben, Treiben, Farbe, Europa, Feilschen, Gewinn, Verlust, Wallabout, Wallabout, Wallabout, jemand, jedermann – irgend etwas gibt es hier, das gelernt werden soll. Keine Fahrt in fremdes Land ist vonnöten, wenn Atmosphäre das ist, was Sie wollen. Nicht nötig, sechs oder sieben Tage im Rumpf eines Schiffes zu ersticken, wenn Sie auf Akzent aus sind. Nicht nötig, das Geld in der Teekanne zu zählen, wenn Sie Bewegung und Musik suchen. Der Drehorgelmann mit seiner tamburinschlagenden Frau drängt sich durch die Menge und erhält das Metall der Seele, einen Silberling oder eine Zwiebel.

BROOKLYN DAILY EAGLE, 7. DEZEMBER 1913

Siebzig geschulte Frauenrechtlerinnen auf die Stadt losgelassen

Und jetzt kommt die Frauenwahlrechtsschule.
Auf wieviel Wegen hat man uns nicht Bildung und Ausbildung angedeihen lassen! In Grundschule, Oberschule, Handelsschule, Polytechnikum und College. Was haben wir nicht über Büchern und Landkarten gebrütet! Wir haben das Tageslicht durchgebracht und das mitternächtliche elektrische Licht verfeuert durch Jahre des Rackerns, in der Hoffnung, tüchtige Bürger zu werden.
Dann trat ein berühmter Professor auf den Plan, der erklärte, Bücher, klafterweise genossen, seien der menschlichen Bildung zuträglicher als sämtliche Colleges der Schöpfung. Wir dachten damals, das sei (im Hinblick auf die Bildung) der Weisheit letzter Schluß. Hier eröffnete sich die Chance, in etwa einem Jahr ein Salomon zu werden.

Und nun wird selbst dieser Rekord gebrochen, denn da tritt doch eine Frauenwahlrechtlerin auf den Plan, die eine Frauenwahlrechtsschule eröffnet und in zwei Wochen zur Präsidentschaft zu führen verspricht.
Man kann sehr optimistisch und dennoch nicht erpicht darauf sein, im Alter von – seien wir gnädig, sagen wir – dreißig wieder zur Schule zu gehen, und deshalb versuchte die Reporterin, die diesen Frauenwahlrechtskurs betreffenden Informationen telefonisch zu erhalten. Um die Wahrheit zu sagen, die Reporterin war nicht frei von der Befürchtung, daß der Präsidentinnenstuhl einer aufgenötigt werden könnte, die gerade nicht vorbereitet war.
Eine Stimme aus der East Thirty-seventh Street sagte: „Hallo?"
„Hallo", bibberte die Reporterin.
„Hallo!"
„Hallo!"
„Hallo!"
„Sie sind eindeutig im Vorteil", sagte die Reporterin ermattet und hängte auf.
Es mußte im Nahkampf vollbracht werden!
Unter siebzig oder achtzig Studentinnen müssen doch unweigerlich ein paar hochsinnige Lebenskonzepte anzutreffen sein. Tatsächlich sind die Schwellen vor manchem Sinn so hoch, daß einer das Hürdenlaufen erlernen muß, um in die dazugehörigen Gedankenstuben zu gelangen.
Hochsinnigkeit ist auch vonnöten, wenn eine binnen zweier kurzer Wochen das Geschick des Landes in die Hände gelegt bekommt, wenn eine binnen zweier kurzer Wochen das Wahlrecht von A bis Z erlernt – seinen Aufstieg und was die Frauenwahlrechtlerinnen seinen Fall nennen (der '53 eintrat, als zum erstenmal eine Frau am Wählen gehindert wurde); wenn eine tauglich sein soll, binnen zwei Wochen die Regierung und die Kontrolle über den Gang der Geschichte zu übernehmen – allerdings ist zu bedenken, daß Katastrophen sich grundsätzlich innerhalb eines geringen Zeitraums ereignen. Feuer überwältigte Rom, Pompeji wurde binnen einer Stunde schwarzer Krepp an der Türklinke der Zukunft, und in welch jämmerlich kurzer Zeit versank die „Titanic" nicht in der Meerestiefe.
Mrs. Carrie Chapman Catt, die Instrukteurin in Sachen

Frauenwahlrecht, hat ein edles Vertrauen in den Individualismus. Sie behauptet, um sein Publikum zu finden, müsse man sich zuallererst selbst finden. „Organisieren Sie sich selbst", sagte sie, „und das Land wird sich ebenfalls organisieren." Während sie sprach, bekamen um die siebzig Studentinnen das *Studentinnengesicht,* als sie sich über ihre Notizbücher beugten, von denen die sengende Wahrheit der Zukunftsgläubigkeit emporloderte.

„Wie sollen wir die Menge denn gewinnen?" wollte eine zaghafte Studentin wissen, die dreißig Jahre lang einen verstockten Gatten umgeben hatte.

„Das ist zwar die leichteste Frage von der Welt", sagte die Vortragende, „doch läßt sie sich nur schwer beantworten. Eins kann man jedoch von vorherein sagen: Tragen Sie niemals ein Kleid, aus dem vorn die Füße herausschauen. Lassen Sie niemals zu, daß die Zuhörer den Eindruck zweier deutlich sich abhebender pedaler Extremitäten mitnehmen.

Zweitens, nehmen Sie niemals eine kämpferische Pose ein; kommen Sie Ihrem Publikum nicht mit einer geballten Faust, die als Teigwalker Dienst getan hat. Den Geist mögen sich die Leute ja vielleicht gern durchwalken lassen, nicht aber ihre Anatomie.

Drittens, tragen Sie nichts Getüpfeltes. Ja, ich spreche von Pünktchen, denn wenn Sie den Zuhörern *blümerant* vorkommen, kann man gewiß sein, daß sie torkelnd in der Straßenmitte nach Hause gehen. Man kann sich an einem schwindelerregenden Kleiderstoff genauso berauschen wie über einer Pinte Twelve Star.

Viertens, tragen Sie weder Hut noch Handschuhe. Der Hut überschattet Ihr Gesicht, und die Handschuhe verhüllen Ihre Seele."

„Doch was", forschte eine andere besorgt, „was soll man dem Publikum denn überhaupt noch sagen? Über das Frauenwahlrecht ist doch bereits alles gesagt worden."

„Von wegen", erklärten Mrs. Catt und Miss Hay wie aus einem Munde. „Um das zu demonstrieren, kommen Sie doch einmal hier herüber, stellen Sie sich auf dies Podium und richten Sie sich, nun, sagen wir, an eine Zuhörerschaft aus der Fabrikwelt. Treten Sie vor!"

Zitternd und weiß im Gesicht trat das unglückliche Opfer

aufs Podium. Niemals war Terra firma weniger firm gewesen, niemals hatten Sterne und Streifen solch breiten Raum in ihrem Kopf eingenommen. Niemals waren die Ideen zu solch geisterhafter Schlichtheit verblichen.

„Wir wollen das Stimmrecht ... weil wir nicht länger die haltsuchende Rebe sein wollen. Denn je fester die Rebe sich anklammert, desto toter ist die Eiche. Das Beste, was man tun kann, ist also, sein Gärtlein zu bestellen ... Oh, mein Gott, wenn ich aufwachte und wäre tot, mir könnte nicht grauenhafter zumute sein als jetzt ... Herrje ..." Eine flinke Hand fährt zur Brust, und eine Herrscherin in spe huscht auf ihren Platz zurück.

„Sehr gut", sagte Mrs. Catt beifällig, „doch, Studentinnen, wie würden Sie denn ihre Vortragsweise bewerten?"

„Einfach reizend", sagten die Studentinnen.

„Das ist nicht die angemessene Antwort. Die Stimme richtete sich zu sehr ins Leere, sprechen Sie laut und deutlich, meine Liebe, und Sie gewinnen das Vertrauen der Zuhörer."

Diese Frauenwahlrechtsschule hat jedoch nicht nur die Frage, wie man die Menge für sich einnimmt, auf dem Programm, sie hat auch ein paar Grundregeln für den Fall parat, daß die Menge bereits eingenommen worden ist. Das A und O des Frauenwahlrechtskatechismus ist folgendes:

Halte niemals eine Versammlung ab, und sei sie noch so klein, ohne eine Sammlung durchzuführen!

Dies wurde beherzigt, als die zaghaften Studentinnen sich in sämtlichen Parks von Brooklyn den *Probereden* unterzogen; und wenn an manchen Stellen die vorgesehenen Sprecherinnen auch ausblieben, so kam dann doch ein Geistlicher aus dem Viertel, um das enttäuschte Publikum zu entschädigen, das niemanden zum Belächeln hatte.

Die Frauenwahlrechtlerinnen wollten es in der kurzen Zeit, die sie auf Schulung aus waren, ganz genau wissen. Da war erstens die tägliche Morgensitzung. Am Nachmittag fand Stimmschulung statt, und am Abend gab es Vorträge im McAlpin Hotel.

Mrs. Catt behauptete zwar, Männer seien bei diesen Vorträgen willkommen und würden auch zur Schule zugelassen. Doch schienen die Männer nicht dieser Ansicht zu sein. Jedenfalls legten sie eine bemerkenswerte Zurückhaltung an

den Tag, denn während der ganzen zwei Wochen tauchte nur ein Mann am Horizont auf.
Auf die Frage, ob die Schule ihren Erwartungen entsprochen habe, schwieg Mrs. Catt eine Weile. Sie nahm das Silberhämmerchen in die Hand, mittels dessen sie goldenes Schweigen proklamiert hatte. Schließlich sagte sie zögernd: „Wir wissen nicht, was wir erwarten."
Was also soll das Publikum erwarten? Man bedenke bitte, um die siebzig volltaugliche, beinhart geschulte Frauenwahlrechtlerinnen sind auf die Stadt losgelassen!

BROOKLYN DAILY EAGLE, 28. SEPTEMBER 1913

Kennen Sie Zwangsernährung?

Ich bin zwangsernährt worden!
In welchem Verhältnis zu den anderen Erfahrungen meines Lebens diese steht? Für mich war sie ein Experiment. Sie war nur in meiner Einbildung tragisch. Doch war sie mit Empfindungen verbunden, die schmerzhaft genug waren, um Verständnis für bestimmte Phänomene unserer Tage abzunötigen.
Der Saal, durch den sie mich führten, war lang und schwach beleuchtet. Ich konnte den Arzt vor mir hergehen hören, der so ging, wie alle Ärzte gehen, mit jenem zuversichtlichen kurzen Schritt, wie ihn Pferde haben müssen, die von einer Beerdigung zurückkehren. Das ist kein trauriger oder kummervoller Schritt; vielleicht deutet er unterdrückte Genugtuung an.
Hin und wieder wandte einer der vier Männer, die folgten, den Kopf und sah mich an; eine Frau an der Treppe starrte verwundert – oder war es verächtlich? –, als ich vorbeikam.
Sie brachten mich in ein großes Zimmer. Ein Tisch funkelte vor mir. Für mein Gefühl war er befrachtet mit kommenden Qualen – das war der Tisch, auf den ich mich legen mußte.
Der Arzt öffnete seine Tasche und nahm einen schweren

weißen Mantel heraus, eine kleine weiße Kappe, ein Laken und legte alles zusammen auf den Tisch.
Draußen tönte, zusammenhängend und dann doch wieder nicht, schwach ein tiefes, einförmiges Summen über die Stadt hinweg – das Lied von einer Million Maschinen, die ihr Scherflein zum universalen Ganzen beitrugen. Und dies Murmeln war vital und verwirrend, denn das, was mir bevorstand, kannte kein Lied.
Ich werde es strikt professionell handhaben, versicherte ich mir selbst. Falls es eine Höllenstrafe sein sollte, dann doch eine, die meinem Geschlecht heutzutage vertraut ist; andere Frauen haben sie in der Wirklichkeit durchlitten. Ich werde doch noch soviel Mumm haben wie meine englischen Schwestern? Ich beruhigte mich. Das dachte ich jedenfalls, und ich erblickte mein Gesicht im Spiegel. Es war ganz weiß, und ich schluckte krampfhaft.
Und dann wußte ich, meine Seele stand entsetzt vor einem Stück rotem Gummischlauch.
Der Arzt sagte: „Helfen Sie ihr auf den Tisch."
Er knotete sich dünne, gedrehte Schnüre um den Arm; er testete seine Instrumente. Er nahm das herunterhängende Ende des Lakens und begann, mich zu fesseln: er wickelte es mehrfach um mich herum, wobei meine Arme fest an beide Seiten gepreßt waren, wickelte es mir bis hinauf an die Kehle, so daß ich mich nicht bewegen konnte. Ich lag ausgestreckt wie ein Leichnam – gleichförmige, festumrissene Linien, die weiter reichten, als ich zu sehen vermochte, denn ich sah nur das Licht des Himmels. Meine Blicke wanderten, Ausgestoßene in einer Welt, die sie kannten.
Es war der gedrängteste Augenblick meines Lebens.
Drei der Männer traten zu mir. Der vierte stand ein Stück entfernt und blickte auf die langsam vorwärtskriechenden Zeiger einer Armbanduhr. Die drei hielten mich fest, nicht grob, aber ohne jegliches Mitgefühl, der eine am Kopf, der zweite an den Füßen, und der dritte reckte sich über mich und hielt meine Hände nieder.
Sämtliche Probleme des Lebens waren nun auf einen einzigen schlichten Akt reduziert – zu schlucken oder zu ersticken. Während ich in passiver Auflehnung dalag, ging mir ein komischer Gedanke durch meinen heimgesuchten

Kopf: Dies hier ist jedenfalls mal ein Bild, das niemals Eingang ins Familienalbum finden wird.
Ach, diese lächerliche Bangigkeit! – ich redete mir beruhigend zu. Doch wie besessen man von seinen Vorstellungen sein kann! Es ist die Wahrheit, daß die Lichter der Fenster – Weichbilder einer Stadt –, die Wände, die Männer sämtlich zu einer großen Leere verloschen, als der Arzt sich niederbeugte. Dann zerbarst die Dunkelheit plötzlich zu einem Lichtspritzer, als er die Glühbirne vor meinem Gesicht auf und ab und hin und her führte und dazwischen haltmachte und meinen Hals untersuchte, um sicherzugehen, daß ich keinerlei Probleme mit dem Schlucken hatte.
Er sprühte beide Nasenlöcher mit einer Mischung aus Kokain und Desinfektionsmittel ein. Als sie meine Kehle erreichte, brannte und brannte es.
Bei dieser Pilgerschaft war kein Fortkommen. Jetzt fügte ich mich drein. Ich war im Tal, und mir schien, ich läge schon Jahre und beobachtete den Krug, als er sich in der Hand des Arztes hob und schwebend verharrte, eine teuflische, inhumane Drohung. Darin war die flüssige Nahrung, die ich bekommen sollte. Es war Milch, doch ich konnte nicht feststellen, was es war, denn alle Dinge sind gleich, wenn sie den Magen durch einen Gummischlauch erreichen.
Er hatte den roten Schlauch mit dem Trichter am Ende durch die Nase in die Passage der Kehle eingeführt. Es ist gänzlich unmöglich zu schildern, welche Angst das erregt.
Die Hände über meinem Kopf schlossen sich wie ein Schraubstock, und wie antwortende Schraubstöcke wurden die Hände an meinen Hüften und an meinen Füßen starr und stramm.
Unerwünschte Visionen absonderlicher, grauenhafter Dinge tanzten wie verrückt durch mein Hirn. Der abscheuliche Gedanke plagte mich, von den Tentakeln irgendeines monströsen Teufelsfisches in den Tiefen eines tropischen Meeres gepackt zu sein, während die Flüssigkeit sich langsam durch ungezählte, endlose Kanäle ihren Weg ertastete, die meine Nase, meine Ohren, die inneren Windungen meines pochenden Kopfes zu durchschneiden schienen. Nie gespürte Nerven sandten zuckende Schmerzwellen aus, die

den Bereich meines Gesichts und meiner Brust erschütterten. Sie ätzten an meiner Wirbelsäule entlang. Sie versetzten mein Herz in katapultische Auf- und Abbewegungen.
Ein Augenblick von der Dauer einer Stunde, und die Flüssigkeit hatte meine Kehle erreicht. Sie war eiskalt, und ein ebenso kalter Schweiß brach auf meiner Stirn aus.
Immer noch keilte mein Herz aus mit der unregelmäßigen, sinnlosen Bewegung, wie sie vom Spiegel reflektiertes Sonnenlicht an eine Wand wirft. Ein dumpfer Schmerz machte sich bemerkbar und verbreitete sich von den Schultern in den ganzen Bereich des Rückens und durch die Brust.
Meine Magengrube war schon längst zusammengesunken, hatte sich zu absoluter Leere aufgelöst. Die Dinge um mich herum begannen, sich lethargisch zu bewegen; das elektrische Licht links von mir machte ein, zwei schwere Schritte auf die Uhr zu, die ihm mit schleichender Langsamkeit entgegenkam. Die Fenster konnten nicht ruhig bleiben. Auch ich löste mich los und bewegte mich in dem Maße, wie das Zimmer es tat. Die Augen des Arztes waren immer genau vor mir. Und da wurde mir klar, daß ich gleich ohnmächtig werden würde. Ich wehrte mich gegen die Kapitulation. Es war die flüchtige Auflehnung des Alptraums. Meine absolute Hilflosigkeit war eine Qual. Ich war mir nur meines Kopfes, meiner Füße und der Stelle in Hüftnähe bewußt, wo jemand mich festhielt.
Immer noch sickerte die Flüssigkeit unaufhaltsam durch den Schlauch in meine Kehle hinab. Jeder Tropfen schien ein Viertelliter zu sein, und jeder Viertelliter glitt vorbei und dann hinein ins All. Ich war zu einem bloßen physischen Mechanismus geworden, ohne die Macht, der Schmach, die meinem Willen angetan wurde, entgegenzutreten oder mich auch nur zu empören.
Der Geist wurde von der körperlichen Schwäche im Stich gelassen. Und da ist er – der empörte Wille. Wenn ich schon, beim bloßen So-tun-als-Ob, mein ganzes Inneres vor Auflehnung gegen diese brutale Knechtung meiner eigenen Funktionen glühen fühlte, wie müssen nicht erst sie, die diese Marter wirklich in ihrem nacktesten Grauen durchlitten, bei dieser Vergewaltigung der Heiligtümer ihrer Seele geglüht haben!
In meiner Hysterie hatte ich die Vision von hundert Frauen

in garstigen Gefängniskrankenhäusern, gebunden und in Leichentücher gewickelt, auf Tischen geradeso wie diesem, niedergehalten vom unsanften Griff gefühlloser Wärter, während weißgewandete Ärzte ihnen Gummischläuche in die zarten Windungen ihrer Nasenlöcher stießen, um ihren hilflosen Leibern den kruden Nährstoff gewaltsam einzutrichtern, der das Leben erhalten sollte, das sie sich zu opfern sehnten.
Die Wissenschaft hatte uns also endlich des Rechts zu sterben beraubt.
Immer noch sickerte die Flüssigkeit unaufhaltsam durch den Schlauch in meine Kehle.
War mein Körper so untüchtig, fragte ich mich, um auf jeden weiteren Kampf zu verzichten? War der Wille so ohnmächtig, daß es ihm nicht zu Gebote stand, jenen engen Durchlaß zum Lebensreservoir zu sperren, so daß der verhaßte Zufluß gedämmt wurde? Der Gedanke funkte einen trotzigen Befehl in Richtung der untätigen Muskeln. Sie packten meine Gurgel mit würgenden Fesseln. Rätselhafte Schauder ließen meinen Körper erbeben.
„Passen Sie auf – sonst ersticken Sie!" rief der Arzt mir ins Ohr.
Man konnte also immerhin noch ersticken. Zumindest, wenn die Nerven einen nicht im Stich ließen.
Und wenn man darauf bestand zu ersticken – was dann? Würden sie – die rohen Wärter und dienstbeflissenen Ärzte – ungerührt fortfahren, selbst wenn ein grausamer Tod zum Greifen nah war?
Was für ein Paradox: Jene weißen Kittel, die im Dienst der Lebensverlängerung angelegt worden waren, wären dann nichts anderes mehr als Leichentücher, die leinene Hülle, die das aufbegehrende Opfer einzwängte, ein Totenhemd.
Grenzen müssen doch wohl auch der Dienstbeflissenheit jener gesetzt sein, die streng über der Einhaltung des Gesetzes wachen. Wenigstens habe ich noch niemals von einer Militanten gehört, die durch den Erstickungstod in die Ewigkeit einging.
Es war vorbei. Ich stand auf und schwankte im wiederkehrenden Licht. Ich hatte die ungeheuerlichste Erfahrung der Kühnsten meines Geschlechts geteilt. Die Pein und die

Schmach dieser Erfahrung brannten in meiner Seele. Eine trostlose, gestaltlose, wortlose Wut stieg mir die Kehle empor, doch ich lächelte nur. Der Arzt hatte das Tuch wieder vom Gesicht genommen. Der rote Schnurrbart war zu einer Linie freundlichen Verständnisses verzogen. Er hatte alles vergessen, bis auf das Spiel. Die vier Männer, die ihre untergeordneten Rollen in einer untergeordneten Tragödie zu Ende gespielt hatten, verließen bereits einer nach dem anderen das Zimmer.
„Gibt es denn keine andere Möglichkeit, einen Menschen zu fesseln?" fragte ich, „so ist das ja wie ..."
„Ja, ich weiß", sagte er freundlich.

NEW YORK WORLD MAGAZINE, 6. SEPTEMBER 1914

Ein Besuch in der Lieblingshöhle der IWWler

Es gibt zwei Klassen von Menschen: diejenigen, die Mützen und Abzeichen tragen, und diejenigen, die Hüte und Spazierstöcke tragen.
Es gibt zwei Arten von Reform: diejenige, die sich oberhalb des Kragens vollzieht, und diejenige, die unterhalb stattfindet.
Ebenso gibt es zwei Typen von Resignation: diejenige, die auf den Knien erworben, und diejenige, die mittels Faust erworben wird.
Gott hat sich an beide Arten gewöhnt – an diejenige des Mittelstands, die aus einer konvexen Zweideutigkeit besteht, und an diejenige des Proletariats, die aus der geballten Faust besteht. Beide Demonstrationen berühren Ihn, doch ihre Auswirkungen auf die Gesellschaft stehen auf einem anderen Blatt.
Jede Revolte hat eine Farbe; die Revolte des Geistes ist genauso gefärbt wie die Revolte des Leibes und die Revolte der Seele. Die Farbe ist Rot. Wo einer auf diese Farbe stößt, trifft er auf die Nabe der Verzweiflung.
Ein Mann, der das, was ihn bewegt, von einer Seifenkiste predigt, befindet sich auf einem Thron; ein König, der von

einem Thron spricht, den er als Täuschung empfindet, spricht virtuell von einer Seifenkiste.
Daher auch die Resignation des Mannes, der neulich auf einer IWW-Versammlung sagte: „Das ist der Weg, der in der Vergangenheit begangen worden ist, doch das ist nicht der Weg, der in Zukunft begangen werden wird."
Wenn einer über Farbe und Beschaffenheit der Erdkrume Bescheid wissen will, dann holt er sich keine Leiter, er holt sich eine Schaufel. Wenn einer Bekanntschaft mit der Beschaffenheit des universalen Geistes machen möchte, dann geht er nicht nach Boston; er geht in die Bowery.
Verzweiflung verrät sich in Epigrammen; wenn einer bauen möchte, beginnt er zu sammeln. Der Bowery-Junge sammelt Bilder, die seinen Geist ausdrücken, Zeitungsausschnitte, die sein Herz ausdrücken, und Redensarten, die seine Bildung ausdrücken.
An den Wänden des Saales in 64 East Fourth Street sieht man folgendes: „Wenn der Krieg die Hölle ist, dann soll der Kapitalist doch zur Hölle gehen und selbst dort kämpfen." – „Warum soll ein Mann einen leeren Magen haben, wenn zehn Männer doch genug produzieren können, um einhundert zu ernähren?"
Die Gewißheit bringt stets Fragen hervor, die Ungewißheit Feststellungen. Das ist ein Akt ausgleichender Gerechtigkeit seitens der Natur.
„Und nun", sagt der Mann mit der Talgstulle zu fünfzig Cent, aber einem Tiffany-Inneren, „was stimmt denn nicht?"
Wenn ein Mann sich Gott verschreibt, verschreibt er sich einer inneren Überzeugung; wenn ein Mann sich der Revolte verschreibt, dann verschreibt er sich einer Überzeugung, die die Gastritis ihm aufgenötigt hat. Aus den trägen Gefilden der Verdauungsbeschwerden schoß der Torpedo der Überzeugung. Die stärkste aller gleichmachenden Kräfte ist der Magen. Die Magenverstimmung ist das Brechmittel, das Befreiung bringt.
Diese Männer, diese IWWler, haben Hunger gelitten. Angesichts des leeren Inneren verfielen sie darauf, die Tür zu schließen.
Was liegt denn hinter ihr? Sie sagen: „Das Tor zur Fülle."
Und mit welcher Methode gelangt man dorthin? Sie sagen:

„Nicht mit einem Schlüssel, sondern mit einer Faust."
Ein Junge bindet einem Hund aus demselben Grund eine Blechbüchse an den Schwanz, aus dem ein Mann einem Kapitalisten eine Konsequenz dranbindet – um ihm Angst einzujagen, denn die Büchse lärmt proportional zur Geschwindigkeit, mit der er akkumuliert.
Wenn man in diesen Saal tritt, hat man keine Illusionen. Er ist so direkt wie eine angemalte Frau. An den Fenstern sind Eisenstäbe, auf dem Boden liegt nichts als Versammlungsstaub. Dieser Staub ist für die Agitation so notwendig wie Wasser für Jennings Bryan, wenn er auf der Plattform steht. Die Bänke sind aus Holz, hart, unnachgiebig. Man sitzt auf dem Handteller der Arbeiterschaft.
Es stehen keine obszönen Witze an die Wände geschmiert, denn diese Männer mögen ja vulgär sein in ihren Schlafzimmern und ihren Küchen, in ihrem Ratssaal wissen sie sich zu benehmen.
An den Wänden findet sich jenes buntgemischte, polyglotte Gepinsel der Paragraphen, Bilder und Epigramme, die ich bereits erwähnt habe. Die Leute haben gesammelt, und sie haben gespart.
Der niedrige Kragen ist da, und die Overalls sind da – und wenn ihre Methoden auch grobschlächtig und ihre Gesten wild und ihre Farben schreiend sind, so erinnert man sich doch, daß ihre Wunden ebenfalls schreiend sind.
Am einen Ende des Raumes, nahe der Tür, steht ein großer, runder Kanonenofen. Ich bin fest davon überzeugt, daß die meisten unserer Probleme, von den Affairen von Mirandy Ann oben in Wyandanch bis zu den Gewerkschaftsproblemen, seit Anbeginn der Welt um solche Öfen herum ausgeheckt worden sind. Zwar stimmt es, daß so mancher Ehrgeiz von der Ofenhitze in Schlummer gewiegt, so manche Entschlossenheit dadurch in den schlafschweren Windschutz der Träume getaucht worden ist, daß einer die Fußsohle auf den eisernen Ring gesetzt hat, der die Mitte der Wärmequelle umgürtet wie der Halo Saturn – doch werden immer noch Gedanken, wie Küken, zuweilen durch nachhaltig angewendete Wärme ausgebrütet.
Am vorderen Ende des Raumes ist eine provisorische Plattform errichtet worden. Man hat ein Paar Doppeltüren zusammengenagelt und darüber einen Meter schmutzigen

Stoff drapiert. Obenauf ein kleines rotes Pult und darauf wiederum ein klobiger, anmaßender, beinah brutaler Auktionshammer.
Bemerkenswert ist das Fehlen von Zigaretten- und Pfeifenrauch. Ebenso auffällig das Fehlen von Gekicher.
Ich habe bei diesen Versammlungen dort nur ein Mädchen gesehen. Und die war nicht so sehr Zuhörerin wie Fragezeichen. Sie hatte diese flachen Hüften, diese langen, schlanken Arme, diese unbestimmten Knie und dies zugeknöpfte Gesicht, das man auf der zweiten Treppenstufe nahezu sämtlicher Gebäude unterhalb des Washington Square findet.
Sie war am Horizont welcher Familie auch immer, die sie da repräsentierte, unversehens als Fragezeichen aufgetaucht, und wo immer sie auch hingehen mochte, bot sie wahrscheinlich dieselbe Fassade der Selbstversunkenheit, einen Ausdruck entsetzlicher Verwunderung, für die jeder Schock etwas längst Vergangenes war.
Sie legte ihr mageres Kinn auf die Rückenlehne der Bank vor ihr.
Dieser Mann strömte eine Art sachlicher Freundlichkeit aus – die Art, die ihn aus der Versammlung heraushob wie einen Abschnitt aus einer Biographie. Seine Hosen saßen schlecht, seine Füße strebten einwärts, Schlips und Kragen waren gewerkschaftlich gelockert. Alles zusammen bot dem Auge ein erschlafftes Äußeres, wie es sich nur durch eins bewirken läßt: durch die Anspannung und das Spiel der Halsmuskeln. Sein Haar war ungekämmt, sein Gesicht sparsam gewaschen, sein Wasserverbrauch schien, wie bei so vielen anderen auch, knapp bis hinter die Ohren zu reichen. Sein Wortschatz war riesig, doch beschädigt, seine *Bildung* – etwas, dessen sich unter IWWlern sehr gerühmt wird – war groß, aber zersplittert; er sprach in Sätzen, die fast poetisch waren in ihrer Verarmung, fast subtil in ihrer Mißbildung.
Er riß den Hammer empor – krachend fiel er nieder. Er hämmerte jede lasche Seele in gespannte Aufmerksamkeit hinein – zumindest war das seine vermeintliche Mission. Doch es gelang ihm nicht, sie zu erfüllen – jeder von ihnen saß so ungerührt und unbeeindruckt wie eine Herde dumpfen Viehs, doch alle schauten sie zu.

Sie sangen sich eins, und das war ebenso an die Dachsparren gerichtet wie an diejenigen Zuhörer, die sich der Mühe des Zuhörens unterzogen. Sie schienen aus kleinen roten IWW-Gesangbüchern abzulesen, doch in Wirklichkeit kannten sie die Lieder alle auswendig. Ein Mann hinter mir improvisierte in den Pausen sogar ätzende Bemerkungen.
Individuen werden gefährlich, wenn sie in Paragraphen eingeteilt werden; hier haben wir Oscar Wilde in Gestalt einer Bombe: „Es ist leichter zu betteln als zu stehlen, doch es ist edler zu stehlen als zu betteln." Auf allen Seiten rechtfertigen die Notizen brillanter Köpfe deren unwillkürliche Regungen.
Und dann entzündete sich eine jener Auseinandersetzungen, die mit ebensolcher Gewißheit durch die Grasnarbe des menschlichen Verkehrs stechen wie die Pilze bei feuchtem Wetter durchs Gras der Weide.
„Was", fragte einer von ihnen, „soll denn das für einen Sinn haben, daß man den ganzen Winter über organisiert ist, bloß um im Sommer abzuhauen und dann ganz schlichte, gewöhnliche Tippelbrüder zu sein? Was haben denn Freiluftveranstaltungen für einen Sinn, wenn man dann doch wieder nur 1. Klasse Güterwagen weiterzockelt, wo es doch gerade darum geht, daß wir ein Recht darauf haben, anständig zu reisen? Ihr wißt schon, was ihr tun müßtet, doch ich muß es ewig wiederholen – bleibt beieinander, bleibt in der Stadt, laßt Manhattan das ganze Jahr was von uns haben! Überfallt die Restaurants in Kommandos von fünfzig Leuten, nicht einzeln. Dann können sie euch alle auf einmal verhaften. Zum Donnerwetter noch mal, tretet nicht als Einzelne auf, sondern unverschämt!"
Es ist nun nicht so, daß wir speziell etwas gegen Landstreicher hätten – um beim Thema zu bleiben; sie sind dekorativ, schlicht, leicht zu haben. Dummheit ist die Silhouette geistiger Brillanz. Solche Männer sind der Schatten, durch den wir des Lichts teilhaftig werden. Das ist also nicht unser Einwand – wir bestehen bloß darauf, daß sie professionelle Landstreicher sein sollen, anerkannt und stolz auf diese Tatsache und gewillt oder vielmehr hartnäckig entschlossen, in jenem Verein zu verbleiben. Wir haben etwas dagegen, daß sie sich in die andere Organisation einschleichen – die IWW, die ein gänzlich anderer Verein ist.

Ein Redner sagt: „Es gibt überhaupt keine Landstreicher in der Organisation – weshalb versucht Ihr also, Fälscher eines Ideals auszumachen, und gebt damit zu, daß es welche gibt?"
Na schön, dann tun wir das also nicht, doch es sieht ganz danach aus.
Ein kleiner blonder Mann, vielleicht nicht älter als, sagen wir, einundzwanzig, erhebt sich in dem Augenblick, als der Saal genügend eingelullt ist, um allem zuzustimmen. Ein langer, grauer, altmodischer Umhang hängt von seinem langen, dünnen Hals herab, fällt ihm bis zur Gürtellinie, wo er durch in den Hosentaschen steckende Hände zurückgedrängt wird und ihm dann bis auf die Füße hinabschleppt. Das blonde Haar ist sehr blond und um ebensoviel zu lang für seinen Kopf wie der Umhang für seinen Körper. Und seine Überzeugungen scheinen um ebensoviel zu großartig für seine Seele. Das Haar jedoch ist das, was den Mann gemacht hat. Es fällt ihm über die Augen wie die erschlafften Schwingen eines ausgebleichten Adlers.
Er spricht:
„Da ist was nicht richtig, wenn ein Mann so weit unten ist, daß er lieber bettelt als nimmt, wenn er sich lieber an die Straus-Wasserwaggons hält und in Asylen übernachtet. Wir hier haben doch den Vorteil, organisierte Iiih-Weh-Weh-ler zu sein, und sind auf Almosen nicht angewiesen, sondern wissen genau, wie wir vorzugehen haben – und wenn man sich dann vorstellt, daß so ein Bockmist dabei rauskommt, dann reicht das schon aus, daß einem Kerl sämtliche Überzeugungen vergehen, wenn er zwei und zwei zusammenzählt. Herr Vorsitzender und liebe Brüder, Genossen, ich sage euch, wo da was faul ist! In uns selbst – in uns Iiih-Weh-Weh-lern! Die meisten von uns sind bloß zu faul, verdammt noch mal, wenn sie einen Job angeboten kriegen. Immer hübsch am warmen Ofen hockenbleiben, das ist die ganze Philosophie. ‚Wieso soll ich denn arbeiten', sagt er, ‚wenn ich hier hocken und es warm haben kann? Für Futter ist gesorgt, die Beine haben die vorgeschriebenen 37 Grad plus, und ich muß mich nicht aufregen.' Warum zum Teufel noch mal schert der sich nicht zum Teufel?"
Diese Frage wird nicht mit Ingrimm gestellt, sie wird traurig gestellt. Da spricht nicht die Aggression, sondern die

Depression. Er hat das Gefühl, doch zumindest eine Westentaschenausgabe des Großen Einzigartigen zu sein.
Von irgendwoher beugt sich jemand aus luftiger Höhe herab und fragt im Soufflierton: „Genosse, hast du denn die Arbeit angenommen, die Mrs. O'Hennesy dir letzten Samstag angeboten hat?"
Das blonde Haar senkt sich noch verächtlicher über die geduldigen Augen. „Nein, Genosse", antwortet er, „ich empfand das Angebot als Verrat an der Sache – ich bin kein Streikbrecher."
Er läßt sein Kinn die Brust finden. In seinen Augen herrscht drangvolle Enge, wo glühende Überzeugung und organisierte Betrübnis einander auf den Füßen stehen. Ein zustimmendes Wabern durchläuft den Raum. Ein Mann im Hintergrund, den Kopf in die Hände gelegt, nickt langsam; vielleicht ist es der Schlaf, vielleicht die Zustimmung, vielleicht keins von beiden.
„Wißt ihr", sagt er, „die nennen das jetzt nicht mehr schiefe Bahn, sondern das ist jetzt der Weg, den unser Charakter uns vorzeichnet!"
Und so finden denn Gesellschaft und Gesellschaften immer noch den Seriösen und den Fälscher, den Visionär und, traurig festzustellen, die Vision. Das Remedium und den Rest.
Werden wir an diesen Sommermorgen, die alsbald auf kühlen Beinen mit heißen Schultern über uns kommen werden, infolgedessen womöglich nicht nur Mr. Soundso aus Soundso mit seinem dunkelgefaßten Monokel unsere Straße entlangpromenieren sehen, sondern auch jene anderen? Die mit den Mützen und Abzeichen und die mit den Hüten und Spazierstöcken? Denn mit uns sind in diesem Frühling und in diesem Sommer auch solche, die zu den Anwesenden zählen, und in vorderster Front dieser Prozession, da bin ich mir sicher, werden wir diesen kleinen blonden Mann sehen, der, die Hände in den Taschen, seine Glaubenssätze hinausstampfen wird, während seine Mantelzipfel um eine Ecke zwischen Forties und Fifties wehen werden.

NEW YORK PRESS, 11. APRIL 1915

Der Heimklub: Nur für Dienstmädchen

Vielleicht gibt es ja nichts Neues unter der Sonne, aber dies Neue handelt von einem Klub, der im Äther ankert und im Leuchten der Milchstraße ertrunken ist. Es mag ja nichts Neues unter der Sonne geben, aber manche Menschen verstehen sich darauf, Sternenstaub in Fahrt zu bringen und unserem Planeten Perspektive zu verleihen. Nicht das unter der Sonne zählt, sondern das unter der Haut, und das, tja ...
Mrs. Ransom S. Hooker hat eine Reling um die Behaglichkeit gezogen und sie gänzlich auf ihrer Seite des Zauns untergebracht. Sie hat einen Klub eröffnet, der „Heimklub" heißt, Anschrift: 203 East Seventy-second Street, *nur für Dienstmädchen.*
Wir wissen nicht recht, was darunter einmal zu verstehen sein wird. Gegenwärtig bedeutet es ein Empfangszimmer, zu dem Freunde Zutritt haben, ein Speisezimmer für Mitglieder und Schlafmöglichkeit für einige wenige. Gegenwärtig bedeutet es, daß an Winterabenden Tanz durchaus am Platze ist und daß die abgerackerte Werktätige sich an Gesang und anderen Lustbarkeiten erfrischt, doch wozu sich das Ganze nach und nach entwickeln mag, darüber wagen wir nicht zu spekulieren.
Immerhin dürfen selbst jetzt schon junge Männer hereinschauen und mit einem Klubmitglied im Empfangszimmer sitzen, das Ganze unter dem verständnisvollen Blick aus dem verständnisvollen Hinterkopf einer Anstandsdame. Außerdem läßt sich dort ein ständig wachsendes Wissen über die Herrin und Brotgeberin feststellen. Um die Welt der Hausangestellten schlingt sich eine Kette Ihrer Schwächen, Gnädige Frau und Herrin: Was Sie sind, ist Ihnen voraus, denn mittlerweile liegt die Geschichte Ihres Charakters in den Händen von Klubmitgliedern, die Ihr Leben erörtern, so wie Sie es von Tag zu Tag leben.
Warum einen Dienstmädchenklub aufmachen? Warum einen Rang für kleine Lichter in der Oper, könnte man ebenso schlüssig fragen. Die Antwort lautet: So wie ein falscher Diamant irgendeine Fassung braucht, damit eine Bro-

sche daraus wird, so braucht ein Dienstmädchen einen Klub, um fortschrittlich zu sein.

Wir beginnen uns allmählich zu fragen, ob das Dienstmädchen nicht letztlich am besten wegkommt: Es weiß, wie der Salat unangemacht schmeckt, und es weiß, wie das Leben gelebt wird, ehe es aufs Parkett gelangt.

Nummer 203 East Seventy-second Street bedeutet Tanzen und Singen und eine Stunde Erholung und einen Plattenspieler und Bilder zum Ansehen, und wenn sie keine Arbeit hat, bedeutet es auch ein Zimmer für zwei Dollar die Woche und auf Wunsch Verpflegung und, das Allerbeste, die Chance, fünfzig andere Mitglieder kennenzulernen. Diese Zahl klingt zwar ziemlich erklecklich, liegt jedoch um ganze zweihundert unterhalb der Sollzahl, oder mit anderen Worten, es werden weitere zweihundert Mitglieder benötigt, damit der Klub sich auszuzahlen beginnt. Er hat sich noch niemals ausgezahlt. Das ist einer der Gründe, weshalb er von der Lexington Avenue weggezogen ist, wo er vom vergangenen November an nach den gegenwärtig geltenden Richtlinien unterhalten worden war.

Mrs. E. B. Hall räumte denn auch ein, daß jeder Mensch, der den Wunsch hegen sollte, dem Klub Tischwäsche zu stiften, als Schutzpatron betrachtet werden würde. Auch Nippes und Bücher werden von interessierten Personen erbeten, die mehr davon haben, als sie haben wollen. Mrs. Hall machte lediglich zwei, drei Einschränkungen: Kein Shakespeare und kein Darwin. Der dringendste Bedarf schien jedoch an Bildern, samt Rahmen, erbaulichen Charakters zu herrschen. Kunststudenten im ersten Jahr werden allerdings freundlich gebeten, keine Proben ihres Könnens einzuhändigen, da einige der Hausgenossinnen von eher zartem, nervösem Temperament seien. Empfehlenswert seien hingegen eine Kohlkopfstudie oder eine Erbsenschote.

Es gibt da ein paar Regeln, denen die Mitglieder sich anpassen müssen, und eine davon ist, daß man nur dann lange ausbleiben darf, wenn Mrs. Hall, die Anstandsdame, weiß, wo das fragliche Mitglied sich befindet. Wenn sie mit ihrem jungen Mann ins Theater gegangen ist, gut und schön, wenn sie jedoch an einem anderen als dem angegebenen

Ort angetroffen wird, macht dies Mitglied die Entdeckung, daß es in der East Seventy-second Street eine Türglocke gibt, an der es gar nicht erst zu läuten braucht.

Die fünf Dollar Mitgliedsgebühr jährlich scheinen von den Mädchen nicht als zu hoch empfunden zu werden. Mrs. Hall behauptet, viele von ihnen hätten die fünf Dollar auf einen Schlag bezahlt, ohne von der Möglichkeit monatlicher Ratenzahlung Gebrauch zu machen, und außerdem, so behauptet sie, seien solche Mädchen, die Mitglieder werden, von der Sorte, die immer anständigen Umgang sucht. Wären sie nicht die bessere Sorte Mädchen, würden sie niemals in einen Klub eintreten, da sie es vorzögen, ihre freien Tage irgendwo draußen und ihre Abende an irgendeiner billigen Vergnügungsstätte zu verbringen.

Mrs. Hooker hat die Absicht, die Einrichtung zu erweitern, wie es der Nachfrage entspricht. Anfangs entwickelte der Klub sich aus der von ihr gehegten Überzeugung, daß da irgend etwas gebraucht werde, ein Bedarf bestehe, dem noch nicht angemessen und sachkundig entsprochen worden sei. Es war eine Entwicklungschance für das Dienstmädchen, eine Chance, sich den Anforderungen eines Klublebens zu stellen, oder überhaupt den vielen Anforderungen, die es zu erfüllen hat.

Damit man in den Klub hineinkommt, muß man allerbeste Referenzen beibringen, und anständig aussehen muß so ein Mädchen ebenfalls.

Dies Leben stimmt die Frau freundlicher gegen ihresgleichen, denn sie hat Gelegenheit, ihre dienende Schwester kennenzulernen, und zwar nicht so einfach von Haustür zu Haustür, sondern durch jenen Umgang, wie er aus einer gemeinsamen Tasse Tee, einem gemeinsamen Tanz, einem Abend über einer Illustrierten oder bei einem Schwatz in einer schummrigen Ecke entsteht.

Mrs. Hall wurde gefragt, wie sie mit der Verantwortung zurechtkomme, die seit der Eröffnung des Klubs auf ihren Schultern liegt.

„Sie drückt mich nicht, weil sie mir keine Schwierigkeiten machen, so daß sie mich gar nicht drücken kann. Ein Dienstmädchen hat, ehe es hierherkommt, bereits gelernt, niemandem zur Last zu fallen. Das gehört zu ihrer Arbeit.

Natürlich sorge ich mich gelegentlich, wenn irgendeine schwierige Situation zu meistern ist, doch alles in allem sind die Mitglieder ebensogut imstande, für sich selbst zu sorgen wie alle anderen Erwachsenen auch. Nur daß sie, weil sie Dienstboten sind, ein bißchen weniger Schereien machen, ein bißchen weniger eingebildet und somit auch ein bißchen weniger anfällig für Kränkungen sind als gewöhnliche junge Frauen."

Uns braucht das alles nicht leid zu tun, uns, die wir niemals in der Lage waren, Dienstboten zu halten, uns, die wir stumm auf die Knie niedergehen und hinter zugezogenen Vorhängen die Böden scheuern. Uns braucht das nicht leid zu tun, uns, die wir allein für unsere Familie, sei sie nun groß oder klein, kochen und flicken und nähen. Warum sollte uns das leid tun, wenn, wie gesagt, der Fall eintritt, daß der Heimklub gerufen hat und sein Ruf vernommen worden ist, und nun ist kein Dienstmädchen da, um den Tee zu servieren?

Uns tut das nicht leid, daß Aktionen zuweilen Schürzen entgegenwirken und ein Feuer um einer Flamme willen im Stich gelassen wird.

BROOKLYN DAILY EAGLE, 12. OKTOBER 1913

Veteranen im Geschirr

Briefträger Joseph H. Dowling
Zweiundvierzig Jahre im Dienst

Schauplatz: Das Postamt an der Ecke Washington/Johnson Street. Die Lampen sind heruntergedreht und brennen in gleichmäßigem Blau. Im graubraunen Dunkel die Umrisse der Briefträger, die sich in der Landschaft des Postsackgebirges bewegen und sich in gedämpftem Ton miteinander unterhalten. Auf hohen Schemeln dösen die Schalterbeamten über den Tintenflaschen und Briefmarken vor sich hin, das vergitterte Schalterfenster wirft Muster an die Wand, und draußen herrscht das sanfte Gemurmel einer großen

Stadt, die sich die Nachtmütze überzieht.
Auftritt Joseph H. Dowlings, des ältesten diensttuenden Briefträgers, siebenundsiebzig im April. Untersetzt und grauhaarig, die Dienstmütze über den Kopf gestülpt, die leere Posttasche über der Schulter. Er schaut sich um und setzt sich langsam hin, während er die Mütze in die Hände nimmt und die Posttasche, worin vor einer Stunde noch eine Welt unverteilt beisammen lag, von seiner Schulter gleitet. Er spricht.
„Zweiundvierzig Jahre im Dienst und nie ein Liebchen in all den Blocks, die ich abgelaufen habe. Vierundfünfzig Jahre verheiratet, zwölf Jahre länger als mit der Post." Er lacht. „Da war es natürlich mit der romantischen Seite des Pflastertretens nicht weit her, aber dem Himmel sei gedankt, daß sie mir ebenso wie die Kinder erhalten geblieben ist – die Kinder, und dabei ist das älteste dreiundfünfzig.
Und was hat sich währenddessen nicht alles verändert", fährt er fort. „Denken Sie mal, ich habe beim Bau der Brooklyn-Bridge mitgeholfen. Ich stand unter dem Flußbett vom East River und habe Männer herumkommandiert – ein Vorarbeiter, der menschliche Schicksale unter sich hatte –, und, meine Güte, wie die Stadt, sobald es einmal losging, gewachsen ist! Ich hatte das Gefühl, ich ging zwischen Teepause und Mittagbrot runter, und wenn ich wieder raufkam, hatten sie einen ganzen Block gebaut." Er fährt sich mit der Hand über die Augen. Hinten in einer dunkel gewordenen Ecke gleitet lautlos ein Brief auf einen der Berge nieder.
„Ich erinnere mich noch an die Zeit, als es in Brooklyn keine Haltestellen und keine Busse gab und ich den Eindruck hatte, daß es bei der großen Abrechnung kaum Komplikationen geben würde, wo es doch nichts Verzwickteres zu registrieren galt als das Geburts- und Todesdatum von ein paar Menschen, die niemals von irgendwelchem Wettbewerb geträumt haben. Und dann kamen die Busse, und die Hochbahn wurde hochgezogen, und ich war damals zufrieden, daß es von nun an eine Abrechnung geben würde, bei der es nicht ohne eine Menge flinkes Kopfrechnen abging.
Anfangs habe ich immer auf die Räder über dem Kopf ge-

225

lauscht und mir gesagt: ‚Endlich hat die Welt ein zweites Stockwerk.'

Im Jahr 1881, als ich zur Post kam, gab es für ganz Brooklyn nur vierzig Briefträger, deren Routen vom East River zur Stone Avenue, von der Flushing Avenue zur City Line reichten, und täglich nur zwei Zustellungen. Zu der Zeit gab es im Postamt nicht mehr als fünfundsiebzig Mann – Schalterbeamte, Postboten, alles zusammengenommen. Das Postamt war damals noch ein Holzbau, unmittelbar unterhalb vom Eagle Building. Von denen allen sind nur noch zwei übrig, die mit mir angefangen haben, und die machen immer noch Schalterdienst.

Ich hatte damals eine Tour zu bewältigen, die heute von acht Mann bestritten wird. Ich hatte gewöhnlich zweitausendfünfhundert Sendungen auszutragen. Ich habe unter neun Postmeistern gedient – Samuel Booth war der erste. Das waren damals harte Zeiten, und wir hatten vierzehn Stunden Dienst, bis dann der Acht-Stunden-Tag kam, dem Himmel sei's gedankt. Allerdings gab es da ein paar Blocks auf der Route, die wir uns um Weihnachten nicht gern wegnehmen lassen wollten.

Ich bin ein Yankee reinsten Wassers, weil meine Familie fünf Generationen lang, wie auch mein Vater vor mir, in Brooklyn geboren worden war, ich habe mein ganzes Leben dort gelebt. Ich ging in der Adams Street zur Schule, und da hing noch ein Stadtplan, auf dem bis auf ein paar Straßenzüge kein Brooklyn drauf war. Wo jetzt der Brunnen vor der Borough Hall steht, da haben sie damals ein Gefängnis gebaut, und als Kinder haben wir in den halbfertigen Zellen immer Verstecken gespielt."

Er schaut sich um. Im trüben blauen Licht machen die Briefträger, junge Männer, sich gerade fertig, um nach Hause zu gehen. Er sieht sie nicht. Er ist in die Jahre zurückgekehrt, in denen ihre Väter mitten im Leben standen.

„Man spricht von launischen Menschen. Es gibt nichts so Launisches wie eine Posttasche. Das könnt ihr anderen natürlich gar nicht verstehen." Er berührt sie mit ehrfürchtigen Fingern. „Hier, hier drin, haben Briefe gelegen, die von Liebe sprachen, und Briefe, in denen gebrochene Herzen steckten. Wenn ich mich auf meiner Tour fünf

Minuten verspätet hatte, hielten fünfhundert Liebende den Atem an und fünfhundert Kümmernisse warteten darauf, geboren zu werden." Er rückt auf seinem Stuhl hin und her.
„Ich wüßte ja gern, wie vielen Menschen überhaupt klar ist, wie rasch das gehen kann, daß man lauter neue Gesichter in einer Straße sieht. Manche Straßen halten ihre Familien über Generationen, und dann gibt's den Fall, daß man nach sechs Monaten schon wieder Fremden die Post bringt. Es hört sich ein bißchen komisch an, daß einer ein Foto vermissen soll, das gleich vorn im Flur hing, das Foto von der Mutter in der alten Heimat. Man fängt an, Nummern mit Menschen zu verbinden – wie bei Sträflingen, möchte man meinen –, und dann merkt man plötzlich, daß die Nummer, die man an der Zimmerdecke gesehen hat, als man wach im Bett lag, mit einer anderen Familie verbunden ist, und man muß sich im Kopf völlig umstellen, damit einem nicht alles durcheinandergeht.
Tja, und jetzt habe ich nur drei Interessen im Leben – die Gesundheit meiner Familie, das Nahen der Pensionierung und das Fortbestehen der Witwen-und-Waisen-Kasse. Ich bin deren Vorsitzender, und das beschäftigt mich mehr als alles andere."
Der Raum ist ohne jedes Leben, aber die blauen Lichter brennen immer noch weiter, und die Postsäcke werfen Schatten über den Boden.
Er steht auf, die Mütze in der Hand. „Das Traurigste im Leben überhaupt ist, jemandem den schwarzgeränderten Brief zu bringen." Er nickt. „Hmm, der Schwarzgeränderte. Und das Erfreulichste ist mein Zuhause."
Er tritt in die Nacht hinaus.

BROOKLYN DAILY EAGLE, 12. Oktober 1913

Feuerwehrmann Michael Quinn
Vierzig Jahre Flammenbekämpfung

Schauplatz: Büro des Leiters der Feuerwache von Bay Ridge. Hinter dem Schreibtischstuhl des Direktors eine lange Reihe von Fotografien jener Beamten, die vor seiner Zeit Dienst taten. Durch die halbgeöffnete Tür erblickt man etliche weißbezogene Pritschen, die in einer Reihe stehen und sehr leblos wirken. Sie warten auf das Leben, das die Nacht bringt. Eine schimmernde blanke Messingstange führt vom ersten Stock in den Schlafsaal hinab.
Vor uns haben wir, in einer Haltung, die auf allergrößte Behaglichkeit schließen läßt, und mit einem Ausdruck im Blick, als lägen vor ihm lieblich-grüne Wiesen und in der Ferne bimmele die Glocke des Löschwagens, Michael Quinn, seit vierzig Jahren im Dienst.
Wenn einer seinen Vormittag im Kampf mit den Flammen und dem Feuertod verbracht hat und seinen Nachmittag selbstverständlich ebenfalls, dann kann der Abend getrost damit hingehen, daß man den feuerfesten Vorhang vor dem letzten Akt des Lebens im Auge hat, in dem Ballettmädchen und zu Hause verbrachte Nächte vorkommen.
„Ich gehe bald in Pension", sagt er, „ich hätte das schon vor zwanzig Jahren tun und meine Pension in Empfang nehmen können, doch ich wollte mich bis an die oberste Grenze hochkämpfen ... Nun möchte ich mich ausruhen. Ich habe vierzig Jahre lang nicht in meinem eigenen Bett geschlafen. Ich möchte jetzt einfach mal wissen, wie das ist, wenn ich die Kerze auf meinem eigenen Nachttisch ausblase. Ich möchte jetzt einfach mal den Atem meiner liebsten Menschen gehen hören. Ich möchte jetzt einfach mal ab und zu im Bett liegen und zu den Dachsparren hinaufstarren und Gesichter schneiden.
Jetzt kommt mein großer Tag. Ich habe vierzig Jahre dafür gearbeitet. Die Pension, die zu dieser Arbeit gehört, hat mich überhaupt dazu gebracht, sie anzunehmen. In anderen Branchen mustern sie einen aus wie einen alten Gaul, der nur noch sterben kann, nachdem er alles gegeben hat. Für mich wird das sein, als käme ich aus dem Gefängnis.
Anfangs war ich Löschzug Nummer eins zugeteilt, der an der Fourth Avenue stand. Von dort wurde ich zum Geräte-

wageneinsatz Ecke Van Brunt und Seabring Street versetzt – ich bin nämlich ein Mensch, der nicht gern wechselt, wenn er erst mal einen bestimmten Arbeitsplatz hat. Ach, ich habe Ihnen ja noch gar nicht erzählt, wo ich geboren bin! Das war in County Clare, Irland, im Jahre 1853.
Damals, in der guten alten Zeit, war die Feuerwehr noch eine ulkige Angelegenheit. Ich weiß noch, daß eines Morgens ein Mann zu uns kam, der mit betrübter Miene auf einem Strohhalm kaute. Er erklärte, er hätte einen Herd gekauft, könnte ihn aber nicht nach Hause schaffen, weil er kein Pferd hätte. Unser Chef erwiderte freundlich: ‚Sie können unser Tenderpferd für den Nachmittag haben, wenn Ihnen damit geholfen ist!'"
Er lehnt sich zurück, lacht auf seine fröhliche keltische Weise und zieht an seinem Schnauzbart. „Und in der damaligen Zeit", sagt er, „kriegten wir keine lobenden Erwähnungen, wenn wir jemand das Leben gerettet hatten. Nicht daß wir darauf ausgewesen wären, doch heute können wir gar nicht ausrechnen, wie viele Leben wir genau gerettet haben, wegen der fehlenden Aktennotiz. Ich persönlich habe nur ein Leben gerettet, nur zwei Narben davongetragen, und ich bin im großen und ganzen mit der Menschheit zufrieden, vorausgesetzt, man räumt ihr nicht zuviel Freiheit ein.
Vor allem bin ich mit mir selbst zufrieden. Ich habe mich immer bemüht, meine Pflicht zu tun, und ich bin niemals gemeldet worden. Das ist schon eine Personalakte, die sich sehen lassen kann. Ich hoffe, die haben im Himmel oben in diesem Sinne ein paar Notizen gemacht.
Ehe das elektrische Alarmsystem aufkam, hatten wir immer Aussichtstürme, von denen wir nach Bränden Ausschau hielten. Auf die Weise haben wir erst dann mitgekriegt, daß ein Haus in Brand stand, wenn die Flammen durchs Dach schlugen. Das mag zwar eindrucksvoll ausgesehen haben und hat dem Ganzen Wärme und Farbe verliehen, für die Bewohner des Hauses war es jedoch nicht eben gemütlich. Doch die Zeiten haben sich geändert und damit auch die Verhältnisse. Heute kriegt einer eine Belobigung dafür, daß er ein Pferd am Wegtrotten hindert, und wenn einer ein Menschenleben rettet, dann kriegt er einen solchen Berg von Orden, daß er sie in einem Wäschekorb nach Hause schaffen muß.

Ich habe die Menschen in der Helligkeit, die die Flammen so mit sich bringen, ein bißchen studiert, und einer kann sagen, was er will, aber Frauen sind bei Bränden nun einmal weniger mutig als Männer. Frauen haben von Natur aus nicht soviel Widerstandskraft, und sie schmilzt dahin wie Speck, wenn ein Feuer ihnen die Kreideporträts von der Wohnzimmerwand zu lecken beginnt.

In meinen Anfängen habe ich mich durch die ganze Abteilung gedient, Feuer hat mich immer schon angezogen wie einen kleinen Jungen, und ich habe sechs Jahre als freiwilliger Feuerwehrmann ohne Bezahlung gedient – das scheint mir doch eine ganz schöne Leistung.

Ich bin Mitglied der Gesellschaft Alter Brooklyner. Ich bin jetzt siebenundfünfzig Jahre hier, obendrein verheiratet und Vater von zehn Kindern. Ich gehöre fast einem Dutzend Klubs an. Ich komme gerne mit Leuten aus den besseren Kreisen zusammen, denn je vornehmer die Leute sind, desto wütender kann man sie machen, so richtig bis zur Weißglut. Ein Slumbewohner schmeißt dann mit dem Nudelholz nach einem, doch eine Frau der besseren Kreise, die läßt einem sozusagen Eisstückchen den Rücken runtergleiten, und da wird einem ganz schön fröstelig, wenn so eine mal loslegt. Ich habe eine ganze Reihe Sträuße mit denen ausgefochten, und die haben mir immer viel Spaß gemacht.

Es ist mir zuwider, an die Brände zu denken, bei denen ich dabei war. Der größte war die Katastrophe im Brooklyn Theatre, dreihundert Opfer, und ich habe einen ganzen Haufen Leichen hinausgetragen.

Die meisten Menschen verlieren bei einem Brand den Kopf und wissen nicht, was sie tun sollen. Eine Regel ist immer brauchbar: Halt dich nah am Boden auf, und wenn der Rauch so dicht ist, daß du die Orientierung verlierst, dann geh zur Wand und beweg dich so lange daran entlang, bis du mit der Hand das Beste zu fassen kriegst, was es in dem Augenblick überhaupt geben kann: das Loch, das der Maurer gelassen hat. Wenn man umherirrt, gibt es ja auch immer noch die Wasserleitung, um einen wieder zur Tür oder zum Fenster zu geleiten, und wenn das alles versagt, dann bleibt einem nur noch, niederzuknien und zu beten – das macht man nämlich nicht gleich, denn solange es noch ir-

gendeine andere Möglichkeit gibt, sein Leben zu retten, möchte keiner gern, daß der Nachbar denkt, man bitte um etwas, das man sich auch einfach nehmen könnte."
„Hatten Sie jemals Angst?" fragt die Besucherin.
„Nein, nicht daß ich wüßte, obwohl es genauso albern ist zu behaupten, alle Feuerwehrleute seien tapfer, wie zu behaupten, alle Männer seien mutig. Die Menschen sind eben alle verschieden. Manche haben Angst und manche nicht. Nur wenn einer die Flinte ins Korn schmeißt, dann ist er auf alle Zeiten abgestempelt. Die Jungs zeigen höhnisch mit dem Finger auf ihn, und er kann gleich genausogut in den Wald gehen und Veilchen pflücken.
Im Leben eines Feuerwehrmannes gibt es nicht viel Angenehmes. Wir können nicht zu Hause schlafen, und ob wir unser Essen kriegen, ist Glückssache. Es gibt auch nichts sonderlich Aufregendes im Leben eines Feuerwehrmannes, weil er sich mit der Zeit an den Tod und den Anblick von Feuer und Rauch gewöhnt, und das Geräusch des zischenden Wasserstrahls ist für ihn, was der Kuchen für ein überfüttertes Kind ist. Doch eins entschädigt einen für alles – das Gefühl, jemanden für einen anderen Menschen gerettet zu haben.
Und die Zufriedenheit unter den Jungs ist eine weitere angenehme Seite für mich. Ich sitze gern hier oben und höre dem Stimmengedröhne zu, das von unten zu mir heraufdringt, und dann sage ich mir, daß da unten Männer neben einem Löschzug versammelt sind, die beim Ertönen der Alarmglocke auf den Beinen sind. Ich sitze gern hier oben in der Gewißheit, daß nichts so rasch einsatzbereit ist wie die Feuerwehr, und trotzdem", schloß er, „werde ich mich jetzt ausruhen."

BROOKLYN DAILY EAGLE, 2. NOVEMBER 1913

John F. Maguire, Fahrstuhlführer
Vierundzwanzig Jahre in einem Käfig

Schauplatz: Hall of Records, vor allem der zweite Fahrstuhl linker Hand. Eine hastende Schar von Menschen, die Testamente einsehen müssen und deren Inhalt freudig begrüßen

oder aber bedauern; die Tode beweinen, doch des Strandguts nicht vergessen, das die verebbende Tide zurückgelassen hat, Männer und Frauen mit den gleichen ernsthaften Gesichtern, die die Hast des Lebens der Menschheit aufsetzt. Lächelnd in ihrer Mitte steht, wie ihr gütiger Bruder, der kleine John F. Maguire, vormals Bürger der Stadt Dublin, ein königlicher Dubliner Jackeen. Vierundzwanzig Jahre steht er nun im Fahrstuhl. Er spricht:
„Die Schlacht von Chancellorsville hat mich in diese stumme Gondel hier gestellt. Ich war verwundet worden und fünf Zehen kamen unter die Erde – oder anders gesagt, ich verlor ein Bein. Danach, statt den Verstand zu gebrauchen, den mir dies Erlebnis eingegeben haben sollte, und das Leben auf lange Zeit von seiner nüchternen Seite zu betrachten, statt dessen also (und das mit nur neunzehn Jahren) hab ich prompt geheiratet, das Dümmste, was ich je im Leben getan habe. Sie war die erste, die zweite folgte ihr, und jetzt", setzt er hinzu, „halte ich nach der nächsten Ausschau.

Ich bekam die Stelle als Fahrstuhlführer, nachdem ich das große Los gezogen hatte und alles Geld losgeworden war, das ich auf der Bank hatte. Ich habe sechzehn Jahre lang den Fahrstuhl im Rathaus bedient, und die Art von Fahrstühlen sind die reinsten Streichholzschachteln, doch habe ich trotzdem kein einziges Mal jemanden verletzt, weder mich noch einen Fahrgast. Da gab es nicht den kleinsten Kratzer am Finger, keinen geklemmten Fuß, und nicht mal ein Entrinnen um Haaresbreite, um das Ganze ein bißchen lebendiger zu gestalten. Unter meiner Bedienung blieb die Gondel nüchtern, was ja auch der einzig rätliche Zustand ist. Von dort aus ging ich für einen Monat in die Borough Hall. Das Rathaus war zu der Zeit, als ich anfing, das einzige Gebäude in Brooklyn mit Fahrstuhl.

Statt nun die ganze Zeit von meinem Beruf zu reden, möchte ich gern ein Wort zu meinen Überzeugungen sagen. Meine unerschütterlichste betrifft den Selbstmord. Es gibt nur eine Weise, ihn zu begehen – und zwar, indem man allein bleibt. Mag sein, man verbrüht sich die Finger, doch es ist besser, in den warmen Indischen Ozean zu plumpsen, als auf einem Eisberg zu sitzen und in die Ferne zu blicken, wo es von Eisschollen wimmelt, und nie mal ein

Gör zu haben, das dir zu Hause entgegenläuft oder dir mit seiner kleinen Person auf die Nerven fällt. Das ist eine Theorie, der auch alle Geschäftsleute anhängen.

Ich erinnere mich an einen Burschen, der mir erklärt hat, er würde keine Frau anstellen, und als ich ihn gefragt habe, weshalb nicht, da hat er gesagt, mit neunhundert Dollar im Jahr würde so ein Mädchen sich einrichten und eine alte Jungfer werden. Ein Mann mit demselben Geld würde sich hingegen umschauen und ein nettes Mädchen heiraten. Wenn man die Welt mit Junggesellinnen bevölkern wolle, brauche man den Mädchen bloß gutbezahlte Stellungen zu geben. Fast immer mieden sie dann die Liebe und hätten am Ende soviel Sanftmut und menschenfreundliche Milch in sich wie eine Schachtel Küchenkräuter.

Und jetzt, wenn's recht ist, komme ich wieder auf meine Arbeit als Fahrstuhlführer zu sprechen. Tja, ich schaffe immerhin viertausend Menschen täglich hinauf, jede Minute eine Ladung. Multiplizieren Sie das, und dann sehen Sie, wie viele Menschen ich im Jahr befördere; die fahren alle rauf. Das Problem dabei ist, daß ich sie alle auch wieder runterbringen muß.

Vielleicht denken Sie ja, wenn man den ganzen Tag in einem Käfig steckt, hätte man am Ende Gitterstäbe und Gefängnisse im Kopf, aber die Wahrheit ist, ich bin so sehr daran gewöhnt, daß das ist, als führe man im Federbett; ich bin so zufrieden, als säße ich zu Hause in einem alten Schaukelstuhl und träumte mit der Pfeife im Mund vom alten Torfmoor Irland, dem lieben, alten, sonnigen Irland. Und besonders der Stadt Dublin, wo alle richtigen Iren herkommen, die guten, fidelen Iren wie ... wie – –" (er blickt mit einem Anflug eines Lächelns zur Decke hinauf) „na, eben wie ich!

Sie kämen bestimmt nicht auf die Idee", fuhr er fort, und die klaren Züge eines ruhevollen Gesichts legten sich in heitere Falten, „Sie kämen bestimmt nicht auf die Idee, daß ich viel Zeit im Leben damit verbracht habe, mir hübsche Namen auszudenken wie Daisy, Rose und Morning Glory, um die Mädchen anzureden, wenn sie Aufmunterung brauchten – die anderen armen Mädchen, die beim Gericht über den Schreibmaschinen sitzen oder die wie die armen Tauben im Käfig in den dunklen Ecken dieses Gebäudes

umherflattern und nach Luft lechzen. Nicht, daß sie manchmal nicht auch glücklich wären, doch ich glaube, die möchten manchmal an die Felder erinnert werden, und wenn sich dann einer die Mühe macht, sie Blumen zu nennen, dann sind sie auch welche, die lieben Dinger.
Ich höre nie bei Verhandlungen zu, da das hier so eine Art stummer Gerichtshof ist. Niemand spricht außer dem Richter. So muß ich mich mehr dafür interessieren, die Gesichter zu lesen. Jedes neue Gesicht – und davon gibt's im Lauf eines Tages eine Menge – stellt mich vor ein neues Problem, und so habe ich gar keine Gelegenheit, müde zu werden. Der Tag ist um, ehe ich mich's versehe, einfach nur dadurch, daß ich mich für meinesgleichen interessiere.
Im allgemeinen richtet die Zeitrechnung der Leute sich danach, wann sie in dieser Stadt zu arbeiten angefangen haben und was sich auf den Straßen seither alles verändert hat; bei mir ist das nicht so. Ich habe keine Zeit, die Veränderungen auf den Straßen zu bemerken, oder vielmehr, ich finde dazu keine Gelegenheit, weil ich von acht bis vier hier drin bin, und so richtet sich meine Zeitrechnung nach den Veränderungen auf dem Gebiet der Kleidung oder im Verhalten der Menschen.
Also hören Sie sich mal an, was der kleine Johnny Maguire sich mit Hilfe der Menschen, die in seinem Fahrstuhl fahren, draußen für eine Stadt vorstellt. Als erstes stelle ich mir vor, daß die Temperatur im Sommer ungefähr fünfzig Grad im Schatten und im Winter fünfzig Grad in der Sonne beträgt. Irgend etwas muß ja an der Vorliebe der Damen für Chiffon und Spitze schuld sein. Dann müssen die Häuser erheblich an Höhe gewonnen haben, denn die Damen halten, während sie gehen, als quäle sie etwas, alle die Nase himmelwärts, als beobachteten sie Backsteine, die sich in die Wolken emporschwingen, und dann denke ich mir, da muß es irgendwo ein wahres Ungeheuer von einem Kerl geben, einen mit Schwanz und Hörnern, der eine gemeine Peitsche schwingt, denn sie eilen so hurtig in ihren roten Stiefelchen und ihren schwarzen und hellbraunen Pumps und auf ihren ewigen hohen Hacken dahin, und so würde ich auch meinen, daß die Stadt sehr prächtig ist und Männer sie erbaut haben, weil die immer so aufgeblasen und eingebildet sind und so gewaltige Gesten machen und so

laut sprechen. Zusammenfassend würde ich sagen, daß das wohl schon eine beachtliche Stadt ist, doch daß die Menschen sich Sachen ausdenken, die, wenn sie aufhören, Träume zu sein, manchmal Alpträume werden. Denn statt Ruhe auszustrahlen und das stolze Gefühl, etwas geschaffen zu haben, rennen die Menschen dem unablässig hinterher, und der lange Schatten des höchsten Wolkenkratzers zeigt mit dem Finger auf sie und sagt: Denkt ihr nicht ein bißchen zuviel an eure Mauern und ein bißchen zuwenig an eure Gärten?"

Er wendet den klaren Blick der Sonne zu, die durch die Tür hereindringt. „Und dennoch – ohne hohe Häuser, wo wäre Dublin Jackeen da, und woher käme dann die Notwendigkeit, Namen wie Lily und Rose und Daisy für die erschöpften kleinen Mädchen zu finden, die durch die Flure eilen? Was würde wohl aus Blarney's Stone, wenn es keine irischen Küsse gäbe, die auf ihn niederregnen?"

BROOKLYN DAILY EAGLE, 9. NOVEMBER 1913

Daniel Sheen, Zeitungshändler
Fünfundzwanzig Jahre Zeitungen

Schauplatz: Kellergeschoß von Haus Nr. 35, Rockwell Place. An der Wand sieben Bilder von sieben Frühlingen, die zu Herbsten verbleichen. Drei Zeitungen auf dem roten Tischtuch, das bei passender Gelegenheit auf einem Tisch ausgebreitet wird; ein Kohlenfeuer und eine beißende Woge von Pfefferschoten- und Zwiebelduft und Dampf aus einem Waschkessel. In der Ecke, ein rotes Kissen hinter sich, sitzt mit im Schoß gefalteten Händen, den Blick auf einen Erdhaufen vor dem Haus gerichtet, wo die Arbeiter noch am Werk sind, Dan Sheen, achtzig Jahre alt, und, wie er es ausdrückt, am Ende seines Sommers angekommen. Zeitungshändler seit '58 und immer noch Zeitungshändler, ein guter Liebhaber, ein guter Ehemann und ein guter Trauernder.

„Ich bin 1857 aus England gekommen und habe als Trancheur in einem Restaurant angefangen. Meine Mittel waren ziemlich beschränkt, und ich dachte während der Arbeit häufig darüber nach, wieviel besser mein Mädchen und ich dran wären, wenn wir einen Laden bekommen könnten, wo sie doch in allem so geschickt war wie eine tüchtige englische Ehefrau sein sollte. Ich glaube, jetzt spüre ich den Verlust meiner Frau mehr als je zuvor. Ich werde alt, und ich brauche sie jetzt, wo ich meine Arbeit doch bald aufgeben und dann immer drin sitzen werde, wo es nichts zu sehen gibt, denn ich kann die Zeitungen, mit denen ich so viele Jahre meinen Lebensunterhalt verdient habe, nicht einmal lesen. Nein, ich kann noch nicht einmal die Überschriften lesen, und so sitze ich hier und habe nichts zu tun, und die Erinnerung an mein Mädchen ist meine einzige Gesellschaft." Er blickt traurig aus dem Fenster und schüttelt den Kopf.

„Und trotzdem lohnt es sich, den ganzen Schmerz und das alles zu ertragen ..., wenn –", er wendet sich um und schaut auf das Kreideporträt an der Wand –, „wenn einer gescheit genug ist, nur ein einziges Mal zu heiraten, sobald er das einzige kleine Mädchen auf der Welt, das für ihn existiert, kennengelernt hat. Ich hab das getan und bewahre mir lieber meine Erinnerung an eine wie sie, als sie mir durch eine oder mehrere von der unausstehlicheren Sorte im späteren Leben verderben zu lassen, die mir Anlaß zu bitteren Gedanken gäben.

Na gut, wie ich schon gesagt habe, ich dachte also, es wär ganz was Famoses, wenn ich einen eigenen Laden aufmachen könnte, und so mietete ich einen Laden am Hudson Place und behielt meine Arbeit als Trancheur. Meine Frau bediente die Kunden – es war ein Laden mit Süßigkeiten, Zigarren und Kurzwaren –, und am Abend haben wir dann immer gerechnet, wie der Laden ging. Dann kam mir der Gedanke, daß wir auch Zeitungen verkaufen könnten, und den ersten Stapel habe ich auf dem Rücken angeschleppt, um Geld zu sparen. Das ist der richtige Weg, wenn man irgendwelchen Profit will: Man muß selbst die Stelle der Maschinen, der Aktenordner einnehmen, man muß als Rechenmaschine, als Karren, als Pferd dienen, eine tüchtige Hand haben, sich um alles selbst kümmern, voll Mut und Zuversicht. Dann gehört einem am Ende ein Stückchen von Mutter Erde, und wenn es nur ein Fleckchen ist. Wie in meinem Fall. Mir gehört die Nummer 35, und wenn das

nun auch gerade keine Augenweide ist, so wird sie mich doch vermutlich davor bewahren, auf den Staat angewiesen zu sein." Zum erstenmal lächelte er, und man konnte etwas ahnen von der Zärtlichkeit vieler Tauwetter, die dem Frost in seinem Auge gefolgt waren. „Mit Hilfe meiner Frau, die nun schon lange tot ist, Gott segne sie", sagte er.
Nach einer Pause fuhr er fort:
„Tja, und dann setzt mein Chef, Mr. Collins, seinen Bäcker raus, und ich übernehme das neben meiner anderen Arbeit auch noch, um ihm behilflich zu sein, erwarte allerdings, wie es wohl jeder täte, daß er nun auch meinen Lohn erhöhen wird, doch nein, der tigert im Speisesaal hin und her, und ich frage mich über meinem Blech Kekse insgeheim, was in ihn gefahren ist, und ich brauche nicht lange zu raten, um zu wissen, daß die schwindende Kundschaft ihm Sorgen macht. Seine Gäste waren aus dem Süden, und als die Kälte einsetzte, wanderten die Leute südwärts. Das wurmte Collins ganz gewaltig, und so rannte er hin und her. Schließlich platzt er damit heraus, daß er uns die Löhne um einen Dollar kürzen will. Ich hatte in meinem Leben schon einiges erlebt, aber das nun doch noch nicht. Darauf ließ ich mich natürlich nicht ein und ging.
Dann begann eine Kette verschiedener Experimente. Ich machte einen Stand auf, da, wo sie jetzt den U-Bahn-Schacht buddeln. Vor mir stand ein Zeitungshändler, der hatte ein florierendes Geschäft und außerdem noch die Erlaubnis, Zeitungen auf der Pferdebahn zu verkaufen. Er war jedoch ein Trinker, und ich wußte, er würde dort enden, wo alle Trinker enden. Er stellte Jungen an, die für ihn das Geschäft mit den Menschenströmen auf der Fulton Street machen sollten. Wenn ich dort auftauchte, drohte seine Frau mir immer mit der Faust und nannte mich einen teuflischen Engländer. Ihm war angst und bange bei meinem Anblick. Ich nahm mir auch einen Jungen. Am Schluß hatten wir deren sechs, und wir führten einen ziemlich schweigsamen, aber nichtsdestoweniger wirkungsvollen Krieg gegeneinander. Dann starb er eines Tages; wir brauchten nicht erst zu fragen, woran. Ich wußte, meine Zeit war gekommen, und ich brauchte mir keine Sorgen zu machen: es würde nicht lange dauern, und seine Frau würde denselben Weg nehmen – und das tat sie auch.

Ich hatte ein gutgehendes Geschäft, und ich liebte es wie mein eigenes Kind. Ich brauchte einen Menschen nur anzusehen und wußte schon, was für eine Zeitung er kaufen würde. Ich habe sage und schreibe sechshundert Zeitungen am Tag verkauft. Der ‚Brooklyn Eagle' war schon, als ich ins Zeitungsgeschäft einstieg, mein Lieblingsblatt. Als nächstes machte ich dann einen Stand in der Fulton Street auf und dann noch einen in der Myrtle Street, wo ich allerdings bald feststellte, daß dort nichts zu verdienen war. Wenn einer sich in eine Zeitung vertiefte, drängten sich sechzehn Leute um ihn und lasen über die Schulter mit.

Der nächste Stand befand sich gegenüber der heutigen U-Bahn-Station. Den hatte ich achtundzwanzig Jahre. Ich hatte außerdem noch eine ausgedehnte Tour, die allerdings in die Brüche ging, als sie die Busse durch die Livingston Street fahren ließen und überall möblierte Zimmer und Wohnhäuser entstanden. Das war zu riskant, denen Zeitungen zu liefern, wenn sie welche gewollt hätten. Warum? Weil Leute in Wohnhäusern oft nicht zahlen. Jedenfalls hatten sich die Verhältnisse und die Menschen verändert seit meinen Anfängen in dieser Stadt. Damals gab es noch Ehrlichkeit.

Als die Zeitungen anfingen, sich ihre Kioske oder Stände unter den Hochbahntreppen zu bauen, sind wir – ein Komitee von drei Leuten – bei Seth Low vorstellig geworden und haben ihm unseren Fall dargelegt und erklärt, daß das unser Ende wäre. Er erwiderte auf seine großzügige, noble Art: ‚Hier werden keinerlei Kioske errichtet, unter welchen Treppen auch immer, wenn das die Zeitungshändler von Brooklyn in Schwierigkeiten bringt', und damit war das erledigt.

Das Großwerden von Brooklyn schließlich war es, das mein Geschäft ruinierte. Das Aufkommen der Busse war ein Segen für die Zivilisation, aber nicht für den alten Sheen. Ich mußte meinen Stand ständig in Bewegung halten, um an die Leute heranzukommen, und als letztes sieht man ihn jetzt auf dem Hudson Place, nur mit einem kleinen Karren, und ich brauche da auch nur noch drei Stunden am Tag zu stehen, von 6 Uhr 30 bis 9 Uhr 30, und daran können Sie sehen, daß es Zeit ist abzutreten. Die Leute kaufen sich ihre Zeitungen auf der Hochbahn, ehe sie bei mir vorbeikommen, und die Untergrundbahn zieht auch noch einen Teil des Geschäfts an sich. Die Leute kommen hier nicht mehr einfach so vorbei, und ich verdiene womöglich nicht mal einen Dollar am Tag, wenn ich es jetzt auch nicht mehr des Geldverdienens wegen tue. Ich mache es, weil ich es nicht aushalte, den ganzen Tag lang vier Wände anzuschauen." Er lehnt sich zurück und schließt die Augen, in einem Hinterzimmer sitzend, und seine Schwester sieht man im Schummerlicht eines abgedunkelten Zimmers hin und her gehen, durch die Dampfschwaden aus einem Wäschetopf, hinter denen sie dann wieder gänzlich verschwindet. Alt und gebeugt und müde, doch immer noch dienstbar, kommt sie in Sicht und wird wieder vom Dampf aus dem Topf verschluckt, der auf einem lebhaften Kohlenfeuer kocht.

BROOKLYN DAILY EAGLE, 16. NOVEMBER 1913

Wie die Villagebewohner sich amüsieren

Man muß schließlich treu zu seinen Armbändern stehen, und es gibt doch so viele kleine Freuden, die sie nicht missen mögen, und so viele gesellschaftliche Funktionen, die es wahrzunehmen gilt, wenn man schon am großen Strudel teilhaben muß; und was ist denn mit den zehn Debütantinnenarmbanduhren pro Saison? Die müssen doch auch ihre Chance kriegen.
Ja, es ist ein hartes Leben, denn hier unten muß man nicht nur seinem blauen Porzellan gemäß leben – eine von Oscar Wilde weidlich beklagte Beschäftigung –, man muß auch seiner Jade und seinen Antiquitäten gerecht werden, ganz zu schweigen davon, daß man ja auch noch einen Ruf zu wahren hat, einen befleckten.
So schickt der Bewohner von Greenwich Village sich denn an, sich zu amüsieren. Es ist ein hartes, schmutziges Geschäft, aber es muß sein. Da sind zunächst einmal diese abscheulich frühen, niederdrückenden Frühstücke im Bett. Da ist die nervenaufreibende halbe Stunde vor dem Dinner,

wenn die ungeheuerliche Narrheit der Welt zur Weisheit eingedampft werden muß; denn hier unten lehrt einer mehr, als er gelernt hat, träumt man mehr, als man zu träumen Kraft hat, hofft man über alle Hoffnung hinaus. Musik muß in die Spannen des Gelächters und in den Spann der Füße, denn was der Dichterfuß klopft, muß Rhythmus haben und Skansion.

Mit Nägeln schimmernd wie ein venezianisches Trinkglas, vollendete Hochstapelei einer stets dienstfertigen feuchten Handfläche, so schreitet der Villagebewohner über den Fliesenboden des Cafés. Von seinen Schultern hängt ein mephistophelisches Cape; das hakt er nun mit langen weißen Rekonvaleszentenhänden auf, es gleitet ihm von den Schultern – ah, Herr im Himmel!, womit haben wir verdient, von soviel Schönheit geblendet zu werden! An seiner erhabenen Gestalt ist nichts als ein Leopardenfell, ein wenig Talkum, eine Perlenkette, ein Gürtel voller verführerisch funkelnder Saphire. Eine Morgendämmerung aus Myrte, eine Abenddämmerung aus hindufarbener Fettschminke.

In Sandalen stecken die Füße und in der Tasche die Panflöten, die bersten von einer nie gehörten Musik, Flötenschaum, unberührt von jeglicher Technik und Regelhaftigkeit.

Und wie er da so nie geschaute Vision wird ...

> Then all the longprone dead arose.
> And one was Helen of old Troy,
> Still walking down the day at close
> To find some yet unconquered boy.
>
> Or one a Persian king a-gloat
> Who sat with foot halfraised and cold
> For one last step upon a throat
> That sepulchred a tongue of gold.
>
> Or one perchance was Prosephine
> With seven grapes caught in her hair,
> Like little birds made mute on wine
> Who knew of love but did not dare

> To follow on where chase met chase,
> And hunted, caught the hunting one,
> And in the darkness kissed a face
> That once had looked on Babylon.

Ja, so sah das aus, denn es war die Zeit der Abendgesellschaften, und der Liberal Club gab einen Ball.
In der Ecke sang ein elektrisches Klavier ein sehr synkopiertes Leben an, und die Gestalten in Seide und eilendem Chiffon wirbelten im Kreis herum, während in geringer Entfernung der Präsident die Hände beifällig an einen ebenholzschwarzen Bart legte.
Eine Frau in orangefarbenem Hänger kommt übers Parkett gegirrt.
„Du bist wundervoll heute abend, Harold", sagt sie, während ein Korsar, um das Kompliment zu erhaschen, ein Ohr neigt, das nicht von ungefähr konkav ist. „In dieser Perücke und der grauen Uniform bist du einfach göttlich – ein prächtiger Stamm, dazu ausersehen, mit den Früchten der Liebe behängt zu werden." Und wieder lächelt er. Sie schweben in einen Onestep hinein.
„Siehst du das tanzende Paar dort? Ja, die in Orange mit dem Mann in Grau – also, die ...", setzt eine kurzhaarige Fortschrittliche ihre Plauderei mit vielsagendem Unterton fort und richtet sich dabei an den Mann, der das erste realistische Sonett geschrieben hat, das mit den Worten beginnt:
„Sechs Laibe Brot, die halt ich an mein Herz
Denn wie sechs Laibe Brot nährt deine Lieb mein Brennen ..."
„Gegen das, was ich über die weiß, ist alles andere Wissen dumpfe Unwissenheit."
Dies Vergnügen dauert jedoch nicht ewig, und so widmen sie sich wieder dem Tanz oder setzen sich und besorgen den Skandal von morgen.
Die Laternen sind schwingende gelbe und rote Lichtkugeln; eine zerbirst plötzlich zu einer emporzuckenden Flamme – und brennt zu Asche. Niemand bemerkt, daß eine aus der Reihe der Laternen zu Nichts verbrannt ist. Nur ein Mann, der an einem Tisch sitzt, hebt einen Moment lang den Blick, und das blaue Licht fällt ihm auf das

rote Haupt- und Barthaar. Er blickt wieder nieder. Der nächste Tanz beginnt.
Oder vielleicht ist es auch nicht der Liberal Club, sondern die Webster Hall an der East Eleventh Street. Vielleicht reißt ja Mike, der Kellner von Polly's, am Eingang die Karten ab; vielleicht schreitet ja Allen Norton in orientalischer Pracht vorüber. Oder man sieht die Baronin leichtfüßig aus einem dieser neuen weißen Taxis springen, siebzig schwarze und purpurrote Reifen um die Knöchel ihrer jahrhundertealten Füße, eine ausländische Briefmarke – entwertet – auf die Wange geklebt, eine Perücke in Purpur- und Goldtönen, die sich mit Hilfe der Fasern eines Taus, das einst Importe aus Cathay zusammenzurrte, keck behauptet; rote Hosen – und man lasse sich das erlesen staubige Parfum nicht entgehen, das sie zurückläßt –, ein altehrwürdiges menschliches Notizbuch, worin sämtliche Narrheiten einer vergangenen Generation eingetragen sind.
Paarweise kommen sie, pompöse Käfer im Netz eines alten Begehrens. Sie begeben sich die Treppe hinauf, werden gesehen, wie sie Arm in Arm durch den Bogengang laufen, bemalte Gesichter, bemalte Haut, bemalte Glieder und bemalte Fächer, und einander die Dinge im Leben erzählen, die wenig bedeuten und viel. In einer Ecke steht Christine und ißt ein Sandwich mit kaltem Braten; eine Frau geht klirrend vorbei, besetzt von Ornamenten – geschirrt wie ein Pferd, an die Vergangenheit. An der Bar schwebt grauer Dunst über die Köpfe eines Manns und einer Frau, die aus einem hohen Glas gemeinsam Absinth trinken. Jemand anderes singt ein Lied. Eine Dreiergruppe drängt sich vorbei, zwei Frauen und ein Mann. An einem der runden Tische liegt Beatrice malerisch hingegossen in der kühlen, gelassenen neuenglischen Umarmung Alberts.
Vor gar nicht langer Zeit machte ich selbst eine dieser Ballnächte durch. Während dieser speziellen Nacht war eine Menge billiges Bier getrunken worden, und so um halb vier wurde einiges davon in einem menschlichen Fäßchen hinausgetragen – ein vergehendes Stück Pein, auf den Schultern einer Polin in die Nacht hinausgetragen.
Ja, war nicht auch eine Laterne verloschen?
Ein betrunkener Schwede baute sich vor mir auf, brannte

ein Loch in den Schleier und zog mich hinaus auf die Tanzfläche. Der Kapellmeister begann, mit den Füßen auf die Bühne einzuhämmern, und rief dabei irgend etwas aus, das von Interesse war und das ein jedes Ohrenpaar doch vorbeigleiten ließ, weil es sich ganz auf die Schärfe und die Neugier des Nachbarohrs verließ. Ein Junge in weißem Flanell, mit weißem Gesicht und rotgeschminkten Lippen, segelte anmutig vorbei und hielt dabei eine einzige vollkommene Lilie. Jemand entriß mich den Armen des Schweden, und als ich aufblickte, entdeckte ich Alexis' tränenverschmiertes Gesicht über mir. Ich sagte: „Weshalb weinst du denn?"
„Ach", rief er, „das Leben ist so rein geworden, daß es kein Vergnügen mehr ist, Ausflüge in den Schmutz zu unternehmen. Man steckt doch nicht die Hände in den Schlamm, nur damit sie sauberer und strahlender wieder herauskommen, wie ein Küchenmesser!
Herrje", fuhr er fort, „man kann ja in sämtlichen Rinnsteinen Manhattans sitzen und ist, wenn man wieder aufsteht, doch mit nichts Schlimmerem bedeckt als dem Schatten eines Sterns. Jean Valjean hätte unsere Stadt in ihren übelsten Abwässerkanälen unterqueren können, und was hätte er gefunden?" fragte er in tragischem Ton und ließ in einer Anwandlung zügelloser Selbstvergessenheit mein Schulterblatt fahren, „nichts als einen Haufen abgelegter moralischer Anschauungen und zwei oder drei verworfene Standpunkte."
Ich führte den Weinenden einmal um den Saal.
„Und was hast du erwartet?"
„Denkst du etwa", antwortete er, „ich habe meine verlockende Studierlampe und meine Bücherbretter voll Rabelais und Moore für so etwas aufgegeben? Denkst du etwa, ich wäre von der Upper Park Avenue, wo jeder Gemüsehändler köstliche französische Pikanterien kennt und einem die Pflaumen in subtile Bemerkungen einwickelt, hierhergekommen, bloß um die Bäckerstochter über Reformmöglichkeiten in New York reden zu hören? Oder auf der anderen Seite die bezaubernde Dekadenz von Lawrence Hope – ‚Und unter deinen Karrenrädern Gering'res noch als Staub' – allerdings! ‚Bleiche Hände liebt' ich' – Blödsinn!"
Ich verließ ihn, dessen übervolle Seele sich wie Kölnischwasser in ein tadelloses Batisttaschentuch ergoß.

Und all diese Nächte, ob sie nun in der Webster Hall, im Liberal Club, in der Fifty-seventh Street oder in privaten Studios stattfinden – um zu enden wie Angela im *Genius* –, unaufhörlich welken sie dahin und sterben.
Um wieder aufzuerstehen. Mit Abweichungen.
Um irgendwo Poker zu spielen und hinausgeworfen zu werden. Das ist eine mögliche Form des Amüsements.
Um sich der Liebe des Gatten einer anderen Frau zu erfreuen.
Und um abermals jemanden aus dem Gefängnis herauszuholen.
Ja, und wie steht es um die anderen Freuden?
Die Vergnügungen derer, die *umtriebig* sind – sie brauchen Futter, und der einzige Unterschied zwischen einem Bohemien und einem gewöhnlichen Slumbewohner ist, daß der Slumbewohner in irgendeiner Gasse unter Wahrung seiner Selbstachtung stirbt. Der Bohemien ist hingegen ein Mensch, der seine Armut zu genießen weiß: nassauern ja, doch nassauern unter Nassauern. Nicht einer hat nur genommen, nicht einer hat nur gegeben.
Doch sind dies nur die augenfälligeren Weisen der Villagebewohner, sich zu amüsieren.
Es ist amüsant, eine Katze zu töten.
Es ist amüsant, Kunstgegenstände zu zerfetzen.
Es ist amüsant, violette Krawatten und gelbe Bademäntel zu tragen.
Es ist amüsant, unter dem Bett Zigaretten zu rauchen.
Es ist amüsant, seinen guten Ruf zu verlieren.
Es ist noch amüsanter, den eines anderen zu zerreden.
Es ist sogar noch amüsanter, von der Feuertreppe aus zuzugucken, wie die ganze Welt zum Teufel geht.
Bloß ist das doch alles Kinderkram, nicht mit mir.
Hören Sie – da ist so eine Vorstellung im Umlauf, und zwar die, daß die Menschen sich amüsieren, wenn sie glücklich sind. Was für eine anmaßende Vorstellung! Das sieht dieser dummen Welt ähnlich, daß sie so etwas annehmen kann.
So verhält sich der Mensch in Wahrheit gar nicht, der sich nämlich dann amüsiert, wenn er unglücklich ist. Sind Sie je auf diesen Gedanken gekommen? Für jeden von uns gibt es ein bestimmtes Zimmer in einem bestimmten Haus, wo wir die große Komödie durchleben – allein. Einen Augenblick,

wo der Nebel sich über die Schornsteine gelegt hat und ein herbstliches Gefühl die Seele ergreift und einen unsagbaren Gram hinterläßt, der so tief und so bedeutsam ist wie das Ding, das ihn hervorbringt. Das ist in Wirklichkeit die Art und Weise, wie der Bohemien sich amüsiert. Wie soll ich Ihnen davon erzählen, oder wie soll irgendwer von uns davon wissen? Das mag von einer Zeile in einem längst vergessenen Buch herrühren, vielleicht von der Farbe einer verblichenen Blume in einer alten Vase. Vielleicht aber auch weder von dem einen noch vom anderen.

Fast immer ist das eine Erinnerung ..., eine gebrochene Erinnerung, eine Winzigkeit von fünf Sekunden – und dann ...

Er reißt auf einmal seinen Hut an die Brust und stürzt auf die Straße hinaus. Fast hätte ihn etwas berührt, als er am toten Kamingitter stand. Vielleicht war es nur ein Schauder; vielleicht war es so etwas wie das Gefühl, daß *wir nicht immer leben können und daß wir Genüge finden müssen.*

NEW YORK MORNING TELEGRAPH SUNDAY MAGAZINE,
26. NOVEMBER 1916

Meine Schwestern und ich bei einem Preisboxkampf

„Ein großer Prozentsatz der Zuschauer sind Frauen."
Diese nackte Tatsachenmeldung, die sich auf der Sportseite vieler Zeitungen fand, hatte immer wieder meine Aufmerksamkeit erregt.
Etliche Male hatten Freunde mich gefragt: „Hast du bemerkt, daß die Frauen seit einiger Zeit Boxkämpfe besuchen?"
Ich hatte es nicht bemerkt, war dazu jedoch gern bereit, wenn es den Tatsachen entsprach.
So befand ich mich denn eines Abends in Far Rockaway und in Brown's Athletic Club. Far Rockaway, das etwa vierzehn bis sechzehn Meilen inselaufwärts auf Long Island liegt, ist kaum mehr als eine halbe Stunde Fahrt von den

Wohnungen Manhattans entfernt. Es liegt innerhalb der Stadtgrenze von New York, und es gibt dort eine Menge schöner Sommerhäuser, die von New-Yorker Familien genutzt werden. Das Klubhaus steht ein paar Schritte von der Bahnlinie entfernt, unauffällig, graubraun, geduckt.
Ein Mann lehnt im Kassenschalter, wo in roter Farbe die Eintrittspreise angeschrieben stehen. Frauen bleiben vor ihm stehen, zögern einen Sekundenbruchteil, legen die zwei Dollar für einen Ringplatz hin und gehen dann weiter, das Gesicht zu einem Lächeln verzogen. Der Mann am Schalterfenster zieht nicht einmal die Brauen hoch.
Draußen in einem Biergarten lehnen sich leere Stühle über Tischplatten, auf denen braune Pfützen, die nun eingetrocknet sind, phantastische Denkmäler vergangener Zechgelage zeichnen. Jenseits, durch blauen Tabakdunst hindurch, leuchten Reihen menschlicher Gesichter, und weibliches Lachen erhebt sich schrill und durchdringend. Ich, eine Frau, geselle mich zu den anderen und beobachte die eintreffenden Frauen.
Sie wirken nicht befangen, und nichts an ihrem Auftreten läßt darauf schließen, daß die Situation ungewöhnlich ist. Sie blicken gleichgültig auf das erhöhte Quadrat mit seinen vibrierenden, straffen Seilen, seinen schlaff herabhängenden Handtüchern und narbigen braunen Pfosten, den Hockern in den Ecken, dem Schwamm in seiner Pfütze, die ständig größer wird und auf den Fußboden hinabtropft. Und sie befingern ihre Kettchen und sprechen über die Statur der Boxer.
Die Männer, die im Publikum versammelt sind, sind beleibt und von behäbiger Würde; sie rauchen Zigarren; wenn ihre Hände gestikulieren, blitzen Brillanten auf. Die Frauen sind zerbrechlich, haben schlanke Hälse und sind in das raffinierte Blendwerk von Seide und Crêpe gehüllt.
Was folgte, war der erste Akt dreier Kämpfe über vier Runden, deren erster von *Black* Lahn und Mike Rosen bestritten werden sollte. Zwei Zehn-Runden-Kämpfe sollten folgen, und der letzte, gleichzeitig Höhepunkt des Abends, sollte zwischen Phil Bloom und *Young* Gradwell ausgetragen werden.
Über den nackten Ringboden schreitet der Ringrichter, dessen Kopfhaltung erwartungsvolles Interesse und Sinn für

die eigene Wichtigkeit andeutet. Das Leben, dort, wo es am erregendsten ist, liegt für ihn in dem von Seilen eingefaßten Raum beschlossen. Der Mensch hat schon großartigere Felder beschritten als dies, doch niemals weitete sich seine Brust in stolzerem Selbstbewußtsein.
Und mittlerweile wirkt der Schauplatz, in immer dichteren Dunst gehüllt, zunehmend entrückter. Die Scheinwerfer erscheinen trübe, weiter entfernt. Man spürt eine lange, niedrige Reihe von Köpfen – die der Männer mit Hut oder mit zerwühltem Haar und die der kunstvoll frisierten Frauen, die auf eine seltsame Weise nicht zusammenpassen. In Abständen leuchtet durch das Blaugrau des Rauchs hindurch glutvoll ein Zigarrenende auf, verlischt und leuchtet erneut auf. Und im Innern der Einfriedung blitzt ein weißer Arm auf, als sein Besitzer ruckartig die Hand wegstreckt, auf die der Handschuh wartet, oder sich den hektisch reibenden Bewegungen übereifriger Helfer überläßt.
„Ein gutaussehender, gutgebauter Bursche", sagt ein Mann hinter mir, und ein anderer meint: „Guck dir mal seine Rückenmuskeln an!" Eine Frau sagt hingegen leise: „Er hat schöne Augen!"
Dann treten diese beiden, deren Namen kaum zu hören sind – denn ihr Kampf ist nichts als ein Vorgeplänkel zu einem Ereignis –, an, um ihr Teil beizutragen, das schlichteste und menschlichste, das an diesem Abend geboten werden sollte. Als sie sich die Hände schütteln, messen sie einander eingehend mit Blicken, Muskel für Muskel. Dann, mit einem Vorschieben der Unterkiefer, eröffnen sie das Spiel.
Einen Augenblick lang herrscht nervöse Unruhe in der Zuschauermenge. Dann konzentriert sich aller Aufmerksamkeit auf den Ring. Manche beugen sich vor und klemmen die Hände mit auswärts gekehrten Handflächen zwischen die Knie, andere lehnen sich zurück und legen den Arm über die Stuhllehne des Nachbarn. Die Frauen jedoch, die sich auf die ringnahen Plätze gewagt haben, und die Mädchen weiter hinten sitzen kerzengerade, zwischen Staunen und Bangen schwebend, die Gesichter immer noch zu einem starren Lächeln verzogen, wie bei dem Mann, den man enthauptet hat, während ihm ein Scherz auf der Zunge lag.

So wie der schlimmste Teil am Tod nicht der Tote, sondern die Trauernden sind, so ist es nicht der Boxer, der grauenerregend ist, sondern die Menge, die kein Erbarmen kennt und nur die Sensation sucht. Vom Geschrei angefeuert, das sich erhebt, gehen die Boxer aufeinander los, das Kinn vorgeschoben, wachsam, lauernd, auf der Hut. Sie verkeilen sich, wo Kopf gegen Brust stößt. Sie bewegen sich steif, ruckhaft. Dann klatscht die nackte Hand des Ringrichters auf nacktes Fleisch; sie werden auseinandergestoßen. Und geraten erneut aneinander.

Und einer wie der andere sitzen wir unterdessen reglos und wagen kaum auszuatmen.

Dann wird der eine, wie ein Vogel, der hilflos gegen die Käfigstangen geworfen wird, gegen die Seile geschleudert. Mit nassen, bebenden Gliedmaßen versucht er, wieder Halt zu finden. Er schlägt zu, aber seine Fäuste spüren den Schock des Aufpralls nicht. Sein Widersacher wird zu einem weißen Fleck. Seine Armmuskeln scheinen betäubt. Doch immer noch kämpft er, und den Zuschauern erscheinen seine Arme, die sich unaufhörlich und wirkungslos bewegen, wie die Zweige eines Baumes, der von der Gewalt des Sturmes gepackt wird. Ein leises Stöhnen entschlüpft ihm, als er sich verzweifelt abmüht, dieser überwältigenden Kraft Herr zu werden. Dann erstarrt er abrupt. Er hört die Anfeuerungsrufe der Menge, doch sie berühren ihn nicht. Nur eine gewaltige Einsamkeit, das Gefühl völliger Isolation erfüllt ihn, als er langsam zu Boden sackt.

Und da steht der Sieger und blickt sich mit glasigen Augen um. In den letzten paar Sekunden hat er den Kontakt zu seiner Umgebung verloren; sie ist ihm zu einer einzigen schwankenden, fuchtelnden Gestalt geworden, auf die er die ganze Kraft seiner Muskeln verschwendet hat. Er läßt den Daumen an seinem Gürtelrand entlanggleiten und klopft dann feierlich dagegen, als wolle er sich versichern, daß er sich nicht in einem Traum befindet.

Der Ringrichter beugt sich über den Mann, der am Boden ist, sich anscheinend jedoch immer noch weigert, sich in sein Schicksal zu fügen. Auf den geöffneten Knien ruhend, stützt er den Kopf in die Hände und ringt nach Atem. Der Ringrichter beugt sich noch tiefer hinab, den Mund jetzt dicht am Ohr des Boxers. Er beginnt zu zählen: „Eins, zwei,

drei" – mit einer Stimme, die laut und gebieterisch klingt, so als wolle er den Jungen auffordern, aufzustehen und es noch einmal zu versuchen. Doch die Gestalt am Boden schwankt nur hin und her, sie ist nicht länger ein Kämpfer, sondern ein gewaltiger, fassungsloser Schmerz.
„Sieben, acht, neun", – der Ringrichter richtet sich auf, und mit den Füßen voran tragen sie den jungen Mann durch die Seile in das Vergessen jenseits des Rings. Er ist gescheitert.
„Mein Gott!" sagt eine Frau leise. Eine andere, die zwischen Bruder und Gatten eingekeilt sitzt, ereifert sich über die jeweiligen Verdienste der beiden Kämpfer. Eine dritte, unmittelbar hinter ihr, die niemals zu lächeln aufgehört hat, klaubt die Rippen eines zerbrochenen Fächers auf.
Plötzlich bemerkt man, daß da ein weißgekleideter Mann Ingwerbier und Eistüten verkauft. Dann gibt es also welche, die sogar jetzt Lust haben zu essen!
Endlich kommt der Spitzenkampf. Einmal mehr wird der Handschuh geschnürt; wieder wird ein Arm mit Alkohol abgerieben. Gradwell beugt sich zurück, um sich mit dem Schwamm benetzen zu lassen. Bloom reckt das Gesicht vor, um den Schwapps Wasser von kundiger Hand zu empfangen. Tropfen fallen auf unsere Gesichter wie Regentropfen – die Taufe des Boxers.
Sie schütteln einander die Hand.
Alle Männer sind sich von Anbeginn darüber im klaren, daß Bloom überlegen ist. Sie wissen irgendwie, auf was es bei dem Spiel ankommt, und ihr Interesse verhält sich proportional zu ihrem Wissen. Das Interesse der Frau liegt hingegen nicht in der Stärke, sondern in der Schönheit. Sie ist auf der Seite des Boxers, der eine bestimmte Kopfhaltung hat, eine bestimmte Rundung des Kinns, eine bestimmte Linie von der Kehle zur Braue.
Warum soll man es zu schildern versuchen? Der Spitzenkampf war nicht der, bei dem das humane Spiel gespielt wurde. Die erste Runde war wie die letzte – ein lustloses, apathisches Gerangel zweier Männer, die sehr müde, sehr verdrossen wirkten und die am Ende bloß um eine Spur müder durch die Seile stiegen, als sie gekommen waren.
Für sie hatte der Kampf seine Glut eingebüßt. Der Schock der klatschenden Schläge brachte das Blut nicht mehr in

Wallung. Es war ein Geschäft, kein Sport mehr, und dieser anspruchsvollen Auseinandersetzung fehlte das menschliche Element des ersten Amateurkampfs.
In der inhaltsleeren Pause, die dem Finale folgte, zündete ein Mann plötzlich ein Streichholz an. Es beleuchtete sein Gesicht, das bleicher geworden war und dessen Augen schwerere Lider hatten. Das Streichholz verlosch, und ich war meinen ratlosen Fragen überlassen.
Waren es denn am Ende wirklich die Männer im Publikum gewesen, die angesichts des Schmerzes unbekümmert und gleichgültig geblieben waren? War das das Geräusch eines zuschnappenden Fächers gewesen, was ich da gehört hatte? War das eine Frauenstimme gewesen, die gemurmelt hatte: „Er hat schöne Augen"? Die Hand einer Frau, die in der Dunkelheit meinen Arm umklammert hatte? Der Atem einer Frau, der da so plötzlich gestockt hatte?
Und wessen Stimme war das gewesen, die plötzlich, unmittelbar vor der Schlußphase, geschrien hatte: „Nun aber mal los, zeigt uns mal, daß ihr Männer seid!"?

NEW YORK WORLD MAGAZINE, 23. AUGUST 1914

Ende in wildem Wirbel
Über die rastlose Brandung von Coney

Es war einmal eine Frau, die unter höchst romantischen Umständen geboren worden war – das heißt, zwischen zwei Ländern, Rußland und Polen –, in einer jener Dezembernächte, wenn der Himmel zu kalt ist, um für Sterne beiseite zu rücken.
Das Blut dieser Frau, wie schon ihre Geburt, stand auf halbem Wege zwischen zwei Rassen – der jüdischen und der norwegischen –, und während sie heranwuchs, balancierte ihr Geist ebenfalls zwischen zwei Zuständen – Gesundheit und Krankheit.
Sie hatte ein großflächiges Gesicht, ohne doch grob zu wirken. Sie hatte einen kleinen schmalen Mund, der sich in den Winkeln zusammenzog, und sie zwinkerte. Ihre Lider

waren sehr bleich und wimpernlos, sie schienen niemals die Augen zu bedecken – sie beschatteten sie nur. Ihr Haar war dünn und in der Mitte gescheitelt wie das einer Madonna. Sie trug stets eine am Hals geöffnete Bluse, die eine feste Kehle von seltsamer Weiße sehen ließ. Sie lispelte ein ganz kleines bißchen, wenn sie sich auf Englisch unterhielt, doch ihre eigene Sprache sprach sie ebenso rasch wie mühelos.
Gewöhnlich saß sie, die Hände im Schoß, und sagte lange Zeit gar nichts. Man erzählt von ihr, daß sie in einem entlegenen Winkel der Schweiz einmal tagelang nicht außerhalb ihrer Hütte gesehen wurde und der Nachbar, der sich Sorgen zu machen begann, hineinging und sie fand, wie sie die Wand anstarrte. Als sie berührt wurde, fiel sie zu Boden. Es gab zu essen im Haus, aber sie hatte nicht gegessen. Da fragten sie sie: „Was fehlt Ihnen denn? Es ist doch zu essen da, und Sie haben soviel Zeit, wie Sie nur wollen."
„Ach nein", antwortete sie lächelnd, „ich bin viel zu beschäftigt, wenn ich nichts tue." Als man sie fragte, was sie damit meine, antwortete sie schroff, die Menschen seien keine Menschen, sie seien *Puppen*.
Sie hatte der Revolution angehangen, sich jedoch schließlich angewidert von ihr abgewandt, indem sie sagte: „Ihr seid nicht reif, um befreit zu werden – ihr windet euch nicht unter der Knute. Ihr seid eine Beleidigung für den Zorn – ihr könnt nicht leiden."
„Weshalb sollte ich mir unter lauter Hündchen meinen Körper ruinieren?" sagte sie gern und blinzelte langsam. „Ihr würdet doch nur verärgert mein Blut an euch bemerken, so wie ihr Dreck an euren Sonntagskleidern findet. Ich werde dem Gesindel nicht meinen Kopf hinwerfen, damit es lernen kann, wie ein Gedanke zusammengemischt wird – sie sind ja doch zu dumm, um auf den Trichter zu kommen."
Dann hob sie die spärlichen Spitzen ihres dunklen Haars und legte sie über ihre bleichen Ohren. Manchmal sagte sie auch, die Kahlheit, die sich bei ihr ankündigte, bekümmere sie nicht weiter – wenn sie jemand fragte, ob sie etwas unternähme, um sie zu verhindern, antwortete sie: „Nichts."
Sie hatte es aufgegeben, sich gegen den Haarausfall aufzulehnen, wie sie gelernt hatte, sich gegen die Gesellschaft aufzulehnen. Manchmal setzte sie sich jedoch nachts im Bett auf und fragte sich, was sie beunruhigte, und indem sie

die Hand auf die ihr eigene Weise an den Kopf legte, legte sie sich wieder hin und murmelte: „Ach ja, ich erinnere mich."
Diese Frau hatte für Amerika so etwas wie eine Mitleidsgeste übrig, die gleichzeitig die Kursivschrift der Barmherzigkeit war. Sie pflegte zu sagen, wir wüßten nicht, wie man sich vergnügte oder wie man traurig war. Sie stimmte zu, als ein Freund die Richtigkeit dieser Beobachtung unterstrich, indem er bemerkte, daß die Menschen aufhörten, sich zu amüsieren, und sich statt dessen auf die Unterhaltung verließen, die ihnen daraus erwüchse, daß sie die gezwungenen Possen eines bezahlten Individuums beobachteten, das diesem persönlichen Verlust abhalf.
An diese Frau dachte ich, als ich durch Coney Island ging.
Ja, sie hatte völlig recht in mancher Hinsicht, in anderer jedoch hatte sie völlig unrecht. Manche haben eine charakteristische Eile, eine Verbissenheit, eine hektische Entschlossenheit, sich um jeden Preis zu amüsieren, selbst wenn es schmerzlich ist. Sie sind bereit zu weinen, damit sie nur ja lachen können.
Manche von uns nähern sich Coney mit dem Schiff. Matrosen gehen auf und ab und blicken uninteressiert aufs Wasser. Ein einsames Paar sitzt achtern und trinkt Brause und Bier. Ein Mann tritt aus dem Salon; er sieht frisch und kühl aus im weißen Segeltuch, doch sein Gesicht ist traurig. Ein Kleinkind mit O-Beinen jagt seine Mütze das Deck hinab, und ein junges Mädchen steht an der Reling und ißt Süßigkeiten und lacht. Doch für das alte Eisendampfschiff ist es der Winter seines Ruhmes.
Wir kommen an einer Glockenboje vorüber, die unsicher läutet – als täten die Wellen, wenn sie sie erreichen, weh. Ihre vier Eisenhämmer rollen dagegen und erzeugen ein melancholisches Stöhnen; es ist traurig und lieblich und geduldig. Das Schiff fährt weiter.
In Coney angelangt, kämpft man sich den Pier empor, konfrontiert mit dem ewigen Grinsen des Steeplechase-Mannes, der einen flachen Hut und zwei perfekte Locken über der Braue kleben hat, wie ein Handelsvertreter. Ein Mann sitzt auf der Piermauer mit der Angelrute in der Hand und einem Korb neben sich. Seine Frau wirft Brotstücke ins

Wasser und blickt zu den Vergnügungswilligen hinauf und dann wieder hinab.

Wenn man die Bowery erreicht, dringt einem ein seltsames Gemisch von Geräuschen ans Ohr: Lärm von Glocken, Tanzmusik, die kehligen Schreie des Straßenverkäufers, das Gelächter junger Mädchen, die Bemerkungen der Jungen über die Vorübergehenden drängen sich in jener Stimme, die eine Mischung aus Jugend und Alter ist – der gebrochene Schrei des Heranwachsenden.

Ein Mann mit weißer Schürze und Mütze steht mit offenem Mund hinter seinem Ofen mit der Herdplatte, die von Hot dogs bedeckt ist, einer rotbraunen Masse, die er von Zeit zu Zeit mit einer langen Gabel einsticht, während er das Gedränge überwacht. Wenn die Köpfe sich in seine Richtung drehen, besinnt er sich, weshalb sein Mund offen steht, und schreit: „Kommt, holt euch eure Hunde, alle heiß! Alles dran bis auf das Bellen und die Steuermarke! Nun holt euch mal schön eure Hunde, Leute!" Irgend jemand schreit daraufhin: „Wuff, wuff!" und lacht.

Dann hört man die leise, gutturale Stimme einer stämmigen Frau, die an der Seite steht: „Hier gibt's Roastbeef-Sandwichs – zehn Cent das Stück!"

Ein kleiner Mann im roten Rock stolziert vorbei, zwirbelt seinen Schnurrbart und blickt von einer Seite zur anderen, als erwarte er, daß um ihn herum die Gänseblümchen emporschießen; denn wie ein Schiff Schaum im Kielwasser hat, so erwartet er ein Kielwasser von Blumen.

Ein Offizier, flankiert von zwei Jungs im Matrosenanzug, bleibt vor der Schießbude stehen und probiert die Gewehre aus. Einer der Jungs macht eine Bemerkung: „Ach, das hier ist doch immer noch der beste Tanzlehrer!" Er knufft seinen Gefährten, zielt auf eine Ente und schießt sie ab. Sie gehen weiter. Das Gesicht des einen Matrosen hat einen seltsamen Ausdruck – und er zieht die anderen am Arm. „Los, kommt", sagt er hastig, „kommt jetzt." Bei der nächsten Schießbude bleiben sie nicht stehen.

Eine Attraktionenschau zieht ihre Aufmerksamkeit auf sich. Gewaltige Plakate künden von „Der allerdicksten dikken Frau", dem „Verknöcherten Mann", dem „Schlangenverführer" und dem unglücklichen Burschen, der Beine hat wie Peitschen und als „Der Zigarettenfeind" angekündigt

wird. Man schaut auf diese Menschen wie vom Kraterrand eines Abgrunds hinab, und sie befinden sich da unten auf dem Grunde der Verzweiflung und am Boden des Lebens. Der Vorführer tritt vor, den Rohrstock in der Hand; er berührt die Schulter des nächstsitzenden Krüppels und fängt an, ihn herumzudrehen, als sei dies Herumgedrehtwerden alles, wozu der Unglückliche geboren worden ist. Er beginnt, die Gebrechen dieses Mannes aufzuzählen, als handele es sich um eine Reihe kostbarer Perlen.
„Eine Explosion im Schädel, das Herabstürzen von Steinen und Kohle, ein Mann, der im Dunkel vorwärtsstürzt, ein stolpernder Fuß, ein Stoßgebet, und dann eine Spitzhacke durch den Leib – sehen Sie ..." Er dreht den jungen Mann wieder herum und klopft ihm dabei auf den Bauch. „Hier, an dieser Stelle, ist die Spitzhacke eingedrungen." Er dreht ihn abermals herum, und diesmal klopft er ihm auf den Rücken. „Und hier ist der Kopf der Spitzhacke wieder herausgefahren." Er reibt sich lächelnd die Hände. Der junge Mann dreht sich erneut um, mit starrer Miene, die weder freundlich noch das Gegenteil ist – ein kühles, beherrschtes Geradeausstarren –, ein klein wenig unsicher ist er sich vielleicht, ob er nun stolz sein soll auf diesen Unfall, der ihn zum Gegenstand des Interesses einer gaffenden Menge macht, oder unglücklich.
Der Vorführer hat eine Rauchschwade durch den jungen Herrn hindurchgeblasen, wo die Spitzhacke am Werk war, und nun tritt er zu einem anderen – diesmal zu dem verknöcherten Mann. Der Mann hat einen Spiegel am Hals, und von Zeit zu Zeit betrachtet er sich, wie er dort liegt und den Mund bewegt, weil das das einzige ist, was er tun kann. Viele Ringe mit blaßblauen Steinen zieren seine seltsam biegsamen Finger, und hin und wieder küßt er das Deckblatt einer Zigarre, die auf einen langen Stock gespießt ist.
Wir gehen weiter.
Der Lärm nimmt zu. Eine Traube Kinder äfft brüllend den Mann nach, der seine Waren ausschreit. Ein mageres kleines Mädchen, das aussieht wie eine alte Frau, tritt auf das Trottoir, das kurze stumpfe Haar straff nach hinten zu Zöpfen geflochten, die schmutzigen Hände in die Hüften gestemmt. Sie fängt zu krächzen an und imitiert die Menge: „Jedem sein Porträt ... Schö-ö-ö-ne Porträts von Baby und

Mamma", und dann mit einer noch unverschämteren Stimme: „Und das Bild von der lieben Frau, immer ranspaziert!" Ihrer großen, schrecklichen Fertigkeit haftet dennoch etwas Unfertiges an; sie scheint ein Ergebnis vergangener Schreie, Flüche, all des Gelächters, der Musik, der Tänze, des Getöses und der fröhlichen Dreistigkeit zu sein. Sie ist ein kleines Mädchen, das sich selbst aus der Gosse aufgelesen hat und zu diesem anzüglichen, eckigen Körper formt, indem sie sich gegen dies große Gelärme sperrt, gegen diese Geräusche, die ja, ach, niemals großartige Geräusche sind, sondern nur das Gezeter und Geschrei von tausend Kleinkrämern, die sich gerade einen Heller verdienen. Eine Handvoll Bonbons und Popcorn, einen Schwaps Sodawasser und Bier, eben was sich abstauben läßt.

Sie hat die Schuhe ausgezogen, damit sie ihre Verbindung mit der Welt so richtig fühlt. Wenn sie durch die heiteren, menschenwimmelnden Straßen geht, ist sie zu Hause angekommen; wenn sie im Rinnstein sitzt, hat sie ihren Mutterschoß gefunden.

Ein Eiswägelchen mit blitzenden roten und gelben Flaschen kommt vorbei; denn in Coney hat man das Gefühl, die unbelebten Objekte seien die einzig Belebten und die Menschen seien nur dazu da auszurufen: „Endlich ist es so, wie es sein sollte ..., charakteristisch für den ganzen wilden Wirbel des übrigen Amerika."

Wenn man um eine Straßenecke biegt, dringt einem Tanzmusik ans Ohr, und wenn man in die Dunkelheit eines langgestreckten Schuppens hineinblickt, sieht man einen alten Mann einen irischen Jig vollführen. Auf einer Fläche nicht größer als ein Handteller steigt er empor und fällt wieder hinab. Der Boden ist sandbestreut, und wenn seine Füße ihn berühren, stiebt der Sand in alle Richtungen und läßt eine nackte Stelle, die dann wieder von seinem landenden Fuß bedeckt wird.

Dieser Mann ist alt, klein und hält sich sehr gerade. Wenn die Menge johlt, zuckt ein kurzes Lächeln um seinen Mund. Doch hört er immer noch nicht auf; hoch springt er, und nieder springt er, auf und ab, nieder, die Füße geschlossen oder aber ein bißchen angehoben, so daß er ihre Sohlen mit einer müßigen Bewegung seiner weißbehaarten Hand klopfen kann.

Der Mann am Klavier steckt sich die nächste Pfeife an, die Ziehharmonika dehnt sich. Eine Pause schließt sich an, in der man Fetzen der Histörchen an den Nachbartischen aufschnappen kann, Zeit hat, die Gesichter zu beobachten, wie sie in die schäumenden Bierkrüge ein- und wieder daraus auftauchen. Dann kommt ein anderer, größerer alter Mann heraus, und indem er genau an derselben Stelle der Dielen auftrifft, die der kleine Mann gerade verlassen hat, beginnt er die nächste Nummer.

Instinktiv spürt man, daß dies hier ein bißchen etwas anderes ist – diesen Schuppen durchweht eine Luft, die anderswo fehlt. Es ist wenig anspruchsvoll, es ist sogar schmutzig, doch es scheut sich nicht, natürlich zu sein. Selbst die Kellner wissen diese Tatsache zu würdigen und stehen lächelnd am Eingang oder sprechen Französisch mit irgendeiner stämmigen Frau mit rosigen Wangen, die ihr Kind stillt und sagt: „Vous rappelez-vous notre douce vie?" „Lorsque nous étions si jeunes tous les deux."

Und dann gibt es noch ein anderes dieser Cafés, das demselben Mann gehört und wo irische Lieder durchaus am Platze sind und diejenigen, denen Irland einmal eng vertraut war, sich zu ihrem eigenen Vergnügen freiwillig melden.

In diesem zweiten Lokal traf ich Allen Norton, Bob Carlton Brown und Rose Watson. Wir bestellten, und Bob zeigte mir eine Nummer des „Coney Island Splash", eines kleinen Blattes für Coney-Bewohner und alle, die bei ihren Sodas und Sandwiches gern etwas Französisches auf der Zunge haben. Allen konnte jedoch nicht bleiben, und er nahm die Zeitschrift mit, als ich gerade dabei war zu entdecken, was Beatrice Wood und Clara Tice gezeichnet und Harry Kemp geschrieben hatten.

Danach schlug Rose Steeplechase vor. Alle Luna-Lichter erglühten gerade, als wir die Surf Avenue überquerten und auf eine Runde Austern einkehrten, ehe wir dann die Türen des „Funny Place" durchschritten.

Die Karusselle waren dichtbesetzt, als wir eintraten, und eine seltsame Erfindung, die ganz ähnlich konstruiert war, doch einen Wippeffekt hatte, war von Jungen und Mädchen bedeckt wie von Amseln auf einer Überlandleitung. Was die zwitscherten und ihre Federn ausschüttelten!

Prächtige, blankgewienerte Rutschen lockten uns, und wir

legten uns Karnevalskostüme an und wagten uns hinab und immer tiefer hinab und hatten dabei ein Gefühl im Magen, als sei die Welt plötzlich auf eine Klippe gelaufen. Ein ruckartiges Eintauchen in eine Schüssel, wo wir wie wild herumgewirbelt wurden, endete schließlich auf kreisenden Scheiben, die unser Leben bis zurück zu unseren Ururonkeln sämtlicher Würde beraubten.
Als nächstes stiegen wir sich krümmende Treppenstufen hinauf, die uns vorwärtsschleuderten und wieder zurückrupften, bis sie endlich, durch unsere verhaltenen Schritte besänftigt, endeten und uns wohlbehalten auf unseren Füßen abluden, in schwindelnder Höhe auf einem Turm, dessen glattpolierte Spirale hinabführte in die Tiefen der Erde.
Wir sprachen unsere Gebete und setzten uns hin, schlossen die Augen und begannen unsere Talfahrt. Aufblitzendes Licht und erneut abgrundtiefe Finsternis, durch die wir mit Kleidern wie Fackeln hindurchwirbelten und auf den Gnadenstoß warteten, während wir all unsere höheren philosophischen Betrachtungen irgendwo da oben in Tageslicht und Luft gelassen hatten. Dann waren wir endlich wieder draußen, aufrecht stehend, aber ein bißchen wackelig, und hielten Ausschau nach Haarnadeln und Freunden.
Auf einer wirbelnden Plattform erspähte ich Bob, der herumfuhr wie eine Walnuß auf einem Hochzeitskuchen und dazu idiotisch lächelte.
Doch macht nichts, deshalb sind wir ja schließlich hier, und nun wollen wir erst mal nach unten gehen und etwas trinken. Das tun wir auch und schlendern hinaus in Gärten wie vielleicht jene in irgendeinem alten Roman, wo die Liebenden auf irgendeine alte Renaissanceweise Selbstmord begehen, indem sie Veilchen nibbeln – ein Garten, der gesprenkelt ist von den Lichtern der Leuchtreklamen und der Kabaretts.
Wir steigen in ein Riesenrad. Wir werden in den Himmel hinaufgedreht und bleiben dort mit zwei albernen kleinen Mädchen, die über Anachronismus reden und Anarchismus meinen. Doch das gehört alles zum Abendvergnügen und den fünfundzwanzig Dingen, die man tun kann oder nicht, einfach aufgrund der speziellen Kombination, auf die man sich anfänglich eingelassen hat.

Wir starren in den Himmel, und jemand sagt: „Sieht das nicht aus wie die Tuilerien?", und jemand anders antwortet: „Schau nicht über den Rand, sonst wird dir noch schwindlig", und ich denke, wie schön die Schatten dort unten sind, wo das Gras ist, und wie seltsam der Himmel ist in diesem Rad, das womöglich nie wieder hinuntergeht.

Doch natürlich tut es das in der stumpfsinnigen Art aller Mechanik und verdirbt auf die Weise einmal mehr eine vollkommene Tragödie.

Bis wir unten angelangt sind, ist Bob und Rose schon wieder etwas eingefallen, was man Allen für den *Splash* andienen kann, und sie lachen, als sie durch den Park hinaus ins Freie laufen.

Und dann war da der Lunapark mit seinen Brutkastenbabys, die zu klein sind, um Namen zu haben, und zu seltsam für eine Adoption. Da sind die Boote, die ins Wasser tauchen, und die Lichter und das Lachen und die rosigen Zungen, die sich an das rosige Eis in den gelben Waffeltüten schmiegen. Und da ist der nette Pressevertreter, der lächelnd in der Tür seines Privathauses steht, und da ist sie wieder, Surf Avenue in ihrer ganzen Breite.

Man geht zum Wasser hinab und hört das eiserne Dampfschiff ablegen und wirft einen letzten Blick zurück vom Kai auf die seltsamen Gestalten, die einander etwas zurufen und mit den Armen wedeln und singen, und mit einem kleinen Erinnerungsbild von dem goldhaarigen Mädchen, das seine Locken im Sonnenuntergang trocknet, sagt man Coney adé und erwischt das Schiff gerade noch, ehe die Gangway eingezogen wird.

Als ich nach Hause zurückkehre, sehe ich das Mädchen, das den Arm um den Hals des jungen Mannes gelegt hat, dasselbe Mädchen, das Süßigkeiten gegessen hatte, und das kleine Kind, das seine Mütze über das Deck gejagt hatte, liegt jetzt schlafend im Schoß seiner Mutter.

Und bald höre ich auch schon die Glockenboje läuten.

NEW YORK MORNING TELEGRAPH SUNDAY MAGAZINE, 15. JULI 1917

Crumpets und Tee

Der Fremde, der zufällig durch die vielen kleinen Nebenstraßen käme, die die Fifth Avenue zum Ziel haben – falls es solche zufällig irgendwo vorbeikommenden Fremden in New York überhaupt gibt, – würde höchstwahrscheinlich in diesen städtischen Bauden soviel Waffeln und Tee konsumieren, daß besagter Fremder gar nicht zur Besinnung käme.

Ein Perückenmacher vom *Strand,* ein Chouan aus der Bretagne oder ein Student aus dem Quartier Latin würde in unseren Teestuben jene Atmosphäre – halb traurig, halb anspruchsvoll – vorfinden, die fast schon europäisch ist. Gleichzeitig geben sich diese Teestuben alle Mühe, antiquiert zu erscheinen, indem sie mit Connecticut-Möbeln früher Stilepochen aufwarten.

Mit welchem Erstaunen würden unsere Vorfahren nicht auf diesen Teil New Yorks blicken, in dem wir uns in unseren müßigen Augenblicken niederlassen, wenn wir nichts Besseres zu tun haben, als *crumpets* und Tee zu genießen! Dabei denke ich ganz besonders an eine Teestube, diejenige, wo ich schwedische Waffeln schätzengelernt habe.

Diese Teestube befindet sich am oberen Ende einer Wendeltreppe, die sichtlich mitgenommen ist vom jahrelangen Auf und Ab ihrer Benutzer. Wo man hereinkommt, stehen kleine braune Teekannen auf einem Regalbrett, wie rundliche Herren in Smokinghemden. Die Vorhänge sind überpudert von Blütenzweigen, die dieselbe blauweiße Farbschattierung haben wie die Teetassen. Hagere Frauen mit traurigen Gesichtern unter weißen Rüschenhäubchen fragen einen, was man bestellt und sieht sie hinter einem weißen Stück Blümchenvorhang verschwinden, hinter dem das Gesirre siedender Wasserkessel zwischen Batterien gebutterter Zimtschnitten und *scones* aufsteigt.

An einem langen Refektoriumstisch am hinteren Ende des Raumes sitzen zwei weißhaarige Damen. Die Kupferkannen, die an der Wand hängen, reflektieren die Flammen eines hellbrennenden kleinen Feuers und werfen gelegentlich einen rötlichen Fleck auf ihre hohen, weißleuchtenden Kragen. Sie flüstern miteinander und stören die beiden gro-

ßen Kameen auf, die auf ihrem Busen liegen. Vor ihnen liegt ein Ordner und ein kleines Häufchen Rechnungen. Die nehmen sie sich eine nach der anderen vor und streichen sie mit ihren langen, mageren Händen glatt, dann wenden sie sie hin und her und sagen dabei mit volltönenden Stimmen: „Vierunddreißig, fünfunddreißig, sechsunddreißig."
Der Gast blickt weg und betrachtet die Stühle mit den hohen Rückenlehnen, die steif an den wurmstichigen Tischen stehen. An der Wand hängt ein Teppich – eine Dame auf einem tänzelnden Pferd. Ein Samtkäppchen sitzt keck auf den rostroten Locken und auf ihrem Arm ein Falke.
In diesem Lokal ist alles von Zwielicht beherrscht – Zwielicht der Antiquitäten, Zwielicht des Alters, Zwielicht der Seele. Prächtige Kupferschilde hängen, von Lanzen durchbohrt, vom Dach herab, und ihnen gegenüber liegt auf einem Eichentisch die Bibel, aufgeschlagen beim Buch Hiob.
Unter diesem Raum, der auf einen kleinen Hof voller Statuen und Brunnenschalen, brüllender Löwen und kleiner Cherubim mit üppigen Weintrauben hinausgeht, befindet sich ein großer, staubiger Raum voller alter Stühle. Nur durch einen Spalt fällt Licht herein und ergießt sich über einen Druck – einen alten Jockey mit sehr roter Mütze und stark angewinkelten Beinen, der sich tief über den Hals seines Pferdes beugt. Eine staubige Shakespeare-Büste thront mißbilligend über dem Ganzen – hohe Stirn, dichtes kleines Bärtchen, durchsichtige Lider. Ein langarmiges Mädchen steht unentwegt hinter diesen Dingen, einen Staubwedel in der Hand, der doch niemals das Grau von ihrem Leben fortwedeln kann oder das Alter, das ihr durch die Augen sickert. Draußen wachsen in kleinen Kästen gelbe und rosafarbene kleine Blumen.
Manchmal mühen sich Damen mittleren Alters mit vernünftigen Absätzen an vernünftigen Schuhen langsam die ausgetretenen Stufen hinauf und, unter üppig fließenden schwarzen Schleiern, in den im oberen Stockwerk gelegenen Raum. Dann sind dort noch die munteren Studenten mit ihren rotgrünen Cordmützen und der Mappe unter dem Arm oder irgendeinem kleinen Abguß von irgend etwas in einem feuchten Tuch.

Yeats schaute aus demselben Fenster hinaus, aus dem der Gast nun hinausschaut, auf denselben Hof, der mit derselben Flagge aus diagonal unterteilten Feldern gepflastert war, und roch den Duft von heißen Pickles und Frankfurtern, der auf dem Höhepunkt eines heißen Sommernachmittags nach oben steigt, oder vielleicht dachte er auch:

> Of some too dewy evening where
> Great lilocks leaning peer and loom,
> A lady walks with skirts a-flare;
> A hooped thing that spreads to bloom
> Each time her tiny foot moves out,
> And shakes the foamy lace about.
> Stooping she picks a crimson phlox
> The while a saucy catbird mocks,
> The silver laughter wedged in
> Her little mouth. The soft cleft chin
> Trembles quickly: her bosom heaves,
> One perfect tear shows much she grieves
> That gardens are such curious things
> Until the tom boy catbird sings!

Und dann gibt es da noch eine andere Teestube, irgendwo unweit der Forty-fourth Street East, wo man vor langer Zeit einen jungen Slawen sehen konnte, der dort saß und seine üppig bemessenen Füße auf der anderen Seite des Tisches aufgebaut hatte, als seien sie seine Gäste. Manchmal sang er, während er auf die gemodelte Butter und die Brötchen wartete, und manchmal warf er auch einen zustimmenden Blick auf die hohen Hauben der Kellnerinnen in ihren knappsitzenden Miedern und gefälteten Röcken. Oder er machte auch eine Bemerkung etwa des Inhalts, daß alle Teestuben von Engländerinnen geführt würden, „die offenbar nichts auf die Rippen kriegen" könnten. „Für Essen hegen sie tiefe Verachtung", setzte er dann hinzu, „und für Steingut höchste Verehrung", und er lachte.

Es gibt sie tatsächlich, diese sprichwörtliche Schlankheit der Teestubeninhaberinnen, ihre verächtliche Einstellung gegenüber dem Essen und ihre unerschöpfliche Leidenschaft für Porzellan. Diese Lokale sind gewöhnlich vollgehängt mit Tellern, Tassen und Krügen, und auf Regalbrettern reihen sich alle erdenklichen Untertassen in allen erdenklichen Größen und Mustern aneinander und bieten dem entzückten Auge den Schaum ihrer gemalten Blumen und ihrer glasierten Früchte und Fische dar.

Was Zola wohl dazu sagen würde? Wenn seine Pariser Märkte Entsetzen und Ekel in ihm hervorriefen, wenn seine beleibten bourgeoisen Ladenbesitzer seine Seele mit Grauen erfüllten, hier hätte er angesichts des spärlichen Angebots an Eßbarem und dünner, flinkäugiger Frauen, die alles an ihre ästhetischen Kuchen und den dünnen Tee wenden, Frieden gefunden.

Ach ja, das war vor langer Zeit, vor dem Krieg, als man in aller Muße Tee nippte und Zeit für Mutmaßungen und Beschreibungen und hin und wieder einen Gedanken hatte. Vor langer Zeit war das, als die dickste Schlagzeile von einer Scheidung oder einem Brand handelte und als auch das Schweigen zu seinem Recht kam.

Diese Zeiten sind zwar vorbei, aber wir kehren dennoch zu unseren Tassen zurück und zu unseren *scones,* und wir sprechen über den letzten Roman und die Gedichte von Amy Lowell und die Batiken von Miss Slade und lauschen Sydney hingerissen, wenn er von der Kunst des kurzen, unbedeutenden Essays spricht, wie er zur Zeit Lukas' geschrieben wurde, oder vom Niedergang von Feder- und Tuschzeichnung seit Picasso.

Wenn man die Thirty-fourth Street stadtabwärts hinunterschlendert, biegt man auf einmal um die Ecke und sieht sich unmittelbar mit Blumentöpfen in grünen Kästen und einem Jockey mit roter Mütze und Breeches konfrontiert. Tritt man durch den Eingang, steht man der schlanken Engländerin gegenüber, die hinter ihrem Pult sitzt und mit einem Füllfederhalter Buch führt, während die Gäste in den Nischen ungeduldig auf Orange Pekoe und *buns* warten.

Diese Teestube wird von Damen mittleren Alters besucht, die ihre Ungeduld ebenso mitbringen wie ihr Strickzeug, und noch von anderen seltsamen Mitgliedern der Gesellschaft. Da gibt es beleibte Herren in Karoanzügen, kotelettentragende Parvenüs, *Lebemänner* mittleren Alters, die den Anschein der Schönheit mit Hilfe ihrer Löckchen, ihres Geschäftssinnes, ihres gewitzten, intensiven Blicks aus kleinen, zusammengekniffenen Äugelchen, ihrer Wohlgelaunt-

heit, ihrer stets zu einem anerkennenden Lächeln bereiten Lippen, ihrer Welterfahrenheit erwecken, wobei letztere sich insbesondere in jenem kurzen Auflachen zu erkennen gibt, das sich unsere Vorfahren gönnten, wenn in der elisabethanischen Komödie der Held den Vater um die Hand der Tochter bat und dazu ausführte, er werde niemals müde werden, sie mit der größten Hingabe zu umhegen und zu lieben.
Diese und andere, die großzügige Reiseplaids oder Schultertücher tragen, begehen kleine Mogeleien mit dem Zukker und mit Blicken und scharen sich zusammen, um mit aufgestützten Ellenbogen die politische Entwicklung zu diskutieren – alle, bis auf den *Lebemann,* der sein gewaltiges, alles in den Schatten stellende Wissen um ein enttäuschendes Universum dadurch unter Beweis stellt, daß er die Daumen in die Weste hängt und mit den übrigen acht Fingern seiner so verankerten Hand dagegen klopft. Diese Stallungen haben niemals etwas vergleichbar *nach Pferdestall Riechendes* enthalten wie einige dieser Herren es sind, auf der anderen Seite gab es niemals sonst etwas derart Zurückhaltendes wie einige der Teetrinker aus Harlem, die sich die Hörnchen mit besonderer Sorgfalt buttern und dabei auch die Ränder nicht vergessen.
Eine andere um Originalität bemühte Teestube in den späten Dreißigern hüllt sich in tiefe Düsternis, die freilich dadurch aufgehellt wird, daß der dahinterliegende Hof mit Hilfe einer Menge Schaukelstühle und Weinranken und rustikaler Tische in einen Garten umgewandelt worden ist, wo junge Männer sitzen und über einen dekorativen Selbstmord, eine harmonische Art und Weise nachdenken, wie man die Welt so verlassen kann, daß sie einem etwas schuldig bleibt.
Und dann ist da noch die Teestube, die ich niemals wiedersehen werde, weil sie ganz am Ende einer Erinnerung untergetaucht ist, die selbst Barry nicht wiederfinden könnte, sollte er den ganzen Weg in die Jugend zurückkrauchen und auf Händen und Knien unter Tränen und Lachen nach ihr suchen müssen. Doch ich erinnere mich der Sonnenschirme, unter denen wir saßen, und des gestreiften Tischtuchs auf unserem Tisch und des jungen Mannes mir gegenüber, der mir von Plattsburg erzählte und wie

schrecklich es gewesen sei, nach der einmaligen Ausbildung in Plattsburg nach New York mit dem nichtigen Gehabe der Bourgeoisie zurückkehren zu müssen.

Dieser Mann hatte viel von dem Gentleman jenes Schlages, den es peinlich berührt, bei seinen Gedanken ertappt zu werden; der zu reden anfängt, errötet und sich verhält, als sei er nicht nur beim Stehlen von Marmelade erwischt worden, sondern auch noch dabei, daß es ihm Spaß gemacht hat. Dieser Typ Mann weiß immer, wie man einer Frau den Handschuh zuknöpft, wie man ihr das Schnürband bindet und ihr die Finger küßt, er wäre jedoch völlig hilflos, wenn sein Diener ihm die Manschettenknöpfe auf dem Tisch zurechtlegte statt auf den Toilettentisch. Er trägt zwar eine Brille, doch käme man nie auf den Verdacht, daß er sie nicht deswegen trägt, weil die Augen schlecht sind, sondern weil die Brille gut ist. Er hat gleichzeitig Probleme mit seinen Faibles und seinen gesellschaftlichen Grundsätzen und mit jener verborgenen Macht, die ihn im richtigen Augenblick dort hinauftreibt, wo er dominiert, oder ihn unvermutet in jene Verzweiflung stürzt – das Eingeständnis, daß die Welt einfach unsäglich seltsam ist –, die wir Selbstzerstörung nennen; ein Mann, der unweigerlich zerstören oder zerstört werden muß.

Ja, und so kam es denn, daß er und ich und all die anderen zu unseren *crumpets* mit Tee gegangen sind, uns über unseren Tassen kennengelernt oder einander aus den Augen verloren haben, während wir nach einem Stück Würfelzucker langten. Orte, wohin niemals jemand zurückkehrt, die jedoch stets besetzt sind. Kleine Lokale, wo man unter all den unzähligen Schemenhaften, die kommen und trinken und, während sie noch trinken, zahlen, gelegentlich auf eine echte Persönlichkeit trifft, eine Frau auf einem Stuhl mit hoher Lehne mit einem Paar französischer Augen unter einem blonden Pony, ein seltsames flachbrüstiges Geschöpf, das versessen ist auf Porzellanmalerei und Miniaturen im persischen Stil; eine schmachtende, heißblütige Frau, die im Dezember in Brand steht und keuchend den Sommer durchlebt; eine Frau, vor der man Angst haben muß, denn da ist mehr am Werk als die Wirbelsäule im Einklang mit den Kopfbewegungen; eine seltsame, ganz unverzeihliche Person, die es schafft, daß man an der Gesell-

schaft und der Evolution und einer ganzen Menge bestens eingeführter Theorien über das Sein zu zweifeln beginnt.
Und immer und überall überwiegen die dünnen Engländerinnen, und immer und überall dominiert das Porzellan, und immer und überall sind die Vorhänge aus geblümtem Stoff, und immer und überall sind die Blumenkästen rot von Geranien, wie man, wenn man sich die Treppe hinaufmüht, immer auf dasselbe Detail, dieselbe Vorliebe für alte Möbel, dasselbe Kupferzeug und die Reihen blanker Kannen stößt. Die Spiegel, die Klapptüren, die beim Buch Hiob aufgeschlagene Bibel, den langen Refektoriumstisch, die Stapel grüner Rechnungen, die beiden weißhaarigen Damen mit ihren von leuchtenden flämischen Kragen umschlossenen Hälsen, den beiden Kameen, die sich langsam auf und ab bewegen, wenn sie gemeinsam zählen und den Haufen Papier vor sich glattstreichen: „Vierunddreißig, fünfunddreißig, sechsunddreißig, siebenunddreißig."
Oder man begeht den Fehler, ins Plaza oder Ritz einzukehren, und bekommt niemals irgend etwas davon mit.
Oder man verfehlt es, weil man jenseits der Forties stadtaufwärts läuft oder unterhalb der Twenties, oder man geht auf der falschen Straßenseite, oder man kramt in seinen Taschen und stellt fest, daß man nur noch Geld für den Bus hat, und wenn man den dann statt dessen nimmt, dann findet man sich an seiner Endstation wieder, in jenem kleinen Bereich der Stadt, der nichts weiter ist als ein Höhlengang, ein Dachsbau, ein Dorf voller Teestuben. Dann ist man natürlich für immer verloren.

NEW YORK MORNING TELEGRAPH SUNDAY MAGAZINE, 24. JUNI 1917

Die Boheme, von nahem besichtigt

Vier Uhr nachmittags, und jemand hat ein Glas Wein vergossen – es kriecht über das Tischtuch und verbreitet sich zu einem Muster von trübsinnigem Rot – es ist Morgen im Land der Boheme.
In dem kleinen Hinterzimmer mit seinen schiefhängenden

Bildern liegt König McGrath, fernab vom lärmenden Gewühl – den Kopf in die Hand gestützt, schaut er der Jungfrau ins Gesicht, die an die Fassade der Kirche genau gegenüber seinem Drei-Bretter-Bett gemalt ist. Ja – der König hat eine Erkältung.

Und während Jack so liegt und ins gemalte Antlitz der Jungfrau starrt, während die Abenddämmerung eines muffigen Hausflurs durchs immer größer werdende Schlüsselloch eines Hauses, das früher einmal etwas hergemacht hat, kriecht – wie sich die Lippen des Trunkenbolds, der einst ein Mann war, immer weiter auftun –, erhebt sich aus ihren erlesenen Laken, in gekörperter Pracht, so daß lang schon erstickte Myrte aufffliegt aus zerknitterter Spitze, die Königin, und ich kann Ihnen ihren Namen nicht nennen.

Ja, der Tag hat für Greenwich Village begonnen. Die Kellner im Brevoort und im Lafayette fangen an, das Gefieder zu spreizen, sind sie doch die einzigen Kellner der Welt, die keine Hemmungen haben, ihre innersten Sehnsüchte zu kultivieren – mit anderen Worten, sich eine individuelle Seele zuzulegen.

Nun ja, ist das Land der Boheme etwa keins, wo jeder genausogut ist wie jeder andere – und muß ein Kellner nicht ein bißchen weniger als ein Kellner sein, um einen guten Bohemien abzugeben? Deshalb sagt nur nichts, Ihr aus der Bronx, wenn er sich in aller Öffentlichkeit über Euch lustig macht, weil Ihr Pastinaken wolltet, wo doch Artischocken auf der Speisekarte stehen. Das hat nichts weiter zu bedeuten, das ist nur seine Seele, die nach dem Höheren strebt. Er hat das Gefühl, daß er erst einmal verächtlich sein muß, ehe er Nietzsche werden kann.

Zwischen dieser Stunde und sechs Uhr, die als Polly's Stunde oder als Stunde des Dutch Oven oder des Candle Stick bekannt ist, versammeln die Teesüffler und die Cocktailträumer sich allmählich im Kellergeschoß des Brevoort. Oben herrschen Wohlanständigkeit, Ehefrau, Kinder, Musik; eine Geige läßt eine traurige Weise erklingen wie die melancholischen Amseln auf der Telegrafenleitung mit ihrem geschwätzigen Sirren. Im Kellergeschoß ist alles, was sich nicht gehört: kesse Mädchen in grellbunten Hängern oder der Art von ausgefallenen Kleidern, die denen, die in ihnen stecken, Grimassen zu schneiden scheinen, so wie die Kleider von Gaugh. Wilde, wilde Exoten der Einbildungskraft – Auswirkungen von Bakst. Männer, die Arme voller schwerer Literatur, die Taschen voll leichter Münze, mit prächtigen Krawatten – halt, Allen Norton hat sie ja beschrieben:

> „... Die Krawatte, die allböse /
> Die verrückt macht wie der Mond, und schaut er sie /
> Sich wendend, sinkt der Streiter für die gute Sitte nieder."

Und dann noch – doch nein, Sie können sich die blinkenden Satinkrawatten, die gewebten Klagelieder gewiß vorstellen, die die Musik außerhalb der Kehle besorgen wie der Kehlkopf im Innern.
„Einen Schnaps, Tito –", das geht an ihren neuesten Liebhaber, einen herrlich hingegossenen, einen gutaussehenden Mann von fünfzig Lenzen, keinen hiesigen allerdings; ein Italiener vielleicht oder ein Russe oder ein Franzose, denn die Boheme hat eine Vorliebe für die ausländische Machart. Ich persönlich teile sie durchaus; der Ausländer lügt so bestrickend, er ist auf so gekonnte Weise ein schlechter Mensch. Vielleicht kommt das daher, daß er ein besserer Gelehrter der Natur ist oder ein besserer Lügner – ein Gelehrter der Augenblicke fern aller Gelehrsamkeit. Er besitzt das Geheimnis des unverwässerten Glücks und des unverwässerten Schmerzes. Erkenntnis beider, Anerkennung beider, Liebe zu beiden, das ist alles.
Tito bestellt den Schnaps – und befühlt dabei die Münzen in seiner Tasche. Ob das zum Zahlen reicht? Ist ja auch nicht so wichtig, denn der Raum ist voll von solchen Verlegenheiten wie der seinen: Niemand kann zahlen, und alle tun es.
In einer Ecke sitzt ein Impressionist mit einer Frau. Ich kenne den Mann sehr gut; er hat ein Falkengesicht, ist dünn und gehört für mich zu denen, über die zu erzählen sich lohnt. Er hält den Kopf leicht gehoben und entblößt so ein weiches Bündchen, an dem mattschimmernde Mondsteine sitzen. An den Fingern hat er rote Gemmen und auch grüne; diese Finger liegen über der Krücke seines Handstocks, als seien sie eigenständige Persönlichkeiten

und erheischten entsprechende Aufmerksamkeit. Er weiß, wie man gut riecht, beredt gestikuliert, und vor allem versteht er sich auf die Kunst, nach mittlerem McKinley auszusehen, mit einem Hauch von Louis bzw. der Anfälligkeit jener Periode. Er spricht ein atemloses Englisch, bläst dabei ein Kerzlein ums andere aus und verlischt schließlich in absoluter Gesprächsfinsternis.
Das Mädchen kenne ich ebenfalls. Ihr Haar ist kurz (ein Beweis dafür, daß die Boheme am Ende doch so sehr wie alle anderen ist, daß sie nicht einmal hierin originell sein kann); sie hat eine historisch bedeutende Vergangenheit. Sie ist eine der besten Verliererinnen, die ich kenne – sie hat sämtliche Krankheiten des medizinischen Jahrbuchs, und sie macht sich nichts daraus. Lachend wurde sie geboren, und so wird sie auch sterben – das Lachen eines Jungen, ein Lachen, das im Rinnstein erblüht wie eine Blume. Sie raucht Zigaretten, vielleicht hundert am Tag. Ich habe sie in der Asche nach Kippen von *Selbstgedrehten* wühlen sehen, während noch schwach der Duft derer für einen Dollar die Schachtel in der Luft hing. Ich habe ihr zugehört, und ich habe gelacht, doch im tiefsten Innern, das weiß ich, hegte sie Dinge, deren Lebendigkeit sie fürchtete – Kinder der Erinnerung und jene Erinnerungen, die wiederum Kinder sind.
Sie ist völlig ungehemmt und tanzt einen Abend lang, sie wird schrecklich betrunken, denn sie kann nicht mehr dasselbe vertragen wie damals, als sie, gut zehn Lenze früher, ein Mädchen war. Alles, was das Leben beinhaltet, hat sie sich geborgt, um es einmal selbst in jenen langen, mageren Händen zu halten – nur die Augen verändern sich nie. Sie schauen aus ihrem Gesicht wie das Kind, das über die Mauer späht, wohinter der gesamte Abfall des Lebens zusammengewirbelt und hängengeblieben ist. Es ist etwas zugleich Schreckliches und Schönes; sie heißt – lassen wir es hiermit bewenden.
Doch gehen wir weiter; es ist zum Lachen.
Manchmal enthält ein Raum eine Atmosphäre, und manchmal enthält er eine Menschenmenge. Diese Räume, diese Ateliers, diese Cafés – sie werden eines Tages zu Staub zerfallen, doch wenn er fällt, wird er singen, der Staub.
Eines Abends stand ich an der Ecke Sixth Avenue, wo sie

die Greenwich Avenue kreuzt, und als ich dort stand, sprach eine pelzbesetzte, schmuckbehängte Frau mit zwei staksigen Töchtern mich an. Die Unruhe in ihren Augen mutete mich, die ich daran gewöhnt war, in die ruhigen, oft trägen Gesichter meiner Umgebung zu blicken, seltsam an. Die Augen der Frau wandten sich hierhin und dorthin und die ihrer Töchter ebenfalls. Man mußte den Eindruck haben, daß hier der Verlierer nach dem Verlorenen Ausschau hielt.
„Wo ist Greenwich Village?" fragte sie und schnappte nach Luft.
„Hier, wo wir stehen", antwortete ich und sah sie schon zusammenbrechen.
„Aber", stammelte sie, „man hat mir doch von alten Häusern und komischen Frauen und Männern erzählt, die auf dem Bordstein sitzen und den Polizisten Gedichte aufsagen oder nach Brötchen fischen, die vom Regen in den Battery Park gespült werden! Ich habe von kleinen Lokalen gehört, wo die Frauen rauchen und die Männer zärtlich werden und getanzt wird und gelacht und nicht viel Licht ist. Ich habe von Häusern gehört, die wie Zebras gestreift sind, golden und silbern, und von Kleidern, die – schnell, schnell!", schrie sie, hörte mitten im Satz zu sprechen auf und packte, ganz genau wie die Weiße Königin in „Alice hinter den Spiegeln", beide Kinder bei der Hand, während sie davoneilte: „Da ist ja so eine!"
Und so ließ sie mich bloß wegen einer Frau in einem Gingankleid mit einer Mappe unter dem Arm stehen.
Ich hörte, sie sei ihr erfolgreich bis zu Polly's auf den Fersen geblieben und habe, drinnen angelangt, mit angehaltenem Atem dort gesessen – angehalten ob der kleinen geistigen Parüren, die aus den Kehlen von Ada Forster, Adele Holiday, der entzückenden Dauerdebütantin, von George Baker, René Lacoste, Dave Cummings, Maurice Becker, Marney und Billy von Tisch zu Tisch flogen, während an einem anderen Tisch Harold Stearns zwischen zwei Löffeln trügerischen Tapiokapuddings mit Francis Gifford sprach.
Doch Madame Bronx war es immer noch nicht zufrieden. Sie segelte davon, die beiden Töchter staksten mit unsicheren Sheffield-Farm-Fesseln hinter ihr her, hinauf zum Dutch Oven, wo sie zuhörte, wie Floyd Dell Max Eastman das Drama erklärte, oder aufschnappte, was sie für gewagte

Fetzen der Unterhaltung zwischen Marsden Hartley und Demuth hielt. Die Mädchen bestellten sich Eiercreme und kicherten, weil Eiercreme nämlich etwas ist, das man im Land der Boheme essen sollte.
Schließlich konnte Madame Bronx es nicht mehr ertragen.
„Sind Sie Künstlerin?" erkundigte sie sich bei einer Rothaarigen, die aus irgendeinem Grunde vergessen hatte, ihr Haar abzuschneiden.
Die Rothaarige lächelte, in ihren Augen blitzte es auf: „Nein", antwortete sie, „ich bin Pamphletschreiberin!"
„Was ist das denn?"
„Eine von denen, die für die Geburtenkontrolle eintreten", antwortete die Rothaarige mit unbewegter Miene.
Und von dort zum Candle Stick und vom Candle Stick zum Mad Hatter und vom Mad Hatter zur französischen Konditorei und von der Konditorei zu all den bekannten Zufluchtsorten und abschließend zu Mazzini's. Denn diese traurige kleine pelzbesetzte Frau mit ihren amtlich bestätigten Töchtern wußte nichts von jenen gottvergessenen Treffpunkten, deren Reiz dadurch verdoppelt wird, daß sie schwer zu finden sind.
Nein, ich werde sie nicht preisgeben, doch einen davon werde ich für diejenigen unter Ihnen, die sich die Mühe machen wollen, ihn aufzuspüren wie ein Buchliebhaber Bücher aufspürt, etwas näher bezeichnen. Es ist ein Kellerlokal auf dieser Seite der Sixth Avenue, und zwar auf der Seite des Washington Place mit den ungeraden Hausnummern. Ich habe früher dort gewohnt, doch während der Nacht, als es zur Katastrophe der Pulvermühle von New Jersey kam, sah ich mich mit einem Haus voller wehklagender Frauen konfrontiert, darunter auch die rundliche Wirtin, die, barfuß, Manhattan und zerbrochene Fensterscheiben im allgemeinen verwünschte und nach ihrem Rosenkranz aus Perlen sowie dem ihrer Kinder jammerte.
„In Boston lassen sie nicht so die Scheiben zerspringen", sagte sie und stand bebend, bis sie in die Kissen meiner Couch sank und laut nach einem Schluck Wein rief, um einer Erkältung vorzubeugen, und hinzufügte, Dynamit sei ein ganz garstiges Zeug.
Und so zog ich denn um. Doch dort in jenem Kellergeschoß findet man, mit blassen romanischen Gesichtern, ei-

nen Ehemann als Küchenchef mit einer Ehefrau als Kellnerin, die moderne Wälzer anbringen: ein Kochbuch der Frührenaissance oder auch die Lieblingsrezepte irgendeines Barons, die er vor langer Zeit eigenhändig niedergeschrieben hat und die nun verbleichen wie das Erröten auf den Wangen der Verliebten. Oder Monsieur le Chef spielt auf einer bauchigen Mandoline, mit zuckenden blonden Schnurrbartspitzen, während der junge Komponist, dem kürzlich ein Unfall zugestoßen ist, den er mit einem Beinbruch überlebt hat, halbabgewendet gegen die Wand gelehnt sitzt und aus schönen, freundlichen Augen lächelt.
Dies ist wirklich – dies ist das Unbekannte. Selbst ein Kellergeschoß hat sein Kellergeschoß, und dies ist eins der Kellergeschosse unterhalb des Reichs der Boheme.
Ja, und dann ist da Bobby. Wir können Bobby mit seinen Ukulelen nicht vergessen, die in seinem Atelier am Washington Square an der Wand aufgereiht hängen. Bobby erhält die alte Tradition aufrecht – er hat noch jedes Mädchen, das zu ihm kam, um ihre Hand gebeten und inbrünstig gehofft, daß sie ihn nicht ernst nehmen würde; Bobby mit seiner Hornbrille, die seine Augen davor bewahrt, in irgendeinen Schlamassel zu preschen, wie ein Gatter das Vieh von verbotenem Weidegrund fernhält; Bobby, der im Black Cat auf den Tisch steigt, um das mittlerweile zu Recht berühmte Lied „Unten im Süden, in Greenwich Village" zu singen und das noch rührendere „Lied vom Kamel", das sich danach sehnt, auf das Wasser aus einer Million Pumpen zu verzichten, um bei seiner Liebsten sein zu können.
Guido Bruno mit seinem grünen Filzhut trifft man dabei an, wie er über Selters und Milch brütet und eine letzte Version auf eine Papierserviette schreibt. Oder Peggy O'Neill – nicht die Schauspielerin, sondern die andere Peggy – kommt hereingefedert, um den letzten Schmutz auszukippen. Die Hände in die Hüften gestemmt, setzt sie hinzu: „Jetzt seht euch mal an, wie ich mir selbst ein Essen auf den Tisch stelle!", und bestellt später dann „eine Lämmerherde", was nicht mehr und nicht weniger ist als Lammkoteletts.
Ein paar radikale Landplagen kommen herein mit fließenden Krawatten und fließenden moralischen Grundsätzen

und gehen von Tisch zu Tisch und behaupten, Baudelaire habe recht gehabt mit seiner Forderung, man solle sich, woran auch immer, berauschen.
Hippolite Havel unterstützt Baudelaire ein bißchen besser als jeder andere und hält dabei gleichzeitig aufrecht, was sowieso nichts völlig vergessen machen kann – daß die Bildung infolge vieler harter Püffe zu geiststreichelnder Scharlatanerie verflacht ist.
Da gibt es die Abende in den Studios, wo blaue und gelbe Kerzen ihr heißes Wachs über Dinge gießen, die aus Elfenbein und Jade sind. Weihrauch kräuselt sich aus einem Marmeladenglas; an den Wänden japanische Drucke. Hier ein Tupfer Purpurrot, dort ein goldener Wandschirm, ein schwarzer Teppich, ein silberner Vorhang, ein achtlos hingeworfener Gobelin, eine Nummer von „Rogue" auf einem niedrigen Tischchen, die bei dem Gedicht von Mina Loy aufgeschlagen ist. Eine Blume in einer Vase mit drei Pinseln; eine Ausgabe von Oscar Wilde, schmuddelig von sozialistischen Daumen. Eine Zigarettenschachtel, ein paar bemalte Fächer, erlesene Weine (das in der Bleibe der Wohlhabenderen).
Und dann – ein kleines Schlafkämmerchen unter der Dachschräge, ein schmutziger Teppich, der in Fetzen geht; ein schmales Feldbett mit einer schmutzigen Decke. Eine kaputte Rasierschale mit einer Blume darin, ein Druck von einem Druck an der Wand, ein in die Ecke geworfenes Handtuch, ein ältliches Brötchen und eine halbleere Teetasse. Eine Umzugskiste mit einer Schreibmaschine, ein paar ungereimte Verse, eine Nummer einer billigen Zeitschrift mit einem Namen im Inhaltsverzeichnis, der identisch ist mit dem Namen am Kopf des Blattes in der Schreibmaschine. Ein Hauch von Weihrauch, vielleicht vom Treppenabsatz im Stockwerk darunter, wo die Miete höher ist, vielleicht vom letzten Vierteldollar gekauft. Ein Paar zerrissener Schuhe, der Körper eines Mannes auf dem Bett, der die Arme wegstreckt und langsam den schweren Atem der Unterernährten ausstößt.
Dann sind da die Theater, die aus dem Boden geschossen sind, die Washington Square Players mit einem Mietvertrag bei der Comedy und jetzt die Provincetown Players in einem Raum gleich neben dem Liberal Club – der, Liberalität

hin oder her, doch so ganz nebenbei ein paar Pokerspieler hinausgeworfen hat – und da sind noch andere mehr.
An Lädchen sind zu nennen: Daisy Thompson's, der Jolin Shop, die Treasure Box (jemand hat sich dort Jaderinge genommen – falls derjenige das liest, bitte zurückgeben!), Helena Daytons Tonfiguren kann man in einigen dieser Läden kaufen, die von Clara Tice in wieder anderen.
Und ganz am Schluß, wenn alle anderen schließen und die Stühle auf die Schöße der Tische geschoben werden und die Lichter ausgehen – insgesamt einhundertelf –, dann gibt es ja immer noch das Hell Hole Ecke Fourth Street und Sixth Avenue. Ein Türschlitz, ein Gesicht, das einem ins Gesicht starrt, das schmutzige Hinterzimmer mit seinen aus der Zeitung ausgeschnittenen Damen in knapp gehaltener Unterwäsche, die Männer an den Tischen, die intime Atmosphäre, die schmutzigen Gesichter, die unsauberen Witze, das Sich-hinein-Verirren farbiger Frauen und Männer – ein farbiges Liebchen mit einem Lächeln im Gesicht wie eine Klaviertastatur in der dunklen Nacht ... Komplimente von ihm, zuerst Verlegenheit auf ihrer Seite, dann Gefiederspreizen, das in kokettem Abgang endet. Das Stumpfwerden, das Absacken, tiefer und tiefer, in einen grauen betrunkenen Schlaf, das stille, schale Bier, die dicke Luft, die reglosen Leiber – Tageslicht.
Die kleine Komödie des Lebens: die große Tragödie der Komödie, Bohemenacht, Washington-Square-Tag. Melancholie, das einzige Zeichen der Treue zu etwas, an das sie früher einmal glaubten. Ein paar Freunde, ein Schatz, der mit zwei vorgetäuschten Feuern spielt. Wirkliche Dinge, die schön sind, auf gräßliche Weise vermischt mit dem, was nur Imitat ist. Ein herrliches, schreckliches Haschee auf dem Tisch des Lebens. Und der Fächer fächelt immer weiter durch die Welt und worfelt Weizen von Spreu. Und weil die Spreu leichter ist, fliegt sie immer höher und höher und dreht sich und glänzt in der Sonne und tanzt einen Augenblick lang einen verrückten, wilden Tanz – einen Tanz, der den Blick vom Korn ablenkt, das da in einem stillen, fruchtbaren Haufen liegt. Doch die Spreu tanzt langsamer und langsamer und sinkt und sinkt immer tiefer hinab ..., fliegt außer Sicht ..., hat niemals existiert.
Gewiß, am Morgen wird es dann wieder lustig sein, wenn

der Morgen um vier Uhr nachmittags beginnt oder vielleicht schon um elf. Es wird die gelegentlich stattfindenden Bälle geben, die Tanzveranstaltungen in den Clubs, die Essen in den Eßlokalen, die Theaterverabredungen, die gemeinsamen Kinobesuche; den Schwatz am Abend über Kunst und Leben, die Theorien, die so alt sind wie die Hügel, und die neuesten Spinnereien, die kleinen Ausflüge der Innenausstatter stadtaufwärts, bei denen es um eine Farbschattierung für einen Stuhl oder die Farbzusammenstellung für ein Atelier geht. Anton Hellman, der die Stuhlbeine umkreist, um ihren Farbton festzulegen, wie Ziegfeld die Beine seiner Tanztruppe arrangiert. Die Besitzer der italienischen Restaurants werden ihre Tomatensauce für die abendlichen Spaghettirunden zusammenrühren. Studenten werden sich im Park versammeln. Irgendwo außerhalb des Geratters der Straßenbahnen wird man den durchdringenden, hohen Ruf kleiner Schuhputzerjungen hören: „Blanke Schuhe, Mister, blanke Schuhe, nur drei Cents!" Die Polizisten werden ihre Gummiknüppel schwingen und paarweise schwatzend an den Mews vorbeischlendern. Die Blätter rascheln unter dem Fuß, das Gras stirbt, die Vögel werden seltener und seltener. Die endlosen Scharen der *Slumgänger,* die nach bunten Perlen und schwarzen Troddeln Ausschau halten, werden sich verlaufen. Ein, zwei Kerzen werden in einem nach Süden gehenden Atelierfenster schimmern. Scheppernde Musik wird aus einem offenen Fenster dringen, das Weinen eines Babys in einem Wohnhaus, das Klacken einer Schreibmaschine in einem Souterrain, und dann werden die Bewohner des Village zu ihren bevorzugten Eßlokalen eilen; erneut die Zigaretten, erneut die Runde Drinks, erneut die Heiterkeit, ein paar gescheite Witze, ein Scherz über die freie Liebe – Nacht.
Und in dem Zimmerchen, wo der König gelegen und ins Gesicht der Jungfrau gestarrt hatte, da steht er jetzt hinter seinen Gitterstäben, ausgehfertig, auf dem Weg ins lärmende Gewühl, das eben eingesetzt hat, und der König geht in seinen Tag hinaus – hmm, ja, denn der König hat seine Erkältung vergessen.

NEW YORK MORNING TELEGRAPH SUNDAY MAGAZINE,
19. NOVEMBER 1916

Das letzte Petit Souper
Greenwich Village, ein Wolkenkuckucksheim

Ich fand es oft unterhaltend – vielleicht weil ich sie nicht mit einem gleichermaßen wohlwollenden wie gewissenhaften Blick betrachtet habe –, jene Menschen zu beobachten, die als *Typen* bezeichnet werden und die durch die Stadt und in ein Lieblingscafé gehen, um Tee zu trinken.
Das Proletariat trinkt sein Gebräu aus rein vernünftigen Erwägungen, und wie anders trinkt nun unser Liebhaber.
Er ist sich des heranwachsenden Tees bewußt, er gewärtigt ihn, wie er in der Sonne zittert. Er weiß, wann er gestorben ist – seine Todeszuckungen schlagen ihm wie Flügel an den Gaumen. Er spürt, es ist dessen ohnmächtigster Augenblick, wenn er der Freite brühender Wasser unterliegt. Welch freudige Erregung durchläuft ihn nicht angesichts seiner letzten und bei weitem gloriosesten Pein – wenn sein Lebenssaft die Flüssigkeit mit unvergleichlichem Bernstein beseelt und in erhabenem Gepränge die Passage seiner Kehle durchrinnt.
Ich bin nicht gewillt zu sagen, daß der eine nichts aus seiner Tasse herausholt und der andere alles, ich sage nur: Was wäre die Welt doch öde, gäbe es diese reizenden Liebhaber nicht. Wie engstirnig und wie trübsinnig gerät doch das reine Spezialistentum! Wieviel verdanken wir nicht jenen unter uns, die vor freudiger Erregung zittern können und eine dekorative Wonne daran finden, solch ein knapp bemessenes Stündchen hinwegzuzittern. Zufrieden mit Farbe, Duft und importierten Akzenten; und begleitet von einem Familienskelett, das aus nichts weniger Amüsantem gemacht ist als Jade.
Die Öffentlichkeit – oder mit anderen Worten, jener Teil unserer selbst, dessen wir uns schämen – kräuselt stets die Lippe, wenn solch ein Liebhaber erwähnt wird, und das ausschließlich aus dem patriotischen Versuch heraus, jenem kleinen Heim der Fünfziger mit seinen Wachsblumen, seinen engen Schaukelstühlen und seinen lokalen Eigenheiten treu zu bleiben und vor allem jener Mutter, deren Rat stets so trefflich war wie schädlich.
Es gibt da drei Typen, die ich mir jederzeit ausmalen kann.

Nennen wir sie Vermouth, Absinthe und Yvette, letzterer ein mädchenhafter Name, der gemeinhin mit einem Getränk assoziiert wird, das rein männliche Impulse befördert.
Vermouth sah ich gewöhnlich über einer kalten, vereinsamten Tasse französischen Kaffees sitzen, zwischen zehn und elf Uhr morgens, die ihn auf Anhieb oberhalb einer Anstellung und unterhalb der Verzweiflung ansiedelte.
Er führte stets einen schweren blonden Rohrstock und ein Paar gelbe Handschuhe mit.
Er starrte über ganze lange Minuten die farbigen Gevierte der Fensterscheiben an, gänzlich uneingedenk der Tatsache, daß er nicht hinaussehen konnte. Unzweifelhaft sah er alles, was eine Scheibe zu enthüllen vermochte, und noch viel mehr.
Zuweilen tauchten neben der einsamen Tasse Damaszenerpflaumenmarmelade und Croissants auf, die aller Wahrscheinlichkeit nach bewiesen, daß da irgend jemand irgendeine aus dem Ärmel geschüttelte *Kleinigkeit*, die in jener schlichten Stunde der Inspiration komponiert, geschrieben oder gemalt worden war, bewundert und aus dem Haus getragen hatte.
Er war niemals unglücklich auf traurige Weise, ja eigentlich schien er geradezu außerordentlich glücklich, wenn er auch häufig von Schmerzen geplagt wurde und sich beim Hinausgehen auf seinen Stock stützte.
Wenn er traurig war, gab es dafür lediglich ein verräterisches Anzeichen: jene rasche, scharfe Kopfbewegung, wie sie nur jenen speziellen Kindern der Natur verliehen ist – dem Sperling, der nicht rasten kann, sondern fliegen muß, und dem Sterblichen, der nicht fliegen kann und infolgedessen zur Rast verdammt ist.
Dann waren da noch Yvette und Absinthe. Yvette hatte seinen Gott im Halfter stecken. Er wurde bei jeder Gelegenheit gezückt, und wenn er sich endlich offenbart hatte, stellte er sich lediglich als ein „Mon dieu, my dear!" heraus, woraufhin er gleich wieder weggesteckt wurde, nur um, rasch bei der Hand wie ein Refrain, sofort wieder herausgeschnellt zu kommen und mit Vermouths geduldigem „Lieber Gott!" in Kampf zu treten.
Yvettes Mantel war von adrettem Sitz, ausgefranst zwar,

aber entschieden herrschaftlich. Etwas Unbestimmtes hielt ihn davor zurück, sich für passé zu erklären. Er wies das auf, was Rockschöße genannt werden muß, und Yvettes Beine schwangen majestätisch zwischen ihnen wie der Klöppel der Freiheitsglocke unter seinem historischen Metall.
Ein weicher Filzhut in einer Hand, die etliche ungeschliffene Steine spielen ließ, die sich zu Schmuckstücken verhielten wie Prosa zu Versen. Wenn er vorüberging, wehte einen der Geruch von etwas Vertracktem an, so wie es sich aus dem Muster eines indianischen Räuchergefäßes herauswindet. Und als letztes kam mit Yvette der mittlerweile berühmte silberumrankte Spazierstock daher.
Dieser Spazierstock war hochaufgeschossen, rege und parteilich. Er war ihm, was der Stengel der Blume ist. Er erhöhte und stützte seine Blüte gleichermaßen, während er für das Leben bedeutete, was die Kerze der Nonne bedeutet.
Absinthe war wie dieser Spazierstock, hochgewachsen, tatkräftig, aber zutiefst blaß. Er schien aus Gips zu bestehen, und nur seine Lippen waren lebhaft und verblüffend hellrot. Er sprach mit jenem deutlich englischen Akzent, den man nur in Amerika hört.
Er hatte die Angewohnheit, die Hände vors Gesicht zu legen, vermutlich aus denselben Gründen, weshalb man Farne neben Rosen legt.
Die Nägel dieser Hände waren lang, länger als Japan jemals unter der Nagelhaut irgendeiner gebürtigen Gelbjacke hervordrängte –, und sie waren versilbert oder vergoldet.
Es gibt in unser aller Leben, oder soll ich sagen im Leben einiger von uns, Augenblicke, die auf Französisch gelebt werden müssen. Da diese Herren sämtlich durch dies Stadium gegangen waren, konnte man, eine Folge dessen, Staub auf ihrer Rede entdecken; sie reichten einander die Schnupftabaksdosen ihrer Gedanken, als seien sie Antiquitäten, jede Äußerung war mit gleicher Sorgfalt konserviert. Mit anderen Worten, sie schätzten jene Stunde hoch.
Diese Männer faßten all jene fremden kleinen Dinge in sich zusammen, die in ihrem Mutterland nur der Dialekt der Physis sind, und niemals waren sie auch in solchem Maße zufrieden mit sich selbst, wie wenn sie sich in Erinnerungen ergingen.

Yvette trug von den dreien die unmißverständlichsten Spuren von Auslandsaufenthalten, jenes unbewußte Produkt eines bewußten Programms.

Er war ein Leopard, der sich seine eigentümlichen Flecken selbst ausgesucht hatte, und das ist vielleicht der Unterschied zwischen dem, was wir selbst vorstellen, und jenen anderen Käuzen, die ihre Reisen über die unsrigen hinaus ausdehnen, bis hinein in die geistige Welt, zu einer Reise der sogenannten Unvernunft.

Yvette war weiblich, er konnte nicht nur dieser Rolle entsprechend aussehen, er agierte auch mädchenhaft in vielem, was er tat. Doch hätte man ihn bewundern sollen, statt sich über ihn lustig zu machen, denn das verlieh ihm die Ungezwungenheit zu sagen: „Aber, mein lieber Freund, da befinden Sie sich schwer im Irrtum. Die deutschen Frauen sind nicht dick, sie sind bloß üppig", oder sein „Ach, ich Armer, mir fehlt das, was man den Boulevards nachsagt, weit mehr als ihre wirklichen Gegebenheiten."

Dann lächelte Vermouth und antwortete: „Ja, ja, ich weiß, doch stellen Sie sich nur mal vor, Sie lebten in einem Lande, wo man per Telefon Fehlgeburten erleiden kann und Prellungen per Telegraf."

Auf die Weise erkannte man, wie unergründlich Vermouth im Verein mit Absinthe geworden war. Gemeinsam hatten sie zu viele Stunden damit verbracht, einen schwarzbetroddelten Vorhang zu betrachten, vielleicht um dessentwillen, was er enthielt, oder um dessentwillen, was er verhüllte.

Er legte es darauf an, seinen Kopf auf alle Zeiten in den Wolken zu haben. Um es zu beweisen, bestellte er Schokoladeneis und Tee, und das um zwölf Uhr nachts. Denn es ist eine Theorie unseres Liebhabers, daß schlechtes Essen tiefgründige Esser schafft, und dementsprechend verhielt er sich eben.

Und so verhalte auch ich mich, da bin auch ich nun angelangt, an eben demselben Punkt, den ich erreichen wollte – dem Zwölf-Uhr-Souper und seiner Bedeutung.

In den tiefschürfendsten und religiösesten Augenblicken des Philosophen Mark Aurel gelangte derselbe zu der Überzeugung, daß man jeden Tag behandeln solle, als sei es der letzte.

Und darin liegt das Geheimnis des Liebhabers.

Er steht ständig kurz davor, jene unvergleichliche Stunde durchzumachen, die Stunde vor und die Stunde nach dem Nachtmahl, die sich als die letzte erweisen könnte. Und so kommt es, daß er, während er seine Träume träumte und sich Alkoholisches aus seinen Tränen brannte, um sich angesichts dieser letzten und heiligsten Gelegenheit einen Rausch anzutrinken, jenes kleine Etwas entdeckt hat, das den Unterschied zwischen ihm und unsereinem ausmacht, der sich für eine Woche Vorräte ins Haus kommen lassen hat.
Und ich, die ich dieses Etwas ansichtig geworden bin, habe gelernt zu verstehen.

BRUNO'S WEEKLY, 29. APRIL 1916

PORTRÄTS

Nach Mitternacht amüsiert Coco Chanel überhaupt nichts mehr

„Die Figur ist wichtiger als das Gesicht, und wichtiger als die Figur sind die Mittel, mit denen man sie sich erhält. Wichtiger als alle drei ist die Lebensfreude aufgrund der eigenen Konstitution, und die läßt sich nur durch gute Gesundheit bewahren. Finde heraus, was du gern tust, und dann tu's. Wenn du sagst, du kannst nicht, dann ist das einfach nur das Eingeständnis, daß du deinen Körper nicht soweit in Schuß hast, daß er die Rolle spielen kann, die du dir für ihn wünschst. Man lebt ja nur einmal, und da kann man ebensogut auch amüsant sein. Wenn man nicht amüsant ist, dann liegt das daran, daß man krank ist, und kranke Menschen betragen sich unhöflich gegen die Natur."

Gabrielle Chanel, die plus grande couturière von Paris mit einem Einkommen von mehreren Millionen, die 2400 Menschen in ihren Ateliers beschäftigt, ja praktisch Besitzerin der Rue Cambon ist, wo ihre Kreationen vorgestellt werden, Herrin etlicher Häuser in Europa – und die die Hand des unermeßlich reichen Herzogs von Westminster ausgeschlagen hat und die Hälfte der großen Namen der Welt zu ihren Freunden zählt, aus bescheidenen ländlichen Verhältnissen in der Auvergne stammend, Gabrielle Chanel, der die Frauen zu Füßen liegen, die gutgekleidet sein wollen – diese Gabrielle Chanel liebt die Einsamkeit, die frische Luft, das Landleben, Sportkleidung, Hunde, Angeln, das Frühaufstehen und das Frühzubettgehen, Geräkel und harte Arbeit, insbesondere harte Arbeit.

Sie ist weltberühmt für zweierlei, Parfum und strenggeschnittene Kostüme – mit anderen Worten, für die Höhe, auf die sie die Verfeinerung des Geruchssinns getrieben und für die Tiefe, aus der heraus sie die geradezu bescheidene Strenge der schicken, schrecklich schicken, Kreationen entwickelt hat. (Die Bauersfrau und die Halbseidene, blitzblank gewaschen und mit einer Schere von Engelshand zurechtgeschnitten, aus dem Zeug scheinen ihre Angebote etwa gemacht.)

Coco Chanel tritt auf als die Verkörperung ihrer eigenen Herkunft, der Erde, und der Erde dankbar verbunden.

Ihre Philosophie ist die Ursache für ihren Erfolg und ihren Ruhm. Sie glaubt an die Natürlichkeit, und wenn sie das Wort *natürlich* benutzt, dann benutzt sie es nicht in dem Sinne, wie das üblicherweise geschieht – als Bezeichnung für häßliche, ungehobelte, ungekonnte Dinge. Für sie ist das etwas Natürliches, das am vollständigsten und in sich stimmigsten ist. Wenn jemand erklärt, seine Weise, natürlich zu sein, bestehe darin, bis zum Morgengrauen aufzubleiben, zu trinken, was das Zeug hält, sich auffällig anzuziehen und sich beim Essen ordentlich vollzustopfen, dann wird sie sagen: „Na schön – doch was haben Sie bloß für eine *schlechte* Natur!"

Wie alle Französinnen ist Coco Chanel vernünftig mit diesem Grad von Vernünftigkeit, die wir Bewohner der westlichen Welt als eine Art unheiliges Wohlbehagen im Angesicht der Wunder der Natur betrachten. Selbstverständlich! Coco Chanel ist ja eines der Wunder, gerade deshalb, weil sie natürlich ist. Wir sind selten natürlich, weil wir ungläubig sind. Wir haben Angst vor der Natur, und daher kommt es, behauptet sie, daß wir unsere Übungen als Medizin und nicht als Spiel auffassen.

„Ich bevorzuge an einer Frau charmante Umgangsformen, eine charmante Art zu reden, eine charmante Haltung, eine charmante Art zu tanzen gegenüber der bloß klassischen Schönheit. Klassische Schönheit kann sehr stupide sein, wenn man sich außerhalb des Museums befindet. Ein hübsches Gesicht kann der inneren Verfassung sehr unangemessen sein. Ich mag ein Gesicht, das irgend etwas sagt, das schlicht und zutreffend Auskunft über die Persönlichkeit gibt. Natürlich, wenn man das alles sein kann und gleichzeitig auch noch schön, dann ist man die Zielscheibe göttlicher Freigebigkeit gewesen.

Beobachten Sie doch", sagt sie, „wie die Frau, die alle Blicke auf sich zieht, einen Raum betritt. Wie sie geht, wie sie sich setzt, welche Gesten sie beim Gespräch verwendet. Sie mag nach klassischen Maßstäben schlicht häßlich sein, trotzdem ist an ihrer Figur, ihrer Haltung, an ihren Gesten irgend etwas dran, das Stil hat und ansehnlich ist, weil sie eben kein schmückendes Beiwerk sind, sondern zu ihrem Wesen gehören.

Weshalb ist sie unter fünfzig, hundert anderen die Attrak-

tivste, ob sie nun groß oder klein, dunkelhaarig oder blond, sportlich oder feminin ist? Weil sie weiß, *wie* sie gehen möchte, *warum* sie sich hinsetzen will und *worauf* sich ihre Gesten beziehen. Sie ist sie selbst.
Sie ist mit ihrem Gang auf keine *Mode* angewiesen wie etwa den einst beliebten latschigen Gang der Debütantinnen, den ich für äußerst unschön hielt, weil er das war, was ich einen *Markengang* nenne – jede Frau ging wie die andere. Man bewahre sich seine Eigenständigkeit, selbst in Belangen der Mode. Eine Frau sollte keine Gliederpuppe sein, was dann der Fall ist, wenn sie der Mode allzu sklavisch und ohne Geschmacksvorlieben folgt.
Wenn eine Frau sich ihre Figur erhalten will, dann muß sie sich beschäftigen, arbeiten können. Dann ist sie glücklich, weniger befangen, und dieser Zustand wird sich in ihrer Figur widerspiegeln. Männer mögen tüchtige Frauen. Sie ist frei von der Angst, die sie empfand, als sie wirtschaftlich abhängig war, und folglich besitzt sie auch mehr echte Schönheit.
Man soll arbeiten, dann spielen, sich entspannen, schwimmen, angeln, eine Runde Golf oder Tennis spielen, ins Freie gehen und sich an Luft und Sonne freuen. Und hier möchte ich unterscheiden zwischen Gymnastikübungen und Sport. Gymnastik ist ein Ersatz für Sport. Solche Übungen sind sehr gut, wenn man weder Zeit noch Lust zu etwas anderem hat, doch ich stehe auf dem Standpunkt, daß straffe Gymnastikübungen sich zu den natürlichen Sportarten – wie Schwimmen, Wandern, Reiten – verhalten wie Lebensmittelkonserven zu frischen Erzeugnissen aus dem Garten. Wenn man seinem Körper nichts Besseres bieten kann, dann sind Konditionsübungen brauchbar, wenn man aber eine bezaubernde Figur und Geschmeidigkeit bekommen und auf Dauer behalten will, dann muß man Freude an der Bewegung im Freien, an frischer Luft, an Sport haben.
Was ist denn eigentlich eine schlechte Figur? Das ist eine Figur, die bis in die einzelnen Glieder hinein ängstlich ist. Eine solche Ängstlichkeit in der Haltung kommt daher, daß man seinem Körper nicht gegeben hat, was ihm zusteht. Ein Mädchen, das sich schämt, weil es seine Schulaufgaben nicht gemacht hat, hat denselben Ausdruck wie der Körper einer Frau, die nicht gelernt hat, was Natur ist.

Man kann nicht gleichzeitig zwei Schicksale haben, das des Narren und Maßlosen und das des Weisen und Maßvollen. Man kann kein Nachtleben durchhalten und tagsüber noch etwas zuwege bringen. Man kann sich nicht Nahrungsmittel und alkoholische Getränke genehmigen, die den Körper zerstören, und immer noch hoffen, daß man einen Körper hat, der mit einem Minimum an Selbstzerstörung funktioniert. Eine Kerze, die an beiden Enden brennt, mag zwar helleres Licht verbreiten, doch die Dunkelheit, die dann folgt, währt länger.

Was nun die Frage angeht, welcher Diät man folgen soll, um sich seine vollkommene Figur zu erhalten, so kann ich nur wiederholen, was ich über alle anderen Lebensfunktionen gesagt habe – mäßig sein, einfach sein, redlich sein. Ein redlicher Appetit wird auch einfach sein, und ein einfacher Appetit bescheiden. Weniger essen, als man Lust zu haben meint, mit der Intelligenz essen, nicht mit dem Magen. Niemals vom Tisch aufstehen und sich insgeheim dafür entschuldigen müssen, daß man ein Vielfraß ist; das ist eine Beleidigung für die Tafel.

Gut schlafen, sieben bis acht Stunden, wenn man es braucht; bei geöffneten Fenstern schlafen. Früh aufstehen, hart arbeiten, sehr hart. Das tut einem nicht weh, denn es sorgt für einen regen Geist, und der Geist wiederum sorgt für die Anteilnahme des Körpers. Das klingt komisch, doch wenn Sie darüber nachdenken, werden Sie feststellen, daß es gar nicht komisch ist. Nicht bis spätnachts aufbleiben. Schließlich, was ist denn an dem sogenannten gesellschaftlichen Leben dermaßen Wertvolles dran, daß Sie die Kissen verschmähen, um bis zum frühen Morgen daran teilhaben zu können? Schlechte Luft, schlechtes Essen, schlechte Getränke, häßliche Umgebung, die das Herz nicht erfreuen, dumme Menschen, die Nacht für Nacht dieselben endlosen *histoires* wiederholen – die *histoires* solcher Leben, die nur gelebt worden sind, um erzählt werden zu können und aus diesem Grund der Erzählung nicht wert sind. Schonen Sie sich um Ihrer selbst willen. Schonen Sie Ihre Ohren, schonen Sie Ihre Augen, schonen Sie Ihre Gedanken, schonen Sie Ihre Nerven. Was haben Sie denn nach Mitternacht schon gehört, das Sie für wertvoller halten als ihren Nachtschlaf? Es ist doch nur das, was Sie sowieso schon gehört

haben, und zwar hundertmal, und das, was Sie morgen wieder hören werden, es sei denn, Sie hören auf mit diesem Unfug.
Mich persönlich amüsiert nach zwölf Uhr überhaupt nichts mehr!"

SEPTEMBER 1931

Yvette Guilbert

Das Zimmer ist nicht groß. Der Geruch von Großstadtherbst liegt in der Luft. Nicht von der Art Herbst, der Tod und Niedergang und das Austrampeln verglühender Blumen mit sich bringt, sondern der Geruch dieser Art von Manhattan-Herbst, in den mit rosafarbener und purpurner Üppigkeit mit einemmal fremde Blumen einbrechen: Der Frühling des Jahres für Treibhausblüten.
Der rosa Sessel aus grauem, emailliertem Holz steht auf einem Teppich, der mit seinen rosa Farbschattierungen noch ein wenig opulenter wirkt. Der hohe Wandschirm mit seinen falschen federgeschmückten Vögeln und seinen prächtigen rostroten Dahlien ist gerade so weit zur Seite gerückt, um das Porträt einer kleinen Pariserin sehen zu lassen, die, weißgekleidet und mit geschwungenem Strohhut, ihren Rock gerade so weit lüpft, wie die bewußte Koketterie, die jeder sichtbaren Fessel vorangeht, es erfordert, und einem Herrn zulächelt, der sich aus dem Fenster lehnt, soweit das Gitter das zuläßt.
Plötzlich ist der Stuhl in Rosa und Grau ausgelöscht, sind der Wandschirm und die Grisette vergessen, denn Madame Yvette Guilbert ist ins Zimmer gefegt gekommen und beugt sich vor, die beiden weißgewandeten Arme auf die Glasplatten des Tisches gestützt.
Sie ist eine große Frau mit kleingelocktem blondem Haar. Ihre Jahre haften ihr eigentlich auf eine freundliche Weise an, eher wie eine Dekoration und nicht wie eine Kalamität, eher wie eine Freundschaft zwischen ihr und dem Leben. Ihr Lächeln ist flink und breit. Ich weiß noch, daß ich sie irgendwann einmal etwas mit *Hagebutten und Hagedorn* als Refrain singen gehört habe, und jetzt, als ich sie zehn oder zwölf Jahre später anschaute, sah ich dieselben intelligenten Augen, dieselben beweglichen, aber schmalen Lippen und die große, leicht stupsige, schlaue, zynische Nase, und ich wußte, wo immer diese Sängerin sich gerade aufhielt, konnte man sich nur zu Hause fühlen.
Es ist unmöglich, ihre englische Aussprache festzuhalten und zu Papier zu bringen; es ist keine Frage von Buchstaben, sondern gänzlich eine der Kehle, und zwar der Kehle

ziemlich weit hinten. Folglich unternehme ich auch keinerlei Versuch.
„Manchmal denke ich", sagte sie und beugte sich vor, „daß die Welt überhaupt niemanden versteht. Der Künstler hat, gleich, in welchem Lande, so viele schreckliche und erbärmliche Stunden durchzustehen, und falls ihm endlich irgend jemand seine Aufmerksamkeit schenkt und ihm eine Chance gibt, dann nur, um ihn gründlich mißzuverstehen.
Sie fragen mich nach meinen Liedern; Sie sagen: Madame Guilbert, finden Sie es nicht schade, daß Sie nicht mehr die pikanten Liedchen singen können, die Sie früher gesungen haben – ah!" Sie wirft die ausdrucksvollen Hände empor, preßt die Lippen zusammen und senkt den Kopf. „Ach je, daß jemand so etwas sagen kann, daß irgend jemand mich in dieser Weise mißverstehen kann. Das waren keine frechen Lieder, Mademoiselle, sie waren das Leben selbst. Das waren Blumen, die aus dem Rinnstein in den Himmel geschossen waren; das waren Strähnen vom Haar des Märtyrers, die über die Jahrhunderte hinweggeweht waren; sie waren Tropfen Herzblut; sie waren menschliche Leidenschaft und allzu menschliche Vergeßlichkeit. Denn, ach, ach, die Welt vergißt zu rasch und zu leicht.
Nein, Mademoiselle. Sie waren respektlos und sie waren sarkastisch und sie waren scharfzüngig – gewagt waren sie nie. Sie waren das kleine Federmesser, mit dem man der Bosheit und dem Betrug das Handgelenk ritzt – das und mehr nicht.
Ich bin keine Tragödin und auch keine Schauspielerin mit seelischem Tiefgang, die sich das Haar ausrauft, wenn sie eine Wahrheit lehrt. Derlei Dinge kann ich nicht leisten, doch dies andere kann ich. Ich möchte wie Pierrot sein, den Narren spielen, die Lustige, und wenn ich lache, soll es sein, als weinte ich, und wenn ich lebe, als stürbe ich. Wenn ich mir eine einzige Haarsträhne ausreiße, soll das sein, als risse ich sie mir alle aus; wenn ich nur ein einziges Mal den Kopf schüttele, soll es sein, als nehme irgendeine Hand die gesamte Menschheit bei den Handgelenken und schüttele sie auf alle Zeiten aus dem Leben heraus.
Wenn ich diesen Winter in dem neuen französischen Theater auftrete, dem Théâtre du Vieux Colombier, werde ich

einen Pierrot geben, den ich auf den Gedichten von zwei brillanten Männern aufgebaut habe, und dann werde ich euch allen beweisen, daß der Pierrot zwar eine heitere Blüte ist, seine Wurzeln jedoch tief reichen und sich um den ewigen Leichnam der Welt winden, wie ein Band um ein schönes Geschenk geschlungen wird."
Sie lachte und warf ihren prächtigen Kopf zurück, und plötzlich wußte ich, daß sie schön war: das verschmitzte Lächeln, die hellen Augen, der sensible Schwung der Nase. Im Umgang mit diesen Dingen ist Madame Guilbert genauso schlau wie im Hinblick auf ihre Lieder.
„Ich versuche immer, irgend jemandem ein paar Dinge beizubringen. Ist das nicht albern, ja, unmöglich? Ich weiß nicht. Wissen Sie, ich war meiner Zeit zehn Jahre voraus. Es war mir darum zu tun, die Falschheit durch Wahrhaftigkeit zu zerstören, und die Zukunft wird erleben, wie derlei Dinge unter Beschuß geraten, und nicht nur als solche, als Fakten, sondern auch in ihrem Geist."
„Wissen Sie", fuhr sie fort und brachte die Hände nach einer unvollendeten Geste schließlich wieder zurück auf den Tisch, „wir müssen einander besser kennenlernen, Amerika und Frankreich. Wir haben immer schon Fehler bei der Einschätzung des anderen gemacht. Ihr meint hier, wir seien frivol und schlüpfrig und trivial, und wir denken von euch, ihr seid Frohnaturen und dabei grausam und unwissend. Wir stellen uns unter euch Frauen der besseren Gesellschaft vor, die die Blumen auf ihre Korsage abrichten, wie wir die Blumen die Veranda hinaufzwingen, die kleine Hunde herumtragen und die ihre Zeit müßig vertun. Jetzt ist es an der Zeit, daß wir erfahren, wie es im Innern der anderen aussieht. Wir sind Verbündete, die für dieselbe Sache kämpfen, und sollten im Leben keine Fremden füreinander sein, wenn wir im Tod so gute Kameraden sein können.
Das Théâtre du Vieux Colombier ist ein solcher Versuch – ein Medium, wodurch wir uns selbst und euch vielleicht besser kennenlernen können als durch irgend etwas sonst. Aber ach –", wieder warf sie die Hände in die Luft, „was soll man denn da ausrichten, wenn ihr nach wie vor darauf besteht, daß unsere Schriftsteller *frivol* sind und unser ganzes Leben überhaupt ein bißchen, wie es nicht sein sollte?

Doch ich sage Ihnen –", und an dieser Stelle ließ sie die Faust auf die Tischplatte fallen, „es gibt nicht ein einziges unanständiges Lied in Frankreich und auch keinen einzigen unmoralischen Dichter."

„Erzählen Sie mir etwas über Frankreich", sagte ich.

„Ach, Frankreich – kann man darüber überhaupt sprechen?" Sie senkte langsam die Lider und blickte auf ihre Hände nieder. „Wissen Sie, ich habe einiges an Briefen bekommen, viele Briefe von den *poilus* – ich bin Patin von vielen von ihnen. Ach, Mademoiselle, was für Briefe, was für Briefe! Einer schrieb mir: ‚Ich hatte gehofft, mir einen oder beide Daumen erhalten zu können, um Knöpfe zu drücken, wenn ich aus dem Krieg zurück bin, doch, Madame, glauben Sie mir, sie sind beide tot. Sie werden nichts mehr drücken. Ich bedaure es sehr. Es gibt so viele Dinge, die ich nie wieder werde tun können.' Und ein anderer – ein Mann, der seine Beine nicht bewegen kann und an der Stelle des einen Auges nur noch eine blinde Furche hat –, er sagte: ‚Macht nichts, ich kehre in den Schützengraben zurück, wenn sie mich lassen.'"

Auf dem Tisch waren zwei nasse Flecken, und Madame Guilbert legte still die Hände darüber. „Und da sind noch andere, Mademoiselle, viele andere. Nein, die sagen nicht: ‚Ah, die Deutschen, wie wir die hassen!'. Sie sagen statt dessen gar nichts. Man kann nichts sagen; man kann nur sterben. Europa ist ein riesiges Feld voller Splitter, und diese Splitter bewegen sich. Manche davon haben noch Augen, manche haben noch Münder, manche Hände, andere Füße: doch sie sind schrecklich weit verstreut. Sie liegen in allen vier Ecken der Erde und türmen sich langsam empor, und überall ist das so, als sammelte sich der Staub in einem entlegenen Winkel."

Sie schaute aus dem Fenster und hatte den Kopf abgewandt. „Einer von ihnen hat zu mir gesagt: ‚Es hat eine Parade gegeben, eine Wohltätigkeitsparade oder so etwas – Sie waren nicht da, doch das ist ganz in Ordnung. Wir wußten ja, wir konnten Ihnen trauen, wir wußten, Sie würden sich nicht als Karnevalspatriotin verkleiden.'"

Sie wiederholte das und lachte ein hartes, kurzes Lachen. „Ach ja, Mademoiselle, so sind unsere Männer; sie können keinerlei Heuchelei mehr vertragen – keine Lügen, nichts

Falsches mehr. Mein Gott! Wenn irgendwer überhaupt wissen kann, wo die Dinge anfangen und enden, dann sind sie es."
„Wann wird es zu Ende sein?"
Sie wandte sich mir zu. „Haben Sie ‚Le Feu' gelesen? Der Mann hat die Wahrheit gesagt – er weiß Bescheid. Wir, die wir nicht Bescheid wissen, sollten uns still verhalten, sollten ruhig sein. Alles andere beleidigt nur unsere Toten."
„Und womit wird das alles einmal enden? Wird es eine Revolution geben, oder wird sich nichts ändern?"
„Es wird eine gewaltige Wiederbelebung der Religiosität geben, Mademoiselle, man braucht Gott."
„Meinen Sie in Form der universalen Brüderlichkeit, ohne Revolte?"
„Ich weiß es nicht. Ich weiß nur eins, und zwar, daß man es nach allem, was passiert ist, nicht mehr wagen wird zu hassen."
„Und sehen Sie irgendwo irgend etwas, das auf einen Aufruhr hinweist?"
„Ich sagte Ihnen ja, ich weiß es nicht. Ich vermag nicht recht zu sehen, wo da noch irgendwelche Energie für die Revolte herkommen soll. Dazu muß man zornig sein, und die Menschen sind schrecklich müde."
„Aber Liebe aus Erschöpfung ist doch keine dauerhafte Liebe."
„Sie wird mehr sein als das – unendlich viel mehr als das. Aber das können Sie, die Sie nicht dort gewesen sind, nicht wissen."
„Doch, ich denke, ein paar von uns wissen schon Bescheid – die, die genügend Intelligenz besitzen."
„Ach ja", ihre Augen funkelten bissig, „was Sie nicht sagen! Mit Hilfe der Intelligenz läßt sich sogar die Dummheit verstehen: mit Hilfe der Intelligenz hätte Europa diesen Krieg ohne einen einzigen Toten führen können."
Sie fuhr fort: „Nein, nein, nein, nach dem, was geschehen ist, wird kein lebender Mensch mehr derselbe sein wie zuvor. Gehen Sie doch durch das *Gesichtskrankenhaus*, da sehen Sie das *Ding* dort liegen, eine rote schiefe Ebene als Gesicht – aus dem an der Stelle, wo der Mund sein sollte, ein wenig Speichel herausrinnt und Blut – ein Querschnitt aus Fleisch. Da gibt es keine Ohren zum Hören, doch sie haben

alles gehört; da gibt es keine Augen, doch dieser Körper, den wir zum Dank für seine Aufopferung als *Ding* bezeichnen, sieht alles; und seiner Lippen beraubt, spricht er mit einer derartig donnernden Stimme, daß man ihn bis ans Ende der Welt hören muß.
Man hat seine Eltern und Kinder, Ehemänner und Geliebten dabei. Im Frieden mag man ein Individuum sein, doch in Zeiten wie diesen ist man nichts als das Fleisch gleich neben der Wunde.
Wissen Sie", sagte sie, „ich bin ziemlich wütend auf Ihre Gesellschaft, auf die Frau der guten Gesellschaft. Die wissen so gar nicht, wie man sich zu benehmen hat. Die gehen davon aus, daß Geld alles ersetzen kann, und sollten doch längst entdeckt haben, daß man mit Geld alles bezahlen kann, sogar eine gute Erziehung." Sie lachte gutmütig, sehr großzügig und nachsichtig. „Ich habe immer lustige – wie sagen Sie doch noch – ja, Zusammenstöße mit der guten Gesellschaft, wenn sie als Wohltäterin auftreten möchte und nicht genügend im Bilde zu sein scheint, um nun einfach die entsprechende Summe aus der eigenen Tasche hinzulegen, statt dies ganze Geschrei und dies ganze Theater wegen ein paar Dollar zu veranstalten. Doch, na ja", sie zuckte die Achseln, „man muß wohl Mißgeschicke in Kauf nehmen, oder wo sollten sie ihre *Benefizveranstaltungen* sonst herbekommen?"
Sie beugte sich hinab und griff sich ein paar Manuskriptseiten, in denen sie zu blättern begann.
„Ich habe nicht wenige Lieder im Leben komponiert, Mademoiselle, und kam damit sehr gut zurecht und fand offenbar Anklang. Doch vor kurzem habe ich zwei Künstler entdeckt, die ich furchtbar gerne singe: Rictus und Laforge. Ein Gedicht – ah, es ist glänzend, großartig – richtet sich an Christus. Er sagt zu ihm: ‚Weine nicht, alter Junge, wenn dir auch gar nichts anderes übrigbleibt.' Ah, ah, ah, solche Männer wie diese sind in allen Ländern gleichermaßen dazu bestimmt, am Hungertuch zu nagen und todtraurig zu werden – und dann voller Verständnis, aber unverstanden zu sterben."
„Und was ist mit dem Künstler in Amerika?"
„Wenn ihr Amerikaner dem Dasein gegenüber nur Langmut aufbringen würdet, wäre alles gut, doch das tut ihr

nicht. Alles Wirkliche schockiert euch. Natürlich nicht alle. Ich meine die Masse, die arme tragische Masse. Wann werden sie weise sein – werden sie es jemals sein?"
Sie stand auf. „Und jetzt, Mademoiselle, lassen Sie mich sehen, was Sie gezeichnet haben." Sie trat hinter mich, legte mir den Arm um die Schulter und sagte: „Das ist wie eine Antiquität, ein Holzschnitt. Vielleicht ähnelt es mir, vielleicht aber auch nicht."
„Nein", ich schüttelte den Kopf, „irgend etwas stimmt nicht."
„Es ist die Nase", sagte sie und stupste sie ein wenig nach oben. Sie lachte. Sie entfernte sich wieder, die Hände auf den Rücken gelegt.
„Und finden Sie als Künstlerin denn im Leben irgend jemanden, der Sie versteht?" wollte sie wissen und sah mich forschend an.
„Ja, ja, ich verstehe", sagte sie, wieder mit diesem raschen Lächeln, und indem sie mir wieder die Hand auf die Schulter legte, setzte sie hinzu: „Es ist doch schön, nicht? Selbst wenn es nur einen einzigen gibt, der einen wirklich versteht."

NOVEMBER 1917

Vagaries Malicieuses

Jahrelang träumt unsereiner von Paris, wieso eigentlich, weiß kein Mensch, sieht man davon ab, daß noch jeder Diebstahl einer Birne aus einem Obstgarten mit der kopfrechnerischen Überlegung gesühnt worden ist: „Ein Franzose hätte das verstanden; in Paris wäre alles so einfach, so charmant!"
Kein Mensch untersteht sich, eine feste Ansicht von Leben, Liebe oder Literatur zu hegen, ehe er in Paris gewesen ist, denn stets hat er unmittelbar neben sich jemanden, der ihm zuraunt: „Haben Sie den Louvre besucht? Haben Sie auf Giotto angesprochen? Haben Sie Ihre Hand über die Möbel des fünfzehnten Jahrhunderts gleiten lassen? Die Stelle gesehen, an der Marie Antoinette ungeheuer hochmütig wurde? Nicht? Nun, mein lieber Freund, dann halten Sie sich zurück."
Kein Tag im Leben, an dem man nicht Dinge gehört hat wie: „Als Ihr lieber Vater eines Abends auf der Avenue de l'Opéra Whisky Soda trank, wurde er von zwei Frauen angesprochen, einer mit einer Rose zwischen den Zähnen und einer ohne", oder „Selbstverständlich weiß ich, daß sich alle Philosophien schlußendlich selbst widersprechen, und deshalb habe ich mich da wohlweislich immer herausgehalten, bis ich nach Paris kam und mir aufging, daß ich einfach nur meine Gedanken ausdrücken mußte!"
Ich habe zwei Freunde, die ständig in die Oper gehen, die niemals ein D'Alvarez-Konzert versäumen. Einer der beiden Herren hat sehr viel für Katzen übrig und streichelt während der Saison so einiges zusammen, der andere ist ein Theaterautor, der außerordentlich unbekümmert ist, was die Anzahl der Objekte in Europa angeht, auf die sich das richtet, was als seine Libido bekannt ist.
Beide Herren sind in Rom im Profil aufgenommen worden mit einer Taube auf jeder Schulter und dreien zu ihren Füßen; jeder von beiden hat Enten gegessen an dem einzigen Ort, wo die Enten aus schierem Vergnügen sterben (ich habe nie herausbekommen, wo dies Lokal ist); und beide trugen sie, als sie zurückkamen, Kameen der jüngeren, traurigeren Söhne entehrter, aber lordlicher Familien.

Und so geschah es, daß auch ich nach Europa kam.
Es war ein Ein-Klassen-Schiff – für Menschen ohne Unterscheidungsvermögen. Die Fracht bestand hauptsächlich aus enttäuschten Lehrern aus dem Mittleren Westen, die an Deck saßen und mit höhnischer Miene Gratisobst aßen. Am Abend wechselten sie dann in den Salon, wo sie Triple sec tranken und beim Kartenspiel zu gewinnen versuchten. Ein paar dachten, sie seien festlandseuropäisch, wenn sie ausländischen Umarmungen nachgaben.
An Bord dieses Schiffes befand sich ein Franzose, ein Herr, ein Professor, der seine dreiundvierzig war und dreihundert Frauen gehabt hatte und immer noch in dem Wahn lebte –, daß „die ganze Welt sich um die Liebe dreht".
Das einzige Mitglied der Besatzung, das englisch sprach, war die einzige Stewardess. Sie sprach mit deutlichem Cockney-Akzent, war fast ständig betrunken und erklärte das damit, daß sie behauptete, sie habe Heimweh nach London. Je näher England kam, desto betrunkener wurde sie, und am Ende ging sie so weit, ein walisisches Kriegslied zu singen, während die Studenten die Marseillaise sangen.
... Ich saß an der Kapitänstafel, mit vier anderen. Der eine war der Professor, der zweite war ein Belgier, der aus Gründen der Solidarität in sein Land zurückkehrte, und die anderen beiden waren Damen, die das Leben gesehen und sich mit vierzig diskret abgewandt hatten, um den noch verbleibenden Rest unbemerkt vorübergehen zu lassen, falls ihm daran lag. Eine von beiden sprach ein großartig degeneriertes Französisch, das den Kapitän zum Lachen brachte und sein Verderben war.
Diese Dame trug einen Hund bei sich, den sie „Fifi" rief nach einer französischen Heroine, die ihr Leben gewissermaßen unter dem affektierten, flauschigen Regiment des Hundes gelebt und nach Kirschtorten gelechzt und sie auch bekommen hatte.
Die andere Dame war eine Witwe, die ein bißchen weniger bestimmt auftrat, und deren Leidenschaft war Eis. Was mich angeht – ich lachte, ich lachte eine Menge. Das Lachen ist unüblich. Nach einem Lachen erging sich der gesamte Speisesaal in Mutmaßungen über mich – nach dem zweiten waren sie zu einem Schluß gekommen – nach dem dritten hatten sie mein Leben bereits in die Hand genommen.

Abends erinnerte ich mich eines Kummers, doch der gute, freundliche Professor hatte eine Vergangenheit. Sie ging etwa so:
„Ich habe einen hübschen Mund, doch früher war er hübscher. Als ich noch weiße Zähne hatte. Die Frauen drehten sich regelmäßig nach mir um, und eine Dame, es war eine Marquise, ließ Pferd und Kutsche stehen, um mir zu Fuß nachzugehen, und wieder ein anderes Mädchen, eine Spanierin, die die meiste Zeit ihres Lebens in Madrid verbracht hatte, war bereit, ihren Gatten und ihre sämtlichen bisherigen Eindrücke aufzugeben –"
Ich sagte: „War das denn nötig?"
Er sagte: „Nein, das ist ja das Problem, Frauen möchten immer irgend etwas aufgeben."
Ich sagte: „Ist das Meer nicht schön?"
Er sagte: „Ich weiß nicht. Ich kann mich bei Dingen, die in großen Mengen vorhanden sind, nie recht entscheiden –"
Später sprach er von der Liebe.
„Die Liebe", sagte er, „sollte wunderbar sein, wählerisch und hoffnungslos. Für uns Franzosen hat der amerikanische Mann etwas Befremdliches. Die amerikanischen Frauen – ja! Sie haben so etwas Vitales und Lebendiges – etwas Stolzes und Unerreichbares. Der amerikanische Mann hat im Bett etwas von einem Franzosen beim Angeln." Er fuhr fort: „Eines Tages ging ich mit einer Dame an den Ufern der Seine entlang. Während unseres Spaziergangs kamen wir an drei Männern vorbei, die waren alle eifrig mit Angeln beschäftigt, doch nicht eine der drei Schnüre erreichte auch nur annähernd die Wasseroberfläche. ‚Was ist denn mit denen los?' fragte die Dame. ‚Was mit denen los ist', sagte ich, ‚ist, daß sie sich nicht mehr Schnur leisten können.' Eine lange Pause trat ein, während derer das Meer weitermachte. Und dazu kommt noch, fuhr der Professor fort, „daß der Durchschnittsmann an das *toujours tout de suite* glaubt."
Wir hörten mit einemmal ein leises Lachen, und als wir niederblickten, sahen wir eine Journalistin, die mit einer Havanna und einem Füllfederhalter auf dem Bauch unter einem Rettungsboot lag.
Wir entfernten uns.

Um etwa vier Uhr nach der angeblichen Zeit, obschon meine Uhr, die jeden Tag eine halbe Stunde vorgestellt worden war, zwei sagte, sprang eines Morgens die Französin, die meine Kabine bewohnte, mit einem Aufschrei aus ihrer Koje und rief: „Ah, unvergleichliches Frankreich!" oder sonst Worte in diesem Sinne.

Le Havre lag vor uns. Zwei kleine französische Kinder standen am äußersten Ende einer vorspringenden Landspitze und riefen zum Lotsenschiff hinüber, das gerade eben abstieß. Hinter ihnen ragte eine fensterlose Mauer empor, und ein riesengroßes, aber schäbiges Schild kündete von einer minderklassigen französischen Seifenmarke.

Von Le Havre nimmt man einen Zug. Der Zug hat Anschluß an das Schiff. Ja, eigentlich könnte man sagen, der Zug kommt das Boot holen. Er kriecht eine Straße mit Kopfsteinpflaster hinauf und stupst die Nase fast in die Nase der See.

Ach, diese erstaunlichen französischen Züge! Kein Komfort, aber welche Atmosphäre – kein Platz, um die Ellenbogen aufzustützen, doch was für Reisegefährten! Ein Neger, der eine schwarze Zigarre rauchte – ein Mann in grobem Tweed aus den Pyrenäen – eine Erbin aus den Staaten mit leichtem Flaum auf der Oberlippe – eine junge Frau aus New Orleans auf dem Weg nach Neufchâtel, wo sie Anspruch auf ein Wappen erheben wollte, und ein Herr aus Havanna, der unablässig seine Uhrkette wog!

Stundenlang kämpfte das Bähnchen mit dem Boden und blieb schließlich siegreich, indem es einen Hügel hinauffuhr, worauf die Schwarze Jungfrau stand.

Rouen zog vorüber. Alles drängte sich an den Fenstern, doch auf der Seite gab es keine Mohnfelder, da erhob sich nur ein melancholischer Hügel, und in weiter Ferne kauerte eine einzelne Kirche im hohen Gras, in dem kein Vogel sang.

Die Seine kam in Sicht. Friedliche Menschen lagen auf dem Rücken unter Bäumen, und Kinder tauchten ihren nackten Körper ins träge, dünne Wasser.

Tränen standen in den Augen des Professors, der bis ganz zum Schluß mein Begleiter geblieben war, und ich fragte ihn, ob er leide.

„Ah, *ma chérie*", antwortete er, „das ist eine sehr traurige

Fahrt für einen Franzosen, der viele Jahre drüben in den USA gewesen ist. Man erkennt, wieviel lebendiges Frankreich unterdessen gestorben ist; und dann die vielen hübschen jungen Frauen, die alt geworden sind, ohne mich gekannt zu haben!"
Wenig später schlief alles, außer dem Professor und mir. Die Zigarre des Negers war ausgegangen. Der Herr aus Havanna gönnte seinem Charme eine Pause. Das Wappen, um dessentwillen die junge Dame aus New Orleans so viele unbequeme Meilen gereist war, war vergessen, und ungestört träumten der Professor und ich unsere getrennten Träume – einen von einem Land, dem keine Frau je teurer gewesen war als Jeanne d'Arc, einen, in dem keine Liebe obskurer war als meine!
Gar St. Lazare! Eine fremde Zunge, aber keine Blumenstände, nur ein Schuhputzsalon; und durch Abwesenheit glänzende Sodawasser – und Kaugummiautomaten.
Und dann die Straße.
„Das ist also Paris!"
Dann setzt das Zittern ein. Man gefriert innerlich. Zum erstenmal wird einem klar, was man getan hat. „Großer Gott, was habe ich getan!", und dann unmittelbar darauf: „Großer Gott, wie mache ich das bloß!"
Irgendwie kam mir der Gedanke an den Monte Oliveto und die Limonenbäume, an irgendeine Religion, die auf meinen Glauben gewartet hatte, und ich fragte den Professor, ob es in Frankreich irgendwelche Bergkruzifixe gebe.
„Ein paar vielleicht", sagte er, „doch Sie denken wohl an Tirol." Ich erkannte, daß ich an Tirol gedacht hatte – daß ich mir mit meiner Unkenntnis der territorialen Beschaffenheit der Welt nicht nur praktische, sondern auch seelische Schwierigkeiten einhandeln würde.
Ich merkte plötzlich, wie ich darauf wartete, daß der Fluß des Französischen aufhören würde, daß wenigstens die französischen Kinder das Spiel beenden würden (aus irgendeinem Grund geht man davon aus, daß man die Kinder auf seiner Seite hat), daß etwas nicht ganz so Scheinhaftes eintreten würde. Ich brauchte mehrere Tage dazu, um über das Gefühl einer bedrohlichen Vorspiegelung hinwegzukommen, und im Grunde genommen bin ich immer noch nicht ganz sicher, daß der Franzose nicht sein Spiel mit mir

treibt, wenn er mit mir spricht, und ich bin fast bereit, darauf zu schwören, daß der Bon Marché eine Fälschung ist und daß der Louvre eine mehr oder minder makellose Inszenierung von etwas Französischem ist. Dies Gefühl hielt so lange an, daß ich schließlich einen Freund, den ich später traf, fragte, ob er nicht ähnlich empfinde.
Er antwortete, doch, durchaus, ständig lächle er insgeheim, so als wolle er sagen: „Sie können jederzeit anfangen, ernsthaft mit mir zu reden."
Und so kam ich also nach Paris, wo ich ein paar Stunden später aus meinem Fenster in der Rue Jacob lehnte und all die unbekannten Kirchen in meinem Herzen bewegte, und indem ich das tat, zog ich meinen Mantel an und ging im traurigen, eben hereinbrechenden Zwielicht nach Notre-Dame und lief unter den Bäumen entlang und dachte an eine andere Stadt auf wahrhaft verräterische Weise, bis ich auf eine alte Frau traf, die Orangen verkaufte und mir der Gedanke kam, wie bitter und flüchtig der Duft war und wie bezaubernd überflüssig es von ihnen war, so zu sein – und mit dieser Überflüssigkeit war mir Genüge getan.
Notre-Dame läßt einen jedoch vergleichsweise unberührt; aus Angst, lästig zu fallen, mag man sich gar nicht an sie erinnern. Sie ist bevorzugtermaßen ein einsames Geschöpf. Sie wird nicht behelligt von jenen Andächtigen, die in zwei Kategorien zerfallen; jene, die auf den Glauben zugehen, und jene, die von ihm herkommen. Sie befindet sich in jenem Zustand in der Mitte, wo es kein Kommen und Gehen gibt. Vielleicht ist das der Grund, weshalb für mich in der Kirche Saint-Germain-des-Prés, der ältesten Kirche von Paris, mehr möglich war. Das ist ein Ort für diejenigen, die *nur ein Weilchen bleiben können* – auch sie ist entrückt, doch hat sie die Entrücktheit einer Frau, die von nur einem Hund und vielen Männern geliebt wird. Und hier nimmt man seine Tränen, die man unvergossen läßt, um die dünnen Kerzen zu zählen, die sich um die Füße der Jungfrau erheben wie Blumen aus Feuer.
Als ich eines Abends aus dieser Kirche kam, schaute ich ins Café „Aux Deux Magots" hinein und trank ein Glas Wein, während Joyce, James Joyce, der Autor des verbotenen „Ulysses" über die Griechen sprach.
Ein ruhiger Mann, dieser Joyce, mit dem Hinterkopf eines

afrikanischen Götzen, lang und flach. Dem Hinterkopf eines Mannes, der mit der vulgären Notwendigkeit geistigen Stauraums gebrochen hatte.

Er sprach auch von Moore. „Der Playboy der westlichen Welt", sagte er und nippte an seinem Black and White. Als nächstes sprach er von Yeats. „Ein guter Junge und ein hervorragender Dichter, doch hält er sich zuviel auf seine Kleider zugute und ist überhaupt zu sehr fürs Ästhetische eingenommen –, und was die übrigen angeht – Irish Stew! Die wissen nicht einmal, daß Gälisch nicht die Muttersprache von Dublin ist!"

Bei anderer Gelegenheit kam er unter seinem Regenschirm auf Synge zu sprechen, doch nicht, ehe er nicht tief die feuchte Luft eingesogen hatte.

„Ein gewaltiger Klotz von einem Mann, mit dem sich nicht reden ließ. Es heißt, er sei ein schweigsamer Mann gewesen, doch das war er nicht. Seine ‚Reiter' waren mir schon immer zuwider. Ich war der erste Mensch, dem er das Stück zeigte, und ich erklärte ihm daraufhin, er solle entweder einen dauerhaften Standpunkt beziehen – oder aber keinen.

‚Aber', widersprach er, ‚es ist ein gutes Stück, so gut wie ein Einakter überhaupt sein kann.' Und bei der Gelegenheit sagte ich, Irland brauche weniger seichtes Geplätscher und mehr unwiderlegbare Kunst, und daß kein Einakter, und sei er auch so gut wie sein Meister, ein schlagendes Argument sein könne."

Er lächelte, als er das sagte, und zeigte dabei jene schlagartig verdorbenen und zu ihm passenden Zähne.

Joyce lebt in einer Art dem Zufall überlassener Zurückgezogenheit. Es freut ihn, wenn Freunde vorbeischauen, und angeblich geht er dann überall mit hin und trinkt, was sich bietet. Er hat einen Widerwillen gegen Kunstgespräche, und seine Freunde sind ganz gewöhnliche Menschen.

Sein Hauptthema ist griechische Mythologie, und er wird niemals müde, darüber zu sprechen, was es mit dem Ursprung des Namens Orion auf sich hat, ein Stück Aufklärung, das dem streng akademischen Geist höchst anstößig erschiene, denn er macht aus den Griechen *ungezogene Jungs* und sorgt dafür, daß sie sich, über die Kluft hinweg, mit Rabelais die Hand schütteln.

Er gleitet von einem Thema zum nächsten, ohne eindeutige Unterteilungen vorzunehmen. Nach kurzer Zeit merkt man, daß er vom Ursprung griechischer Namen auf eine gewisse Baronin zu sprechen gekommen ist, die von den Franzosen „La Sirène" genannt wird.
Sein Gedächtnis ist angeblich perfekt (ich hatte kaum Gelegenheit, das selbst herauszufinden), und es hat etwas vom trägen Wallen eines Bodennebels. „Eine alte Frau war sie", sagte er und meinte die Baronin, „über siebzig und schlagflüssig. Sie war Russin, eine vermögende Frau, und als Mädchen war sie eine Schönheit gewesen, doch ich habe sie erst als alte Frau zu Gesicht bekommen, wie sie sich kopfnikkend über einen Schrankkoffer mit pornographischen Druckplatten beugte. ,Die sollen Sie haben', sagte sie zu mir, ,sie sind im Laufe vieler Jahre eines unsteten, unzufriedenen Lebens gesammelt worden, des Lebens einer meiner Liebhaber, eines Griechen.'" Und bei dem Wort *Grieche* wußte ich, weshalb Joyce sich überhaupt an sie erinnert hatte.
„Sie erklärte mir", fuhr Joyce fort, „das Schwerste im Leben eines schönen Mannes sei, in die Vergangenheit zurückzublicken, ,und das ohne Legende'."
„Ich habe ihre Lebensgeschichte jedoch nicht geschrieben", sagte er plötzlich und wandte seinen braunschwarzen Bart unter der Lampe hin und her, „sie war zu ausgefallen, und ein Schriftsteller sollte niemals über das Ausgefallene schreiben, das ist Sache des Journalisten."
Er fuhr fort: „Sie zeigte mir ein Bild ihres Liebhabers, die Fotografie, die sie am Fuße ihres Bettes hängen hatte, ein gutaussehender Bursche war das, mit einem gestutzten schwarzen Bart und einem Ausdruck verborgener Wildheit."
Später erklärte Joyce, weshalb diese Frau „La Sirène" genannt wurde.
„Sie besaß zwei Inseln vor der kretischen Küste, und dort wurden sieben Gatten tränenlos begraben, so wird behauptet, obwohl sie mir gegenüber nur drei zugab. Es ging das Gerücht, sie besitze einige ganz hervorragende Stiche, Illustrationen der Odyssee, und ich schrieb ihr, daß ich die gern sehen würde. Sie kam persönlich übers Wasser, aufrecht in einem kleinen Boot stehend, ihren Hund neben

sich, einen großen Strohhut auf dem Kopf, und als sie in Rufweite war, rief sie mir zu, ich sei doch kein Engländer, und ich rief zurück: ,Nein, Ire'."

Hier verweilte ich einen Augenblick bei der Vorstellung, was für ein Bild das gewesen sein mußte, als die Baronin übers Wasser kam, aufrecht auf beiden Beinen stehend, ihren Hund neben sich, und diesem hochgewachsenen traurigen Iren, der gekommen war, um Odysseus zu sehen, mit Trotz und einem wachsamen Auge begegnete.

„Die Bilder stellten sich am Ende als Reinfall heraus", sagte er. „Die Sirenen waren noch nie mit irgendwelchem Wind in Berührung gekommen, denn ihr Haar war geordnet wie eine deutsche Perücke, und das Meer war mit dem entsprechenden Wasser ausgestattet. Nur einer von der ganzen Schar hatte für mich etwas Erfreuliches – das war er, unter dem der Künstler sich Odysseus vorstellte, ein müder Mann, der sich deshalb hinsetzte, um seinen Bogen zu spannen."

Meine Gedanken schweiften ein wenig umher, ich schaute auf den Platz hinaus und fragte mich, ob ich wohl jemals wieder in dies Café käme.

Wie lange genau es dauerte, bis ich merkte, daß Joyce die ganze Zeit zu mir gesprochen hatte, weiß ich nicht, doch als ich ihm erneut meine Aufmerksamkeit schenkte, befand er sich mitten in einem Satz, der damit schloß: „... und so kam es, daß ich die Gelegenheit versäumte, Tagore kennenzulernen; wieder so eine irrige Vorstellung, die die Welt sich von einem Mystiker macht! Weil ich keine Abendkleidung besaß."

„Eine der irrigen Vorstellungen, die die Welt sich von einem Mystiker macht!" Das ging mir eine Weile durch den Kopf und vermischte sich dann, wie auch immer, mit Joyces nächster Bemerkung, eisengefaßte Opale gäben sehr schöne Ringe ab, und er möge schwere Parfums, eines möge er jedoch besonders, wenn er auch selbst nie Parfum benutze, der Name war, glaube ich, Appopynax, und an diesem Punkt verlor ich jegliche Verbindung zu diesem Mann, der traurig, ruhig und unablässig an der Arbeit war.

Der Chic von Paris, die Schönheit seiner Frauen, der Zauber seiner bloßen Existenz –

Eine Frau, die um die Ecke der Place de Vendôme gebogen kam, die sich elegant zum Ritz und der Bank von Morgan Harges hinschwingt, war, am Abend betrachtet, chic. Eine andere, die die Rue de la Paix hinabhastete, war hübsch, doch als ich an ihr vorbeiging, hörte ich sie zu dem Mann mit der Brille, der sie am Ellenbogen hielt, sagen: „Wir haben die amerikanischen sanitären Anlagen unterschätzt." Und das wurde ohne die Spur eines Akzents, eines Oxforder ebensowenig wie eines Bostoner, gesagt.
Die französische Frau ist klein, hat hochangesetzte Hüften und erheiternd dunkles Haar, ihre Gedanken sind ortsgebunden, und ihr Gatte ist winzig und – offensichtlich – nur in der Erinnerung körperlich fit.
Doch, so erklärte man mir, ich dürfe nicht bei Sommerwetter nach Paris kommen, da Deauville und Dinard die Schönheiten bei sich sähen und der echte Pariser Chic nur in Wagen mit heruntergezogenen Jalousien zu sehen sei; auch dürfe ich mir keinerlei Hoffnung machen, den Franzosen kennenzulernen, wie er lebt, es sei denn, ich bewerkstelligte jene heikelste aller internationalen Beziehungen – den Fremden jenseits der Schwelle.
„Selbst die kleine Madame Bovary hätte Sie nicht hereingelassen, es sei denn, Sie hätten am Tor irgendeinen braven ortsansässigen Geistlichen nennen können, der Sie geschickt habe, oder Sie hätten nach einem großartigen Liebhaber ausgesehen."
Vielleicht sehe ich ja sogar ein bißchen danach aus, doch wollte ich das nicht um eines verschlafenen Landes willen aufs Spiel setzen, also verzehrte ich mein Frühstück aus Kognak und Kaffee und einem gelegentlichen Croissant (weitaus bessere kann man jeden Morgen im Brevoort haben) allein, bis es dem Professor, der früher reich gewesen war und immer noch über Freunde mit einem hartnäckigen Gedächtnis verfügte, einfiel, daß es mir ja Vergnügen bereiten könnte, mit einer französischen Familie bekannt gemacht zu werden, und der Familie ebenfalls beträchtliches, denn, wie er sagt, mein Lachen setzt sich aus den prekären Augenblicken eines Menschenlebens zusammen.
Die Pensionen in der Rue de Grenelle schienen kalt und dunkel und was man vielleicht *aufgegeben* nennen könnte, und ich war, als ich aus dem Wagen stieg, von einem Emp-

finden erfüllt, was wahrscheinlich nicht weniger vital war, als das von Anna Karenina, als sie mit dem Moskauer Expreß um die verhängnisvolle Ecke bog. Meinen Umhang enger um mich ziehend, stand ich in der Kühle des Hofes, auf den hohen Backenknochen Schatten, die nicht weniger üppig, tief und geheimnisvoll waren als die eines Rembrandt.

Der Professor begann zu flüstern, während er hinaufstieg: „Sie ist eine prächtige Frau. Eine von jenen Frauen, deren Züge ihre endgültige Gestalt gefunden zu haben; eine Frau mittleren Alters, die Gattin des hervorragenden Geburtshelfers der Nation –" Seine Stimme verebbte, als die Tür zu Madames Salon sich auftat.

Wie viele Lebensjahre hatte ich damit hingebracht, mir genau solch ein Zimmer auszumalen! Vorhänge von tiefem Faltenwurf und einem exquisiten, doch schrecklichen Babyblau sperrten das Licht der Sonne genau im angemessenen Verhältnis aus, so daß sie in den Schatten Silberquasten mit sich schleppte. An den seidenbedeckten Wänden hingen Hunderte von vergoldeten Rahmen, worin sich verführerische Frauen eines früheren Zeitalters irgend jemandem zuliebe das Haar hinten hochsteckten und andere wieder solche Büsten halb entblößten, wie sie sich nur hungernde Lithographen erträumen können. Diese Büsten, die mit dem Gewicht einer Spitze garniert waren, die nicht aufdringlicher war als Wimpern an einem Lid, kamen dem verlöschenden Sonnenlicht auf mehr als halbem Wege entgegen.

Auch Porzellanfiguren gab es hier, die miteinander um die äußerste Zerbrechlichkeit wetteiferten; kleine Porzellanfrauen streckten Füße von einer so ungehemmten Zartheit vor, daß ich mich nicht traute, meine Bewunderung zu hauchen; Spitzenunterröcke gab es so durchscheinend, so perforiert und so unglaublich, daß ich nahezu bis auf den Grund der Wirklichkeit durch sie hindurchblicken konnte; und was die Hände angeht, die den oberen Rock genau in der richtigen Höhe gerafft hielten – nun ja, es ist immer schon mein Wunsch gewesen, eine Religion zu gründen, die dem Winzigen die fällige Anerkennung verschafft.

In der Mitte dieses Zimmers stand ein handbemaltes Spinett; jenes Instrument also, das mir am ehesten das Herz zu

brechen vermag, die Musikbox einmal beiseite gelassen.
Über dies Spinett war, mit dem Ennui aller fortgeschrittenen kulturellen Verfeinerung, eine Stickarbeit geworfen.
Dreimal in meinem Leben, öfter glaube ich nicht, sind Musikinstrumente in einer Weise entweder zugedeckt oder aufgedeckt worden, daß mein Leben dadurch verändert wurde. Einmal geschah das gegen Abend und einmal gegen Morgen und einmal in diesem französischen Zuhause, und ich glaube, dieses Mal in Paris war, was mich betrifft, die letzte Affäre mit Arrangements aus Musik und Seide.
Darüber hing jenes Schweigen, mit dem man im Innern alle jene Frauen bedenkt, die zu keinem anderen Ende als dem Grabe in Boudoirs ein- und ausgegangen sind und das so tapfer getan haben, mit Spitze und Duft und zeitgemäßen Moden aller Art und auf Atlaspumps, die bei jedem Schritt ihren Absatz zurückließen. Auch hier herrschte jenes Schweigen, während wir auf Madame warteten, die irgendwo stand und einen langen Stopfen aus einer Kristallflasche zog, während ihr Kanarienvogel sich einmal durch den goldenen Käfig pickte.
Dann teilte Madame die Portieren.
An ihren Ohren schwangen Gehänge, und weil ihr exotisches Leben nirgendwo zum Ausdruck gelangen konnte, als in Gestalt von Händen, Ohren und Kehle, hatte sie ihre Kehle in Spitze gewandet, hoch hinauf, bis an die Ohren, und erinnerte solchermaßen an die Göttliche Sarah, und an ihren Händen saßen viele, viele Ringe.
Sie saß jedoch nicht gut, nicht, wie ich gehofft hatte, den einen Fuß vor den anderen gesetzt, sondern ihre Beine bildeten ein gleichschenkliges Dreieck, und der Rist zeigte Flut an.
Sie sprach aber ein sehr hübsches Französisch, wobei sie den Kopf zur Seite geneigt hatte, denn sie hatte das Profil einer noch ungebrochenen Schönheit, und das Arrangement von Spiegeln bewies, daß es in diesem Haushalt jemanden gab, der sich dessen bewußt war.
Hier waren all jene *Unterschiede*, die man herbeifleht, in *ein und demselben* Leben versammelt; der schlechte Geschmack, die Gezwungenheit, wo man sie am wenigsten erwartete, das Schwelgen in Alltäglichkeiten, die ganze Art, wie die Straße ausgesperrt wurde, die Art, wie das Sonnenlicht ein-

gelassen wurde, die Art, wie Madame den Kopf dann hielt, auch die Tatsache, daß ihr Gatte, ein kleiner ergrauender Mann mit durchdringendem Blick und Bart, haargenau in der Mitte eines weißen Felläufers stand und die Hände gegeneinander legte, als trügen beide das Geheimnis seines Erfolges in sich und schwiegen sich voreinander darüber aus.
Und das war noch nicht alles. Die Tochter, ein Kind in den allerersten Backfischjahren, wurde von ihrem eigenen Salon im zweiten Stock, wo sie gerade die jüngere Geburtshelfergeneration zu Gast gehabt hatte, heraufgerufen, nur um der *hübschen Ausländerin* guten Tag zu sagen.
Ein Kind mit dunklen Zöpfen, die zurückgenommen und mit unauffälligen schwarzen Atlasschleifen gebunden waren – ein richtiges Baby in kurzem Rock, das nichtsdestoweniger herzlich lachte, als seine Mutter eine ziemlich unanständige Kriegsgeschichte erzählte, die einen Angriff auf die Tugendhaftigkeit der Familie beinhaltete, und das mit einem äußerst persönlichen Blitzen in den Augen von internationalen Angelegenheiten sprach und mich schließlich mit der in bezauberndem Englisch gemachten Bemerkung zur Tür geleitete: „Ich hoffe, Sie werden in Paris ordentlich zu leiden haben!" Wenn ich auch sicher bin, daß sie viel zu jung war, um zu wissen, wie scharfsinnig ihre Worte waren.
„Waren sie nicht himmlisch?" fragte der Professor, und ich pflichtete ihm bei, dachte jedoch, wenn ich je mit Kindern in Kontakt kommen sollte, die noch im boshaften Alter waren, dann würde ich denen keine Legende von Paris liefern, es sei denn, jemand hätte mir auf Leben und Tod versprochen, daß man ihnen niemals einen Frankreichbesuch gestatten würde.
„Hier", sagte der Professor für Romanische Sprachen, „brauchen Futurismus, ungebundene Verse und dieser ganze moderne Plunder sich nicht zu Wort melden. Unsere Stadt ist mit guten Absichten gepflastert, nur mit dem Unterschied: Der Bürger setzt sie mit jedem Schritt in die Wirklichkeit um."
Alles im Leben will verdient sein, oder wie unsere Tanten sagen würden, alles hat seinen Preis, und das Leben der Franzosen scheint schwindelerregende Löhne kassiert zu

haben, denn während sie es einerseits für sehr schlau halten, den Amerikaner zu kopieren, haben sie gleichzeitig alle den Ausdruck von Menschen, die sich der Täuschung hingeben, früher oder später werden die Kopien vergolten werden müssen.

Als ich eines Abends mit dem Professor den Boulevard St. Germain herunterlief, sagte ich, die Vervielfältigung von Paris habe seine Zerstörung bewirkt, und als er mich fragte, was ich damit meine, sagte ich, allzu viele Menschen hätten über Paris berichtet – es habe den Ruf einer allzu schönen Frau. Man solle sich der Schönheit von Frauen, Städten oder Religionen niemals mehr denn auf Rufweite nähern.

Wir haben zu viele Tausende von Meinungen zu verwerfen, und im Verlauf der unvermeidlichen Verwerfung geht zu vieles dahin. Es ist kaum mehr als ein Schnipsel übrig.

„Aber", sagte der Professor, „bedeutet das Historische Ihnen denn gar nichts? Nehmen wir beispielsweise Napoleons Grabmal – beschwört das denn keinerlei Bilder in Ihnen herauf?" Und ich sagte: „Das ist wie das Kanonenabschießen über einem von Leichen erstickten See, nicht eine Leiche wagt es, dem Ruf zu folgen, und so liegen sie immer noch alle, und das schleppt."

„Nun ja, aber der Jardin de Luxembourg –"

Ich sagte, er sei all das, was ich mir unter ihm vorgestellt, noch nicht ganz das, was ich erhofft hätte.

„Aber die schönste Gartenanlage der ganzen Welt sind doch wohl die Tuilerien?"

Ich sagte, das sei vielleicht so, wenn man rein auf Schönheit aus sei und nicht auf Assoziationen, und ich fügte hinzu: „Ich brauche meine kleine Assoziation, da ich nun mal eine Frau bin."

„Na schön", sagte er, „was ist dann mit dem Vogelmarkt, dem Blumenmarkt und den Märkten, wie sie von Zola geschildert werden?"

Ich antwortete ihm, der Blumenmarkt lasse mich vergleichsweise kalt. „Denn einmal", sagte ich, „hatte ich einen Freund, dem ich Blumen schickte, und nun, da ich keine mehr schicken darf, gehören Blumen für mich zu den Dingen, über die ich besser nicht nachdenke", und ich setzte hinzu, der Vogelmarkt löse in mir Empfindungen aus, denen ich nicht nachgeben könne. Ich hätte nämlich gern fünf zierliche Freundinnen, denen ich sie schicken könne. Fünf kleine Mädchen, die mit geschlossenen Augen und geöffneten Händen in einer Reihe sitzen müßten, um fünf sich auf der Stange drängende Hänflinge in Empfang zu nehmen. Und wenn mir dies nicht gelänge, dann hätte ich gern fünf kleine Elstern an fünf sterbende Königinnen gesandt, und jede Elster müsse dann das Grab einer melancholischen Kehle oder einer rotbrüstigen Drossel sein, und das Wort auf dem Sterbebett müsse unter dem Gerieseln gelber Federn aufsteigen.

„Und was nun die Gemüsemärkte und Märkte angeht, wo Fisch und Lebern und Hirne in Tümpeln ebenso kalten wie schönen Blutes liegen, über all diese Dinge mag ich überhaupt nicht nachdenken, denn kein geringeres Auge als das des Meisters sollte je wieder auf sie fallen. Sowie einem Gemüse einmal Gerechtigkeit widerfahren ist, braucht es weder Nachdenken noch Vorüberlegung und sollte so unabsichtlich wie möglich gegessen werden."

„Aber die historische Blumenfrau –" versetzte der Professor.

„Ach", sagte ich, „das ist genau das Problem, sie haben ihre Geschichte während der letzten achtzig Jahre in nichts erneuert, will mir scheinen, und was die Blumen selbst angeht, bis hinab zum bedrückenden Rosa, so haben sie sämtlich ihre Vergangenheit genossen, ehe man noch die verlangten fünfzig Centimes bezahlt hat."

„Und wie steht's mit unseren Theatern?"

Ich antwortete, die Theater fände ich sehr langweilig, weder frech noch nackt. „Sie können bis aufs letzte entblößen, was Ihre Mutter Ihnen mitgegeben hat, und ich werde noch immer absolut nicht davon überzeugt sein, daß so etwas wie Nacktheit existiert", fügte ich hinzu, um meinen Worten Nachdruck zu verleihen. „Was nun den unanständigen französischen Witz angeht", fuhr ich fort, „so befinde ich mich vielleicht im siebten Daseinszyklus, denn ich habe einwandfrei festgestellt, daß ich besser vorwegnehme als andere schließen."

„Aber die ‚Folies Bergère'?"

Ich sagte, es betrübe mich ein klein wenig, amerikanische Lieder in europäischen Vorstellungen vom Dümmlichen

wiederzuentdecken, und die Elsie-Janis-Nummer löse in mir das starke Empfinden aus, auf meinem eigenen Schiff in anderer Leute Teich unterzugehen.
Der Professor zahlte mir mit gleicher Münze heim. „Das mag ja alles durchaus stimmen, doch stellen Sie sich einmal vor, was ein Franzose empfindet, wenn er nach Amerika kommt und feststellt, daß jede Schauspielerin über vierzig auf französische Art zu lieben versucht."
Ich sagte: „Ich nehme an, Sie würden auf eine grandiose, internationale Weise leiden."
Er sagte: „Nein, es ist nicht eigentlich leiden, es ist eine Art von nicht vergoltenem Haß."
Eine Weile liefen wir schweigend weiter. Als wir ans untere Ende der Stadt gelangten, dorthin, wo der Schatten von Notre-Dame den ganzen Dreck und die Verzweiflung heiligt, ruhten wir uns aus. In der Dunkelheit des Quais arbeitete eine Frau an einer Matratze und, greifbarer für uns, rasierte ein zerzauster Mann einen anderen, indem er das rostige Rasiermesser in eine flache Schale mit dunklem Wasser tauchte, die auf den Stufen stand, die in die Außenwelt hinaufführten.
Der Professor wischte sich den Schnurrbart mit einem makellosen Taschentuch und sagte: „Was die Theater angeht, wissen Sie, während der heißen Jahreszeit nehmen sie die Glanznummern immer raus –"
Ich dachte noch an die beiden alten Männer, die einander rasierten, während die Welt sich weiter drehte, denn schließlich und endlich wird das Männerhaar trotz Friedensvertrag und Kampf um die Vormacht in Irland weiterwachsen.
Der Professor erklärte mir, das französische Volk erledige alle ausschlaggebenden Dinge neben der Seine, von der Wissenschaft bis zur Liebe, und jene Dinge, die das Gewissen anrühren, werden alle einen Steinwurf weit von Unserer Lieben Frau verrichtet, denn deren Nähe bedeutet ewiges unverlangtes Verzeihen.
Als der Professor mit seiner Erwiderung fertig war, fragte ich ihn, wer denn die Bücher kaufe, die es den Quai entlang für etwa einen Centime zu kaufen gäbe, und er sagte: „Amerikanische Dramenautoren, die Schlafzimmerklamotten schreiben; Autoren, die Frauen in Ohio schildern, die

ihre Korsetts ablegen, und alle Poeten, die einen Grund suchen, um Prosa zu schreiben."
„Und die Schwerter und Feuerwaffen?"
„Die", sagte er, „werden von Frauen mittleren Alters aus Connecticut gekauft, die allzusehr unter dem Mangel an Zielscheiben gelitten haben ..."
„Und die Orden?"
„Die", antwortete er nach einem Augenblick lächelnden Schweigens, „werden von gerade mal Halbwüchsigen gekauft, die sich Napoleon in physischer Hinsicht anders vorgestellt haben."
Dann stellte er mir eine Frage: „Was halten Sie von unseren Läden?"
„Der Bon Marché, die Galérie Lafayette, Printemps, das Louvre –", ich zuckte die Achseln, „gräßlich, wie unsere schlimmsten Warenhäuser an einem arbeitsfreien Nachmittag."
Er antwortete: „Natürlich fällt es keiner Französin, die sich auskennt, ein, solche Häuser aufzusuchen – sie geht in die kleinen, exklusiven Läden. Zu Paquin beispielsweise."
Ich sagte, die französischen Morgenröcke von Paquin seien sehr schön, setzte jedoch hinzu: „Sie treten an die Stelle unserer Gewänder für die Ordenseinkleidung, sie scheinen nicht für das allgemeine Publikum gedacht."
„Gibt es denn gar nichts, was Ihnen gefällt?" forschte er.
„O doch, mir gefällt die Ernsthaftigkeit, mit der ihr eure Parfums, Puder, Rouges, Kosmetika welcher Art auch immer verwendet, und ich mag eure Cafés, und ich mag eure frühen Italiener und deren dahingeschwundenen Christusse und Madonnen, und ich mag eure Kirchen, wie schon gesagt, und ich mag die Art, wie ihr geht, besonders die Männer, mit einem gewissen Respekt für die Art, wie die Beine befestigt sind – wir Amerikaner gehen zu sehr vom Knie aus –, und ich mag Cluny."
An diesem Punkt des Gesprächs, nachdem ich eine Schachtel jener bunten durchsichtigen Drops gekauft hatte, auf deren Herstellung die Franzosen sich besser verstehen als auf das meiste sonst, erzählte ich ihm, wie sehr ich Cluny geliebt hätte, bis ich, auf meiner Wanderung durch seine Flure und treppauf, treppab, wobei ich in seine Schachtel mit alter Spitze und den Stiefeln einer vergangenen Gene-

ration schaute, ausgerufen hatte: „Wo ist denn Thaïs?" und unaufhörlich gerufen hatte, bis der Wärter sich ziemlich sicher war, daß ich verrückt geworden sei, und mich zu dem Raum dirigierte, wo die Eisenwaren aufbewahrt werden, die niemals wirklich die Besorgnis eines Gatten beschwichtigten, wenn er in die Schlacht zog. Ich betrachtete Rüstung und Feuerwaffen und Töpferwaren und die Sättel, und als ich ihnen den Rücken kehrte, war der Schrei in meinem Herzen noch immer nicht verstummt.
Denn, so sagte ich, ein kleiner Junge in New York habe mir erzählt, in irgendeinem der Museen liege der Leib der wunderschönen Frau – von vergänglichem Fleisch und unsterblicher Legende –, und ich sei mehr ihrethalber nach Paris gekommen als sie meinethalber und darin liege mein Ergötzen ebenso wie meine Qual.
„Ich wußte gar nicht, daß das eine lebende Person war", sagte der Professor, „ich dachte, sie sei eine Hoffnung und ein Grund zur Verzweiflung."
Ich erwiderte, sie sei alle drei Dinge gleichzeitig gewesen, und daran schloß sich eine lange Diskussion an, in die drei Gendarmen und zwei Bürger mit hineingezogen worden waren, alle mehr oder minder sicher, daß von diesem schönen Geschöpf nichts im Sinne eines greifbaren Andenkens übriggeblieben war, zumal das Geschöpf die Flüchtigkeit besaß, die jenseits männlicher Passionen und der dazugehörigen Tränen lag.
„Wir haben jedoch wunderhübschen Krimskram", sagte der Wärter, und ich erwiderte, das glaubte ich ihm aufs Wort, und ging hinaus durch die Gärten mit ihren halbzerstörten Satyrn und Jungfrauen, die im hohen Gras umherlagen, so unbehelligt wie die Toten, so daß die Kinder und die Kindermädchen mit einer respektvollen Scheu zwischen ihnen spielen konnten, die keiner staatsbürgerlichen Ermahnung bedurfte.
„Waren Sie am Montmartre oben?"
Ach, ja, ich war auf seinen endlosen kleinen Hügeln gewesen, und eines Abends hatte ich dort mit einem jungen Mann vom eher ernsthaften Typ gegessen, der sich nicht davon abbringen lassen wollte, Edith Wharton und Ezra Pound ins Gespräch einzubeziehen.
Ich hatte keine Lust, ihm zuzuhören, ich wollte gern den

dunklen Drachen anschauen, dem das Lokal gehörte, eine
schwerfällige Frau mit jener sehr französischen Geste auf
der Oberlippe – einem Schnurrbart –, die uns brachte, was
wir hätten bestellen sollen und zu bestellen unterlassen hatten,
in der Hoffnung, es sei das, was wir mochten und mögen
sollten.
Doch wie die meisten Lokale – die der Ausländer mühelos
finden kann –, so war auch dies verdorben durch Frauen,
die englisch mit Männern sprachen, die auf Amerikanisch
antworteten.
Danach war ich zur „Hölle" gegangen, ein Café in der Aufmachung
der infernalischen Sphären – wie ein an einem
Minderwertigkeitskomplex leidender Mensch sie sich vorgestellt
hätte –, wo den ganzen Abend über nichts Teuflischeres
stattfand als ein Akt, bei dem Sankt Petrus das Goldene
Kalb auf unangemessene Weise küßte und eine Dame,
nackt bis auf den Namen, sich unermüdlich auf einer Platte
drehte, die den Auftritt in einen trüben Spiegel reflektierte,
während die Städter und die Vorstädter die Hände, jederzeit
abrufbar, zwischen die Knie legten und röhrten.
Danach war ich zum Bal Tabarin gegangen, wieder mit einem
jungen Mann, und dieser hatte mich als *** haben wollen,
und bei dieser Gelegenheit vernarrte ich mich ungeheuer
in den Hals einer Dame.
Ach, was für ein Hals! Er stieg von ihrem Körper auf wie
eine elegante Säule und mündete in anmutigem Bogen in
einen Kopf von einem wundervollen Blaßgold, und die
Wange des dazugehörigen Gesichts, das sich ein wenig mal
hier-, mal dorthin wandte, war von einem Puppenrosa wie
ein Gemälde von Demuth, und als sie mir vollends ihr Profil
zukehrte, nahm die Nase den Schwung der Kehle wieder
auf und schwang sich, nach elliptischem Wiederabstieg, unvermittelt
in einen Mund von katzenhafter Weiche hinüber.
Vielleicht passierte dies alles auch keineswegs, vielleicht
war es das, was ich mir erhofft hatte. Wie dem auch sei, alles
verschwand, als diese Dame lächelte. Sie lächelte in das
Gesicht ihres bierseligen Partners hinauf (in Paris wird
mehr Bier getrunken als in Berlin), eines Mannes, den ich
um des Zaubers dessentwillen, als das sie sich vermeintlich
gleich herausstellen würde, gar nicht gesehen hatte, und al-

les war vorbei, denn ich entdeckte, daß die ganze Front ihres Mundes in selbstvergessenem Gold gehalten war, und dann bemerkte ich ebenfalls, daß das handfeste Spitzentaschentuch in ihrer mageren Hand sehr schmutzig war, daß sie irgendeinen schrecklichen Cockney-Dialekt sprach und einen Augenblick später nur auf einem Hocker an der Bar sitzen konnte, ein Bein auf den Boden gepflanzt wie eine erschlaffte Säule in durchsichtigem Wasser.
Die Frauen in europäischen Theaterdarbietungen verstehen sich nicht aufs Tanzen, das hatte ich herausgefunden, und diese Frau, die mich mit Hilfe eines wunderbaren Halses hereingelegt hatte, und ihre stämmigen Partnerinnen sollten mich bis ins letzte davon überzeugen.
Diese drei Frauen sollten programmgemäß einen Ausdruckstanz vollführen. Sie scharten sich um eine Kunstharzpfanne, wobei sie mit den Füßen im Staub aufstampften (sehr nach Art von Hennen in einem Kehrichtkasten), und sich vorneigten, um den Feuerhakenfuß zu machen. Die beiden Stämmigen hatten auf der anderen Seite des Raumes gesessen und dabei genau wie Tweedledee und Tweedledum ausgesehen, eine gefälschte Champagnerflasche, die schräg aus einem Kübel mit nachgemachtem Eis herausragte, vor sich, wobei jede den rechten Fuß über den Rist des linken gelegt und einen Ausdruck liebenswürdiger Boshaftigkeit im Gesicht hatte.
Sie warfen ein wenig die Beine, das stimmt schon, doch zeigten sie dabei nur sehr schmuddlige Rüschen, die sich irgendwo in der Baumwolle verloren, und wenn sie sich umwandten, dann taten sie das mit einer eigenartigen Langsamkeit, die keinerlei wie auch immer geartete Beziehung zur Musik hatte, und wenn sie die Musik nicht genügend mochten, dann tanzten sie gleich gar nicht und verharrten in der jeweiligen traumverlorenen Haltung, in die der letzte angenehme Akkord sie versetzt hatte, bis sie einen anderen aufgabelten, der mehr nach ihrem Geschmack war.
Doch nein, es läßt sich nicht angemessen schildern. Wie viele Male habe ich nicht versucht, das für meine Freunde von Greenwich Village zu tun (die man nachmittags immer in der Rotonde antrifft), und bin damit gescheitert.
So scheine ich denn endlich am Ende meiner Pariser Tage anzugelangen, und geht mir etwas im Kopf herum und be-

unruhigt mich, wie ein Eichhörnchen im Käfig, etwas, das
immerfort herumwirbelt und gern erzählt würde.
Ist das vielleicht die Geschichte vom Zimmermädchen in
der Rue Jacob? Der, die mir jeden Morgen das Frühstück
brachte und dabei einen jener steifen, kleinen Besen unterm Arm hatte, den sie eng an ihre feste Brust gepreßt
hielt.
Ich hatte manche schwierige Stunde mit dieser jungen Frau
– sie kann nicht älter als fünfundzwanzig gewesen sein –,
denn sie war voller Energie und erbaulicher Einfälle, doch
zum Glück für die immer noch taugliche Generation mußte
sie sehr hart arbeiten, und so traf man sie jeden Morgen auf
dem Treppenabsatz, wie sie an riesigen Stiefeln herumwienerte, die französischen und amerikanischen Offizieren gehörten, und während sie wienerte, jammerte sie ständig
zwischen prächtigen Zähnen hindurch: „Toujours travailler!"
Oder ist es die Geschichte von L. L. – dem jungen Mann
aus den Schweizer Bergen, der mich eines Tages zum Mittagessen ausführte und über seinem Hummer weinte, und
dabei das eine oder andere *mot* über die Traurigkeit des Lebens und die Unzuverlässigkeit der Frauen fallenließ, während er zwischen den Scheren von einer Affäre zwischen einer greisenhaften Prinzessin und ihrem Schornsteinfeger
erzählte, die er eingefädelt hatte?
Oder ist das die Stunde zwischen den beiden, wo ich mich
aufmachte, um ein norwegisches Armband für eine sehr
kleine Freundin von mir zu finden, und doch nur der Verzweiflung anheimfiel, denn der Pariser Abend ist angefüllt
vom Lärm junger Männer, die auf den Bürgersteigen Purzelbäume schlagen, und von Kindern, die sich Mühe geben,
nicht aus ihren Kleidern herauszuwachsen, ehe sie die um
die Ecke nach Hause geschafft haben, und dann wallt da ein
Dunst, während man in regelmäßigen Abständen Wasser
hört, wie es tropft, tropft, tropft.
Und ich sage mir, soll ich der Welt nun erzählen, was Paris
alles für mich bedeutete, oder soll ich sie in ihren Klubs, in
ihren Bibliotheken sitzen lassen mit Mark Twain und Arthur Symons auf den Knien und solchen abfälligen Skizzen,
wie sie nur aus den ätzenden Federn von Frauen getropft
sein können, während sie alles lernen, was die Amerikaner

zur Kenntnis zu nehmen versäumt haben, von einer Gartenurne?
Ich weiß es nicht.

Das Insekt kann bloß zehn Schritte fliegen, im Schwanz aber eines edlen Rosses kann es tausend Meilen zurücklegen.

Aus dem Mongolischen

James Joyce

In Dublin gibt es Männer, die erzählen einem, eine große Stimme sei von Irland fortgegangen, und ein paar Frauen gibt es, an denen die Jugend ihr Recht verloren hat, die setzen hinzu: „Einen Abend sang er und am nächsten nicht, und das war ein Schweigen wie kein zweites!" Denn die Singstimme von James Joyce, Verfasser von „Porträt des Künstlers als junger Mann" und „Ulysses", war angeblich unvergleichlich.

Daß Joyce einst ein Sänger war, mag sich beim oberflächlichen Lesen seiner Bücher gar nicht offenbaren. Vielleicht muß man einen jener seltsam weltabgeschiedenen Abende mit ihm verbracht oder Passagen seines „Ulysses" während dessen Erscheinen in der „Little Review" gelesen haben, um das Singende seiner Worte zu hören. Denn die Tradition sieht vor, daß ein Sänger eine Spur Bravade hat, diese freudige Art, erst den rechten und dann den linken Fuß vorzusetzen, und ein paar Seufzer in petto, die mit einem Keuschheitsgelübde nur schwer zu vereinbaren wären. Joyce hat von alldem nichts.

Ich hatte „Dubliner" während des Krieges über meinem Kaffee gelesen. Ich war gerade lange genug Mitglied von Spielplanausschüssen gewesen, um die Inszenierung von „Exiles" vorschlagen zu können, seines einzigen Stückes. Das „Porträt" war, unter wechselnder Zuhilfenahme der Ellenbogen, in einem Zug konsumiert worden, doch erst als ich seinem letzten Werk begegnete, hörte ich den Sänger heraus. Etwa aus solchen Zeilen: „So standen beide eine Weile in blasser Hoffnung da und trauerten umeinander", oder: „Dorthin trugen übergroße Karren die Fülle der Felder herüber, kugelrunde Kartoffeln und schillernden Kohl, und Zwiebeln, die Perlen der Erde, und rote, grüne, gelbe, braune und rostfarbene, süße, große, bittere, reife und kernige Äpfel und Erdbeeren, die auf Fürsten warten, und Himbeeren frisch von der Ranke." Oder da ist, noch besser, die Sangeslaune in jener köstlichen Hinrichtungsszene, wo der „gelehrte Prälat im höchst christlichen Geist in einer Regenpfütze kniet".

Ja, damals ging mir auf, daß Joyce das Leben tatsächlich als

Sänger, und zwar als ein sehr zartbesaiteter Sänger, begonnen haben mußte. Und weil keine Stimme auf die Dauer gegen die Grausamkeiten des Lebens ansingen kann, ohne zu brechen, wandte er sich Feder und Papier zu, denn so konnte er, in gebotenem Schweigen, die Überfülle der Unzulänglichkeiten als Juwelenauslage arrangieren – Juwelen mit einem Hang zu Moder und Verfall.

Doch von Joyce, dem Menschen, hat man nur sehr wenig gehört. Ich hatte eine Fotografie von ihm gesehen – der Kragen umschloß den dünnen Hals, der Bart, damals gravitätischer, stieg in den Abgrund der verborgenen Hemdbrust hinab. Man hatte mir erzählt, er sei am Erblinden, und wir in Amerika erfuhren von Ezra Pound, daß „Joyce der einzige Mensch auf dem Kontinent (sei), der weiter produktiv (sei) und, trotz Armut und Krankheit, täglich zwischen acht und sechzehn Stunden (arbeite)". Ich hatte gehört, Joyce habe eine ganze Reihe von Jahren an einer Schule von Triest Englisch unterrichtet – und das ist beinah schon alles. Was seine Gewohnheiten, seine Vorlieben und Abneigungen anging – nichts, es sei denn einer war so kühn, aus den Tatsachen, die sich im Gebrodel seines „Ulysses" hinter einer Unmenge unglaublicher Dinge verbergen, irgendeinen Schluß zu ziehen.

Und dann, eines Tages, kam ich nach Paris. Ich saß im Café „Aux deux Magots", das auf die kleine Kirche Saint-Germain-des-Prés hinausgeht, und sah, wie sich aus dem feuchten Nebel ein großer Mann löste, der, den Kopf leicht gehoben und abgewandt, dem Wind ein wohlgeordnetes Durcheinander von rotem und schwarzem Haar überließ, das sich an einem vorgereckten Kinn zum schütteren Keil zuspitzte.

Er trug einen blaugrauen Mantel – der wirkte zu jugendlich, teils weil er die Mantelschöße zurückgeworfen hatte, teils weil der Gürtel, der ihn zusammenhielt, eine volle Handbreit über den Hüften saß.

In dem Augenblick, als ich ihn sah, schoß mir die Bemerkung eines seiner schwärmerischen Verehrer durch den Sinn – „Ein Mann, der wie kein zweiter Schriftsteller unseres Zeitalters ans Kreuz seiner Sensibilität geschlagen worden ist" –, und ich sagte mir: Eine merkwürdige Art, einen Mann zu erkennen, den ich noch nie zu Gesicht bekommen habe.

Weil er vom Verbot der „Little Review" wegen des „Ulysses"-Abdrucks gehört hatte, setzte er sich zu mir, die ich mit der ganzen Geschichte vertraut war, und bestellte einen Weißwein. Er begann sofort zu reden. „Das Bedauerliche ist", sagte er und schien seine Worte mehr um ihres Alters als um ihrer Angemessenheit willen zu wählen, „das Publikum wird von meinem Buch eine Moral verlangen und sie darin auch finden – oder schlimmer noch, man wird darin womöglich etwas sehr Ernsthaftes erblicken, und ich gebe Ihnen das Ehrenwort eines Gentleman darauf, daß sich darin nicht eine einzige ernsthafte Zeile findet."
Einen Augenblick lang herrschte Schweigen. Seine Hände – die sich beim anfänglichen Händeschütteln eigenartig schlaff angefühlt hatten, die seltsam fleischig waren und im Verhältnis zum Handgelenk erstaunlich schwer – lagen die eine um den Stiel des Weinglases, die andere, in Vergessenheit geraten, nach außen gekehrt an der herrlichsten Weste, die zu sehen ich je das Glück hatte. Purpurroter Grund und darauf abwechselnd Reh- und Hundeköpfe. Die Rehe mit winzigen leuchtend roten Zungen, die über gelbe Unterlippen hingen, in leichter Wolle flaumig gestickt, und die Hunde nicht blutrünstiger oder spürnasiger als sonst irgendein Tier, das seinem Herrn durch alle sieben Lebenszyklen hindurch in Treue anhängt.
Er bemerkte meine Bewunderung und lächelte. „Handgearbeitet von meiner Großmutter zur Eröffnung der Jagdsaison." Wieder trat Schweigen ein. Er nutzte es, um sich eine Zigarre zurechtzumachen und anzuzünden.
„Alle großen Schwätzer", sagte er leise, „haben in der Sprache Sternes, Swifts oder der Restaurationszeit gesprochen. Sogar Oscar Wilde. Er studierte die Restauration morgens durch ein Mikroskop und gab sie abends durch ein Teleskop wieder."
„Und im ‚Ulysses'?" fragte ich.
„Da sind sie alle drin, die großen Schwätzer", antwortete er, „sie und die Dinge, die sie vergessen haben. Im ‚Ulysses' habe ich festgehalten, was ein Mensch sagt, sieht, denkt, alles gleichzeitig, und wie sich solches Sehen, Denken, Sagen auf das auswirkt, was ihr Freudianer das Unbewußte nennt – was allerdings die Psychoanalyse angeht", schloß er, „die ist weder mehr noch weniger als Erpressung."

Er hob den Blick. Seine Augen haben etwas Unscharfes – dieselbe Blässe, wie man sie an Pflanzen feststellen kann, die lange der Sonne entzogen worden sind – und manchmal etwas Mokantes, das mit einem Hochziehen und Vorwölben der Oberlippe einhergeht.

Man sagt ihm nach, er sehe gleichzeitig traurig und müde aus. Er sieht zwar traurig aus, und er sieht auch müde aus, doch ist das die Traurigkeit eines Mannes, der ein mittelalterliches Anrecht auf eine Betrübnis erwirkt hat, die ohne Zeit ist und ohne Ort; es ist die Müdigkeit eines Mannes, der sich aus freien Stücken der Schaffung einer Überfülle in der Beschränkung verschrieben hat.

Wenn man mich fragte, welches James Joyces charakteristischste Pose sei, würde ich sagen, die Kopfhaltung; sie reicht weiter als der Widerwille und nicht ganz so weit wie der Tod. So treibt er diese Gebärde seines Mißvergnügens nicht, doch wenn sie überhaupt mit etwas zu vergleichen ist, dann mit dem Anblick der Kehle eines waidwunden Tieres. Darüber hinaus, würde ich hinzufügen, stelle man sich ihn als einen schwergebauten und dabei dünnen Menschen vor, der einen dünnen Kühlen trinkt und dabei die Lippen fast in seinem hohen, schmalen Kopf versteckt oder die ewige Zigarre raucht, die er ein wenig über Schulterhöhe hält und niemals bewegt, bis sie verbraucht ist; statt dessen führt er den Mund an sie heran, um ruckartig die gelben Rauchschwaden ausstoßen zu können.

Weil man ihm keine Fragen stellen darf, muß man ihn kennen. Ich hatte das Vergnügen, während meiner vier Monate in Paris viele Male mit ihm reden zu können. Wir sprachen von Flüssen und von der Religion, vom instinktiven Einfallsreichtum der Kirche, die für den Gesang ihrer Hymnen ohne *Untertöne* – die Stimme des Eunuchen wählte. Wir sprachen über Frauen; was das betrifft, scheint er ein bißchen uninteressiert. Wäre ich eitel, würde ich sagen, er hat Angst vor ihnen, doch ich bin mir sicher, er hegt nur leise Zweifel an ihrer Existenz. Wir sprachen über Ibsen, Strindberg, Shakespeare: „Hamlet ist ein großartiges Stück, ganz aus dem Gesichtswinkel des Geists geschrieben"; und über Strindberg: „Kein Drama hinter dem hysterischen Gerase."

Wir sprachen vom Tod, von Ratten, von Pferden, vom

Meer; von Sprachen, Klimaten und Opfergaben. Von Künstlern und von Irland. „Die Iren sind Menschen, die niemals Führer haben werden, denn im entscheidenden Augenblick lassen sie die immer im Stich. Sie haben ein einziges Skelett hervorgebracht – Parnell – und niemals einen Mann."
Manchmal hatte er seine Frau Nora und seine beiden Kinder dabei. Kräftige Kinder, fast so groß wie er, und Nora wandelt unter schönem rotem Haar und spricht mit einem Akzent ihrer Heimat, in dem das Grauen vor Irland mitschwingt; vor Irland als dem Ort, wo die Armut zur Kunst des Darbens geworden ist. Einem irischen Akzent, der ein wenig trotziger ist als der von Joyce, den die Zerstreutheit gezähmt hat.
Joyce hat nur wenige Freunde, ist jedoch stets bereit, seinen Schreibtisch und seine weiße Hausjacke zu verlassen, um in ein ruhiges Café in der Nähe zu gehen und dort alles zu erörtern, was nicht *künstlerisch* oder *aufregend* oder *neu* ist. Besucher haben ihn oft bis in die Nacht hinein schreibend angetroffen oder auch teetrinkend mit Nora. Ich selbst fand ihn einmal der Länge nach auf dem Bauch liegend vor, als er gerade in einem Koffer voller Notizen für den „Ulysses" wühlte, die er in der Jugend gemacht hatte – denn, wie Nora sagt: „Er hat halt nun einmal diesen Fanatismus in sich, und der hört nie auf." Einmal las er aus der Legenda Aurea (die er immer bei sich hat) und murmelte bei sich, der Heilige dieses speziellen Tages sei „ein rechter Satansbraten – läßt es einfach regnen, wo wir doch einen Spaziergang machen wollen".
Wie immer es um ihn bestellt sein mag, er macht sich für den Abend frei, denn er ist einfach, ein Gelehrter und hat an menschlichen Wesen nichts auszusetzen, wenn sie nur ihre Grenzen kennen.
Doch hat man ihn exzentrisch genannt, wahnsinnig, wirr, unverständlich, ja, und futuristisch. Man fragt sich, weshalb, wenn man bedenkt, was für einen herrlichen lyrischen Anfang die großartige rabelaisische Blume „Ulysses" hatte, dazu all die unvoreingenommenen Nachträge, die es zu einem Blattwerk braucht, der dünne liebliche lyrische Ton von *Kammermusik,* die beiläufige Unausweichlichkeit von *Dubliner,* die Leidenschaft und Inbrunst von Stephen Deda-

lus, der sagte, er wolle allein durch die Welt gehen. „Allein, nicht nur getrennt von allen anderen, sondern ohne einen einzigen Freund."

Er hat, wenn wir zulassen, daß Joyce Stephen ist, getan, was er gesagt hat. „Ich will dem nicht dienen, woran ich nicht mehr glauben kann, heiße es nun meine Heimat, mein Vaterland oder meine Kirche. Ich will versuchen, mich in meiner Kunst so frei und vollständig wie möglich auszudrükken. Dabei verteidige ich mich nur mit den Waffen, die ich mir selbst zugestehe: die Stille, das Exil, die List."

Das ist ungefähr Joyce, und man fragt sich doch, ob Irland nicht endlich seinen Mann hervorgebracht hat.

Klagelied auf das linke Ufer

Ich persönlich würde alles geben, was ich habe – außer dem, was es mir gegeben hat –, um wieder in dem Paris sein zu können, wie es war, und an einem Bistrotisch zu sitzen, der die gußeisernen Beine im Sägemehl der Schneckenkörbe stehen hat, mit dieser schlechtgebügelten, billigen Baumwolltischdecke, die breit über mein bestes Cape fällt – dieser Tischdecke mit dem verkrumpelten Saum, die durchtränkt ist vom Burgunder des Vortags –, eine Karaffe *vin ordinaire* vor mir, eine ovale Platte mit *salade de tomates,* eine Schale Kressesuppe, ein *blanquette de veau*, grüne Mandeln – was auch immer, nur um wieder das traurige, wütende Gebell der Taxihupen zu hören, die anmutig dahinfließende Sprache, wie sie von den Büroangestellten verplaudert wird, die zwei Stunden frei haben zum Essen und Diskutieren. Die wahllos an die Kioske gepflasterten theatralischen Plakate zu sehen, die Schmähschriften an der Stuckwand des Hauses gegenüber (die waren für Paris, was das Pasquill für Rom war). Das leichte Rascheln der Bäumchen in ihren Eisenkorsetts zu hören, wenn sie sich in die feuchte Luft schmiegen, den Knoblauch zu riechen und den argen *gros bleu* – die schlimmste aller Tabaksorten – oder einfach durch die Glasfront ins Innere der Restaurants zu schauen, wo, hinter der Theke, der Patron um seine tüchtige Frau herumtanzt, das Orgelpfeifenregiment der Flaschen hinter sich – rot, gelb, grün, braun –, das der Spiegel wiederholt – und vor sich in angemessenem Abstand die Seeanemonen-Mägen der französischen Bürger, die, die Servietten um den Hals, mit ihren munteren Frauen reden, denen mit den niedrigen Brauen unter dem Fransenbesatz gestutzter Ponies, gekleidet in abscheuliches, ausdauerndes Schwarz, das gefältet ist und staubig wie ein Armenbegräbnis, und über dem Ganzen das Gekräusel der Vokale und Konsonanten, klöppelspitzenfein und dabei unnachgiebig, lavierend zwar, doch in sich fest, eine Pflanze in dem Gewässer, denn das ist die an den französischen Geist gelehnte französische Zunge.
Ja, das, und den Fiaker vorbeifahren zu sehen mit dem verliebten Paar, schwarzer Handschuh preßt schwarzen Hand-

schuh (die Franzosen führten ein denkbar unbeschwertes Leben in Volltrauer): an ihrem Hals das unvermutete Aufleuchten eines verspielten purpurroten Bändchens, in seinem Knopfloch ein Tropfen scharlachroter Zustimmung, und vor ihnen das Dunkelblau des Capes, das vom Leib des Kutschers modelliert wird, der schläfrig ist, schwerfällig und verläßlich, dabei jedoch angefüllt von lästerlichen Flüchen, die mit einem Schnalzen von Peitschen- und Zungenspitze hervorschnellen können.
Dann hinüberzugehen in ein nahe gelegenes Café, auf einen Brandy, einen *tilleul,* einen Cointreau, wie man sich eben durch diesen besonders reizenden Verkehr mogelt – da sind die Automobile, Pferdedroschken, Wachsoldaten, denen Pferdeschwänze von der Helmkruppe herabfließen, der blaublusige Arbeiter, das eilende Zimmermädchen, das schreiende Marktmädchen mit seinem armlangen Brot –, hinüberzuwechseln auf jene Insel der Kontemplation, in das Straßencafé, das Freiluftwohnzimmer Frankreichs.
Und das ist das wahre Geheimnis, das Geheimnis jenes großen, gefallenen Landes: die offene Gastlichkeit der Straße. Vier Wände ergeben einen Streit, eine Tragödie; die Straße macht daraus eine vorübergehende Störung. Hier kann man kommen und gehen. Wenn man Freunde trifft und sich nicht einig ist, bezahlt man seine Rechnung und geht; wenn man *miteinander zurechtkommt,* kann daraus jede erdenkliche Harmonie erwachsen. In einem Café kann man den aufgeribbelten Ärmel der Zeit wieder neu stricken oder so verbittert sein, wie man will, und das nur sich selbst zu verdanken haben. Kein Haus kann soviel für sich beanspruchen. Das Haus birgt Bitterkeit, die Straße nicht.
Nur wenige amerikanische Schriftsteller haben Paris als literarischen Hintergrund gewählt, obwohl Paris der Magnet war, der sie zu sich selbst hinzog, wie Breughels Genueser Hl. Antonius Flaubert nicht zu Genua hinführte, sondern zu sich selbst. Barbusses „Le Feu" war verschlungen worden. Ford Madox Fors skizzierte „No More Parades". Dann gab es das deutsche „Im Westen nichts Neues". E. E. Cummings machte mit „The Enormous Room" von sich reden. Aus Italien kam Hemingways „A Farewell to Arms".
Und sonst?
Diejenigen, die es *nie zu etwas brachten* (die Familie schrieb

stets in diesem Tenor), hätten es auch überall sonst nie zu etwas gebracht. Es war einfach nur lustvoller, es in Paris nie zu etwas zu bringen. Diejenigen hingegen, die es taten, machten den Eindruck, als hätten sie es auch dann *zu etwas gebracht*, wenn sie zu Hause geblieben wären. An Sinclair Lewis' Tür in der Main Street wird es auch so immerfort läuten. Sherwood Anderson hätte seine Schauplätze von Peking bis Puerto Rico legen können, seine Heldinnen hätten es auch weiterhin vorgezogen, im Maisfeld des Westens aufzuwachsen. Carl Sandburg hätte (wäre er rechtzeitig gekommen) im Restaurant Magny seinen Geist an dem Taines und der Gebrüder Goncourt wetzen können – doch Lincoln hätte die Rechnung bezahlt. Kann man sich etwa einen Steinbeck vorstellen, der den Zorn seiner ganz speziellen Früchte um eines Tokayer oder Bollinger willen vergessen hätte? Einen Bromfield, der ein anderer Bromfield wäre?

Nein. Doch da gab es andere, die, obwohl allem Anschein nach *schrecklich amerikanisch*, das nicht hätten sein können ohne???. Ezra Pound wetterte lauthals gegen Amerikas Mangel an Ästhetik. Von Rapallo, von der Loire bis Orléans, von der Vaucluse bis zum Drôme hob er seinen roten Bart und sang seine provenzalischen Cantos, gab, in die beklagenswerten Vereinigten Staaten zurückgekehrt, stürmisch seine Entdeckung Joyces in der „Little Review" kund, verkündete England seinen Glauben an T. S. Elliot, seine Vorliebe für den Musiker George Antheil. Pound war ein hemmungslos großzügiger Mann, der, während er nach den Klängen des „Yankee Doodle" marschierte, seine Loblieder auf sämtliche guten Dinge in anderen Welten sang. Zu Hause wäre er niemals so deutlich geworden.

Manche Autoren schrieben auch aus Heimweh (was ihnen gut tat); einige aus *Sehnsucht*. Thornton Wilder dachte, während er mit seinem Busenfreund, dem riesenhaften Tunney, im „Lipp's" seinen *formidable* nippte, an Madame de Sévigné und das ferne Peru, und hörte Gene Shakespeare intonieren. Edna Vincent Millay aß ihren Krebs, ihre *rognons de veau* oder Frösche (hoffe ich jedenfalls) und trank ihren *vin rosé* oder spülte die Schnecken herunter, die man Vorstadtgräbern abgelesen hatte, während ihr Gatte sich in die Seine stürzte, um eine Bürgerin zu retten, der der Sinn nach

Selbstmord stand. Frankreich veränderte ihre Mägen, wenn nichts sonst. Die gerettete Mamsell wurde ihre Köchin.
Unter jenen Schriftstellern, die ihre Wurzeln fast gänzlich gekappt zu haben schienen, ragten drei heraus. Die erste war Natalie Barney, deren Salon in der Rue Jacob vielleicht am berühmtesten für seinen Mangel an Amerikanern ist. Miss Barney empfing französische Staatsmänner, alternde Philosophen, Dichter und hagere Damen aus dem Faubourg St. Germain und der Proust-Tradition. Hier drängten sich Titel und Höflinge zwischen den Kallas und balancierten Seeigel oder Sorbets, wie es die Umstände verlangten, während schöne blonde Damen in fließenden Gewändern an Harfen zupften. Eine weitere war Kate Boyle. Sie hat fast ausschließlich für andere Völker geschrieben, doch tat sie das, wie Amerikanerinnen schreiben, höchst treffend im Ausdruck, doch ein bißchen überspitzt. Und dann war da noch Julien Green. Es ist schwierig, etwas über ihn zu sagen: er war wirklich sehr seltsam. Er *schrieb auf Französisch*.
Unvergeßliches, gefallenes Paris! Wer hat es nicht für irgend etwas geliebt, das ihm keine andere Stadt bieten konnte! Was das nur war? Waren es die Jardins du Luxembourg mit den granitenen Königinnen, deren ausgestreckte Arme den Tauben als Sitzstangen dienten, mit den Kindern, die unter schnurgerade aufgereihten Bäumen spielten, waren es das Kasperltheater, die Reifen und Bälle, die lautlos und, scheinbar, von allein auf einem privaten Spaziergang dahinrollten? Waren es die in Vergessenheit geratenen Bistros, an die sich immerhin Taxifahrer und Spatzen erinnerten? War es das Grabmal Napoleons, das den kleinen Körper in einem riesigen Sarg beherbergte wie ein stummes Klavier? Der *cirque* und die Jahrmärkte, die Bücherstände und *antiquaires*? Die verrückten und nervenaufreibenden Straßen, die unvergleichlichen Kathedralen und kleinen Kirchen? Auteuil und Longchamps, große Namen, die großartige Pferde beobachten? Die Museen, Cluny und das Carnavalet, das Guimet, wo Thaïs (auch wenn es gar nicht Thaïs ist) gesichtslos unter der Krone ihres rostroten Haars liegt? Oder die Champs-Elysées, die Couturiers und Parfumiers, der Blumenmarkt und der Vogelmarkt? Das alles eng verwoben mit der Zeit, einer Zeit, die als Tabak, Schokolade und Wein in die Nase stieg?

Seltsamerweise waren die einflußreichsten Gestalten im Leben der Schriftsteller jener Epoche eine Amerikanerin, ein Franzose und ein Dubliner: Gertrude Stein, Jean Cocteau und James Joyce.
Gertrude Stein war schon lange vor dem Krieg in Paris ansässig gewesen. Sie hatte die ersten Zuckungen des Kubismus, die Geburt des Futurismus, den Durchbruch des Vortizismus und des Dadaismus miterlebt. Einst, in der Zeit von John Hopkins, hatte sie das Skalpell über dem menschlichen Körper geführt. Nun schwang sie es über dem Wörterbuch der englischen Sprache. Sie genoß es, das Publikum zu erstaunen: *épater le bourgeois* war ihr Vergnügen. Sie hatte „Three Lives" in verständlichem Englisch geschrieben; dem kehrte sie mit „Tender Buttons" den Rücken zu. Sie saß unter ihrem von Picasso gemalten Porträt in der Rue de Fleurus und erzählte ausgiebig, die Strümpfe bis auf die Knöchel heruntergerollt, eine prachtvolle, feierliche Kamee an ihrem prachtvollen, feierlichen Busen, so solide und selbstsicher wie ein Fels, mit einem Gesicht, das *nahezu* unvergänglich war. Als eine der ersten hatte sie Picasso und die Musik Schönbergs und Mahlers gewürdigt. Jetzt gestand sie *eine Schwäche für Hemingway* und, in geringerem Maße, für die liebenswürdige Geschmeidigkeit Sherwood Andersons ein. Sie umgab sich mit unbekannten Jungen, die literarische Ambitionen hatten. In erster Linie förderte sie sich selbst. So sagte sie: „Ich und Henry James ..."
Manche im Quartier hielten sie für verrückt, andere nur für ermüdend. Desungeachtet hatte sie auf einige wenige tiefgreifenden Einfluß – ganz gewiß auf Hemingway. Wenn seine früheren Werke das nicht an die große Glocke hängen, „To Whom the Bell Tolls" tut es gewiß. So sagt Jordan, der Held des Buches: „Eine Rose ist eine Rose ist eine Zwiebel." Später dann: „Ein Stein ist ein Stein ist ein Fels ist ein Felsblock ist ein Kiesel." Wenn das nicht Würdigung und Porträt ist, was ist es dann? Kritischer Einwand? Jenes Wort *Kiesel* freilich ...
Hatte Frankreich Gertrude Stein gemacht? Nun ja, ihr Bruder Leo, der einer der führenden Kunstkritiker der Vereinigten Staaten gewesen war und obendrein ein bekannter Vegetarier, tauchte in Paris, der Stadt der Köche, auf und war immer noch Vegetarier. Es traf sich gut, daß die Steins

bemittelte Leute waren. Gemüse und Picasso stehen in Paris in hohem Ansehen.
Im Jahr 1921 oder 1922 war Crommelyncks „Le Cocu Magnifique" das Entzücken der Boulevards, und Jean Cocteau fing an, Stadtgespräch zu werden. Bald kopierte alle Welt, was er sagte, aß, tat und trug. Robuste kleine Mädchen aus Polen bekamen Vapeurs, als sie hörten, er liege, bleich und still, in seiner Wohnung. Zarte Knäblein aus Virginia versuchten Opium. Cocteau war so *en vogue* wie eine neue *création*. Mit der Eröffnung des Boeuf sur le Toit (das sich nach seinem Ballett nannte), erreichte das Cocteau-Fieber seinen Höhepunkt. Er war die *bête noire* der Dadaisten – Tristan Tzara, Phillippe Soupault, Paul Eluard, Jacques Baron, Robert Desnos und Louis Aragon – doch war er ganz entschieden das Entzücken der Jungen und Beeindruckbaren und, um die Wahrheit zu sagen, einiger weniger Achtzigjähriger.
Cocteau schien aus etwas gemacht, das älter war als das Fleisch; ein Entwurf aus Bein, tadellos ausgeführt wie ein spätgotisches Kirchenschiff. Seine Hände waren phantastisch, lang, schlank und rege, und sie bewegten sich um ihn herum, als seien sie unabhängig und neugierig. Später dann lagen sie in weißem Gips auf einem schwarzen Samtkissen in einer Ausstellung seiner Zeichnungen.
Verbindlich, bezaubernd, makellos, eingekleidet von Chanel, parfümiert mit „Numéro Cinq", beschuht mit Antilopenleder, elegant und perfekt. Er sprach nur zu den wenigen Auserwählten. Er sagte: „Ich rehabilitiere den Gemeinplatz." Seine Zähne waren der Haut sehr nah, seine Haut dem Skelett. Er sagte: *„Le café-concert est souvent pur; le théâtre toujours corrompu!"*
Er setzte seine tragische Muse auf ein Zirkuspferd. Fratellini und Hamlet begegneten einander. Griechische Sage, christliche Moralität und Jahrmarkt fanden sich vereint. In seinem „Orphée" kommt der Tod in den schwarzen Gummihandschuhen des Chirurgen zu Eurydice. Pferde steppten, Glaser waren zugleich Engel, und Madame Pitoëff spazierte mit weniger Herzklopfen rückwärts in die Spiegel als Alice bei ihrem Eintritt ins Wunderland. „Seine Beschwörer-Tricks", sagte James Lover, „lassen, gerade weil sie weit davon entfernt sind, den Tod lächerlich zu machen, die Beschwörung schrecklich werden."

Seine Erfahrung mit Opium wurde gedruckt, und eine erkleckliche Anzahl Menschen, die ihn niemals zu Gesicht bekommen hatten, griffen zu Pfeife und Kügelchen. Angeblich war er indirekt verantwortlich für den Tod eines Mädchens, das „Les Enfants terribles" gelesen hatte. Dies schokkierende Ereignis brachte Cocteau auf einen Einfall. Er *brachte in Umlauf*, daß er demnächst einem Orden beitreten werde. Seine Anhängerschaft, vollständig bis fast auf den letzten Mann, betrat, himmlich nach „Numéro Cinq" duftend, von Chanel eingekleidet und Antilopenleder am Fuß, auf Zehenspitzen die Kirche. Sorgsam zwei puderfarbene Handschuhe ausklopfend, ging Cocteau auf Zehenspitzen hinaus. Es nützte wenig: eine neue Gruppe bildete sich, man rannte seiner Flötenmusik nach wie die Ratten dem Rattenfänger von Hameln. Er war nicht nur einfach eine Manie unter anderen, er war eine Krankheit, tödlich wie die Cholera. Er wurde geliebt, er wurde gehaßt, er blieb niemals unbeachtet.

Dann geschah an einem Februartag des Jahres 1922 etwas anderes. Ein Exemplar eines blaugebundenen Buches mit dem Titel „Ulysses" tauchte im Schaufenster von Sylvia Beachs Buchhandlung Shakespeare & Co. auf. Die expatriierten Federn standen still. War das nicht das Buch, das man bereits vor Gericht gezerrt hatte, noch ehe sein Abdruck in der „Little Review" über wenige Seiten hinausgediehen war? So war es. Pernod, Byrrh, Dubonnet, Kognak standen reglos in den Gläsern. Diesmal waren die Schriftsteller mattgesetzt. Sie weinten vor Freude und kopierten voller Verzweiflung. Manche kehrten sogar entkräftet und doch stolz nach Hause zurück. Noch unter dem letzten Hemd im letzten Koffer lag ein Exemplar des blauen Buches, das in England wie in Amerika verboten war. James Augustin Joyce (er war dank der geistigen Verwirrung eines Gemeindeschreibers in Rathgar Augusta getauft worden) wies einem Zeitalter den Ausgang.

Joyce, geboren in den unruhigen Zeiten Parnells, erzogen in Clongowes und Belvedere (zeitweise dachte er ernsthaft daran, Priester zu werden), hatte über Nacht die Perspektive all jener verändert, die Hoffnungen auf eine literarische Karriere hegten. Er lebte, selten außerhalb des Hauses anzutreffen, in großer Armut in der Rue de l'Université. Sicht-

bar oder unsichtbar, man machte sich über ihn her, indem man sich sein neues, staunenerregendes Werk vornahm.
Kleine Zeitschriften wie „This Quarter", „transition", „The Transatlantic Review" zerfetzten ihn in der Diskussion. Teile des Buches, das jetzt „Finnegans Wake" hieß, erschienen unter dem zeitweiligen Titel „Work in Progress" zuerst in „transition". Jeder las nun noch einmal „Porträt des Künstlers als junger Mann"; seine frühen Gedichte wurden von unbedeutenden Komponisten in unbekannten Dachstuben vertont. Sehr selten kam es vor, daß jemand ein begehrter Gast auf Cocktailpartys war, weil er Joyce entweder im Deux Magots oder, seltener, in der Gypsy Bar gesehen hatte, wie er sein Lieblingsgetränk, ein Gebräu aus *anis – pernod susse et fine* trank – das stärkste Getränk in der Geschichte der Menschheit.
Steins Stern, Cocteaus Mond waren untergegangen.
Joyce war so arm wie Hiob; er wohnte und führte sein Leben mit seiner Frau Nora und seiner Tochter Lucia in einem einzigen Zimmer. Sein Sohn Giorgio schlief unter dem Dach. Als Joyces Geburtstag heranrückte, konnte seine Frau ihn zu ihrem Kummer die zwei irdischen Dinge nicht beschaffen, die sein Herz begehrte: einen Ring aus Eisen und ein Parfum namens Apopanax. Wenn Nora sich nicht gerade Sorgen machte, war sie so heiter und witzig wie sonst eine Tochter Erins.
Joyce selbst war ein ganz anderer Fall. Groß, schweigsam und dünn, mit einer altmodischen Würde ausgestattet, mit einem Schädel, der, am Hinterkopf flach, wie mit einem Lineal gezogen, in die Linie des Halses überging, über dem einen Auge eine Klappe, mit edler Nase und kleinem, gequältem, höhnischem und störrischem Mund – damit hat man Joyce –, schritt der Großinquisitor zur Selbstbeurteilung. Wer ihm eine Frage stellte, konnte sicher sein, einen kalten, starren, schrecklichen Blick zu ernten. Joyce allein konnte Joyce Fragen stellen. Proust wurde sein *Vater* genannt, aber Proust war immer noch *unbekannt*.
Das alles und Paris noch dazu! Was schulden wir, die wir es kennengelernt haben, dieser Stadt nicht alles! Man konnte sich nehmen, soviel man tragen konnte. Warum nicht gleich alles – auch das. Das waren damals heiterere Tage, als es sie zu der Zeit sonst irgendwo gab, und traurigere. Da war die

ganze Aufregung um das kurzlebige Theater, das Cigale, das vom Conte de Beaumont finanziert wurde. Da war das Ballett Russe mit dem Picasso-Vorhang – einer prächtigen kräftigen rosa Frauengestalt, die durch den Sand rannte. Da waren *Sacre du Printemps* und das englische junge Mädchen (das unter russischem Namen auftrat), das sich darin fast zu Tode tanzte und, bewußtlos und nunmehr berühmt, vom Boden aufgehoben wurde.

Weisheit konnte man sich an der Sorbonne holen, mit Gelehrten sprechen, mit großen Metaphysikern streiten, Seite an Seite neben den plüschigen Damen des Theaters sitzen.

Man konnte nahezu jeden kennenlernen, wenn man es nur genügend wollte. Dies kann und konnte man in den USA nicht – und natürlich ebensowenig in Paris, wenn man ein absoluter Schwachkopf war. Doch man konnte es, wenn man intelligent und interessiert war. Dieser Vorzug ist nicht oft genug hervorgehoben worden.

Dann konnte man auch zum Teufel gehen, wenn einem dies Schicksal letztendlich bestimmt war. Man konnte entweder an den Beaux' Arts etwas werden oder an den Quatz' Arts nichts werden. Man konnte mit Gewinn die Stätten besuchen, an denen Balzac gearbeitet hatte, oder man konnte zum Zelli oder Ciro gehen und verrückt spielen wie ein Wildpferd und am Morgen aufwachen und darüber stöhnen, daß einen niemand in die Oper mitgenommen hatte, oder daß man nicht wenigstens im Pré-Catalan im Bois oder im Château de Madrid gespeist oder sich schlimmstenfalls ins Grand Guignol hatte führen lassen und in gräßlicher Stimmung bei „Black Velvet" (das *mußte* man einfach sein, ganz gleich, wer oder was man war) in den Hallen gelandet war.

Während ich jetzt schreibe, erscheinen all diese Zustände gleichermaßen begehrenswert. Was kam es schon darauf an, solange Paris da war?

Das Schreckliche ist ja nicht, daß all diese Dinge geschehen konnten, sondern daß sie alle vorbei sind.

Nachbemerkungen

> „Denn in ihrer Literatur gibt sie mehr von
> ihrem Leben preis als es zunächst scheint."
>
> Katharina Kaever, *Die Nachtwachen der
> Djuna Barnes*

I

Wie nimmt man ein Stück Kuchen bei einer Teegesellschaft? – Auf keinen Fall heißhungrig, sondern beiläufig. Ganz gleich, ob das zum Tee gereichte Backwerk schmackhaft ist oder fade – es ist nicht mehr als eine angenehme Ergänzung. Die Aufmerksamkeit gehört dem Tee, den geladenen Gästen und ihren Gesprächen über Literatur, Malerei, Musik, Philosophie. Anders als am Bierstammtisch, wo es lustvoll, derb und laut zugeht, tönt es in der Teegesellschaft kunstvoll, apart und gedämpft. Man benutzt hier andere Wörter und Gesten; und es sind wohl auch Körperhaltungen und Gesichtsausdrücke von unterschiedlicher Art. Doch nein – dies ist kein Leitfaden für salonfähiges Benehmen. Es ist der Versuch, in einer Zeit, da die Teegesellschaft nicht mehr zum kulturellen Standard gehört, deren Atmosphäre und Gepflogenheiten zu vergegenwärtigen, um einem Gleichnis auf die Spur zu kommen, mit dem Djuna Barnes in der Erzählung *Altweibersommer* das Verhältnis zwischen Madame Boliver und dem Russen Petkoff versinnbildlicht. Ein einziger Satz wird hier zur Charakterstudie. Er erzählt von den Sehnsüchten und Hoffnungen der Madame Boliver ebenso wie von ihrer illusionslosen Sicht auf das Leben. Sie ist nicht das Dornröschen, das durch den Kuß des Prinzen aus ihrem hundertjährigen Schlaf erlöst wird. Eine unbenannte, weil unbekannte Macht bewirkt die Veränderung einer Frau, die wenig darüber nachgedacht hat, „was an ihr das wohl war, das sie ungeliebt und unliebenswürdig gemacht hatte" und die sich jetzt, da sie von anziehender Schönheit ist, ebenso ohne viel Nachdenken und unspektakulär nimmt, was sie begehrt.

Djuna Barnes hat das vielsagende Detail zu einem der auffälligsten Charakteristika ihrer Prosa gemacht. Gelangweilt vom Offen-Sichtlichen und sensibel für die Sprache flüchtiger Gesten, erkennt die Autorin in der dem hastigen Blick entgehenden Einzelheit bedeutsame Zeichen der Zeit. Leser, die eine packende, pointenreiche Story erwarten, werden mit Sicherheit enttäuscht. Doch all jenen, die Sinn haben für die Feinheiten einer häufig mit scharfzüngiger Ironie geschliffenen Sprache, wird die Lektüre zum oft erinnerten Vergnügen. Die Geschichten der Barnes, ob sie sich als Erzählung, als Roman oder als Reportage formieren, sind das, was der amerikanische Kritiker Douglas Messerli „faszinierende Experimente der impressionistischen Charakterzeichnung" nennt. Ihre Lektüre wird zur Herausforderung an das poetische Assoziationsvermögen der Leser; ihr Verständnis setzt Phantasie voraus, jene Fähigkeit also, die logisches Denken und Sinnlichkeit miteinander verbindet.

Für Djuna Barnes ist das Wort als Träger der Kultur heilig. Die junge Djuna hat nie eine formale Bildung genossen, weil der Vater öffentliche Erziehungsanstalten für geisttötend hielt. Statt dessen wurde sie von der Großmutter, Zadel Barnes Gustafson, mit Shakespeares Stücken und den Geschichten der Bibel erzogen. Man stelle sich unter der Erzieherin jedoch nicht die großmütterliche Gouvernante vor. Zadel Barnes Gustafson war eine Dame, die sich um Konventionen wenig scherte. In London hatte sie einen literarischen Salon geführt, zu dessen Gästen auch Oscar Wilde gehört haben soll. Sie war darüber hinaus aktive Journalistin, die sich besonders weiblichen Problemen und Themen zuwandte. Zadel Barnes schreckte nicht davor zurück, sich nach zwanzigjähriger Ehe von ihrem ersten Mann zu trennen und sich neu zu verheiraten, dies in einer Zeit, da eine Ehescheidung noch nicht den Konsens der Normalität genoß. Die Großmutter verkörperte für Djuna Barnes den Willen, persönlicher Integrität und weiblicher Individualität durch eine schriftstellerische Tätigkeit Ausdruck zu verleihen. Den Aktionsraum dafür bot vor allem der literarische Salon, dessen kunstvoll-künstliche Atmosphäre Djuna Barnes schon als Kind erlebte. Kein Wunder, daß für die ambitionierte junge Schriftstellerin Sprache ästhetische Struktur per sé ist. Ihr utilitaristischer Gebrauch im Alltag, an dem sich beispielsweise ein Autor wie Hemingway orientiert, vermag das Interesse Barnes' kaum zu erregen.

Sie hört nicht auf Wörter, die auf der Straße gesprochen werden, sondern macht sich im Oxford English Dictionary mit der Etymologie der „von der Zeit geadelten Wörter" vertraut. Das erschwert dem naiven Leser den Zugang zu ihren Texten, rückt die Autorin aber zugleich in die Nähe jener berühmten Zeitgenossen, für die das Experiment mit der Sprache zu einer Möglichkeit wurde, sich dem Zugriff einer an Einfluß und Macht gewinnenden Kulturindustrie und ihrem kleinbürgerlichen Geschmack zu entziehen.

So ist es nicht verwunderlich, daß T. S. Eliot sich um das Manuskript des Romans *Nightwood* (dt. Nachtgewächs) kümmert, seiner Sprache poetische Intensität und der Figurengestaltung Nähe zur Elisabethanischen Tragödie bescheinigt. Im Jahre 1936 sorgt der Autor des bedeutsamen Poems „Waste Land" (1922, dt. Das Wüste Land) schließlich für die Veröffentlichung des Buches. Vorher hatte schon der Romanerstling *Ryder* (1928, dt. Ryder), die fiktionalisierte Familiengeschichte der Barnes, für Aufsehen gesorgt. Er wurde von der „Saturday Review", einer renommierten Zeitschrift, als „das erstaunlichste je von einer Frau geschriebene" Buch bezeichnet. Spektakulär war auch das im gleichen Jahr zunächst als anonymer Privatdruck erschienene *Ladies Almanack* (dt. Ladies Almanach), das eine satirische Hommage an die legendär-exotische Millionenerbin Natalie Clifford Barney und ihren sapphischen Freitags-Kreis ist. Es blieb nicht lange unbekannt, daß sich hinter der anonymen „Lady of Fashion" Djuna Barnes verbarg.

Mit James Joyce verbindet Djuna Barnes nicht nur eine enge Freundschaft. Beide teilen die gleiche spielerische Haltung gegenüber der Sprache. (Als Joyce einmal in Paris aus *Finnegan's Wake* vorlas, soll Djuna Barnes die einzige Zuhörerin gewesen sein, die zur Freude des Autors gelacht hat.) Bereits 1939 bemerkt Edwin Muir deshalb in einer Abhandlung über den frühen Modernismus: „Die Prosa von Miss Barnes ist die einzige Prosa eines lebenden Autors, die mit der von James Joyce vergleichbar ist. Und in einem Punkt ist sie der seinen sogar überlegen: in der Reichhaltigkeit einer exakten und lebendigen Metaphorik, die gänzlich ohne jene Geziertheit auskommt, die sich so bereitwillig in den irischen Stil einschleicht." Ein Beispiel möge dies illustrieren. In der Erzählung *Der Brief, der niemals abgeschickt wurde* schildert Djuna Barnes die manierlichen Bemühungen zweier adliger Freunde um die Hand einer Tänzerin. Um dieses Ziel zu erreichen, scheuen sie nicht davor zurück, gerade das zu zerstören, was den Reiz der Dame ihrer Träume ausmacht: die Anmut ihrer Bewegungen. Daß sich hinter der Eleganz teurer Geschenke so manche Plumpheit versteckt, bleibt der Barnes nicht verborgen und fordert ihren Spott heraus: Die „ehrgeizigen Bemühungen" der Freunde „waren unbestreitbar von der durchdachtesten Art, denn beide waren sie reich genug, um den *Rhythmus* selbst noch dieser unvergleichbaren Tänzerin *ein wenig zu verschleppen,* so *schwer* wog ihr Tribut an *Perlen* und *eckigen Smaragden*". (Hervorh. C. G.) Es ist der Übersetzerin Karin Kersten zu verdanken, daß die subtile Sprache in der deutschen Fassung nicht verblaßt.

Wegen des häufigen Gebrauchs von Archaismen, einer der traditionellen Romanform entsagenden Struktur und nicht zuletzt wegen der Exzentrizität der dargestellten Figuren verweigern sich die beiden Romane und der Almanach der Akzeptanz durch ein Massenpublikum, dessen Lesebedürfnis sich über die Möglichkeit der Identifikation mit der literarischen Figur und über die Unterhaltung befriedigt. Collagenhaft verbindet Djuna Barnes sprachlich-ästhetische Formen wie die Moritat, den dramatischen Dialog, die Bibelgeschichte und den Aphorismus. Gegen Ende ihres Lebens war Djuna Barnes immer weniger bereit, sich stilistisch und thematisch einem öffentlichen Geschmack zu unterwerfen, der ihrer Meinung nach längst den Bereich geistloser Sentimentalität erreicht hat. Die in diesem Band versammelten Reportagen, Porträts und Erzählungen sind allerdings weniger kompliziert strukturiert als die längeren Prosatexte. Das hat mit der Zeit und dem Ort ihres ersten Erscheinens zu tun. Mit einigen Ausnahmen (z. B. stammt die Erzählung *Saturnalien* aus dem Nachlaß) schrieb Djuna Barnes diese Texte zwischen 1913 und 1931 im Auftrage verschiedener New-Yorker Zeitungen. In seinem Nachwort zu einer 1982 herausgebrachten Sammlung einiger dieser Zeitungsgeschichten schreibt Douglas Messerli: „Dem heutigen Leser mag es schwerfallen, sich vorzustellen, was das Massenpublikum einer Zeitung, die sich in späteren Jahren als New Yorks ‚Rennsportblatt' vermarktete, mit derartig seltsamen Geschichten, mit ihren radikalen Metaphern anzufangen vermochte. ... Im Jahre 1916 repräsentierte die amerikanische Zeitung jedoch ein bemerkenswert eklektisches Forum; Prosa und Dramen waren Standardbeiträge." Selbst politische Beiträge habe man im Stil volkstümlicher Unterhaltung präsentiert. „Und Djuna Barnes übernahm ihrerseits erzählerische Konventionen aus der journalistischen Berichterstattung ihrer Zeit." Dazu gehörten die Verwendung von Charakterstereotypen, der Verzicht auf einen objektiven Erzählstandpunkt und ein der Zeitungsreportage verwandter Aufbau, der kurz Personen und Schauplatz vorstellt und auf ein dramatisches Ende verzichtet, weil das Ereignis selbst zum Zeitpunkt der Berichterstattung meist noch unabgeschlossen war.

Der Journalismus von Djuna Barnes ist weit entfernt von traditioneller politischer Polemik. Doch ihre Kolumnen sind vom unpolitischen Klatsch mindestens ebenso weit entfernt. Ihre Geschichten und Reportagen aus Amerikas Metropole New York bezeugen das. Da ist nichts von der Sterilität jener Fotos und Dias, die heute beinah jede Stadt von ihren berühmten Gebäuden macht und unter dem Vorwand der Information an ihre Touristen verkauft. Mit ihren Bildern und Geschichten aus Manhattan, Brooklyn und Queens, aus der Bronx und von Long Island unterläuft die Barnes die Euphorie des von der Stadt bezahlten Reiseführers, der nüchterne Zahlen und Fakten liefert, die eh bald wieder vergessen werden. New York, wie es Djuna Barnes sieht, lebt nicht nur mit seinen Widersprüchen; es wird erst durch sie lebendig. Schreibend entreißt sie die im großstädtischen Alltag verborgenen Schicksale ihrer Bedeutungslosigkeit. Hier werden Cocktails getrunken und Suppenküchenschüsseln geleert; hier wird Tango getanzt und ein Schiff mit Soldaten in den ersten Weltkrieg geschickt; hier wird gedichtet und gehandelt, gelebt und gestorben. Mit ihrem typischen Blick fürs Detail geht Djuna Barnes durch Chinatown, dessen Exotik bei genauer Betrachtung zergeht wie Reispapier auf der Zunge. Sie macht Schluß „mit dieser albernen Litanei über die unmöglichen Menschen" in Greenwich Village. Die Bewohner des Künstlerviertels sind höchstens *ein wenig* individueller, *ein wenig* kreativer, *ein wenig* exzentrischer als die Menschen anderswo. Auch Frauenrechtlerinnen und Gewerkschafter haben ihren Spleen. Humorvoll nimmt die Barnes deren kleine Unzulänglichkeiten aufs Korn und macht große soziale Bewegungen dadurch menschlicher, begreifbarer. In jedem Falle ist es die individuelle Erfahrung, die seelische Empfindung, über die sich das Verständnis für einen Ort und eine Zeit vermitteln. Die Zwangsernährung wird für die Reporterin erst dann zum Sinnbild entfremdeter menschlicher Existenz im Zeitalter des Fließbands, als sie sich der Tortur selbst unterzieht. Sie sieht sich „zu einem bloßen physischen Mechanismus" reduziert. Die „Vergewaltigung der Heiligtümer ihrer Seele", die völlige Ignoranz ihres persönlichen Willens nötigt der Barnes das „Verständnis für bestimmte Phänomene unserer Tage" ab. Und die Eindringlichkeit ihrer Beschreibung evoziert auch im Leser eine „trostlose, gestaltlose, wortlose Wut". Für Djuna Barnes wird das Schreiben zum Vorgang, dieser Wut Gestalt zu verleihen und sich gegen die Verzweiflung angesichts der Entmündigung zu wehren. Den Lesern freilich bleibt es nicht erspart, eigene Wege zu finden.

II

Trotz ihrer Meriten als Journalistin und Schriftstellerin hat es Djuna Barnes bis zu ihrem Tod im Jahre 1982 nicht vermocht, aus dem Schatten ihrer berühmten Zeitgenossen hervorzutreten. Im Juni 1969 bemerkt sie in einem Brief an Wolfgang Hildesheimer (der den Roman *Nightwood* kongenial ins Deutsche übertragen hat) selbstironisch, sie sei die „bekannteste Unbekannte der Welt".
Bekannt war sie in der New-Yorker Boheme und im Paris der Lost-Generation durch ihre schlagfertige Intelligenz und ihre fashionable Erscheinung. Sie ist das Vor-Bild für die Figur Jake Barnes in Hemingways „Fiesta". Anais Nins Spionin im Haus der Liebe liest den Namen Djuna Barnes neben dem e. e. cummings' auf einem Klingelschild. Und auch weniger bekannte Autoren bauen sie in ihre Romane ein, so zum Beispiel David Leavitt in sein 1986 erschienenes Buch „The Lost Language of Cranes". Die Eleganz ihrer Kleidung und das Graziöse ihrer Körperhaltung haben Man

Ray und Berenice Abbott zu bestechenden Fotos angeregt. Im Auftrage verschiedener Zeitungen und Zeitschriften interviewte die Barnes Berühmtheiten ihrer Zeit wie den Broadway-Produzenten Flo Ziegfield, den Fotografen Alfred Stieglitz, die Sängerin und Schauspielerin Yvette Guilbert, die Modeschöpferin Coco Chanel oder die „Mutter" der amerikanischen Gewerkschaftsaktivisten Mary Jones.

Bekannt ist sie auch – zumindest unter Kollegen, Literaturhistorikern und feministischen Kritikerinnen – durch ihren Roman *Nachtgewächs*. In einem Symposium über den „Roman Heute" markiert der Schriftsteller John Hawkes im Jahre 1962 den Beginn der experimentellen Prosa in der amerikanischen Literatur mit den Namen Djuna Barnes, Flannery O'Connor und Nathanael West. In der anläßlich ihres achtzigsten Geburtstages 1972 von der Kent State University herausgegebenen Festschrift findet sich gar der kategorisch-euphorische Satz eines Kritikers, kein Roman in diesem Jahrhundert sei sprachlich so wohlgeformt wie *Nachtgewächs*. Für die feministische Kritik ist das Buch ein Schlüsselroman am Beginn der Suche nach einer neuen weiblichen Identität.

Unbekannt ist Djuna Barnes bis heute einem breiten Lesepublikum, obwohl ihr literarisches Werk nach ihrem Tod eine Renaissance erfuhr. In Amerika ist dies Douglas Messerli zu verdanken; im deutschsprachigen Raum vor allem Wolfgang Hildesheimer und später dem Westberliner Verlag Klaus Wagenbach. 1983 erscheint denn auch eine erste umfassende Biographie, verfaßt von Andrew Field. Dennoch: die feinsinnige, aber unsentimentale Autorin gilt immer noch als Geheimtip unter Literaturfreunden. Das Schicksal ihres Dramas *The Antiphon* (1958) scheint für diesen Zustand symptomatisch. Das Stück, in dem Mutter und Tochter ihren Haß aufeinander ausspielen, ist bis heute nur in Schweden zur Aufführung gekommen, in einer Übersetzung des ehemaligen UNO-Generalsekretärs Dag Hammarskjöld. In Stockholm gefeiert, blieb die Resonanz auf die englischsprachige Theaterwelt gering. Der Versuch einer deutschen Übersetzung scheiterte an der Kompliziertheit des Textes.

Unbekannt war lange Zeit auch, daß Djuna Barnes neben anderen Frauen die intellektuelle Atmosphäre im Paris zwischen den Weltkriegen mitbestimmt hat. Ist von der englischsprachigen literarischen Szene dieser Zeit die Rede, fallen als erstes Namen wie T. S. Eliot, James Joyce oder Hemingway ein. Letzterer ruft die Erinnerung an Gertrude Stein und ihren Salon wach, schon weniger aber an Gertrude Stein und ihre literarischen Versuche, obwohl nicht wenige Autoren von deren Impulsen profitierten. Bei dem Namen Sylvia Beach muß dem literaturhistorischen Bewußtsein schon mit dem Hinweis auf den berühmten Buchladen „Shakespeare & Co." auf die Sprünge geholfen werden. Nur Joyce-Experten und ein paar besonders Interessierte werden wissen, daß der „Ulysses" seine erste Publikation der Risikobereitschaft der auch als Verlegerin tätigen Sylvia Beach verdankt. Völlig in Vergessenheit geraten ist der Salon von Natalie Clifford Barney, die zu ihren Gästen unter anderem Sherwood Anderson und Thornton Wilder, Marcel Proust und Colette, Jean Cocteau und eben auch Djuna Barnes zählte und damit stärker noch als ihre berühmte Konkurrentin den Versuch unternahm, französische und amerikanische Schriftsteller und Künstler zusammenzubringen. In Vergessenheit geraten sind auch Namen wie Maria Jolas, Margaret Anderson oder Jane Heap, die als Herausgeberinnen und Kritikerinnen zumindest in den Anfängen das Profil der heute noch bekannten Literaturzeitschriften jener Zeit (transition, Little Review) maßgeblich mitbestimmten. Unter all diesen unbekannten Frauen ist Djuna Barnes heute tatsächlich die bekannteste.

Unbekannt sind auch Einzelheiten über bestimmte Lebensabschnitte. Djuna Barnes achtete sehr auf die Integrität ihrer Privatsphäre. Seit 1939 lebte sie völlig zurückgezogen in New York, wo sie bis an ihr Lebensende dieselbe Einzimmerwohnung am Patchin Place, Greenwich Village bewohnte. Es geht die Fama, e. e. cummings hätte hin und wieder an ihre Tür geklopft, um zu hören, ob sie noch lebte. Andrew Fields Biographie läßt sich entnehmen, daß sie in dieser Zeit nur in seltenen Ausnahmefällen Besucher vorgelassen hat. Außer *Antiphon* und ein paar inzwischen wieder vergessenen Gedichten gibt es auch keine neuen Veröffentlichungen mehr aus dieser Zeit. Ihr Leben bestritt Djuna Barnes von Spenden alter Freunde wie Peggy Guggenheim, Natalie Barney und Samuel Beckett. Das Angebot ihres Bruders, zu ihm und seiner Frau in ein Landhaus zu ziehen, lehnte sie ab. Warum, blieb unbekannt.

Dieser fast völlige Rückzug ins Private folgt einer bewegten ersten Lebenshälfte. Djuna Barnes wird hineingeboren in die geistige Atmosphäre des Fin de siècle. Schon als Kind erlebt sie ganz unmittelbar die Auflösung bürgerlicher Werte und Institutionen. Sie wächst auf in anarchischen Familienverhältnissen; der Vater lebt mit Ehefrau und Geliebter unter einem Dach. Von Anfang an erfährt Djuna Barnes Liebe nicht als den romantischen Gleichklang zweier Seelen, sondern als wollüstige Leidenschaft, die krank macht und verbittern läßt. Kein Wunder, daß später Robert Burtons „Anatomie der Melancholie" zu ihren Lieblingsbüchern gehört, denn der Elizabethaner behandelt die Liebe als eine Spezies der Melancholie und setzt sie damit einer psychischen Krankheit gleich. Die leidvolle Liebe macht Djuna Barnes immer wieder zum Thema ihrer Prosa.

Im Jahre 1919 geht Djuna Barnes, wie viele ihrer Landsleute, nach Europa. Wie die meisten läßt sie sich in Paris nieder. Stipvisiten führen sie nach England und Deutschland. Sie teilt Gertrude Steins Resentiment gegenüber Amerika, das zwar die Mutter der Zivilisation im 20. Jahrhundert darstellt, aber befangen ist in seiner viktorianischen Moral. Die puritanische Kleingeistigkeit Amerikas und die moralisierende Bevormundung der Prohibitionsgesetzgebung haben die Neue Welt in den Augen vieler Künstler und Intellektueller zu einer kulturellen Provinz werden lassen. Djuna Barnes sieht in den pragmatischen Amerikanern nichts anderes als „ein zügelloses, sadistisches Volk, das sich hinter Heizkörpern verkriecht". Was Amerikas Heldenmythos aus einem Menschen macht, beschreibt sie in der Erzählung *Das Kaninchen*. Der Abneigung gegenüber dem American Way of Life kam ein damals günstiger Dollarkurs entgegen, so daß die Übersiedlung nach Europa für viele Amerikaner auch ganz lebenspraktische Vorteile mit sich brachte.

Djuna Barnes' Pariser Jahre standen ganz unter dem Zeichen ihrer leidenschaftlichsten, aber wohl auch zermürbendsten Liebe. 1922 lernt sie die amerikanische Bildhauerin Thelma Wood kennen, mit der sie neun Jahre lang in einem ständigen Auf und Ab zusammenlebt. Gleichgeschlechtliche Beziehungen zwischen Frauen wie Männern gehörten in der Pariser Boheme zum Bild des öffentlichen Lebens, seitdem der Code Napoléon keine Bestimmungen mehr über die strafrechtliche Verfolgung der Homosexualität enthielt. In den meisten Fällen (nicht in allen) war jedoch die lesbische Beziehung weniger das Resultat einer ursprünglich sexuellen Neigung als vielmehr das Ergebnis einer emotionalen und/oder kulturellen Entscheidung, die eine sexuelle Beziehung nicht ausschloß. Auf Djuna Barnes trifft dies mit Sicherheit zu. In späteren Jahren auf ihr Verhältnis zu Thelma Wood angesprochen, hat sie verärgert geantwortet: „Ich bin nicht lesbisch. Ich habe Thelma einfach nur geliebt." Doch ganz gleich mit welchem Attribut diese Liebe versehen wird – sie unterläuft in jedem Falle jene Rollendichotomie, die die von christlichem Denken geprägte bürgerliche Kultur des Abendlandes für eine Frau bereithält: Heilige zu sein oder Sünderin, Mutter oder Verführerin des Herrn. Dieses Thema taucht in den Geschichten von Djuna Barnes immer wieder auf. *Aller et retour* erzählt von der Enttäuschung einer Mutter über die Entscheidung ihrer Tochter, einen Beamten zu heiraten. In *Tagebuch eines gefährlichen Kindes* denkt ein junges Mädchen über ihr zukünftiges Leben nach. Als Ehefrau und Mutter *will* sie nicht leben; ein Leben als Femme fatale weiß die gutbürgerliche Mutter schon zu Beginn zu verhindern. Und so bleibt am Ende der Entschluß, wegzulaufen und eine „Junge" zu werden, sich also *jeder* Konvention zu entziehen.

Djuna Barnes mußte erfahren, daß auch die Liebe zu einer Frau sie nicht vor Leid und Schmerz schützt. Psychisch zerrüttet, finanziell ruiniert und von durchwachten Nächten und extensivem Alkoholkonsum körperlich geschwächt, verläßt sie im Jahre 1931 Thelma Wood. Peggy Guggenheim bietet ihr ein Zimmer in einem englischen Landhaus an. Djuna Barnes nimmt an, reist im August 1932 nach Hayford Hall und schreibt dort in aller Zurückgezogenheit den Roman *Nachtgewächs*. Schreibend bewältigt sie die Verletzungen einer aufreibenden Beziehung. Bis sie sich 1939 endgültig nach New York zurückzieht, reist sie häufig zwischen England, Frankreich und den USA hin und her, verliebt sich mehrere Male, wird im Alter von 41 Jahren schwanger, doch läßt sie die Schwangerschaft unterbrechen.

Das Leben des Vaters hat sie vor Kindern und der Ehe zurückschrecken lassen.

III

„Das Leben", resümiert Madame Bartmann in *Aller et retour,* „ist schmutzig. Und beängstigend ist es ebenfalls. Es enthält einfach alles: Mord, Schmerz, Schönheit, Krankheit – Tod." Damit sind die Grundthemen genannt, die die Barnes in ihren Arbeiten immer wieder variiert. Man hat ihr deshalb oft Morbidität vorgeworfen. Auf eine diesbezügliche Frage reagiert sie bissig: „Morbide? Da kann ich nur lachen. Dies Leben, das ich schreibe und zeichne und porträtiere, ist das Leben, wie es ist und folglich nennen Sie es morbide. Sehen Sie sich mein Leben doch an! Sehen Sie sich das Leben um mich herum doch an! Wo ist denn die Schönheit, die bei mir angeblich fehlt? Wo sind die hübschen Episoden, die andere schildern? Ich meine das Leben von Menschen, denen man die Maske weggenommen hat. Wo sind denn die erfreulichen Züge?" Djuna Barnes erlebt eine Zeit, die geprägt ist von Kriegen und wirtschaftlichen Krisen. Sie erlebt die Versachlichung menschlicher Beziehungen in einer Massengesellschaft. Sie erlebt, wie der Mensch, eingezwängt in den Rhythmus industrieller Produktion, seine individuellen Züge verliert. Sie läßt sich nicht täuschen von Reklameglanz und Varietéglitzer, von der Euphorie des Jazz oder von der Caféhausfreiheit der Bohemiens. Djuna Barnes erkennt: diese Zeit, die sich nach außen glatt, elegant und schön gibt, leidet an ihren inneren Verletzungen, leidet unter dem Verlust an Menschlichkeit. Vergleicht man einmal eine der zahlreichen Fotografien von Djuna Barnes mit ihrem 1914 entstandenen Selbstporträt, dann wird das von der Autorin an eigenem Leib und eigener Seele erfahrene Zeitgefühl bildlich faßbar: das, was sich als freundliches Gesicht präsentiert, ist nur die Maske, die einen tief empfundenen seelischen Schmerz verdeckt. Die Zeichnung macht sichtbar, was die Fotografie nicht zu entdecken vermag. In ähnlicher Weise funktionieren die Erzählungen von Djuna Barnes. Sie versammeln „Menschen, die ihren Ort und ihren Lebenszusammenhang verloren" haben, und die Autorin offenbart damit einen scharfen Blick „hinter das amerikanische Leitbild von der Freiheit für alle und in das Jahrhundert der Emigration" (Kyra Stromberg). Djuna Barnes geht es nicht um die naturalistische Dokumentation soziologischer und ökonomischer Fakten. Anlaß ihres Schreibens ist das Unfaßbare, Rätselhafte, Dämonische, wie es sich jenseits unpersönlicher Tatsachen in der Existenz einzelner Menschen zeigt. Manche der Barnesschen Figuren wehren sich gegen ein Schattendasein und verlassen die von einer überkommenen Kultur vorgezeichneten Wege (Drei Tropfen Komödie); manche halten sich „dank einer letzten Eiterung ihres Willens" am Leben (Die Leidenschaft). Fast alle „streben Poesie an" (Le Grand Malade); manche verlieren sich dabei im raffinierten Dekor. Doch unter der Hand von Djuna Barnes wird die dekorative Exzentrik zum Zeichen des Versuchs, angesichts des (eigenen) geistigen und körperlichen Zerfalls dem unvermeidlichen Tod einen Sinn abzutrotzen. Dr. Katarina Silverstaff (Die Ärzte) benutzt die Affäre mit einem Hausierer für ihren surrealistisch anmutenden Selbstmord, und Freda Buckler (Eine Nacht mit den Pferden) treibt einen einfachen Pferdeknecht „mit ihren *kulturellen* Gegenständen" letzten Endes in den Tod. Ein fatalistischer Seufzer scheint jede der Geschichten zu durchziehen. Die Lektüre erinnert an die Fin-de-siecle-Stimmung, die man auch bei Oscar Wilde oder Aubrey Beardsley (dessen Stil Djuna Barnes als Zeichnerin gekonnt imitiert) findet.

Die Barnes durchbricht jedoch den melancholischen Grundton ihres Erzählens immer wieder durch humorvollsarkastische Zwischentöne, die die Leser vor der Überwältigung durch die Tragik des präsentierten Schicksals bewahren. In ihrem Dankeswort anläßlich der Verleihung des Helmut-Braem-Übersetzer-Preises bringt Karin Kersten die Wirkung der Barnesschen Prosa auf den Punkt: „... man hat es zweifellos mit einer modernen Autorin zu tun, deren Werke beim Lesen eine schmerzhafte oder lustvolle Wachheit oder um vieles zusammenzunehmen, einen komplexen Wachzustand zu produzieren vermögen."

Leipzig, Ostern 1989 *Catrin Gersdorf*

Anmerkungen

Reportagen

S. 183 *Women's Night Court*: Nachtgericht in Greenwich Village, in dem verhaftete Prostituierte im Schnellverfahren angeklagt, verurteilt und meistens gegen Kaution gleich wieder entlassen wurden.
denen Dagos: vermutlich verballhornte Form des spanischen Namens *Diego*; benutzt als verächtlicher Sammelbegriff für spanisch-, portugiesisch- und italienischstämmige Amerikaner.
S. 197 *Chinatown*: Bezeichnung für die von chinesischen Imigranten bewohnten Viertel in amerikanischen Großstädten. Die seit etwa 1850 existierende New-Yorker Chinatown war zu Zeiten Djuna Barnes' berühmt-berüchtigt durch rivalisierende Geheimgesellschaften, Tongs. Spielhöllen, Opiumschmuggel, die Ermordung von Tong-Mitgliedern, Prostitution und weißer Sklavenhandel waren Instrumente ihrer Herrschaft. Chuck Conners war Chinatowns weißer, 1913 verstorbener „Bürgermeister".
S. 205 *Frauenwahlrechtsschule*: Im Jahre 1915 organisierte Carrie Chapman Catt (1859–1947) ein zweiwöchiges Schulungsprogramm, das Frauen mit den Strukturen des amerikanischen Wahlrechts vertraut machen sollte. Catt war Präsidentin der National American Women Suffrage Association, eine Organisation, die sich für das Frauenwahlrecht einsetzte, das seit 1920 Teil der amerikanischen Verfassung ist.
S. 209 *Zwangsernährung*: Um in der Öffentlichkeit Aufmerksamkeit zu erregen, gingen inhaftierte britische Frauenwahlrechtlerinnen in den Hungerstreik. Auf Anordnung des Innenministeriums wurden die Frauen zwangsernährt, was z. T. erhebliche Gesundheitsschäden zur Folge hatte. Djuna Barnes unterzog sich, als sie davon hörte, freiwillig dieser Tortur und berichtete darüber.
S. 214 *IWW (Industrial Workers of the World)*: 1905 gegründete revolutionäre Vereinigung mehrerer Industriegewerkschaften. Ihre Mitglieder, „Wobblies", zogen radikale Aktionen der Schlichtung und der Tarifverhandlung vor.
S. 216 *William Jennings Bryan* (1860–1925): demokratischer Politiker, der durch seine populistischen Reden für die Entwicklung der Farmen und gegen den Machtausbau einer immer stärker werdenden Industrie- und Finanzoligarchie bekannt war.
S. 224 *Veteranen*: Djuna Barnes machte im Frühjahr 1913 für eine New-Yorker Zeitung Interviews mit älteren, noch berufstätigen Männern, die überwiegend mit der großen Einwanderungswelle Ende des 19. Jahrhunderts in die USA kamen. Ihre Geschichten illustrieren das wirtschaftlich, technisch und politisch bewegte Le-

ben der Stadt New York in den Dezennien um die Jahrhundertwende.

S. 245 *Preisboxkampf*: Preisboxkämpfe genossen am Anfang des Jahrhunderts große Popularität im amerikanischen Mittelstand. Berühmte Kämpfer jener Zeit waren der Afroamerikaner Jack Johnson, „Cowboy Jess" Willard, der als die „Große weiße Hoffnung" galt, und Jack Dempsey.

Porträts

S. 282 *Coco Chanel* (1883–1971): Die ehemalige Verkäuferin und Chansonette wurde zur berühmtesten Modeschöpferin Frankreichs. Nachdem sie im Bekanntenkreis ihres Liebhabers Etienne Balsam durch selbstentworfene unkonventionelle Kleidung auffiel, ging sie gegen Ende des Jahres 1908 nach Paris, um dort Hüte und andere Kleidungsstücke zu entwerfen und zu verkaufen. 1910 zog Chanel, unterstützt von Arthur „Boy" Chapel, in die Rue Cambon, deren Name seitdem mit dem ihren aufs engste verbunden ist. Während der Besetzung Frankreichs im zweiten Weltkrieg blieb das Modehaus Chanel geschlossen. Der Modestil der 50er und 60er Jahre wurde dann wieder von Coco Chanel beeinflußt. Djuna Barnes interviewte sie im Jahre 1931.

S. 286 *Yvette Guilbert* (1868?–1944): bekannt als Sängerin pikanter Lieder in Varietés und Nachtlokalen und später als Filmschauspielerin. Für den Maler Toulouse-Lautrec war sie der Gegenstand zahlreicher Zeichnungen und Karikaturen.

S. 291 *„Le Feu"* (1916, dt. Das Feuer): Roman von Henri Barbusse, der – ähnlich wie später A. Zweigs *Der Streit um den Sergeanten Grischa* (1927) oder Remarques *Im Westen nichts Neues* (1929) – den Krieg nicht patriotisch verklärt als Nährboden für Heldenmut und Mannbarkeit darstellte, sondern ihn als grausam, mörderisch und widersinnig zeichnete.

Quellen- und Rechtsnachweis

Die Geschichten: Der schreckliche Pfau; Paprika Johnson; Was sehen Sie, Madam?; Ein Mordsspaß; 3 Tropfen Komödie; Die Nacht in den Wäldern stammen aus Djuna Barnes, Die Nacht in den Wäldern, Verlag Klaus Wagenbach, Berlin
© 1984 für die deutsche Übersetzung Verlag Klaus Wagenbach, Berlin

Die Geschichten: Der Brief, der niemals abgeschickt wurde; Tagebuch eines gefährlichen Kindes; Entsagung; Altweibersommer; Das Niggerweib; Saturnalien entnahmen wir Djuna Barnes, Saturnalien, Verlag Klaus Wagenbach, Berlin
© 1987 für die deutsche Ausgabe: Verlag Klaus Wagenbach, Berlin

Der Band Djuna Barnes, Leidenschaft, Verlag Klaus Wagenbach, Berlin, wurde insgesamt in diese Ausgabe übernommen.
© 1986 für die deutsche Ausgabe: Verlag Klaus Wagenbach, Berlin

Die Reportagen sind aus Djuna Barnes, New York, Geschichten und Reportagen aus einer Metropole, Verlag Klaus Wagenbach, Berlin
© 1987 für die deutsche Ausgabe: Verlag Klaus Wagenbach, Berlin

Die Porträts Coco Chanel und Yvette Guilbert entnahmen wir Djuna Barnes, Portraits, Verlag Klaus Wagenbach, Berlin
© für die deutsche Ausgabe: Klaus Wagenbach, Berlin

Die übrigen Porträts sind aus Djuna Barnes, Paris, Joyce, Paris, Verlag Klaus Wagenbach, Berlin
© 1988 für die deutsche Ausgabe: Verlag Klaus Wagenbach, Berlin

© 1990 (für die Auswahl dieses Bandes und den Kommentar) Reclam-Verlag Leipzig

Inhalt

GESCHICHTEN

Der schreckliche Pfau 6
Paprika Johnson 15
Was sehen Sie, Madam? 26
Ein Mordsspaß 32
3 Tropfen Komödie 41
Die Nacht in den Wäldern 51
Aller et retour 59
Löschung 68
La Grande Malade 77
Eine Nacht mit den Pferden 86
Der Diener 93
Das Kaninchen 101
Die Ärzte 111
Kopfunter 118
Die Leidenschaft 128
Der Brief, der niemals abgeschickt wurde 135
Tagebuch eines gefährlichen Kindes 141
Entsagung 148
Altweibersommer 158
Das Niggerweib 167
Saturnalien 171

REPORTAGEN

Greenwich Village wie es ist 182
Der Saum von Manhattan 189
Es gibt kein Chinatown 197
See Europe in Brooklyn 202
Siebzig geschulte Frauenrechtlerinnen auf die Stadt
losgelassen 205
Kennen Sie Zwangsernährung? 209
Ein Besuch in der Lieblingshöhle der IWWler 214
Der Heimklub: nur für Dienstmädchen 221
Veteranen im Geschirr 224
   Briefträger Joseph H. Dowling
   Zweiundvierzig Jahre im Dienst 224
   Feuerwehrmann Michael Quinn
   Vierzig Jahre Flammenbekämpfung 228
   John F. Maguire, Fahrstuhlführer
   Vierundzwanzig Jahre in einem Käfig 231

Daniel Sheen, Zeitungshändler
Fünfundzwanzig Jahre Zeitungen 235
Wie die Villagebewohner sich amüsieren 239
Meine Schwestern und ich bei einem Preisboxkampf 245
Ende in wildem Wirbel. Über die rastlose Brandung
von Coney 250
Crumpets und Tee 259
Die Boheme, von nahem besichtigt 265
Das letzte Petit Souper
Greenwich Village, ein Wolkenkuckucksheim 275

PORTRÄTS

Nach Mitternacht amüsiert Coco Chanel überhaupt nichts mehr 282
Yvette Guilbert 287
Vagaries Malicieuses 294
James Joyce 316
Klagelied auf das linke Ufer 322

Catrin Gersdorf, Nachbemerkungen 331
Anmerkungen 343
Quellen- und Rechtsnachweis 345

Reclam
Bibliothek

BELLETRISTIK

ANATOLI KIM
Weiße Trauer

Erzählungen

Aus dem Russischen übertragen.
Herausgegeben und mit einem Nachwort von P. Rollberg.
Band 1310 · Broschur 2,50 M

Anatoli Kim (geb. 1939), in Moskau lebender und russisch schreibender Koreaner, hat mit Romanen wie „Lotos" und „Eichhörnchen" Aufsehen erregt. Deren eigenwilliger Ton, in dem Mythologie, Romantik und Realismus merkwürdig verschmolzen scheinen, dringt auch aus den Erzählungen dieser Auswahl – erstmals ins Deutsche übersetzt – anrührend hervor. Kims Herkunft und eine ausgefeilte Poetik stützen den weiten Bogen von der „Familiensaga" fernöstlicher Tradition zur atmosphärisch dichten Darstellung von Lebensgefühl in den sich ballenden und wieder zerfließenden neuen Städten ...

Reclam Bibliothek BELLETRISTIK

ZOFIA NAŁKOWSKA
Die Affäre der Teresa Hennert

Aus dem Polnischen übertragen von K. Kelm.
Mit einem Nachwort von H.-C. Trepte.
Band 1305 · Broschur 2,– M

„‚Die Affäre der Teresa Hennert' ... ist ein weiteres Buch über die Liebe; es zeichnet zugleich ein Bild der Veränderungen, die nach dem Kriege in und zwischen den Menschen vorgingen und bringt den starken Druck der Leidenschaften zum Ausdruck, die sich bereits der Freiheit erfreuten." – notiert Zofia Nałkowska (1884–1954) in ihrem Tagebuch (1923). Dieser 1924 erschienene und damals heiß diskutierte Roman zeichnet psychologisch genau ein Bild der Machtelite im Polen der Jahre 1918–1921. Er leitet über zu den vorwiegend sozialkritischen Werken späterer Jahre.

Reclam Bibliothek BELLETRISTIK

FERNANDO PESSOA
Ich legte die Maske ab

Dichtungen

Aus dem Portugiesischen von G. R. Lind
Herausgegeben und mit einem Nachwort von C. Rincón
Band 722 (Sonderreihe) · Broschur 1,50 M

Fernando Pessoa (1888–1935), die faszinierendste Erscheinung der modernen portugiesischen Literatur, wollte „so vielgestaltig wie das Weltall" sein. So sind seine Dichtungen von ganz unterschiedlichem Charakter: Neben klassizistischen Oden im Stil Klopstocks oder Hölderlins stehen provokante futuristische Dichtungen mit sich überstürzenden Metaphern und Bildern; neben schlichten Naturgedichten, die alles Naturgegebene als gut hinnehmen, stehen genauso beeindruckende, die moderne technisierte Welt bejahende Verse.